诸子的声音

史一棋

著

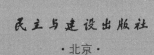

民主与建设出版社

·北京·

图书在版编目（CIP）数据

诸子的声音 / 史一棋著 . -- 北京：民主与建设出
版社，2019.7（2021.4 重印）

ISBN 978-7-5139-2517-4

Ⅰ . ①诸… Ⅱ . ①史… Ⅲ . ①先秦哲学 – 研究 Ⅳ .
① B220.5

中国版本图书馆 CIP 数据核字 (2019) 第 115501 号

诸子的声音
ZHUZI DE SHENGYIN

作　　者	史一棋	
责任编辑	刘树民	
封面设计	养尘工作室	
出版发行	民主与建设出版社有限责任公司	
电　　话	（010）59417747　59419778	
社　　址	北京市海淀区西三环中路 10 号望海楼 E 座 7 层	
邮　　编	100142	
印　　刷	三河市嵩川印刷有限公司	
版　　次	2019 年 7 月第 1 版	
印　　次	2021 年 4 月第 2 次印刷	
开　　本	710 mm × 1000 mm　1/16	
印　　张	23	
字　　数	340 千字	
书　　号	ISBN 978-7-5139-2517-4	
定　　价	56.00 元	

注：如有印、装质量问题，请与出版社联系。

序 言

葛晨虹

不久前，拿到忘年交学友一棋的书稿，粗读下来，不禁感慨：一个未及而立的小伙子，竟然对先秦哲学思想有着如此强烈的兴趣，指引、驱动着他写出这部几十万字的书稿，令人诧异。

在研究先秦哲学的专家、学者眼中，这部书可能不算什么，然而对于一个非科班出身的年轻人，做到这样已是难能可贵。何况对于想了解先秦哲学，但仍苦于寻找入门通道的大众读者来说，这部书无疑是一个福音。

作为中华民族的宝贵思想文化，本应为人们所熟知的先秦诸子，其群像却邈远而模糊。绝大多数人脑海中的诸子思想还停留在中学课本上，认识浅尝辄止，甚至以偏概全，曲解、误读比比皆是。《道德经》便被不少人传得神而又神，或以为可预测吉凶，或以为可养生祛病，引得不明事理者盲目跟风。这不仅是诸子哲学走向大众的困境，更是弘扬传统文化的瓶颈所在。

从春秋到战国，从老子到韩非子，这本书跨越了数百年的历史时期，呈现了儒、墨、道、法等学派的思想主张，以及老子、孔子、墨子、韩非子等多位思想家的学说及其流变，涉及当时政治、经济、文化、社会等方面的样貌，同时展现了百家争鸣的思想交流、学术论辩、理念争锋、门派兴衰。一方面，这本书对诸子思想的解读坚持以原典为纲、以原著为本，绝大多数引用来自诸子原著，尽可能准确真实地挖掘原貌，较少使用二手资料。

另一方面，这部书本于原典又不拘泥于原典，从人物故事与个性经历入手，原本略显枯燥的哲学思想变得易读易懂，本来高高在上的先秦哲人变得可亲可近。这在提倡传承和发展中华优秀传统文化的当下，具有代表性意义。聚沙成塔，积善成德，我十分愿意看到更多像一棋这样的作者站出来，为普及民族文化贡献一份力量。

全书分为前、中、后三篇，分别是《诸子的密码》《诸子的声音》和《诸子的论题》。我建议各位读者一定要先读《诸子的密码》，有点难懂，但其中囊括了诸多提纲挈领的观点，对理解诸子哲学要旨大有裨益，我读来都深有启发。

一棋提出，先秦诸子的共同点是关切社会现实、关怀人间疾苦，先秦诸子哲学的基本精神是强烈的现实问题导向与社会政治指向。不得不说，这个观点颇有见地。许多人想当然地认为，哲学是纯粹的思想运动以及这种运动的产物。这其实是一种对哲学的误解，我们确实应该看到哲学高于现实的一面，但更应该知道，哲学终究是源于现实的，不可能脱离现实而孑然自存。身处那样一个大过渡、大变革的春秋战国时代，任何一个有理想、有担当的知识分子都会对现实社会充满忧虑，而不是漠然无视，先秦诸子的哲学思想便在这种关切与关怀中孕育、生长、成熟。当然，先秦诸子是否真如一棋所说，将目光集聚于政治，甚至聚焦于君主，尚有待讨论，但从关切社会现实的救世角度观察诸子思想，有相当的参考价值。

先秦诸子是生活在特定时代和历史背景中的人物，这意味着，每当他们做出重大行动和选择时，绝非个人临时兴起或一时好恶，一定有着时代和历史的驱动。就像时势造英雄、英雄顺时势那样，历史人物不是能随意左右时代走向的，而只有顺应时代大势之后才能推动历史发展。先秦诸子的哲学思想同样有着特定的时代背景，一棋应该也注意到了这点，所以秉持着人物永远处在时代大势中的历史观，在《周始封建》《礼坏乐崩》《士的崛兴》等章节中为读者要而不繁地叙述了周王朝封建礼乐秩序从建立到崩坏的历程，着力突出了"士"这个特殊社会群体的发展，将先秦诸子哲学产生的土壤交待得比较清楚。而《黄土与季风》这一章节，关注到自然环境对先秦乃至中国整个古代历史文化的影响，不再囿于政治、社会、经济等人文角度，拓展了研究视野。

而在《诸子的声音》诸多章节中，一棋采用了以人物为主体的叙述思路，先秦哲人纷至沓来，不少见解令人眼前一亮。

比如，对道家思想本质的解读，以及对老子形象的重构。《道德经》本是一部政治哲学著作，政治属性才是它的根本属性，只是兼具人生方面的哲学领悟，经世致用程度绝不亚于孔、孟、荀、韩诸子。老子提出"无为"，其实是"无不为"的"无为"，老子主张"顺其自然"，其实是受到操纵的非自然的自然，为读者呈现了温和、退让表象之下，一个野心勃勃的与惯常印象相反的老子形象。

再如，对儒墨两家思想相融关系的阐释。儒、墨、道、法等流派名称固然是显示思想渊源的识别物，也是标定学术领地的高墙，各家之间往往论辩不休，但如果从另一角度看待诸子争鸣，某人越是反对某种观点或流派，意味着受到所反对观点或流派的影响就越深刻，儒家和墨家便是这样。墨子的"兼爱"是对孔子仁爱思想的扬弃，"尚贤"则与儒家贤人政治一脉相承；孟子在阐释"义"的概念时，也吸收了不少墨子"兼爱""贵义"等思想精髓。诸子百家争鸣斗艳之下，确实存在有一股思想融合而再造、学术互补而推新的浪潮。

又如，对法家改革派悲剧结局的必然性分析。一边是法家代表的新兴地主阶级同周朝旧式封建贵族阶级的矛盾，法家改革派破的是旧贵族之法，立的是专制政治新秩序，无怪乎封建贵族势力要将商鞅、吴起置之死地而后快。另一边是法家主张中蕴含着平等主义与客观主义的思想，在君主专制主义盛行的战国时代不但绝无施行可能，还戳到了君主的软肋与痛处，点破了"法治"与"人治"的根本区别，不可能为君王所容。这种既考虑思想学说，又关照阶级立场和时代背景的思维方式，值得借鉴。

这本书以人物为主体的叙述思路，有着界限清晰、上下连贯的优势，但也容易落入自说自话、各自为政的窠臼。一棋注意到了这点，所以除了《诸子的论题》，在其他章节加入了很多纵横对比的内容，不使相互联系的思想

呈割裂状态。

他从老子的归隐说开去，推及道家一派学说，得出杨朱讲逃避、老子为法道、庄子求超越的结论，再从三位道家不同阶段代表人物的基本主张出发，反过来理解老子之"道"；他把先秦儒家从"仁"到"义"再到"礼"的学说发展看成一个相对退步的历程，退步的结果是理想的精神内核渐渐地被抽离，成为屈从于大众审美与习惯的产物，学术与理想向政治与现实靠拢；他将孟子"性善"论和荀子"性恶"论进行了多维度对比，同时追溯理论缘起，认为人性是善还是恶的问题为各自学说奠定了理论基础；他把道家和法家的"无为"主张并列，探索后者对前者的继承，也点出区别，法家的"无为"是君主施用法治之后的"无为"，是积极主动之后的"无为"，是使社会上下遵循社会现实与人心人性的"无为"。

如此这般，我无法一一列举，本书的精彩还要请各位读者自品自赏。不过，与其说这本书写得精彩，不如说真正精彩的其实是先秦那个伟大时代和诸子灿烂的思想光华。

正如孔子所说："人能弘道，非道弘人。"能够弘道的，绝不仅仅是一棋这样的作者，更是愿意了解诸子哲学的每一位普通读者。

2018 年 8 月 5 日

（作者生前为中国人民大学哲学院教授）

追忆葛晨虹老师

今天上午，我坐在家中百无聊赖地刷着朋友圈，意外看到一篇题为《悼念葛晨虹老师》的文章。我下意识地觉得这是个散播谣言的假消息，于是上官网求证。

令我诧异的是，中国人民大学哲学院官网已经变成黑白色调，一则讣告赫然映入眼帘："中国共产党优秀党员、中国人民大学哲学院原党委书记、中国人民大学伦理学与道德建设研究中心主任葛晨虹教授，因突发疾病医治无效，于 2018 年 10 月 1 日上午 10 点 24 分在香港逝世，享年 60 岁。"

看到这些文字的一刹那，我顿觉恍惚，无法相信这是真的。

葛老师在 9 月 27 日中午还给我打来电话，说序言有些地方还需要改动，但国庆假期她要去香港出差，最终的修改意见一定在假期结束后反馈给我。我劝她不要太累，多多注意休息，工作永远都干不完，身体才最重要。

通话持续了三分零三秒，万万没想到，这竟是我最后一次听到葛老师温柔的声音。

我与葛老师相识的时间并不算长，但她笑眼低垂的和蔼神情、优雅睿智的师者姿态、温润谦和的处事态度、广博深厚的专业学识、严谨细致的治学精神，早让我生出无比的敬意。与葛老师交谈，不会感到哪怕一丁点儿的压力，见到的全都是母亲般亲切的笑容。

葛老师的微信个性签名是"予人玫瑰，手有余香"。像我这样接受过她玫瑰的人，一定会永远珍藏花瓣上红艳的颜色，也一定会永远铭记葛老师

的真、善、美。

　　唯愿逝者安息，葛老师一路走好。在那个世界，您的笑容和爱，同样无比珍贵，带着阵阵余香。

史一棋

2018 年 10 月 3 日

于山西榆次家中

目 录

前 篇

诸子的密码

第一章

精神

范畴的界定

"秦王扫六合，虎视何雄哉！挥剑决浮云，诸侯尽西来。"公元前221年，六国破，秦朝立，四海一，秦始皇结束了战国诸侯争雄的纷乱局面，建立起统一的多民族国家，开始了"执敲扑而鞭笞天下"的中央集权统治。人们称秦朝统一之前的漫长历史为先秦时代，属于这段历史的哲学思想被称为先秦哲学。

说起先秦哲学，很多人会直觉地认为它就是先秦诸子的思想，其实不然。不得不承认，先秦最为耀眼的时代是春秋战国，犹以战国为甚，这段时期的历史人物富于张力，历史故事精彩波折，百家争鸣也生发其间，这些都是容易让人产生误解的因素。如果从年代上看，秦朝之前不但有东周即春秋战国，还有西周，还有夏、商，更有夏朝之前漫长的氏族社会时期，这些时代同样有思想的启蒙和哲学的孕育，相比之下，春秋战国只是局部历史。所以，不能将先秦诸子哲学等同于先秦哲学。而如果概览先秦哲学，大致可以分为三个阶段：

第一个是萌芽阶段。这个阶段的思想与原始巫术和祖先崇拜密不可分。从远古到殷周，祖先崇拜与上帝崇拜合一，神权观念占据了奴隶社会的统治地位，张光直认为，"在商人的世界观里，神的世界与祖先的世界之间的差别几乎到微不足道的程度"，而"商"字的含义正是祖先崇拜。周灭殷后，周公提出"敬德保民""以德配天"等思想，李泽厚将周公"制礼作乐"看成"奠定了中国文化大传统的根本"，因为这标志着"巫史传统"理性化过程的完成。在这个阶段，以《易经》《洪范》等为代表的早期阴阳、五行观念尚未完全摆脱宗教神学的束缚，表现出哲学思想萌芽同宗教、神话幻想的密切联系。

第二个是发展阶段。也可以称为前诸子哲学阶段，时间大致在西周末至春秋时期，奴隶主阶级的统治出现了巨大危机，之前的神权观念也发生动摇，

《诗经》中便出现疑天、责天的思想。这个阶段的阴阳、五行观念更进一步，对自然界的变化作了某些唯物主义的解释，表现出无神论的倾向，同时发展了朴素辩证法的思想。伯阳父、史伯、管仲、子产、晏婴等可作为这个时期哲学思想的主要代表。

第三个是高潮阶段。也是先秦诸子活跃的阶段，包括春秋晚期和整个战国时期。一般认为，春秋末年，孔子创立儒家学派是先秦诸子哲学的开端。在此之后，先后出现儒、墨、道、法、名、阴阳等学派，穷究天人之际，争鸣古今之变，展开了激烈的论辩。与此同时，不同学派之间既互相斗争又互相借鉴，各个学派内部也不断分化、发展，使这个时期的思想斗争呈现出错综复杂的情况，从而促进了哲学的大发展、大繁荣，后世称之为"百家争鸣"。

本书主要着眼于先秦诸子哲学而非先秦哲学，但诸子哲学并不能完全脱开之前两个阶段的积淀与影响。为了更好地理解先秦诸子哲学的精神内核，以上三个阶段之间的转变值得关注。

第一次转变发生在殷周更迭之际。学术界普遍认为这次转变属于一场宗教改革运动，实质是摆脱蕴含在巫术仪式中的传统神权观念和宗教意识，开创人文精神。"周监于二代，郁郁乎文哉！吾从周。"（见《论语·八佾》）说的是周朝之前就已有夏商的文化积淀，而孔子认可周朝制度，根据李泽厚的观点，这种认可其实就是认可周公"制礼作乐"的成果：将上古祭祀祖先、沟通神明以指导人事的巫术礼仪全面理性化和体制化，作为社会秩序的规范和准则。"礼"原本来自巫术祭祀活动，后来演变为对行为、活动、语言等一整套的缜密规范，属于作为内在心性品格的"德"的外在表现，这是摆脱神权观念的过程。而在创立人文精神方面，周初在强调"德""礼"的同时，更加突出"天""天道""天命"的观念。这里的"天"并非具有个人意志的人格神，相反，它常常与自然秩序混同在一起，基本特征是与人的生存、生命、活动、行为息息相关，"天道"终将呈现在人道之中。《尚书·周书》云："黄天无亲，唯德是辅。"《诗经·周颂》云："维天之命，于穆不已，于乎不显，文王之德之纯。""天道""天命"不仅能与人在一起，而且君主的德政还能使"天道""天命"归于自己。这早已不单纯是宗教内部的变化，而是以人文取代宗教的过程，表现在哲学思想方面就是更加肯定人的价值和主动性。中国哲学与文化传统不同于世界其他民族的根本特质在殷周之际奠定，由此也引来了中国哲学史开端问题的争论，从前，胡适从老子写起，冯友兰从孔子写起，但有不少人认为文王、周公时期才是中国哲学的真正开始。

第二次转变发生在春秋战国交替之际。这次转变与诸子哲学关系密切，在诸子中，老子、孔子等属于春秋时期，其他大部分属于战国时期。孔子学说侧重人际伦理是公认的，而《老子》一书的侧重点存在争议，以前一直认为重在形而上的哲学探讨，但郭店简本《老子》的大部分内容却是阐述伦理价值，与《论语》相似。此外，郭店简本《老子》的语言风格朴实、典雅，又与《论语》相合。因此有学者认为，侧重伦理价值、风格古朴是春秋时期哲学的共同特点。然而，进入战国，哲学思想风气发生转变。在哲学主题方面，侧重点由伦理价值等具象问题转向道、心性等抽象问题，而在行文风格方面，也随之由古雅质朴转向高远玄妙。不管是儒家，还是道家，抑或是名家、阴阳家，都是如此。因而，战国时期的哲学命题更加抽象，也更具哲学意味。而这第二次转变的起始点就是孔子晚年创建易学。

在先秦的宏大时代跨度中，哲学思想经历过三个阶段和两次转变后日臻成熟，为诸子哲学耕耘了肥沃的理论土壤。作为中国哲学史的发端，先秦哲学，尤其是其中的诸子哲学，是形成哲学流派和建立哲学体系的重要时期，广泛探讨了宇宙本原、天人关系、人性善恶、人际伦理、社会政治、认识论、逻辑学等基本哲学问题，将哲学思想的触角延伸至十分广大的范围和领域，甚至蕴含着以后各个历史时期各种哲学观点的胚胎，其思想与历史意义怎么强调都不为过。

年代与流派

在中国历史上，先秦诸子所处的时代是春秋战国，属于华夏民族的黄金时代，而在世界历史上，这段时期被称为轴心时代。轴心时代由德国哲学家雅斯贝尔斯提出，他在 1949 年出版的《历史的起源与目标》中认为，公元前 800 年至前 200 年是人类文明的重大突破时期。在这个时期，世界各民族都出现了伟大的精神导师，成为世界各大文明的标志——古希腊有苏格拉底、柏拉图、亚里士多德，以色列有犹太教的先知，印度有释迦牟尼，中国有老子、孔子。这些哲人的思想塑造了形态各异的文化传统，至今依然影响着人类的生活。闻一多在《文学的历史动向》一文中提及轴心时代时说："人类在进化的过程中蹒跚了多少万年。忽然，这对近世文明影响最大最深的四个古老民族——中国、印度、以色列、希腊，都在差不多同时猛抬头，迈开了大步。"

许多轴心时代"猛抬头"的思想家都是同代人：释迦牟尼（约公元前 565—前 486 年）与孔子（公元前 551—前 479 年）同时，苏格拉底（公元前 469—前 399 年）与墨子（约公元前 468—前 376 年）同时，亚里士多德（公元前 384—前 322 年）则与孟子（约公元前 372—前 289 年）、庄子（约公元前 369—前 286 年）同时。这些伟大的思想家，为什么会密集出现在历史的同一时期——公元前 500 年前后，又为什么会集中生活在地球的同一纬度——北纬 30 度上下，也许只能用马克思的话来解释，那是"历史上的人类童年时代"之"发展得最完美的地方"（见《〈政治经济学批判〉导言》）。

视野回到中国，后世将先秦诸子统称为诸子百家，以突出春秋战国时期思想流派数量之多。率先对诸子百家进行分门别类的是西汉初年司马迁的父亲司马谈，在《论六家要旨》中将诸子分为六家：一是阴阳家，将自然界的四时、八位、十二度、二十四节气，赋予一整套宜、忌规定，"顺之者昌，逆之者不死则亡"，关心宇宙和自然主题，并将宇宙的一切现象解释为阴与阳两方的相生相克和相反相成；二是儒家，关注伦理问题，"列君臣父子之礼，序夫妇长幼之别"，将《诗经》《尚书》《易经》《礼记》《春秋》《乐经》等古代经书奉为经典；三是墨家，同样崇尚尧舜之道，主张节用、节葬，虽能使人足家富但"俭而难遵"；四是名家，关注名实之辩和逻辑学相关问题，"苛察缴绕，使人不得反其意，专决于名而失人情"；五是法家，将国家社会一切问题交予法律处理，风格严酷而刻薄寡恩，但能使"尊主卑臣，明分职不

得相逾越"；六是道德家，也就是道家，哲学思想和施政主张都"以虚无为本，以因循为用"，将自然运行的规律法则统称为"道"，而将人类天生的本性称为"德"，"德"是"道"在任何事物内的具体化表现。

司马谈之后，西汉末年的刘歆对诸子百家进行了第二次分类。刘歆与父亲刘向一起对宫廷书籍进行分类编目整理，是为《七略》。东汉时班固便以《七略》作为《汉书·艺文志》的基础，从中可以看出，刘歆将诸子分为十家，除与司马谈相同的六家外，还有：纵横家，是战国时期著名的外交家；杂家，是融合各家学说，折中倾向明显的流派；农家，奉神农为祖师，主张天下人都亲自耕织，自给自足；小说家，所做之事以记录民间街谈巷语为主。《汉书·艺文志》还说："诸子十家，其可观者九家而已。……若能修六艺之术，而观此九家之言，舍短取长，则可以通万方之略矣。"意思是小说家不如其他九家重要，为不入流者，所以后世有九流十家之说。

刘歆对诸子再次分类的意义在于首次系统性地追溯了各家各派的起源。在周朝礼坏乐崩之前，吏与师的身份界限并不清晰，各级官吏担负着传授知识的职责和使命，担任教师的都是政府官吏，国家只有官学而无私学。但当周朝对国家失去控制之后，官吏同样失去了先前尊贵的地位，散落民间，以私人身份招收学生，传道授业，以谋生计，私学因此兴起。而在官与师身份分化的过程中，不同的学说观点随之出现，展开论辩，诸子由此兴起。刘歆这样分析诸子百家的起源：

儒家者流，盖出于司徒之官，助人君顺阴阳明教化者也。游文于六经之中，留意于仁义之际，祖述尧舜，宪章文武，宗师仲尼，以重其言，于道最为高。……道家者流，盖出于史官，历记成败存亡祸福古今之道，然后知秉要执本，清虚以自守，卑弱以自持，此君人南面之术也。……阴阳家者流，盖出于羲和之官，敬顺昊天，历象日月星辰，敬授民时，此其所长也。……法家者流，盖出于理官，信赏必罚，以辅礼制。……名家者流，盖出于礼官。古者名位不同，礼亦异数。……墨家者流，盖出于清庙之守。茅屋采椽，是以贵俭；养三老五更，是以兼爱；选士大射，是以上贤；宗祀严父，是以右鬼；顺四时而行，是以非命；以孝视天下，是以上同：此其所长也。……纵横家者流，盖出于行人之官。……言其当权事制宜，受命而不受辞，此其所长也。……杂家者流，盖出于议官。兼儒、墨，合名、法，知国体之有此，见王治之无不贯，此其所长也。……农家者流，盖出于农稷之官。播百谷，劝耕桑，以足衣食。……小说家者流，盖出于稗官。街谈巷语，道听途说者之所造也。（见《汉书·艺文志》）

对于刘歆的观点，冯友兰做了些许修正。他认为周朝礼坏乐崩的实质影响是整个社会制度的瓦解，而在这个过程中，从前依附于封建贵族阶级的官方知识代表散落民间，被社会上层完全垄断的各种知识自然随之走向大众。这些饱学之士各有专长，于是纷纷发表自己的思想。有些以教授经书、礼乐见长，被称为儒士或文士；有些精通兵法或武艺，被称为侠士；有些擅长辩论，被称为辩者；有些以巫医、星相、占卜、术数见长，被称为方士；有些凭借对政治实际的了解，成为诸侯王公的顾问或官员，为他们献计献策，被称为法术之士；有些虽有学识干才，但对现实政治十分失望，遁入山林，被称为隐者。于是冯友兰套用刘歆的说法：

儒家者流，盖出于文士；墨家者流，盖出于游侠之士；道家者流，盖出于隐者；名家者流，盖出于辩者；阴阳家者流，盖出于方士；法家者流，盖出于法术之士。（见《中国哲学简史》）

关于十家的代表人物，儒家以孔子、孟子、荀子为代表，道家以老子、杨子、庄子为代表，墨家以墨子为代表，法家以商鞅、慎子、申子、韩非子为代表，名家以惠子、公孙龙为代表，阴阳家以邹衍为代表，纵横家以苏秦、张仪为代表，杂家以吕不韦为代表，农家以许行、陈仲为代表，小说家以屈原、宋玉为代表。

基本精神

从历史演进角度说，诸子所在的春秋战国是个大过渡、大变革的时代。统治阶层从封建贵族阶级向新兴地主阶级过渡，政治制度从封建制向专制制过渡，土地所有制从国有向私有过渡，士人阶层从依附于上层贵族向人身相对独立过渡。

众所周知，变革必然会引发阵痛，越彻底的革故鼎新，必然伴随更加剧烈的社会震荡，在被胡适称为"中国哲学结胎时代"的春秋战国时期也不例外。第一，诸侯相互侵略，频繁发动对外战争，灭国破家不计其数，《诗经·北风》描述了亡国之后的诸侯大夫地位连奴隶都比不上："式微，式微！胡不归？微君之躬，胡为乎泥中！"第二，长期战争导致百姓死亡丧乱，流离失所，痛苦不堪，如《诗经·王风》云："有兔爰爰，雉离于罦。我生之初，尚无造；我生之后，逢此百忧，尚寐无觉。"《诗经·小雅》云："苕之华，其叶青青。知我如此，不如无生！牂羊坟首，三星在罶。人可以食，鲜可以饱！"第三，封建贵族被渐次打倒之后，社会财富越发向极少数人聚集，贫富不均愈演愈烈。《诗经·小雅》记载了贫富不均的状况："小东大东，杼柚其空。纠纠葛屦，可以履霜。佻佻公子，行彼周行。既往既来，使我心疚。"第四，诸侯国内政治黑暗，腐败异常，百姓愁怨。抨击政治黑暗最著名的莫过《诗经·魏风》："硕鼠硕鼠，无食我黍！三岁贯女，莫我肯顾。逝将去女，适彼乐土。乐土乐土，爰得我所。"而《诗经·小雅》说即便人变成鱼也无法逃离虐政："鱼在于沼，亦匪克乐。潜虽伏矣，亦孔之炤。忧心惨惨，念国之为虐！"

社会存在决定社会意识，春秋战国的时代背景，决定了在当时崭露头角的思想家必然会关注社会现状、关心现实问题。生逢乱世，如果一个思想家成天做些春秋盛世的美梦，如果一个哲学家每每想些脱离现实的理论，如果一个文学家整日写些婉转低回的小调，那么这个思想家、哲学家、文学家是缺少责任担当和人文关怀的，尤其是在古代中国这样入世氛围浓厚、集体主义深入人心的土地上，这样的人不可能成为大家，更不可能流传千年之后仍有影响力。在关注社会现实的基础上，当时的思想家们还积极行动，一致寻求拯救世事、拯救百姓的良方，救世的主题始终贯穿在先秦诸子所有著作中，甚至内化为诸子的心灵血液，成为这批思想家的共同历史使命和责任担当。

从孔子到孟子再到荀子的儒家，毋庸置疑是将国家治乱扛在肩头、顶在心尖的。墨家虽由社会底层人士组成，但也从底层角度提出一系列政治构想和社会蓝图，如"兼爱""尚贤""尚同"等，其中尤以反对任何形式战争的"非攻"切中时弊。法家更是不甘于仅做一名旁观者，他们站在君主身旁，为统治者出谋划策，在政治行动中践行着"法""术""势"的学说主张。至于道家是否关注社会现实，值得探讨，毕竟道家尽是些出世避人的隐逸之流，仿佛归隐田园、戴月荷锄、不问世事才是道家的应有形象，其实不然。那些不问世事如《论语》中记载的接舆、长沮、桀溺、荷蓧丈人等，充其量是隐士，并非思想家或哲学家，而老子、杨子、庄子等道家代表人物代表隐士群体表达、凝练思想，是出于隐士而高于隐士的隐士思想家或隐士哲学家。身份不同，使命和观点自然不同，所以道家亦是关注现实问题的，老子虽说"无为"，但最终是为"无不为"，庄子虽然超脱世外，看似消极遁世，但这也是从另一角度对现实世事进行回应，属于救世的特殊方式。退一万步来讲，如果道家果真不关注社会现实，那我们今天断然看不到《老子》《庄子》等道家著作。名家对事理逻辑的争论看似与社会政治毫不相关，但公孙龙"欲推是辩，以正名实，而化天下焉"（见《公孙龙子·迹府》），名家认为改变世界首先要纠正名实不符的种种谬论。其余如阴阳家、杂家、农家等也同样积极寻求救世之法，这里就不一一列举。

可以说，先秦诸子的共同点便是关切社会现实、关怀人间疾苦，都显示出强烈的现实问题导向与社会政治指向，这便是先秦诸子哲学的基本精神。这与同时代世界其他国家的一些哲人抛弃社会、否定人生的倾向殊为不同，如释迦牟尼认为人生就是苦难的根源，柏拉图认为身体是灵魂的监狱。在基本精神的指引下，先秦诸子关注的具体问题多如牛毛，涉足领域也非常宽泛，但由于要救世，诸子将目光投向了高层，投向了政治，甚至有聚焦于君主的趋势，不论是儒家和墨家将国家治乱系于贤主明君的贤人政治，还是道家理想中圣人的"无为而治"，还是法家希望君主通过严刑峻法实现集权统治，政治才是诸子关心的最大命题，无论哪家哪派，其哲学思想也一定是政治思想。这并非说诸子哲学没有人性、社会、逻辑、伦理等其他命题，而是说这些命题都与政治思想或多或少地联系在一起。正如柏拉图的哲人王理论，即在理想国中，哲学家应该成为国王，或国王应该是哲学家，《理想国》既代表了柏拉图的全部哲学，同时又是他的政治思想。所以，与其将先秦诸子称为哲学家，不如更准确地称为政治哲学家，诸子哲学的本质和最终关切其实是政治。

虽然诸子哲学具有强烈现实问题导向与社会政治指向的基本精神，并以救世为主题，但他们救世的手段各不相同。于是，胡适在《中国古代哲学史》中提出诸子的三个派别：极端的破坏派、极端的厌世派、积极的救世派。这种提法虽有创建，但漏洞也不少：首先，他以老子代表极端的破坏派，忽视了老子思想中很重要的"小国寡民"式的社会重建部分；其次，他将杨朱与隐者作为极端厌世派的代表，而将杨朱学说冠以极端，不甚妥当；再次，他以孔子代表积极的救世派，却忽略了孔子主张与法家相比，不能算作积极，法家才是诸子中最为激进的。所以，如果以救世主张将诸子分类，应该有以下四个派别：

第一，悲观厌世派，以杨朱为代表。他们目睹时势腐败，心灰意冷，隐姓埋名，不肯复出，异常厌世。且看《列子·杨朱》："十年亦死，百年亦死，仁圣亦死，凶愚亦死。生则尧舜，死则腐骨；生则桀纣，死则腐骨。腐骨一矣，孰知其异？且趣当生，奚逢死后？"思考人生，穷究生死，透露出极其强烈的悲观情绪，反正人皆有一死，何不及时行乐。悲观厌世派的这种思想逻辑，在魏晋南北朝文学中再次显露，同样的离乱，同样的思潮，曹操有"对酒当歌，人生几何？譬如朝露，去日苦多"的感慨，曹丕也有"人亦有言，忧令人老。嗟我白发，生一何早"的追问，《古诗十九首》更是突出生命短促、人生无常的悲伤。先秦诸子与魏晋风度，在此互为映照。

第二，破坏重建派，以老子为代表。老子的救世手段是反文明的，即先毁灭现有文明成果，其"小国寡民"理想便是生产力与生产关系的双双倒退，胡适则称之为"毁坏一切文物制度"。只是我们读《老子》，看到破坏内容的同时，更要看到重建的观点，这个重建是破坏现有文明制度之后，按照老子以"道"为核心的世界观加以重构的新世界。胡适称老子为"革命家"，正是看重老子思想中的重建部分。

第三，消极救世派，以孔子、孟子为代表。以上两派或多或少都是厌世的，只不过杨朱采取逃避的姿态，而老子选择革命的道路。厌世的反面是入世，孔孟儒家无疑是要入而救世的。孔子对隐者尊敬，体谅他们的志趣，并不代表赞成他们的行为，批评伯夷、叔齐道："我则异于是，无可无不可。"（见《论语·微子》）孔子正因为"天下无道"，才恓惶奔走，"知其不可为而为之"一句，道尽夫子心事。孟子作为儒家学说继承者之一，"仁政"救世，不言而喻。之所以称孔孟为消极救世派，是相对于荀韩的积极救世派而言，毕竟孔孟的"法先王"凡事朝后看，相比法家向前看的"法后王"，还是消极了些，但从虚无缥缈的三代圣王上找寻统治合法性，是一种相对消极，而非绝对消极。

第四，积极救世派，以荀子、商鞅、韩非子为代表。荀子是具有法家倾向的儒家，与商鞅、韩非子等法家一道，在他们看来，历史是进步的、是发展的，后代必然胜过先代，明天一定优于今天，时代车轮的方向永远向前。这种唯物主义史观决定了他们"法后王"的立场，其中荀子既"法先王"又"法后王"，所以称为积极救世派，他们将希望寄托在现世君主身上。

形成与表达

面对如此博大精深的诸子哲学，如此光彩熠熠的思想财富，我们不禁好奇：是什么引发了诸子如此广博而深刻的思考？诸子的思想从何而来？这个问题不仅限于讨论诸子思想，更有助于从一个侧面理解国人的思维方式。这里先说诸子哲学的形成，后说表达形式。

初读《论语》时，很多人一头雾水。单说"仁"这个儒家最重要的概念，孔子竟然没有给出官方解释，翻遍《论语》也找不到"仁"是什么的答案，这令从小习惯于学习新知识前先学概念的我们摸不着头脑。但要说孔子没有对"仁"做出解释，也有失公允，书中关于它的章节还真不少，仅举几例：樊迟问"仁"，孔子说："仁者先难而后获，可谓仁矣"（见《论语·雍也》）；仲弓问"仁"，孔子说："出门如见大宾，使民如承大祭。己所不欲，勿施于人。在邦无怨，在家无怨"（见《论语·颜渊》）；司马牛问"仁"，孔子说："仁者，其言也讱"（见《论语·颜渊》）；樊迟再次问"仁"，孔子回答："爱人"（见《论语·颜渊》）；樊迟三次问"仁"，孔子又说："居处恭，执事敬，与人忠"（见《论语·子路》）……关于"仁"，不但不同的人提问答案完全不同，哪怕同一个人在不同时机提问，答案也完全不同。

可以说，是经验的，而非先验的，这是诸子思想形成的一大特点。《论语》中关于"仁"的阐释恰恰说明了这点，孔子包括之后的儒家学者都没有回答"仁"是什么，但他们一直在解释什么是"仁"，或什么不是"仁"。在儒家看来，"仁"并不能用几句简单的定义说明白，其精髓只蕴含在日常行为与人际交往的实践之中。同样，《老子》也没有定义"道"是什么，但全书都在说什么是"道"。诸子习惯于将形而上的理论投射在具象的经验中，然后逐渐用片言只语的解释大致框定概念范围。因为这个范围出于经验，所以也是比较模糊而难以界定的，这就导致诸子哲学必须置入具体情境来理解领会，而非空中楼阁。这种思维形成方式与西方恰恰相反。《圣经》被西方世界奉为经典圭臬，属于先验的人格神的指示，在神的验视之下，人需要时刻保持谨慎与理性，所以从希腊起便奠定了西方以理性为核心的思维传统，而与理性相对应的是科学、精确、明晰、直白，并非中国式的感性、大约、含混、委婉。

我们常用聪慧去赞美一个人的灵巧机智，细细想来，聪慧分别代表不同的含义：聪是指客观躯体技能的灵活，而慧是指主观心灵悟性的通达。二者之间，诸子哲学更看重慧，即悟性的力量。悟性是一种超常的直觉，人人都有，深浅各异，它不立文字，不依理性，只可意会，无法言传，书不能尽言，言不能尽义，这种境界并非西方式的理性逻辑能完全涵盖。《老子》开篇便是"道可道，非常道。名可名，非常名。无名，天地之始；有名，万物之母"，没有先前铺垫，没有后续阐发，完全没有前因后果式的逻辑推理，无论想知道这句话蕴含的道理，还是启动如是思考的机关，还是应用范围的大小，都要靠体悟，而后觉然。即便时至战国中后期，议论文体日臻成熟，以说理见长的《孟子》《荀子》《韩非子》等已出现长篇论述，但细细推敲起来，其中许多看似逻辑严谨的推导实则是前后不搭的伪逻辑。这里并非区别悟性和逻辑孰优孰劣，而是要说明古代东方与西方在思维方式方面各具特色，所以如果以逻辑清晰要求先秦诸子，确是强人所难。是悟觉，而非逻辑，是诸子思想形成的另一大特点。

既然诸子思想的形成是经验而非先验，是悟觉而非逻辑，那么诸子在表达自己思想时也有特定的方式：善用暗示。依据冯友兰的观点，中国古代哲学家有个共同特点，就是惯用格言、警句、比喻、事例等形式表达思想，先秦诸子在这方面表现得尤其突出，《老子》《论语》全书都以格言写成，《庄子》《韩非子》充满寓言和故事。但通过格言、比喻来说理，不透彻是在所难免的，于是只能依靠言外之意的暗示补充。明述和暗示正好相反，一句话越清楚，暗示的成分就越少，正如行文时越是描述详尽，就越不能成为诗。诸子的语言虽然不甚明了，但其中暗示丰富，语义简短而道理悠长，篇幅有限而深意无穷。富于暗示而非一览无余，这也是中国诗歌、书法、绘画等艺术形式的终极追求。在诗歌中，诗人往往意在言外，一名悟性高的读者能从诗句之外会意，但读书只能从字里行间去理解。这种中国艺术追求的意趣，恰好反映同时也成就了中国哲学表达思想的风格。

《老子》《论语》中的片语只言，本就不是依据特定前提进行探讨而得出的结论，可能只是智慧长者在闲暇游园时的闲言碎语，正因其不完整，才更具因暗示而成的巨大吸引力。如果我们将《老子》按照现代思维重写一遍，可能需要数万字乃至数十万字才能阐述清楚其中玄而又玄的概念，这会帮助读者更好地理解《老子》，但永远不能代替或超越《老子》本身的价值。即便是西晋的郭象，作为注解《庄子》的名家，他的注释本身就是道家的一本重要典籍，他把《庄子》中的诗句用散文重述，而且论述比原书清晰得多。《庄子》富于暗示，郭象的注解明白具体，对此，《大慧普觉禅师语录》中记载一位禅宗大师说："曾见郭象注庄子，识者云：却是庄子注郭象。"

正因为诸子哲学具有如此特别的形成与表达方式，导致诸子哲学形成与同时代西方哲学完全不同的生发形态，即生命体验式哲学。人类的欲望分为两种：一是现实的欲望，二是超越现实的欲望。作为高等动物，人类具有出色的精神思考能力和社会历史经验，常常不满足于对现实世界的认知，而追求对现实的超越，比如庄子哲学就在超越现实主题方面贡献良多，这本也是人内心深处的一种精神渴望。于是人类找到了哲学，在貌似空洞的哲学理论中寻找超越现实伦理道德的价值，这便是哲学相比于侧重现实伦理规范的宗教高出一筹的原因。

如果说西方哲学完成了超越现实价值的跨越，那么东方哲学便在此基础上努力穷究超越精神向人本身的重新回归。冯友兰认为，中国哲学讨论的主题是内圣外王之道。既然以此为主题，研究哲学就不能只为追求哲学知识，还要培养哲学的品格。于是，哲学便不仅是知识，更是一种生命的体验：用生命信仰哲学，用生命实践哲学，用生命超越哲学。在生命体验式哲学中，个体的生命与哲学理论永远处在一种仿佛你追我赶，又好似相互扶持的互动关系之中，哲学家永远在追赶哲学并从中汲取力量，借此完善人格以求内圣；之后，哲学家再将个人品质推己及人，按照《论语·宪问》的说法，小则"修己以敬"，中则"修己以安人"，大则"修己以安百姓"，从而实现外王；之后，哲学家又将生命体验凝练结晶，反哺哲学，完善哲学体系。在某种程度上，这就是先秦诸子心路历程的概括。于是先秦诸子哲学不同于同时代的西方哲学，是一套固定的思想理论模式，而是哲学家根据个人细小的行为不断总结、归纳、集合而成的从内到外的规范。从这个角度，我们便能理解诸子哲学著作如《老子》《论语》《孟子》等，为何要采取语录对话体的形式，因为生命体验就蕴含在每一个生命的每一刻的平凡细节之中。

生命体验式哲学在诸子哲学中以儒家为代表，在儒家中又以孔子最具代表性。《论语》中反复提及的重要概念，如"忠""恕""信""敬""义""庄""恭""敏""知"等，都着重个体生命的塑造，用李泽厚的话说就是，孔子特别重视人性情感的培养。相对西方基督教的罪感文化，日本大和民族的耻感文化，华夏民族则是包容量度更宽更广的乐感文化。其实，儒家倡导的价值不但是内在人性的培养，也是外在的行为规范，两方面都做到极致，便堪称"仁人"，甚至"圣人"。此外，孔子论及天、命、鬼、神时，主张敬天知命，而对这些主题的关切体现着孔子对个体生命塑造发展的探索，但因时代所限，夫子索而无果，便将这探索的热情转而倾泻在对天、鬼、神的敬畏上。可见孔子对天的关切，实则是关切生命的另一种表达形式。

鉴于儒家文化对中华民族性的深刻影响和强大塑造，这种生命体验式哲学值得特别关注。它已不只是一种哲学形式，更是融合了经验与悟觉、历史与现实、想象与存在、行动与思想、理性与情感等元素在内的，一个伟大民族延续几千年积淀而成的基因密码。

第二章

时代

周始封建

　　谈及中国古代，大家通常会称之为封建社会，其实封建社会有广义和狭义之分。广义的封建社会由马克思定义，指的是以地主阶级剥削农民为经济基础的社会形态。中国的封建社会正式开始于公元前 221 年秦朝建立，结束于 1911 年的辛亥革命。狭义的封建社会指分封制的社会结构，这种提法最早是指西欧的中世纪的国家结构，中国先秦时期也存在类似的制度。这里讨论的封建属于狭义的封建，即分封制度。准确地说，这种封建作为一种主流的政治社会形态，只存在于秦统一之前，统一之后的历代王朝属于君主专制国家，政治制度是集权制而非封建制。

　　夏商时期国家机构虽然形成，但组织依然非常松散。周代建立并实施"封建亲戚，以藩屏周"的封建使国家内部联系进一步加强。封建制度的实施，实际上可以上溯至商代，甲骨卜辞曾记载商代的封建，不过卜辞中的许多侯伯只是传统的氏族势力，商王是他们承认的共主。只有当商王向外扩张时，才会将商族子弟分封出去镇守新征服的地区，这与周初以本族势力扩张的封建有所不同。但另一方面，周初封建以氏族为社会基础，是继承商代的。

　　周人的来源并没有明确记载，只留下简短的充满神话色彩的传说故事，这个故事中不断提及农业，说周人始祖契自幼熟悉栽种农作物和麻，成年之后成为商朝的农官，直到商朝末年有关周人的记载才具有相当的可靠性。周人崛起于陕西渭水流域，从受商朝节制的部落国家渐渐发展壮大至"三分天下有其二，以服事殷"（见《论语·泰伯》）。但这种状态毕竟不能持久，周武王挥师东进，数月之间灭亡殷商。周公继起，平定三监和武庚的联合叛乱，向东方发展，直至成王、康王时代才完成。新征服的东方不仅人口众多，而且以群体而非个体存在的氏族传统极深，于是周人面临一个最现实的问题：如何巩固刚刚征服的土地和人口，进而巩固新生政权。

周人的应对方法便是武装殖民，即周初的封建。在东进的过程中，周人开始大规模殖民，对东方广袤的土地进行军事占领。先在洛邑经营成周，作为东进的大本营，不少殷商贵族被强制迁移至此并受严密监视。后分封姬姓子弟于东方各个战略要点，封建的本义便是封土建国，《左传·僖公二十四年》载富辰之言：“昔周公吊二叔之不咸，故封建亲戚以藩屏周。管蔡郕霍，鲁卫毛聃，郜雍曹滕，毕原酆郇，文之昭也。邘晋应韩，武之穆也。凡蒋邢茅胙祭，周公之胤也。”殷商贵族被打散，分别隶属于各封国之下，各地原住氏族也在武装控制下接受周人的统治。在新占领的土地上，周人建立起坚固的城堡作为镇戍据点，众多据点互相掩护，达到控制东方、藩屏周朝的目的。周人通过封建将血统的联系作地理的扩大，国家的纽带比商朝进一步加强。

　　当然，武装殖民只是周初封建的一方面，另外一面则是对旧氏族势力的安抚怀柔，毕竟氏族势力仍旧强大，周人只能因其势而统治。于是在周初分封的国家中，上述的“封建亲戚”只是类型之一，还有三种类型都是对旧氏族的怀柔：一是分封古代共主的苗裔，如神农之后封于焦，黄帝之后封于祝，尧之后封于蓟，舜之后封于陈；二是分封早先臣服的商人和归顺周的古国；三是在东进过程中与周人合作而且立功的异部族，但多分封于周朝中心的关中地区，便于监视。周人对旧氏族的统治，充分尊重他们原有的习俗，如隶属于鲁国的殷民六族，族长仍能“帅其宗氏，辑其分族，将其类丑”（见《左传·定公四年》）。

　　在周朝封建贵族的社会秩序中，周王与诸侯的关系，一方面是血统的衍生与宗族的分支，另一方面也是主从关系。血统衍生与宗族分支表现在周人的昭穆制和大小宗制。昭穆制只论辈分，不论亲疏，太祖之后，一代为昭，一代为穆，再一代为昭，再一代为穆，循环往复，就权力分配来讲，具有氏族共权的特点。随着东进的完成与封国的增多，土地的分封不可能无限制地进行下去，昭穆制便与封建失去了联系，只能用以维持氏族成员的共同意识。代替昭穆制而起的是大小宗制，根据《礼记·大传》，受封的诸侯和卿大夫都可以“别子为祖，继承别宗”，百世不迁，而其他许多不能分封的贵族子弟，只能成为小宗，五世之后与当权的宗族失去联系，沦落为庶人。诸侯、卿大夫在自己的封国或采邑内是大宗，但面对周天子时只能以天子为大宗，而卿大夫又以诸侯为大宗。通过大小宗制的联系，以宗周为首脑，使得周人不致因分封而分裂为许多不相联署的社会政治单位。此外，封建贵族的主从关系体现在锡命礼上。诸侯受封时，必须行锡命礼。当诸侯朝觐天子时，都有锡命，予以训诫，赏赐礼物。而在封建贵族继承祖先的封国和职务时，同时继承祖先所有的人民和土地，这时也需要以锡命礼来肯定对周天子的臣属关系。不但周天子对诸侯行锡命礼，诸侯也能对卿大夫行锡命礼，于是封建贵族的关系建立在层层的主从关系之上。与此同时，除了对周天子的军赋、贡献等一般性义务，诸侯在自己的封地上拥有相对独立的权力，周天子不能干涉，卿大夫也是如此。

经由分封制和宗法制，周朝已经在实际上建立起自己的统治秩序。在此基础上，周公"制礼作乐"，从文化维度进一步巩固封建贵族的统治，上述锡命礼就属于礼乐制度，《礼记·明堂位》有云："六年，朝诸侯于明堂，制礼作乐。"其实，礼法早在夏朝就有端倪，到了殷商神权时代，礼法得到了信仰上的巩固，周公总结前人经验，完善了礼法体系，使其适用于宗法制。"礼"的目的在于维护宗法制度，兼有维护贵族的世袭制、等级制的作用，当时许多经济和政治上的典章制度，常常贯串在各种礼的举行中，依靠各种利益的举行来加以确立和维持。而"乐"则被当成一种对不同阶级施行的不同待遇，同时，封建贵族还能通过这种文化符号来协同行动，解决矛盾，调和因等级而形成的各种冲突，"乐"也由此升华成为一种心性教养，从而积淀在民族性格之中。

除了封建贵族，还有绝大多数的处于贵族统治下的人民，分为国人和野人，都属于贵族的人力资源。周人武装殖民之后建立城堡，城墙之外的郊远地区称为野，住在城外的人民称为野人，住在城里的称为国人。国人与野人社会地位最大的不同，在于国人拥有参政的权力，这源自早期的氏族共权，虽然野人没有，但与封建贵族感情的好坏也足以影响贵族的实力，毕竟贵族要依靠他们来供养保卫自己。无论国人还是野人，耕种都是他们最重要的工作，农业是当时最主要的经济活动。由于生产技术的低下，农业生产仍然以共同劳动为主，农耕时彼此互助，土地也无所谓私有，赋税必须以里、邑为单位缴纳，而非家庭或个人。作为周朝另一大制度的井田制，就是这种互助耕作的体现，虽然争议颇多，但《诗经·大雅》中有"雨我公田，遂及我私"的句子，每块井田被分割为九个等方块，八家农户各耕种外围的八块方地，中间的公地即诸侯、卿大夫所领之地，由八家共同耕种，这被视为一种公众的义务。黄仁宇认为井田制是一种间架性设计的代表，来自标准化的要求，意味着国家与社会结构可以人为地创造，而且同时引出上层设计的形式比下层运作的实质更为重要的统治习惯。

礼坏乐崩

在几代人的共同努力下，周初建立起以封建制度为主体，以宗法制、礼乐制、井田制等一系列维护统治的制度为辅翼的国家架构。作为一个在前所未有的广大疆域内统领若干农业小国家的大宗主，周王室保持着实力与权威，新耕地不断开拓，四夷逐渐由渔猎转为耕耘并相继向天子进贡，天子对各种争端的仲裁也颇有力量。但是在公元前800年前后甚至还要更早，以上种种制度逐渐失效，以至公元前771年，国都被入侵的戎族攻破，西周最后的国君幽王被杀。其子平王东迁，开创了东周的历史，但也走入政治长期衰败的时代。一般将东周分为两个阶段，一是春秋，即公元前770—前476年，二是战国，即公元前475—前221年。如此称呼是根据两部史书而来，一部是鲁国史书《春秋》，另一部是着重记载军事和外交的《战国策》。

走进春秋战国之前，我们需要明白周初建立并在相当长的一段时间内稳定发挥效用的封建体制为何式微。其实，用封建制度维系对天下的统治，一方面仰仗周王室的实力，另一方面依赖宗法关系和感情，由此形成一个井然有序的社会。但天子的实力不会一成不变，宗法感情也会渐渐淡漠，于是封建贵族社会的秩序首先发生变动。由于贵族秩序变化的影响，加之生产技术

的突破带来生产力的发展，使得社会基层国人与野人的氏族结构遭受破坏。而社会流动加速，使社会基础由氏族变为个别家庭，经战国至秦汉，形成编户齐民的社会。

周初分封的贵族屡有迁移，并未固定于某地，但当武装殖民完成之后，封地的性质逐渐增强，进而固定，以诸侯国都为中心不断向外界扩张。封建最初只是一个据点，贵族的领地彼此不相连接，然而当领土扩张之后，相邻的诸侯国间难免起争端。此外，封建贵族阶级固定之后，不同阶级有不同的礼，成为贵族生活的重要部分，礼仪隆重，便难免繁文缛节、奢侈充排场。为了充排场，很多大贵族不得不以所领的山林、田地或其他权利与主管生产的小贵族交换他们所需的物资，而诸侯将所属田地直接赐予属下的情形也屡屡发生，贵族内部地位的升降变化由此发生。

西周末期以来，贵族延续数代，早已不可能保持周初那样亲密的宗法感情，而随着诸侯国的发展，周王室与分封诸侯间实力此消彼长，区别渐渐缩小。于是矛盾和冲突表面化了，有了国与国之间的战争，有了诸侯国内部卿大夫之间的战争，甚至诸侯与卿大夫之间也有斗争。在春秋的长期混乱中，有的诸侯国君因为争斗失去地位，甚至沦为奴隶，《左传·昭公三年》有载："栾、郤、胥、原、狐、续、庆、伯，降在皂隶。"同时也有一些小贵族甚至庶人、奴隶的地位上升，掌握了前所未有的政治权力，《左传·哀公二年》载有赵简子之言："克敌者，上大夫受县，下大夫受郡，士田十万，庶人、工、商遂，人臣、隶、圉免。"意思是原本不能仕宦的庶人可以出仕，低贱的人臣、隶、圉也能改变旧有身份。如此一来，整个井然有序的宗法制度在实际上已经瓦解。

一方面由于宗法制的瓦解，另一方面因为争权夺利而给国君带来的痛苦经验，到了战国时代，诸侯国都极力摆脱封建贵族制度，转而走向君主专制，封建制便名存实亡了，这个过程被称为礼坏乐崩。其实礼坏乐崩只是形象的说法，崩坏的并非只是周初建立的礼乐制度，而是以礼乐制度为代表的周以来整个封建社会秩序的解体。这一次变革的影响绝不亚于晚清时"数千年未有之大变局"。

上层封建贵族社会的变动波及底层的氏族结构，原本平稳有序的基层氏族也因春秋以来的种种变动而遭受破坏。各国由于战争需要，或出于统治阶层的奢侈腐化，常常加重赋役的征敛，《论语·颜渊》便记载有若劝说鲁哀公施行十中取一的"彻"税法，但哀公说，十中取二，"吾犹不足，如之何其彻也？"在这种情形下，野人也要担负军赋，开始只是在战略要地用野人当兵，然后是各地所有劳动力都要当兵。除了军赋之外，还有其他赋役负担不断加重，人民开始有流亡现象，《孟子·梁惠王上》说君主"夺其民时，使不得耕耨以养其父母，父母冻饿，兄弟妻子离散"，又说梁惠王"凶年饥岁，君之民老弱转乎沟壑，壮者散而之四方者，几千人矣"。有时统治者的强令迁徙也加剧了人口流动，《孟子·梁惠王上》记载梁惠王说："河内凶，则移其民于河东，移其粟于河内。河东凶亦然。"人口流动的加剧自然打破了原来邑里的氏族结构，产生许多游离在团体之外的家庭或者个人。此外，生产技术的突破也促成了基层氏族结构的破坏。春秋战国之际，冶铁技术发展，铁制农具开始普遍使用，木、石、青铜等制作的农具逐渐淘汰；新发明的犁具配合最新的牛耕技术也出现在春秋末年，这些都极大提升了生产效率。在这样有利的工作条件之下，农人有能力独立经营土地，不必再与邑里其他居民合作，井田中央的公田无人耕种，八块私田的产量却逐年攀升。封建贵族为保证领土的赋税收入，只好废除井田制，改按农民所耕的田亩面积征税，鲁国在春秋末年施行的"初税亩"首先展开了这一既是赋税制度，又是属于社会制度的转变，个别家庭成为社会的基本单位，基层氏族结构完全瓦解。

封建社会的土地制度，从民众助耕公田来看，可以说是贵族所有，从邑里居民共耕共赋来看，可以说是邑里公有，土地私有尚未形成。但随着封建社会秩序的解体，贵族所有或邑里共有的土地制度也被破坏，土地私有代而兴起。上述生产技术的突破是促进土地私有化的重要原因之一，邑里居民不再合作，爰田制的发展就是这种变化的说明，根据孟康注《汉书》，古时农业施行粗耕，共同耕种的居民隔一段时间就要迁徙到另一块土地上进行耕作，所谓"爰土易居，古制也"，但随着农业技术进步，农民可以在自己的土地上休耕，需要再易的地面积比较大，需要一易的地面积次之，不易之地面积最小，但总体面积再大也不超过三百亩，而百亩之地正好是一名耕夫的经营能力，于是不必与其他居民迁徙休耕，只需"爰自在其田，不复易居"。此后，土地私有观念萌生，除"初税亩"外，楚国也实行"量入修赋"即登记土地而后征税，《汉书·食货志》记载李悝为魏文侯作"尽地力之教"，说到农民"一夫挟五口，治田百亩，岁收亩一石半，为粟百五十石。除十一之税十五石，余百三十五石"，很显然是农民土地私有了。土地私有制度和观念渐渐确立，自然产生一个新兴阶级——地主阶级，实力日增的同时需要更多的政治权力保障和进一步做大本阶级的既有利益，与封建贵族阶级的矛盾冲突在所难免，许多代表新兴地主阶级利益的思想家、实践派因此"流血"。

宗法组织和氏族结构的瓦解，从上下两个层面加速了封建社会秩序的解体，代之而起的是一个由君主个人专制统治，以个别家庭即编户齐民为基础的新社会。所谓编户是指所有户口都要登记在政府户籍之中，政府通过户籍控制每一个家庭与个人，作为赋役的依据。在封建社会中，个人依附于贵族，赋役又集体承担，所以没有类似后世的户籍，大致到春秋末期，由于征兵和赋税改革，登记每一个家庭成为统治的必要。及至秦汉，户籍制度已经完全确立，《史记·秦始皇本纪》便有秦王政十六年"初令男子书年"的记载，男子必须在户口上登记年龄信息。所有的户口登记在政府户籍之上，从统治者看，这些百姓的地位都是相等的，属于组成国家的一分子，没有阶级之分，这便是所谓齐民。封建社会解体的过程中，贵族沦亡，庶人兴起，国人、野人界限消除，一切原有阶级分界都被打破，一切旧有权力分配都被重构，最后只有皇帝掌握最高权力，其他所有人只是身份等同受皇帝统治的齐民。社会上只有齐民，不再有贵族力量，国家走向集权，君主迈向专制，秦朝统一，始皇独尊，皆为历史必然。

士的崛兴

从封建社会秩序的建立到瓦解，从周公制礼作乐到礼坏乐崩，从封建贵族到专制君主，无数历史机缘推动时代向前发展，也促成了一个社会阶层的兴起，这便是在此后中国历史上占据重要地位的士人阶层，先秦诸子便属于这个特殊的士人阶层。在西周封建社会中，士正处于统治阶层和被统治阶层的交汇点：一部分士处于统治阶层的底层，作为贵族的依附担任下级职务，可以接受教育；也有一部分士处于被统治阶层的上层，有自己的专长，大多自耕自养。当封建社会上层贵族和基层氏族结构被破坏时，阶级升降时有发生，士在此过程中独立出来成为新的社会阶层，与之前的士人有不同的特点。

封建贵族不仅是政治统治者，同时垄断着教育文化权力，诸侯家宅不仅是政治中心和权力中心，也是文化中心，设立官学，向贵族普及文化知识，依附于贵族的士人就近而便。而普通百姓不能参加官学，没有受教育的机会，也没有文化知识，自然不可能有什么学者。这就是刘歆所说西周"吏师不分"的社会背景，依附于贵族的士人也是拥有文化垄断权力的学者。礼坏乐崩之后，一方面，宗法制的瓦解给了士人身份自由，不用必须依附贵族寻求生机，从前垄断知识的士人散落民间，开设私学，招收生徒，以求生计，为普通百姓带来无法接触的文化知识，吏与师开始分离；另一方面，基层氏族的破坏给了士人人身自由，不用固定生活在某地而可以四方游走，过去在阶级结构中具有固定地位的士变为具有游动性质的士。春秋末年，作为封建破落贵族的孔子开设私学，自由讲学，扩大教育范围，是士人阶层兴起的开始，孔子本人便是新兴士人阶层的典型代表。

新兴的士人之所以能成为独立且特殊的社会阶层，在于他们拥有知识。孔子弟子三千，有贵族但大多是平民，出身不同但在孔子门下都拥有了知识。孔子之后，儒家弟子如子夏在西河，曾子在武城，继续讲学事业。墨子弟子的组织纪律性更强，团结在首领"巨子"周围，学习墨家学说。孟子以"得天下英才而教育之"（见《孟子·尽心上》）为乐。《孟子·滕文公上》书中记载农家代表人许行，"其徒数十人，皆衣褐"。而且平民为求仕宦，抛弃农事专门务学者不在少数，《吕氏春秋·博志》记载宁越原是"中牟之鄙人"，弃耕从学，"十五岁而周威公师之"。不论出身，只要拥有知识，便是士人阶层一分子，这都得益于教育向普通百姓的扩大，于是士人成为一个凭借特长而非身份决定地位的社会阶层。

士人拥有知识，目的是为入世出仕。孔子一生的抱负都是在政治上一展才华，并且告诫学生要好好学习，"禄在其中矣"（见《论语·卫灵公》）。战国时代的士人因为封建社会秩序的解体，已经失去赖以生存的产业，所谓"无恒产而有恒心者，惟士为能"（见《孟子·滕文公上》），所以"仕非为贫也，而有时乎为贫"（见《孟子·万章下》），士人不出仕就无以为生。贵族政治已成为过去，君主专制代之而兴，君主不再将权力与贵族共享，于是君主为贤是用，士人以知识服务君主，既可以维持生计也可以施展政治抱负，新的合作关系由此建立。

上面提到新兴士人阶层脱离原有邑里氏族结构限制，成为社会的游动分子。为求得君主赏识，往往背井离乡，周游列国之间，他们出仕也没有国别限制。孔子、墨子、孟子、荀子等思想家都曾带领学生周游列国，其他战国时期的士人几乎没有不流动的，他们凭借才华待价而沽，寻找伯乐。士人脱离氏族结构限制的重要表现之一便是不再有家族和田产的羁绊，苏秦发迹的故事可以说明这点，《史记·苏秦列传》记载，苏秦成为合纵长，佩带六国相印，回乡时"昆弟妻嫂，侧目不敢仰视，俯伏侍取食"，一改往日的傲慢态度，于是苏秦感慨道："此一人之身，富贵则亲戚畏惧之，贫贱则轻易之，况众人乎！且使我有洛阳负郭田二顷，吾岂能佩六国相印乎！"可见苏秦不但与家族关系不密切，而且没有田产，这正是当时社会的特色，士人没有家族和经济势力的支持，以个人身份活跃在社会上。但在封建贵族衰落，君主为贤是用竞相争取的情况下，士人之气高涨。

士气高涨表现于国君的礼遇和养客之风。士人之中有些不甘于屈身为臣，排斥一切政治权威，如陈仲"以兄之禄为不义之禄而不食"（见《孟子·滕文公下》），又如庄子主张文明倒退，抵制一切政治活动。还有些士人行为相对温和，以君主师友自居，如孟子便自诩为"有王者起，必来取法"的"王者师"（见《孟子·滕文公上》），魏文侯礼遇子夏、田子方、段干木，鲁缪公友待子思，但子思以师自居而不悦。君主礼遇的制度化结果便是齐国的稷下学宫，《史记·田敬仲完世家》记载，齐宣王喜欢文学游说之士，"驺衍、淳于髡、田骈、接予、慎到、环渊之徒七十六人，皆赐列第，为上大夫，不治而议论"，称为稷下学士，全盛时达到数百上千人，这正是齐国为"览天下诸侯宾客，言齐能致天下贤士也"，反映了诸侯国之间正在进行一场激烈的人才争夺赛。除了当时有名望的士人，大多士人并无声名，但也成为各国的争取目标，因此有了养客风气。齐国有孟尝君，赵国有平原君和廉颇，魏国有信陵君，楚国有春申君，秦国有吕不韦，燕国有太子丹，他们养客有不同等级不同待遇，可见养客已经制度化。权贵养客是为壮大自己的声势，建立实力基础，必要时有人为自己效命，士人则是为了生计和获得仕宦机会。

黄土与季风

上面从政治、社会、经济角度分析了先秦诸子哲学的人文背景，这一节说说自然环境对先秦乃至中国整个古代的影响。在所有自然条件中，陆地是中国最重要的自然要件，而作为一个大陆民族，华夏族历来倚重农业。农业的发展需要诸多先决条件，黄土便是其一。这种特殊的土壤纤细如面粉，透气性好，利于种植各种作物，经过百万年的风力作用堆积成为高原。由于黄土的纤细，可供原始工具耕耘，周初武装殖民的同时推广农业，与黄土的特质息息相关。到战国时期，各诸侯国为了争霸，都以耕战作为国家要务，反映商鞅变法思想的《商君书·农战》便说："国待农战而安，主待农战而尊。"秦国延续商鞅的农战思路，在经济和军事上均取得优势，才得以战胜东方六国。在农业被认为是立国之本的同时，商业则被视为末流。商业的发展毕竟要以生产主要用于交换的商品为前提，而在以农业为主的国家中，农产品主要用于自给自足，如遇天灾，粮食尚且不够，所以重农抑商是历来的国策。

黄土给中国的另一种影响表现在黄河上，黄河中游处于黄土地带并将黄土高原分为两半，接受黄土地带的几条重要支流汇入，结果是黄河的水流中夹带大量泥沙。一般河流夹带 5% 的泥沙已经不少，但黄河有过含沙量曾达到 46% 的记录。黄河流水泥沙俱下，很容易淤积导致河床抬高，堤坝决口后洪灾时有发生，这对以农为本且生产力低下的古代社会无异于灭顶之灾。这时，如果有一个坐落于灾害较少上游的政府，具备一定的能力和威望可以调集所有资源，动员所有人力，平日里加固堤防、防灾备灾，受灾时赈济灾民、减灾消灾，一定会受到百姓的热情拥护。

《春秋》中有一段提到公元前 651 年，齐国召集相关诸侯盟誓，不得修筑有碍于邻国的水利设施，不能在天灾发生时阻碍谷物的流通，这便是葵丘之盟。《孟子》书中十一次提及治水，其中还有直接指责将洪水导入邻国的不义之举，可见洪灾、黄河、黄土的相互关系。衰落的周王室无法完成这些任务，其开创的封建制度将土地和人民分而治之，这意味着国家力量也被分割分散，面临灾害时可动员的力量大大削弱。于是社会思想渐渐由支持封建转而拥护中央集权制度，相对来说，集权政府抗灾害能力要强很多，更能给予人民应有的安全。《孟子·梁惠王上》记载孟子说天下"定于一"，即只有统一才有安定。这也是战国后期的哲学家如荀子、韩非子都盼望君主专制的一大原因。

除了黄土对农业和国家形态施加影响，降水也是又一影响因素。春秋战国时期人口密集地区绝大部分处在季风气候区，全年降水集中在高温的夏季，但季风带来的降雨并不均匀，从海上吹来的暖湿气流需要特定的气象条件才能冷凝成雨。于是各国百姓常常因季风与降水的变幻莫测而被改变命运走向。《春秋》中常有邻国军队越过国界抢夺收成的记载，而饥荒时邻国拒绝接济可能成为战争的导火索，能够克服因气候带来天灾的有效途径之一便是极力扩张领土，以增强国家对灾害的弹性应急能力。所以对于当时的兼并战争，我们不能简单以一句"春秋无义战"进行批判，更应该看到战争不仅是君主的穷兵黩武，客观上对底层群众也颇为有利。

自然环境与一个地区的经济形态息息相关，而思想和逻辑也受到经济形态的影响。儒家思想和道家思想的根源则在于崇尚农业的经济形态，反映了农民的思想方式。两家共同的理论是，无论在自然领域还是人生领域内，任何事物发展到极端就有一种朝反方向的另一端移动发展的趋势。儒家阐释《易经》时，受到日月运行和四季嬗替的启发，这些都是农民耕种的必备常识，有"寒往则暑来，暑往则寒来，寒暑相推而岁成焉"，也有"日中则昃，月盈则食"，《易传》称这样的运动为"复"，所谓"复，其见天地之心乎"，而《老子·第四十章》也有"反者道之动"的说法。这种理论在漫长的历史中提醒人们要居安思危，也给予在极端困苦环境中的中国人克服困难迎接希望的信心，因为黑暗到了极点一定会有光明。这理论还给中庸之道提供主要论据，"不为已甚""毋太过""过犹不及"等成为儒道两家共同的格言，行事过分必将适得其反。

儒道两家对农民生活不同方面进行理论化，形成了不同的思想。农民依靠土地生活，而土地无法移动，一个人无法离开祖辈生活的土地，子孙也只能在这片土地上生活，同一家庭的后代由于经济原因生活在一起，渐渐发展成为家族制度，其复杂性世界少有。冯友兰认为儒家思想很大程度上就是这种家族制度的理论化，中国传统的社会制度就是家族制度。传统的社会关系被分为君臣、父子、兄弟、夫妻、朋友五种伦常关系，其中三种是纯粹的家庭关系，而另外两种也是家庭关系的延伸，这种伦常便是儒家理论的基础。经济环境成为社会关系的基础，儒家反映了这种社会关系的伦理价值，而经济环境又是地理环境的产物。因此，对中华民族来说，这个社会制度及其理论都是自然而然的，儒家成为中国的正统主流思想。农民生活简单，思想纯真，道家则从这个角度出发谴责文明，主张返璞归真，《老子·第八十章》中对"小国寡民"的描述和向往正是对农民社会的歌颂。农民时刻与自然相处，对自然怀有感情，道家则将这种感情发挥到极致，将自然和人为严格区分，顺乎自然带给人快乐，而加以人为只能带来痛苦。

中 篇

诸子的声音

第三章

老
子

老子来了，老子走了

诸子百家之中，首推老子。老子不但是诸子中年代最早的，而且其著作《老子》更被不少人认为是诸多哲学流派、思想学说的发源点，明朝时宋濂有言：

> "视之不见名曰夷，听之不闻名曰希，搏之不得名曰微"，道家祖之；"谷神不死，是谓玄牝，玄牝之门，是谓天地根"，神仙家祖之；"吾不敢为主而为客，不敢进寸而退尺，是谓行无行，攘无臂，扔无敌，执无兵，祸莫大于轻敌，轻敌几丧吾宝，故抗兵相加，哀者胜矣"，兵家祖之；"道冲而用之或不盈，渊乎似万物之宗，挫其锐，解其纷，和其光，同其尘，湛兮似若存，吾不知谁之子，象帝之先"，庄、列祖之；"将欲翕之，必固张之。将欲弱之，必固强之。将欲废之，必固兴之；将欲夺之，必固与之"，申、韩祖之；"以正治国，以奇用兵，以无事取天下"，张良祖之；"我无为而民自化，我好静而民自正，我无事而民自富，我无欲而民自朴"，曹参祖之。（见《诸子辩》）

上面双引号里的内容都出自《老子》，宋濂连用七个"祖之"，认为道家、法家、兵家的学说，还有张良、曹参的治国之道，皆源自老子学说。可见，《老子》博大精深，远非常人可以参悟得透的。

然而老子的一生是一个谜。在《中国古代哲学史》中，胡适谈及他的事迹，用"已不可考"形容。关于老子之死，胡适则说"不知在于何时"，令读者摸不着头脑。相较之下，对老子生平记载最为详尽的《史记·老子韩非列传》，论及他的结局时，也以"莫知其所终"做结。司马迁还说他"百有六十余岁，或言二百余岁"，后人根据这个说法，一口咬定老子至少活了一百六十岁，以此推断《老子》中藏有长生延年之术，大肆渲染。这虽是后人附会，但也为《老子》另添不少神秘的色彩。

根据《史记·老子韩非列传》，老子姓李，名耳，字聃，是楚国苦县厉乡人，曾做过"周守藏室之史"，大概是周朝图书馆馆长。值得纪念的是，老子与孔子——这两位对中华民族的影响至远至深的伟大思想家——曾见过面。孔子一反圣贤师者形象，这次见面是他向老子求教，所谓"将问礼于老子"。老子一番教导，令孔子佩服得五体投地，孔子甚至说拜见老子就像见到神龙一般：

> 孔子去，谓弟子曰："鸟，吾知其能飞；鱼，吾知其能游；兽，吾知其能走。走者可以为罔，游者可以为纶，飞者可以为矰。至于龙吾不能知，其乘风云而上天。吾今日见老子，其犹龙邪！"（见《史记·老子韩非列传》）

然而，两位哲人的对话没能减少老子对世事的无奈，对社会的失望。老子所在的春秋年间，不知灭了多少国，破了多少家，杀了多少人，流了多少血。我们看《左传》《国语》《诗经》几部书，就知道长期战争使得国中百姓流离失所，丧乱死亡。原本坚如磐石的封建社会秩序摇摇欲坠，诸侯卿大夫们为一己之私，不惜相互侵略，亡国灭种者不可胜数。随着新兴地主阶级的勃兴，社会贫富差距逐渐拉大，"遍身罗绮者，不是养蚕人"的悲惨境遇早已出现，但上层统治者依旧在黑暗的政治中继续腐败，敲吸百姓骨髓，压榨人民血汗。天下，一片大乱。

也许正因为老子"周守藏室之史"的职位便利，他看穿了：世道不可拯救，人心也不可复归于纯粹，家国更不可能恢复稳定。老子在无人问津的故纸堆中读着往事沧桑，"一篇读罢头飞雪"，变白的不只是顶上青丝，更是胸中心血。对这样的世事，还有什么可留恋的呢？"归去来兮，田园将芜，胡不归？"是啊，老子该离开了。

老子在历史舞台的退场也是一个谜。当他携童子，骑青牛，挎青葫，扬长而出函谷关时，被关令尹喜拦住："子将隐矣，强为我著书。"可能老子也觉得该为这不值得留恋的世界留下点什么，便著书上、下两篇，"言道德之意五千余言而去"，这便是通常将《老子》称为"五千言"的缘由。老子出关是一件意义重大的事件。他好像在宣示，人们已经不配受哲学的引导，何况人们也由于迷醉与迷失于物质世界，已经可耻地抛弃了哲学。一个绝顶的哲人，就这样神秘地离开了。

不过，关令尹喜恐怕不知道，正是他不经意之所为，为中华民族留下了一笔丰厚的思想与哲学的"矿藏"——《老子》。《老子》亦称《道德经》，被誉为"万经之王"，中国历史上最伟大的哲学著作之一。据联合国教科文组织统计，《老子》是除了《圣经》外被译成外国文字发行量最多的文化名著。

但《老子》是否为老子所著，学界存在巨大争议，以致很多书都用"相传为老子所作"之类的言语介绍这部经典。冯友兰就认为《老子》是后人假借老子之名而作，且成书年代比一贯认为的更晚，应在惠施和公孙龙之后。真实历史我们早已无缘一探究竟，即便是探究清楚了《老子》真的并非老子所著，除了毁掉我们民族记忆中的一位哲人，并抹杀千百年来普罗众生的一处精神归所，此外又有什么意义呢？怀疑一切的历史虚无主义，看似有理，实则是该警惕与抵制的罪魁。

司马迁用"无为自化，清静自正"简单的八个字，概括《老子》的思想精华。他还用"老子，隐君子也"定位这位哲人，这里的"隐君子"绝非隐士、隐藏的人等简单内涵，而是渗透着道家哲学的精髓，也就是《史记·老子韩非列传》中所说的"良贾深藏若虚，君子盛德容貌若愚"，这种"若虚""若愚"的理念，与现代低调处世的人格精神最为契合。

由老子的隐去推及道家一派学说。在杨朱眼中，"拔一毛而利天下，不为也"（见《孟子·尽心上》），这是隐士独具的退世主义哲学，只不过杨朱不甘寂寞，将这隐士的生活与感悟记述下来，传之后世。而老子认为，杨朱的逃避并不能完全回避世间的罪恶与丑陋，于是《老子》主张掌握宇宙万物的运行总规则——"道"，只要依照这种法则行事，便能达到道家明哲保身的基本目的。而庄子亦是隐君子一名，其避世缘于对现实社会政治的强烈不满，但并非杨朱式的消极回避，庄子为古今称道在于他"齐万物，一死生"

（见《庄子·齐物论》）的思想，从更高的角度俯视万物，从而实现精神的超越。总而言之，杨朱讲逃避，老子为法道，庄子求超越。

了解杨朱、老子、庄子，这三位先秦道家不同阶段代表人物的基本主张，就能更好地理解老子"道"与"无为而治"思想承上启下的重要作用，其基本的功利目的是在动乱社会中自我保护，避免生命损害，更进一步才是处世、治世的高层次追求。

其实，倡导"无为"不只是道家，法家也提倡"无为"，但以慎到为代表，法家的"无为"是君主施用法治之后的"无为"，是积极主动之后的"无为"，是使社会上下遵循社会现实与人心人性的"无为"。相比法家，我们并不能认定老子提倡"无为"就是消极的，非此即彼、非黑即白的极端思想要不得，老子不过是以"无为"而求"无不为"。

正面，是"无为"而温和退让的李耳；背面，却是"无不为"而野心勃勃的老子。

读《老子》之法

西汉时，方仙道开山祖师河上公作《河上公章句》，将《老子》分为八十一章，上篇三十七章，即《道经》，下篇四十四章，即《德经》，构成了现在的《道德经》。但从湖南长沙马王堆汉墓出土的帛书《道德经》来看，《德经》在《道经》之前，与通行本不同。

古今都有不少人强加理解，追捧《老子》，将经义传得神乎其神，认为可以预测吉凶，或可养生祛病，不明事理者亦盲目跟风。对此无端附会，此为无稽之谈，我们应有清醒的认识，才不会受当前社会某些偏见谬见的不良影响。由于《老子》惜墨如金，言语精简异常，加之富于哲学内涵的"道"玄之又玄，初读使人莫知所云，更因后世保存不力，章节混乱，次第不清，平添障碍，读来难度颇大。事实上，此书绝非神书，亦非高深莫测之作，而

是有规可遵、有矩能循的诸子著述之一。这里提供一种研读《老子》的方法，有助于在混乱中梳理出一条主线，执此线索追寻老子足迹，恍然之后，即使没有大悟，也有小得。当然，读先秦诸子之法，本就没有所谓的最正确与最科学之说。

老子作为先秦诸子第一人，既属这个群体，思想就难免打上具有诸子特色的烙印。既然诸子哲学的基本精神是强烈的现实问题导向与社会政治指向，那么《老子》也不例外。即便它看似主张"无为而治"的出世精神，实则是入世情结更加猛烈的抒发，"无为"的目的毕竟是"无不为"。就此一点，完全可以反驳将《老子》奉为玄妙仙术乃至超神之书的愚蠢观点。还有一点可以印证《老子》的现实问题导向。在某种程度上，宗教是某种哲学加上一定的上层建筑，包括教义、礼仪、体制、迷信等。而中国人不像世界其他一些国家那样重视宗教，德克·布德就曾在《构成中国文化的主要思想》中写道："他们（中国人）并不认为宗教思想与宗教生活是生活中的重要部分。……中国文化的精神基础不是宗教（至少不是有组织形式的宗教），而是伦理（特别是儒家伦理）。"中国人重视伦理，家庭伦理经由夫妻、父子、君臣的三纲递推拔高至治国层面，与政治紧紧相连。这便决定了无论诸子之中的哪一派哲学，都直接或间接关切政治与伦理道德，《老子》的现实导向便不言而喻。而正因道家出世主义的存在，为诸子哲学增添了别样内涵，于是，诸子哲学的主要精神既是出世的，更是入世的；既是理想主义的，又是现实主义的。而哲学的最终使命正是要在这两极对立中寻找调和的中间路线，这也是"中庸"在国人心中地位极高的原因。

由此观之，《老子》同《论语》《墨子》《韩非子》等殊途同归，目的都是为拯救乱世献计献策，只是达成目的的手段不同。冯友兰认为中国哲学讨论的问题是内圣外王之道，《老子》也难以脱离社会政治现实，道家的哲学思想也必然是它的政治思想，甚至哲学思想都在为政治思想服务。

在先秦诸子哲学基本精神的指引下，读《老子》便纲收目顺、纲举目张。《老子》兼具老子的哲学思想与政治思想，居于中心地位的哲学概念便是"道"，即一个中心；其"形而上"的哲学问题最终投射向现实社会问题，生发出哲学与实用两个层次；在实用层次，哲学层次的"道"又衍生出处世之道与治世之道两个子主题，连同"道"的母主题，《老子》前后八十一章，论及内容无外乎这三个主题。

首先是一个中心——"道"。这是老子思想的总枢纽，是《老子》最关键的灵魂级概念。《易传·系辞上》有云："形而上者谓之道，形而下者谓之器。"哲学家更多思考着"形而上"的内容，即超乎具体形象、物质之外的存在，而大多数人只会思考"形而下"的内容，即现实世界。在老子的思想体系中，"形而上"与"形而下"紧紧相连，作为纯"形而上"的哲学概念，"道"缘于老子对宇宙运行规律的探究与万物本原的终极思考，指导着现实世界中处世与治世的实践。那么，"道"是什么？老子给出了很奇怪的答案："道可道，非常道。名可名，非常名。"（见《老子·第一章》）如果作为本原的"道"能够被描述出来，或者以某种方式被界定、表征出来，那它就不是永恒的"道"。也就是说，真正的"道"是"无名"的，无法用言语进行描述，也就是哲学中的"形而上"。按照老子的说法，这些文字以及一切阐述"道"的文章本身都是偏离其本质的，因为一旦用语言描述分析"道"，便不是恒常之"道"了。但为了方便理解，我们暂且违背老子本意，将"道"比作空气，二者具有诸多相同特点：无处不在，无时不有，生生不息，源源不绝，形状莫名，虚冲主静，滋育生灵，为万物母。

其次是两个层次——哲学层次、实用层次。作为"形而上"概念的"道"，高深如此，乃至不可名状。如果将"道"作为唯一主题，那《老子》无疑是一部纯哲学著作，但正如上文所说，老子的终极目标还是要为乱世开出救世良方，哲学层次的"道"不能仅仅是空中楼阁，最终要指向社会，指导现实。于是乎，在哲学层次之下，《老子》还蕴含着实用层次。这里的实用并非实用主义，因为老子不是墨子，也不是商鞅，只追求强国富国的功利目的，颇具哲人气质的老子不但心怀天下万方，还感念百姓苍生，甚至要穷究宇宙万物。《老子》的实用层次的"根"源于哲学层次的"道"，是其在现实社会中的投影，正因为有了实用层次，哲学层次才有现实意义，也才能实现老子医世救国的现实目的。两个层次并无高下之分，就像哲学专业与计算机专业本无高下优劣之分，不过是人类对自然不同方面的考究。我们需要粮食，也需要思想。如果要对两个层次进行区分，我们称哲学层次的本原的"道"为道体，即"道"之本体，而称实用层次的"道"为道用，即道体在社会领域的功用。"体用之辩"早已有之，晚清名臣张之洞在《劝学篇·设学》中提出："中学为体，西学为用。"将中国传统纲常名教与西方近代科学技术结合，推行洋务，以图挽回清王朝江河日下的颓势，本就是"中庸"思想的重新阐发。

再次是三个主题——"道"、处世之道、治世之道。《老子》中哲学层次的主题是"道"，即道体。而实用层次被老子一分为二：一方面是处世之道，另一方面是治世之道，构成了《老子》全书的三个主题。处世，指待人接物，应付世情，与世人相处交往。《史记·平原君虞卿列传》有"夫贤士之处世也，譬若锥之处囊中，其末立见"的记载。论述处世之道比较典型的是《老子·第二十章》："众人皆有余，而我独若遗。我愚人之心也哉！沌沌兮。俗人昭昭，我独昏昏；俗人察察，我独闷闷。"说的是为人处世大智若愚的境界。治世，作动宾短语则是管理国家，处理国务的意思。《荀子·天论》有言："受时与治世同，而殃祸与治世异，不可以怨天，其道然也。"儒家把政通人和、社会安定称为治，把政治昏暗、社会动乱称为乱。先秦诸子基本沿袭了这种观点，老子也不例外。

《老子》中，经常出现的一个概念是"圣人"。在老子看来，"圣人"而非普通百姓，才是处世与治世的主体，他遵循"道"形成一定的处世原则，并依照"道"的精神治国理政以求天下安定。"圣人"是内在修养与外在能力的完美结合，是老子思想中最理想的人格主体。相反，老子对普通百姓表现出轻蔑之色，《老子·第三章》主张这样对待百姓："虚其心，实其腹；弱其志，强其骨。常使民无知无欲。使夫知者，不敢为也。"

像"圣人"这样《老子》中的重要概念，不要强行翻译，应沿用原字原词。今人阅读古书，总有一个误区：凡遇古文皆要翻译，不把文言尽皆译出就不能做进一步理解。殊不知翻译的同时，古文原有的意韵也随之流失，翻译得越白话，古文隐含表达的意义便越稀少。《老子》《论语》等经典流传千年，校注者前赴后继源源不断，正是因其言有尽而意无穷，几个字背后，古今读者能读出不同的内涵和人生感悟。矛盾的是，不进行翻译也不现实，古文毕竟佶屈聱牙，不易理解。所以，理想的方法是进行翻译，但一些关键概念，如《老子》中的"道""德""圣人""朴"等，沿用原字原词，不加翻译，因为这些字词才是老子哲学的精华所在。何况真正的"道"是无法用言语描述的，说多了反而画蛇添足。

还应留意的是，老子许多观点并不绝对是对未来的期待，或许属于对客观事实的描述甚至抱怨。如《老子·第七十三章》的"勇于敢则杀，勇于不敢则活"，后人认为这是老子消极而影响恶劣的思想，竟然倡导世人都做缩头乌龟。其实不尽然，汉语不像英语，有时态的区分，古代汉语更是如此。"勇于敢则杀，勇于不敢则活"这类句子当然可理解为老子的主张与期待，但也可理解为对客观事实的描述，如取后者，这句话的含义则完全不同于前者，乃是老子对春秋年间世风日下、人心不古的社会人格的描绘。鲁迅在《汉文学史纲要》中说："老子之言亦不纯一，戒多言而时有愤辞，尚无为而仍欲治天下。其不为者，以欲无不为也。"一针见血！老子既多激愤之辞，"勇于敢则杀，勇于不敢则活"不就是对颠倒黑白的社会现实的抱怨乃至愤慨吗？老子的愤辞最终也指向理想社会的建设，从这个角度看，其积极意义远大于消极意义。

此外，《老子》中不乏推测性质的言语，尤其是当论及"道"的内涵时候，这些推测言语看似玄妙，实则是对万物本原的探究与思考。因为"道"本不可名状，所以老子不能从正面描述"道"是什么，只能从反面形容"道"不是什么，如"道之出口，淡乎其无味，视之不足见，听之不足闻，用之不可既"（见《老子·第三十五章》），又如"视之不见，名曰夷；听之不闻，名曰希；抟之不得，名曰微。此三者不可致诘，故混而为一"（见《老子·第十四章》）。这类飘忽不定的言语并非老子在玩文字游戏，实则表达了他对"道"，即万物本原和宇宙规律的探究过程。在若干的否定句式中，"道"的轮廓与内涵渐次清晰，语言无限逼近"道"的本身含义，但又永远不能到达"道"的准确内涵。

以上三条，不仅可用于研读《老子》，也可推而广之，用在言简意赅而

内涵无穷的其他先秦经典上，如《尚书》《礼记》《春秋》《论语》等。老子以其智慧的大脑为后人留出足够大的思辨与想象空间，一个"道"，几乎代表了中国哲学的最高境界。之后哪怕最重逻辑学的公孙龙、惠施、邓析等名家，同样自叹弗如。

道

胡适认为，老子的最大贡献，在于超出天地之外，别假设一个"道"。此言切中肯綮。作为纯"形而上"的哲学概念，"道"缘于老子对宇宙运行规律的探究与万物本原的终极思考，指导着现实世界中处世与治世的实践。但你如果问："道"是什么？我只能回答：无可奉告。并非是我不愿相告，实在是因为"道"本身就是不可名状的，即"无名"：

> 视之不见，名曰夷；听之不闻，名曰希；抟之不得，名曰微。此三者不可致诘，故混而为一。其上不皦，其下不昧，绳绳兮不可名，复归于无物，是谓无状之状、无物之象，是谓惚恍。迎之不见其首，随之不见其后。（见《老子·第十四章》）
>
> 有物混成，先天地生。寂兮寥兮，独立而不改，周行而不殆，可以为天地母。吾不知其名，字之曰道，强为之名曰大。（见《老子·第二十五章》）
>
> 道之出口，淡乎其无味，视之不足见，听之不足闻，用之不可既。（见《老子·第三十五章》）

老子认为，"道"无法命名，不能用语言对其进行描述。但为了宣教布道，老子又不得不用语言加以形容，所以"吾不知其名，强字之曰道"。"道"，其实并不是一个名字，这与我们称书本为书本是不同的，当我们称呼书本时，书本是具备实体存在的物质属性的，也具有相应的功能属性，正因为这些属性的存在，我们才能称其为书本。"道"却不同，这个名字只是一种指称，用一种中国哲学惯用的词语可称其为"无名之名"，即没有名称的名称。那么，为什么"道"就能是"无名之名"？这便涉及《老子》中"道"的一个重要性质——"天下母"，即万物本原：

> 道冲，而用之或不盈。渊乎，似万物之宗。（见《老子·第四章》）
>
> 道生一，一生二，二生三，三生万物。（见《老子·第四十二章》）
>
> 天下有始，以为天下母。（见《老子·第五十二章》）

按照老子的逻辑，"道"是宇宙万物的本原，所谓"万物之宗"，是先于万事万物产生的"天下母"，并生发了万物，所谓"道生一，一生二，二生三，三生万物"，所以"道"从来都是自然存在的，是先于所有物质与非物质存在的。只有儿子继承父亲的姓氏而获得命名，从没有听说父亲按照儿子的名字来命名自己的，毕竟讲究先来后到。同理可知，所有语言文字都属于宇宙万物，而"道"生于宇宙万物之前，用生于后的语言恐怕不足以描述生于先的"道"。"道"为"天下母"，所以不可被名状，只能以"无名之名"来"强字之"。而"道"既然是从来自然存在的，便具有另一个属性——"常"，即恒常存在：

> 道可道，非常道。名可名，非常名。（见《老子·第一章》）
>
> 道常无名。（见《老子·第三十二章》）
>
> 用其光，复归其明，无遗身殃，是谓袭常。（见《老子·第五十二章》）

"常"是《老子》中时常出现的概念，含义极其一致，都表示"道"恒常存在的属性，不能理解为经常。如"道常无名"一句，绝不能理解为"道"常常是"无名"的，难道偶尔是有名的吗？显然不是，"道"自始至终就是"无名"的，所以"道常无名"应理解为道体恒常并且无名无相。

总之，"道"，无声无形，无名无相，无色无味，无始无终，既是恒久不变的，又是周行万物之中的，生于万物之前，为万物之母，诞于宇宙之先，为天地本原。哲学层次的"道"如此神奇，却什么都不是，但什么都不是的并非真正的"道"，因为"道"同时什么都是。

虽然哲学层次之"道"即道体玄幻莫测，但却能够完成向实用层次之"道"即道用的转化，这要归因于"道"的恒常属性。"道"是无始无终的永恒状态，无论从任何角度任何层面，都不能探寻到其开始与结束，所谓"迎之不见其首，随之不见其后"（见《老子·第十四章》）。也正因为"道"是永恒的，所以不受时间与空间变化的影响，无论古今，道体恒定，可以通过把握古时的"道"，为今世所用。否则，过去已经过去，过去不是现在，更不是未来，何以古为今用呢？"执古之道，以御今之有，能知古始，是谓道纪"（见《老子·第十四章》）中的"道纪"指"道"运行的纲纪，通过无始之"道"指导如今的实践，再通过现世之实用推知本原的"道"，这种通过执古御今体现出来的永恒状态，就是"道"运行的规律所在，也是哲学层次之"道"向实用层次之"道"转化的可能性所在。

老子认为，"道"作为"形而上"的本体是无相无形的，除圣人外，俗人无法感知其存在。但是"道"依然在那里，是世间万物的本原，是一切变化的根本，其存在真实不虚，其功用恒常不失。于是乎，哲学层次"形而上"的"道"落地生根，成为实用层次"形而下"的"道"，这便是"道"的体用辩证关系：道体玄妙难知，道用无处不在，道体无名，道用不虚。然而，道用，即"道"的实用功能，并非有意识的作用，只是一个自然过程：自指自己，然指如此，自然一词本义就是自己如此。正如《老子·第二十五章》所说："人法地，地法天，天法道，道法自然。"原来，"道"之道就是自然：

> 希言自然，飘风不终朝，骤雨不终日，孰为此者？天地。天地尚不能久，而况于人乎？（见《老子·第二十三章》）
>
> 道之尊，德之贵，夫莫之命，而常自然。（见《老子·第五十一章》）

自然之道蕴藏在"道"的恒常运动之中，自然是动中之常道，化中之定理，万物虽变迁不止，但自然之道却恒常如是。正如"飘风不终朝，骤雨不终日"，连天地掌握的风雨都不能长久存在，"况于人乎"？老子借此给人们以启迪：自然现象都不能持久，个人的一时得失更是短暂，所以在社会生活中，完全不必患得患失，因为得失之理也符合"道"，无时无刻不在运动、变更、转化之中。

既然"道"有"周行而不殆"（见《老子·第二十五章》）的往复运动规律，那么万事万物的道用终有一刻会"复归"于道体，毕竟道体才是"天下母"与"天地根"，道体也时时刻刻在转化为道用，二者间的运动生生不息：

其上不皦，其下不昧，绳绳兮不可名，复归于无物。（见《老子·第十四章》）

万物并作，吾以观其复。夫物芸芸，各归其根。（见《老子·第十六章》）

为天下溪，常德不离，复归于婴儿。……为天下式，常德不忒，复归于无极。……为天下谷，常德乃足，复归于朴。（见《老子·第二十八章》）

以上章节都提及"复归"概念，而"复归"的对象，是"无物""其根"也好，是"婴儿""无极""朴"也罢，均是道体的不同表达形式，万事万物无论多么纷繁复杂，都要回归根本，就像树叶生长于根，无论飘摇多久多远，都要落叶归根。道体便是万事之源、万物之根，那种最起始最本真的原初状态。

《老子·第三十七章》有言："道常无为，而无不为。""道"并没有特别的功能，表现出来为人察觉的只是万事万物自己的功能，所以说"道"是"无为"的，但万物之所以能够成为万物并发挥功用，又是因为"道"在发挥作用，所以说"道"也是"无不为"的。从"无为"的道体角度看，"道"什么都不是；从"无不为"的道用角度看，"道"也什么都是。当老子提出"道"的概念后，又将其分为道体和道用两个层次的子概念，但这样缥缈的"道"仍旧难以理解，也许只能用老子同样缥缈的言语来形容："玄之又玄，

众妙之门。"（见《老子·第一章》）于是老子又提出"无"，"无"与"道"
在各种方面极其相像，简直就是一个模子刻出来的。在谈及万物本原的问
题时，老子说：

> 天地之物生于有，有生于无。（见《老子·第四十章》）
> 道生一，一生二，二生三，三生万物。（见《老子·第四十二章》）

前一句话说万物最初生于"无"，后一句话说万物最初由"道"生发。
以逻辑推断，"道"几乎等同于"无"。但在老子那个哲学观念刚刚启蒙的
时代，语言名词尚不完备，导致哲学著作的语言表达颇具障碍。老子想极力
说明"道"的内涵，但是只用了"吾无以名之"与"强字之"这样空洞的语言，
可见词汇匮乏。同样道理，老子仍旧使用"无"的概念形容本就虚无的"道"，
无上加无，不说还好，说了只为读者平添迷茫。不过，如果换个角度看问题，
这也许正是《老子》之精妙所在。

谈及"无"，不得不说"有"，二者是《老子》中屡屡涉及的主题，而
且多数时候是同时出现。因为"道"的概念极其重要，所以"无"与"有"
的辩证关系也值得深究。

> 三十辐共一毂，当其无，有车之用。埏埴以为器，当其无，有器之用。
> 凿户牖以为室，当其无，有室之用。故有之以为利，无之以为用。（见《老
> 子·第十一章》）

在这一段中，老子十分罕见地用类比论证的方法论述"无"的重要性：
车轮之所以有用，是因为辐条之间的空无；埏埴作为一种器皿之所以有用，
是因为腹中空无；通过窗户门户之所以能进入房间，是因为窗户门户本身留
有空无。所以，作为物质实体的"有"，要想发挥其功能作用，必然要依托
于"无"，也就是说，"无"成就了"有"的实际功能。这生动体现了老子"无"
与"有"的辩证关系，更体现出老子的贵"无"思想，毕竟"天下之物生于

有，有生于无"（见《老子·第四十章》）。实际上，关于二者的辩证关系，老子早有论述：

> 无名，天地之始；有名，万物之母。故常无，欲以观其妙；常有，欲以观其徼。此两者，同出而异名，同谓之玄。（见《老子·第一章》）

那么，"无名"为什么是"天地之始"呢？因为天地初开之前，万物本原的"道"尚未"生一"，更没有所谓的名称，所以"无名"才是天地万物的初始状态。"有名"为什么是"万物之母"呢？因为道体作为万物本原，衍生出所谓名称的概念，有了名称，才有我们周围各式各样的宇宙万物，所以"有名"是万物的母体。以上逻辑应是，"无名"之"道"居于万物产生之前，"道"即"无"，"无"中生"有"，"有"又生出万物，正如宇宙大爆炸理论，爆炸之前的宇宙处于混沌未分的本初状态，即"无名"，大爆炸之后才生成"有名"的万物。紧接着，老子又提出"无"与"有"的相生关系：

> 天下皆知美之为美，斯恶已；皆知善之为善，斯不善已。故有无相生，难易相成，长短相形，高下相倾，音声相和，前后相随。（见《老子·第二章》）

女性化妆打扮，使自己美丽的行为实际源于厌恶丑陋的心态，从这个角度说，正是丑孕育了美。善也不可能孤立存在，正是因为有恶，才使善的相对存在成为可能，从这个角度说，恰恰是恶成就了善的存在。此外，有与无，难与易，长与短，高与下，音与声，前与后，都是互相依存，相互转化的。如此一来，原本相对固定的"无"与"有"开始了相互转化、不断运动的过程，这个过程循环往复、周而复始。由此可知，万事万物都是相反却也相成的，矛盾双方不但不可能单独存在，更有相互转化孕育的奇妙关系。"唯之与阿，相去几何？善之与恶，相去若何？"（见《老子·第二十章》）善恶只在一念之间，正因为社会有太多丑恶现象，才更加激励人们去追寻善的光明，善与恶原来相去不远，甚至融为一体。此外，"曲则全，枉则直，洼则盈，敝则新，少则得，多则惑"（见《老子·第二十二章》）一句，更是给后人以无数哲学与生活的启发，既然矛盾双方在不断转化，一味追求好与善也就没有意义，所以"圣人抱一为天下式"，这里的"一"指"道"，"圣人"只会以"道"治世，因为掌握了"道"，就掌握了天地万物运行的根本规律，便能以不变应万变，更是以万变应万变。从这开始，老子思想的哲学层次悄然开始向实用层次转化，而这两个层次本身也是相互依存，相互转化，又都统一于"道"——这个神秘、神圣的灵魂概念。

看到这儿，不少人更觉"道"难知难行，完全没有头绪。但老子是智慧的，早已料到后人会有此困惑，为了鼓励后人对"道"进行勇敢探索与实践，他苦口婆心：道其实是易知易行的。所谓："吾言甚易知、甚易行。天下莫能知、莫能行。……知我者希，则我贵矣。是以圣人被褐怀玉。"（见《老子·第七十章》）老子认为"道"容易知晓，容易践行，但是知晓"道"的人少之又少，这恰恰使"道"更为珍贵，所以"圣人"外表穿着粗布衣服，但其内在执着于"道"，犹如怀中藏有美玉一般。

处世之道

老子的哲学思想以"道"为核心，道体恒常，指导着世间物质的运行往复，是"无为"的，而作为道体在实用层次的体现，道用不虚，是"无不为"的。其中，道用被老子一分为二，一方面是处世之道，另一方面是治世之道。而道体之下的处世之道，就是老子的人生哲学。

在哲学层次，"道"之道是自然，正如《老子·第二十五章》所说："人法地，地法天，天法道，道法自然。"处于实用层次的处世之道，其根本也是顺其自然。那么，自然到底是什么？自然，往往与人为对立。在所有社会形态中，人为的社会属性愈强大，留给自然属性的空间就愈狭小，这个过程并不为每个人时时察觉，因为人类社会是追求进步、鼓励发展、向往发达的，人们不厌其烦地将人类意志加于尽可能多的事物之上，这个过程被称为征服——征服自然，征服一切。吊诡的是，当人类社会发展到一定程度时，人们反而开始怜惜身边残留的哪怕是一丁点的自然气息，重回自然成为每一个都市人内心深处的渴求，人们追求旅游目的地的人迹罕至，追寻天然古朴的原汁原味，甚至用无数鲜花绿植布置房屋厅堂，以求假装身处自然的错觉。

也许正是人为的一切给了人类太多烦恼和负担，物质负担倒也罢了，最难承受的是精神枷锁。为了建立社会，人类通过历史积淀与人际磨合，创造出种种社会价值，这些人为的、世俗的是非善恶和公序良俗成为评价人类行为的标尺。某种程度上，正如马克思所说，这些道德价值成为"异化"的力量，被人类创造的它们反过来支配着人类。比如美与善，人类制定了美与善的标准，自然而然会有丑与恶随之而生，正如《老子·第二章》说："天下皆知美之为美，斯恶已；皆知善之为善，斯不善已。"人们既然讨厌丑与恶，何必要创造美与善的概念呢？于是，老子告诉人们：回归自然吧！自然本身没有这些价值判断，只有客观存在，人类顺其自然，就是顺应天地万物的本性行事，这时人便能超越世俗的是非善恶。老子是十分反对儒家提出的一套"仁""义""礼""智"价值体系的，《老子·第三十八章》说："故失道而后德，失德而后仁，失仁而后义，失义而后礼。夫礼者，忠信之薄，而乱之首。""仁"作为儒家的最高价值，被老子排在"道"与"德"之后的退而求其次的地位，是由于人对万物本原与本性疏离而产生的，而"礼"更是造成祸乱的罪魁，是该极力抨击的对象。在价值观念方面，道家与儒家的激烈冲突恰好反映了二者学说的本质区别：道家重自然，儒家重人为。

之所以要顺其自然，还因为自然之中蕴含着"道"的运行规律。在老子看来，既然"道"是恒常存在的，那么这个规律也是恒常的，即万事万物循环往复，相反相成，不息不止，即"常"。为此，老子告诫人们：

夫物芸芸，各归其根。归根曰静，静曰复命，复命曰常，知常曰明。不知常，妄作凶。知常容，容乃公，公乃王，王乃天，天乃道，道乃久，

没身不殆。（见《老子·第十六章》）

知和曰常，知常曰明。益生曰祥，心使气曰强。物壮则老，谓之不道，不道早已。（见《老子·第五十五章》）

这两句可看作老子人生哲学与处世之道的起点。人们应当懂得天地万物循环往复、相反相成、不息不止的自然常理，为人处世更要符合自然常理，这便是"知常"。如果能通达常理，便能消弭人与人之间因道德价值而产生的分歧，消除你我、美丑、善恶的狭隘区别，正如《尚书·君陈》所说："有容，德乃大。"有容方能大公无私，称王天下，统御万民。天子受命于天，天出自然，符合道体，道体恒常，故能持久，"没身不殆"。相反，"不知常"后果如何？"妄作凶"，所作所为背离常道而凶至矣。万物发展都必然经历自弱至强、盛极而衰的过程，"物壮则老"，人或事物发展到顶峰的一刻，便是其衰败的开始。所以，一味争强好胜，追求所谓的极致与完美，是违背自然常理的，是"不道"的。既然不符合自然常理，便要尽快停止，重新回到自然常道上来。

如果人们知晓并认可自然常理，那么也能从自然中悟得处世之道。天地万物循环往复、相反相成、不息不止的自然常理，映射在处世之道上，一言以蔽之，便是"柔胜刚，弱胜强"（见《老子·第三十六章》）。老子认为，一个人如果想成就某件事，就要把自己放在那件事情的对立面上；如果想保持某种状态，首先要维持住与愿望相反的状态，"知其白，守其黑，为天下式"（见《老子·第二十八章》）。你看那水，至柔至弱，无相无形，处方则方，在圆则圆，无规可循，无矩可依，身处下端，为众人恶，所谓"天下莫柔弱于水，而攻坚强者，莫之能胜"（见《老子·第七十八章》）。

上善若水。水善利万物而不争，居众人之所恶，故几于道。居善地，心善渊，与善仁，言善信，政善治，事善能，动善时。夫惟不争，故无尤。（见《老子·第八章》）

老子对水是有特殊感情的，给出"几于道"的至高评语。水以"天下之至柔，驰骋天下之至坚"（见《老子·第四十三章》），老子高唱着水的赞歌，饱含"无为"与"无不为"的辩证哲思。之后，在《老子·第七十八章》中，"弱之胜强，柔之胜刚"一句点明要害，可惜的是"天下莫不知，莫能行"。虽然如此，老子仍不住地劝导人们要守住柔弱，不要追求强之又强，以免万劫不复。水满则溢，月盈则亏，"大曰逝，逝曰远，远曰反"（见《老子·第二十五章》），"反者，道之动。弱者，道之用"（见《老子·第四十章》），世间万物处于循环往复的"反"的自然常道中，所以守住柔弱便守住了发展的生机与可能，其中更存有走向鼎盛的天机。为了守住柔弱，老子总以"赤子""婴儿"作比，认为"婴儿"的至柔至弱就像万物本来的面貌，即"朴"的状态，也是"道"在人间最真切、最可感的表露。为此，老子对"婴儿"也不吝赞美之词，恨不得自己立刻退回襁褓：

含德之厚，比于赤子。毒虫不螫，猛兽不据，攫鸟不抟。骨弱筋柔而握固，未知牝牡之合而脧作，精之至也。终日号而不嗄，和之至也。（见《老子·第五十五章》）

知其雄，守其雌，为天下溪。为天下溪，常德不离，复归于婴儿。（见《老子·第二十八章》）

载营魄，抱一，能无离乎？专气致柔，能婴儿乎？（见《老子·第十章》）

"婴儿"代表着弱，弱能胜强，"赤子"代表着虚，虚而不盈，所谓："保此道者不欲盈，夫唯不盈故能蔽而新成。"（见《老子·第十五章》）这种状态在老子处世之道中随处可见、一以贯之，进而化身成为各种方面的细节要求：如静如止水，"躁胜寒，静胜热。清静为天下正"（见《老子·第四十五章》）；如大智若愚，"俗人昭昭，我独昏昏；俗人察察，我独闷闷。众人皆有以，而我独顽且鄙"（见《老子·第二十章》）；如以退为进，"功遂身退，天之道"（见《老子·第九章》）；如戒奢从俭，"是故甚爱必大费，多藏必厚亡"（见《老子·第四十四章》）；如安以生动，"孰能浊以静之徐清。孰能安以动之徐生"（见《老子·第十五章》）；如知足常乐，"知足不辱，知止不殆，可以长久"（见《老子·第四十四章》）。

同"不欲盈"恰恰相反，世间崇尚奢华，人们贪得无厌，政客明争暗斗，商人唯利是从，这一切都因欲望而起，《老子·第十二章》就论及此："五色令人目盲，五音令人耳聋，五味令人口爽，驰骋畋猎令人心发狂，难得之货令人行妨。"所以，根除人性之欲是老子的理想之一，也是他提出解决春秋时代纷争的治本之策，所谓："是以圣人，为腹不为目，故去彼取此。"关于人性好利多欲的观点，老子早于荀子、韩非子提出，做了先行者，不同的是，老子的手段更加决绝，认为百姓只需要吃饱，而不需要思考，最终发展出愚民政策。而欲望、利益，与自私、自利从来都是孪生兄弟。老子为拯救世事，一方面倡导弥除人欲；另一方面，也谈不为一己之利的无私：

> 天长地久。天地所以能长且久者，以其不自生，故能长生。是以圣人，后其身而身先，外其身而身存。非以其无私耶？故能成其私。（见《老子·第七章》）

老子仍然从天地自然中得到启发。天地之所以长久，是因为他们的存在与发挥作用非为自己，而是为别人。同理可知，为人处世的立场应该是无私的，因为只有无一己之私，全他人之私，方能最终成就己私。这其中，我们仿佛能看到道家另一位代表人杨朱的影子，杨朱认为"拔一毛而利天下，不为也。"（见《孟子·尽心上》）乍一看，这真是一种自私自利的龌龊观点，杨朱也因此广为诸子所诟病，但究其目的，乃是人人成其私，这岂不与老子如出一辙，只是手段不同而已。老子与杨朱都认识到人性中自私自利的一面，而且都力求"成其私"。以此观之，将"利"作为核心价值的并非独有法家，老子早就在为人性之私鼓与呼了。

既然老子认为，自然常理是循环往复的相反相成，那么人们处世应固守柔弱。如果对此细细思考，能发现一些有趣的东西：老子所提倡的"柔弱胜刚强"，重点在于"胜刚强"，而非"柔弱"。如果用目的与手段的辩证观点分析，"柔弱"处世只是手段，"胜刚强"才是目的，是老子哲学在实用

诸子的声音

054

层次的最终归宿。类似的章节还有许多：

> 欲先人，以其身后之。……以其不争，故天下莫能争。（见《老子·第六十六章》）

> 是以兵强则不胜，木强则共，强大处下，柔弱处上。（见《老子·第七十六章》）

> 将欲歙之，必固张之；将欲弱之，必固强之；将欲废之，必固兴之；将欲夺之，必固与之。（见《老子·第三十六章》）

> 道常无为，而无不为。（见《老子·第三十七章》）

上面的"天下莫能争""柔弱处上""将欲夺之""无不为"道出了老子处世的真正目的，原来老子并非真的清静无为，暗藏在清净寡欲内里的是一颗不安分的心，潜伏在无为不争背后的是一道包含更大野心的炯炯目光。中国古代漫长的专制社会中，喜欢老子哲学的有不少最喜欢这一部分。一方面，可以说这是睿智缜密，远见卓识；另一方面，老子哲学经常被骂作阴险至极，也是因为这一点。

反观"道"之道的自然。表面上，老子主张顺其自然，但实际却是非自然的自然。根据老子的建议，顺乎其道，顺其自然的方法是维持与愿望相反的状态，即守持柔弱，以求转机。这种方法的本质是控制，是有意为之的操纵，是人们主观能动性的产物，本身就与自然而然的精神背道而驰。毕竟，自然之道，该是什么样就是什么样，靠老子的方法生拉硬拽，正如揠苗助长，总是与自然不和谐的。从这个角度来说，老子自己拆了自己的台，自己打了自己的脸。

> 天之道，不争而善胜，不言而善应，不召而自来，繟然而善谋。天网恢恢，疏而不失。（见《老子·第七十三章》）

老子对自然规律的力量十分信任，甚至信奉，他深信自然的"天网恢恢，疏而不失"，任何扰乱自然秩序的人和事自有自然规律处置，不必加以干涉，所以一切顺其自然，得其自然，不论有损之而益，还是有益之而损，皆为天道自然之力，所以"强梁者不得其死"（见《老子·第四十二章》）。对自然之道的信奉，可谓老子处世哲学的前提，人们尽可逆来顺受，且看天道轮回，因果报应。然而，老子信奉的自然之道终究是非自然的自然，是人为加之的自然。

另外，将老子的处世之道置于春秋战国的时代背景中，还能有新的发现。且看这意味深长的一章：

> 我有三宝，宝而持之：一曰慈，二曰俭，三曰不敢为天下先。……今舍其慈且勇，舍其俭且广，舍其后且先，死矣。（见《老子·第六十七章》）

老子有"三宝"：一是"慈"，由于慈爱，方能柔弱，故能勇猛；二是"俭"，由于简朴，方能知足，故能广大；三是"不敢为先下先"，最有意味。不是不能，不是不愿，而是"不敢"。不能是没有能力，属于能力问题；不愿是明知该做而不做，推卸逃避，属于态度问题；"不敢"是明知该做也有能力做但不做，也可能是暂时不做，等有机会再做，是一种权衡之后的选择，属于策略问题。其中机谋，观者自会。

"不敢为天下先"如何堪称一宝？老子直截了当：如果你敢凡事争先，"死矣"！这警告，犹如一声警钟，振聋发聩。警告一次，老子仍不放心，在《老子·第七十三章》中再次重申："勇于敢则杀，勇于不敢则活。"这本是缩头乌龟、缩头鸟的生存之道，也是蝇营狗苟的绥靖策略。长此以往，如果个人秉持这种价值观，只能使自己丧失创造力，如果人人都认可这种观念，社会必然会丧失生机活力。

且慢，我们不应急于上纲上线的批判。在春秋战国那个"争地以战，杀人盈野；争城以战，杀人盈城"的兵荒马乱时代，一个国家再强大，也经不住周边敌国环伺的困扰，君不见春秋五霸，战国七雄，你方唱罢我登场，即便是一统天下的大秦帝国，而今安在哉？国家如此，遑论个人，正如《商君书》所载，春秋战国时的百姓是没有丝毫人权可言的，其卑小下贱堪比蝼蚁，蝼蚁尚且成群团结，而百姓却极有可能被同类残忍杀害，可以是战争，可以是暗杀，可以是告密，人最基本的安全需求完全得不到保障，杀身之祸随时可能起于萧墙之内。所以，冯友兰认为道家最关心的问题是：人生在世，怎样才能全生？怎样才能避祸？顺此逻辑，老子的"不敢为天下先"确为一宝，因为可以保全生命，可以不死，起码能将死亡延后不少时日。比如一个男子，因身体强健而乡里有名，不久之后必然被征调充军，而充军之后，死期不远。这就是老子想极力避免的情况，强健有力不是你的错，把自己的强健外露便是你的错。想活命吗？只好"不敢为天下先"。

对于"勇于敢则杀，勇于不敢则活"，我们不禁心生疑窦：勇敢是我们一直推崇的品质，为什么老子却提倡"勇于不敢"呢？除了明哲保身之道，老子还想向后人透露怎样的玄机？殊不知，"勇于敢"，有时候是容易的，敢于跳楼自杀，将本该承担的家庭与社会责任抛至一边。死是轻而易举的，而勇担重任地活着才是人生最大的考验，宫刑之后的太史公便是"勇于敢"地活着。"勇于不敢"，有时候是困难的，因为"不敢"某种程度上意味着退让与妥协，小到放弃个人操守——"不敢"实事求是；大到无视国家危亡——"不敢"不在丧权辱国的条约上签字而奋起做最后一搏。这时，"不敢"恰恰是需要勇气的，冒着成为懦夫民贼的风险，承受甘为人下的精神痛苦，久而久之，你在别人眼中会成为一个无耻之人，这难道不需要勇气吗？苏轼曾说：

> 匹夫见辱，拔剑而起，挺身而斗，此不足为勇也。天下有大勇者，卒然临之而不惊，无故加之而不怒。此其所挟持者甚大，而其志甚远也。（见《留侯论》）

一介匹夫，正是"勇于敢"的，一旦受辱，拔剑而起，一决雌雄，全然不做思考，为苏东坡所鄙夷。而真正的英雄，面对风云骤变，不惊不怒。细细想来，这样的英雄才是真正的勇敢，纵使困顿难行，心中不住战栗，可能暂时没有"挺身而斗"，但内心并未退缩，毅然选择继续向前，这才是"大勇"，是"勇于不敢",是知觉恐惧、本欲退缩之后的真勇敢。

"不敢为天下先"标注了老子在"勇于敢"和"勇于不敢"之间的立场,蕴含着辩证法的智慧,裹藏着明哲保身的处世之道。一句看似漫不经心的告诫背后,岂非对那个荒唐时代的最强嘲讽? 岂非对不义战争的激烈对抗? 岂非对视人民如草芥的专制统治者的坚决控诉? 如果从明哲保身的角度理解老子的"无为"思想,并非什么都不做,而是为人处世有尺度而不过分,"无不为"则是保证个人肉体继续存在之后的所有可能。老子的哲学,应是夹缝中生存的技术,是在盘根错节的社会中游刃有余的智慧,是专制社会中唯一能保护自己肉体存在的"法术"。其诀窍就是通过压缩主体精神与人格,来取得生命继续的空间。

治世之道

如果对比老子的处世之道和治世之道,治世之道更显重要。因为《老子》中涉及处世之道时,论述主体都是"圣人",即老子眼中集人格、品德、能力、魅力等于一身的完人,"圣人"修养心性、无为处世的目的在于更好地治理国家。所以"圣人"的处世之道最终都要为治世之道服务。况且如今广为流传的老子处世哲学,多是后人依据《老子》进行的合理或不合理阐发,不一定代表老子的本意。而作为《老子》中心概念的"道",是其处世哲学与治世哲学的发源点,依据先秦诸子哲学现实问题导向的基本精神,三个主题的最终指向应是治世哲学,也就是论述如何理政治国的社会政治议题。

小国寡民。使有什伯之器而不用,使民重死而不远徙;虽有舟车无所乘之,虽有甲兵无所陈之。使民结绳而用之,甘其食,美其服,安其居,乐其俗。邻国相望,鸡犬之声相闻,民至老死,不相往来。(见《老子·第八十章》)

这样的"小国寡民"是老子对国家形态的终极追求，"鸡犬之声相闻，老死不相往来"成为俗语流传甚广。在这里，国土小，百姓少，备守战之具而不用，民安土重迁而不徙；在这里，虽有车、船却无人乘坐，虽有兵器却闲置不用；在这里，百姓甘享于饮食，美著于服饰，乐意于习俗，甚至愿意回到没有文字，"结绳而用之"的上古社会。而要想实现"小国寡民"，统治者最为关键。老子将自己对社会政治的所有期望都寄托在"圣人"身上，这与柏拉图的《理想国》有异曲同工之妙。柏拉图认为，人类社会的真正出路在于哲学家掌握政权，即哲人王，哲学家与国王两种身份合二为一的思想构成了柏拉图政治哲学体系的核心。在柏拉图眼里，哲学家是最高尚、最有学识、最具能力的人，而哲人王统治下的贤人政治就是最好的政治形态。以此类推，"小国寡民"正是老子的理想国。

我们不妨将道家与儒家的思想略作对比。他们都认为统治者应该是一位"圣人"，而"圣人"也应该成为国家的统治者。不同之处在于，儒家之"圣人"当"为天地立心，为生民立命"，应多为百姓做实事，不为国家百姓奔波劳碌的"圣人"不是好"圣人"；道家之"圣人"恰恰相反，不应忙碌有为，而要精简政务，大力裁撤无用之事，追求"无为"的境界，最终"无不为"。老子认为世事纷乱不是因为做得太少，而是因为做得太多：

> 天下多忌讳，而民弥贫；民多利器，国家滋昏；人多技巧，奇物滋起；法令滋彰，盗贼多有。故圣人云："我无为而民自化，我好静而民自正，我无事而民自富，我无欲而民自朴"。（见《老子·第五十七章》）

"圣人"治世不用操心费力，只要像"道"一样，顺其自然，自己如此。但"圣人"并非什么都不做，他首先要根除世间祸患的根源——价值判断，抛弃儒家"仁""义""礼""智"那些无用的价值标准，找回本心，进而回归自然，返璞归真。更进一步，老子不但想着去除本体之外的社会道德价值，还想诛心，要把人类本体之内的人性最深处的欲望与心智挖出来，彻底粉碎：

不尚贤，使民不争；不贵难得之货，使民不为盗；不见可欲，使心不乱。是以圣人之治，虚其心，实其腹；弱其志，强其骨。常使民无知无欲。使夫知者，不敢为也。（见《老子·第三章》）

绝圣弃智，民利百倍；绝仁弃义，民复孝慈；绝巧弃利，盗贼无有。此三者以为文，不足，故令有所属；见素抱朴，少私寡欲；绝学无忧。（见《老子·第十九章》）

是以圣人欲不欲，不贵难得之货。（见《老子·第六十四章》）

老子认为，欲望才是价值判断的起点，人类之所以要区别善恶美丑，要设定礼义廉耻，皆因本欲利己，本欲自私。如果人们没有欲望，甚至没有智识，那么所谓的智者，以及那些满口仁义道德之人，也就没有了听众，失去了市场，"不敢为也"。

需要注意的是，欲望与天性是互相交织难舍难分的。我们可以说欲望是人类的本性，但并非所有欲望都是本性使然，比如对财富、权力、地位的欲求就是后天社会环境加之于人心的。也可以说人天生多欲，如渴而饮、饥而食、疲而眠等，但这些生理机能用欲望形容又不甚妥帖，应该算作动物本性。老子将欲望与本性的界限做了模糊化处理，论述对象时而欲望，时而天性，难以服人。荀子更将这个失误推向极致，他"性恶"论的批判板子几乎都打向人类固有的天性与生理功能，颇有反对人性与人类进步的意味。可见，区分欲望与天性，正是理性认识和讨论的开始。

锄尽社会道德价值，极力抑制天性人欲，老子为自己的理想国开了一个好头。之后，"圣人"便要开始"无为"而治了，也就是"为无为，则无不治"（见《老子·第三章》）。老子将"道"看作是"无为而无不为"的，天地万物都有一个独立不变、周行不殆的常理，既然有此常理，便用不着画蛇添足，过多的治理动作只能是越帮越忙，越忙越乱。这便是"无为"而治思想的哲学起源。所以胡适认为，老子的"道"类似西方哲学的自然法（Law of Nature）概念，通常是指宇宙秩序本身中作为一切基本和终极的原则的集合，发萌于古希腊哲学，英国哲学家、经验主义代表人物约翰·洛克便将自然法融入了他的许多理论学说中，尤其是《政府论》，而美国开国元勋、第三任总统托马斯·杰弗逊在《独立宣言》中描述"不可剥夺的权利"时，也引用了自然法理论。万事万物的生死兴衰、起始行止都有自然法的支配控制。但对自然法的绝对信奉往往容易走向极端的放任主义，如英国哲学家、社会学家赫伯特·斯宾塞的政治学说，这类人的逻辑是，既然有了"无为而无不为"的"道"，何必要有政府的干涉呢？老子也是如此，除了信任自然常理是"天网恢恢，疏而不失"（见《老子·第七十三章》），他还说：

> 常有司杀者杀，而代司杀者杀，是代大匠斫。夫代大匠斫，希有不伤其手矣。（见《老子·第七十四章》）

"道"本是掌管生死荣辱的"大匠"，统治者如果不知好歹，代天行事，就叫"代大匠斫"，极少有不伤及手臂的。老子以此警告统治者不要多管闲事，一心"无为"而治，因为伤手事小，"代大匠斫"而闹出乱子事大，"民之难治，以其上之有为，是以难治"（见《老子·第七十五章》）。所以老子主张放任一切的"无为"。而在治世的操作层面，尤其要注意度的把握，类似于儒家的"中庸"之道，不左不右，守乎中，《老子·第六十章》中的名言："治大国，若烹小鲜。"讲的就是"圣人"治国，就像烹饪小鱼，大火翻炒极易让鱼肉破碎，施政过于烦琐则民心涣散。

既然"圣人"一贯"无为"而治，那么使国家处于一种"静"的状态尤为重要。这与上文提及的处世修身要静如止水不同，"圣人"一己之身清静，推及国家便是国家形态的稳定，施政方针的坚持，政治走向的一致。这是一个推己及人、由人及国的过程，此中逻辑类似于儒家倡导"修己以安人，修己以安百姓"（见《论语·宪问》）的境界。老子这样论述：

> 不欲以静，天下将自正。（见《老子·第三十七章》）
> 躁胜寒，静胜热，清静为天下正。（见《老子·第四十五章》）
> 故圣人云："我无为而民自化，我好静而民自正，我无事而民自富，

我无欲而民自朴。"（见《老子·第五十七章》）

治国既然主"静"，那么对兵革之事尤需慎重，《老子·第三十章》中"以道佐人主者，不以兵强天下"便明确了老子对凭暴逞强的厌恶。《老子·第三十一章》中说："兵者不祥之器，非君子之器，不得已而用之，恬淡为上。"其中"恬淡"便是"静"的另一种表述。对好战者，老子当然要提出警告，他延续了处世之道中"柔弱胜刚强"的道理，说道："故坚强者死之徒，柔弱者生之徒。是以兵强则不胜，木强则共，强大处下，柔弱处上。"（见《老子·第七十六章》）一味逞强斗狠，只能落得折损灭亡的悲剧命运。但是，一个国家没有军队是不现实的，拥有军队却不进行战争是不可能的。在形势所迫、不得已而为之的情况下，老子主张："夫慈，以战则胜，以守则固。天将救之，以慈卫之。"（见《老子·第六十七章》）这便是老子"三宝"中"慈"的功用。此外，老子还赞同"以奇用兵"（见《老子·第五十七章》），出奇制胜。

汉末年间，群雄并起，与今天不同，那时的各路英雄不但有名，还有字，而且根据惯例，名与字之间要有特定的联系，如曹操字孟德，操守也是德行之一；孙权字仲谋，权谋本是一词；周瑜字公瑾，名与字中皆带有美玉。但令人费解的是：刘备为什么字玄德？直到读了《老子》这几句：

　　生之蓄之，生而不有，为而不恃，长而不宰，是谓玄德。（见《老子·第十章》）
　　故以智治国，国之贼；不以智治国，国之福。知此两者，亦楷式，是谓玄德。玄德深矣、远矣，与物反矣，乃至大顺。（见《老子·第六十五章》）

"玄德"出自《老子》，形容"圣人"虽养护子民，但不占为己有，虽有所成就，但不居功自傲，虽统治万民，但不强为主宰，是一种玄妙深邃、至高至上的德行，这种德行符合老子退让、不争、无为的一贯主张。备字本义有完备、足够的意思，既然足够了，那就清净自修，不必再争取了，自然归于"玄德"。刘备屡战屡败，屡败屡战，终于在蜀中天府创下一片家业，真是足够了。帝业传至后主，姓刘名禅，禅字意思是让出去，一隅天下便让给了曹魏。蜀汉二世而亡的历史，不也符合老子所说的循环往复、相反相成、否极泰来的自然之道吗？天道轮回，可发一叹。

在谈及"玄德"的《老子·第六十五章》中，还有一句："古之善为道者，非以明民，将以愚之；民之难治，以其智多。"这里的"愚"可做程度不同的理解，或指质朴纯真，或指愚蠢无知。"圣人"不但希望自己的子民"愚"，也希望自己"愚"，所以老子既主张愚君，也主张愚民，而且愚君在先，愚民在后，如《老子·第二十章》所说："我愚人之心也哉！"这与法家作为统治术的愚民政策有根本不同，法家只愚民不愚君。在老子看来，"愚"并不是蠢，也不是生而低能，而是一件巨大的美德。那么，圣人之"愚"和百姓之"愚"是否一样？答案否定的。我们将老子期望的圣人之"愚"称为愚君，百姓之"愚"称为愚民。圣人之"愚"是修炼而来，百姓之"愚"是天生使然；圣人之"愚"是"虽智大迷"，百姓之"愚"是"而民好径"；愚君是高于智识的"要妙"，愚民是低于智慧的"淳淳"；圣人之"愚"纯粹装傻，毕竟圣心烛照，百姓之"愚"却是真傻，一片天真烂漫。总之，二者截然不同，而后来的道家对两者往往不加区分。

对老子来说，人生境界有三重：第一重是生而为愚，向上一重是机智奇巧，最高境界是大智若愚。这三重境界经历了愚而向智、智复归愚的过程，又与循环往复、运动不息的自然之道相契合，也启发人们要向着大智若愚的最高境界不断努力。正如宋代禅宗大师青原行思提出参禅的三重境界：参禅之初，看山是山，看水是水；禅有悟时，看山非山，看水非水；禅中彻悟，看山仍然是山，看水仍然是水。同样的山山水水，在禅师与老子心中，早有过翻江倒海的心性鼎革。

我们还应注意到，老子眼中的普通百姓愚昧不堪，难当重任。《老子·第五十三章》有言："大道甚夷，而民好径。"治国处世的大道如此平坦，但百姓偏偏喜欢抄近道走小路，不按照道家指引的道路前行，老子为此颇为遗

憾："吾言甚易知、甚易行。天下莫能知、莫能行。"（见《老子·第七十章》）如此明白的道理，这些愚民竟然不从？但与此同时，《老子》中也闪烁着亲民爱民，保民护民，"圣人"无私，君民一体的耀人光亮：

> 是以圣人常善救人，故无弃人；常善救物，故无弃物，是谓袭明。（见《老子·第二十七章》）
>
> 圣人无常心，以百姓心为心。……圣人在天下惵惵，为天下浑其心。百姓皆注其耳目，圣人皆孩之。（见《老子·第四十九章》）
>
> 非其神不伤人，圣人亦不伤人。夫两不相伤，故德交归焉。（见《老子·第六十章》）
>
> 天之道，损有余而补不足。人之道则不然，损不足而奉有余。孰能以有余奉天下？惟有道者。是以圣人为而不恃，成功而不居，其不欲见贤耶。（见《老子·第七十七章》）

"圣人"本应清净超然，但正因为心怀百姓，故常常"惵惵"于德不修，政不正。乱世的丛林法则本是"损不足以奉有余"，强者愈强，弱者愈弱，"圣人"却逆势而为，不但"不伤人"，而且力行"损有余而补不足"的天道，对黎民百姓不抛弃，不放弃，像养育婴儿一般关怀着黎民疾苦，带领大家奔向共同富裕的康庄大道。更可贵的是，"圣人"统民但从不自恃，有功但从不居功，这样极致优美的人格，让人心向往之。

道家与儒家都对"圣人"翘首以盼，背后是贤人政治的现实理想，是对春秋乱世的现实批判，也是对上古过往的无限追思，更是对中国未来的美好憧憬。然而，贤人毕竟少数，千百年来，百姓的期望常常落空。"圣人出，黄河清。"可惜母亲河从来泥沙俱下，浑浊了两千年。

揭开面纱重看老子

读《老子》至少需要三遍：初读时，不知其所云；再读时，满篇都是"无为"；三读时，方觉字里行间竟全是"无不为"。我们太容易被老子"玄之又玄"的"道"蒙蔽双眼，也太容易沉醉于"小国寡民"式的乐土而不能自拔。殊不知，将《老子》归为修身类书已属偏离正轨，从中读出宗教学与神学意味更是大错特错。《老子》本就是一部政治哲学著作，只是兼具人生方面的哲学领悟，政治属性才是此书的根本属性，经世致用程度绝不亚于孔、孟、荀、韩诸子。老子的文笔和哲思虽然老辣，但政治构想未免过于单纯。如果细究老子的治世之道与政治主张，方知与我们想象中安乐和睦的图景截然相反，充斥着空洞、退步、阴谋、谲诈，几乎没有施行的可能。

一是虚无空洞的理想。老子的理想国是"小国寡民"，是"鸡犬之声相闻，民至老死不相往来"的极简主义国度。不得不说，老子的这种设想具有一定的时代积极意义，作为对世事纷乱的控诉，"无为"而治可能会减少统治者对百姓的剥削，可能会降低战争发生的频率，可能会给人民以休养生息的宝贵机会。请注意，以上的情况只是可能发生，不但不是必然，而且实现的概率极低，甚至低到连庄子都不信这一套，转而直接追求个体境界的超然。政治是一个极具操作性的领域，如果不归于实践，纯理论的政治学是没有存在价值的。同样，老子要想拯救万民于水火，只喊口号是远远不够的，从未见过学术力量足以保境退敌，真正的政治需要可行性的支撑。

"无为"而治，顾名思义，实现大治的必由之路是"无为"。"无为"确实高明，它是维持社会稳定甚至推动社会进步的有效制度宗旨。然而这种社会进步与有效制度的出现，不但需要思想理论方面非常深入的分析和论证，更需要社会运作方面的配套设计与实施方案。如何限制政府权力在特定范围内运行，如何保证君主个人意志不会僭越而操控国家意志，如何用制度手段

弥补专制君主的不足……这许许多多问题本有相应的解决手段，但都被不许统治者作为的"无为"拒之门外。"无为"抑制了道家进一步举措实践的可能性，也使理论转向实践的关键环节止于理念设计。

从古至今，要完成社会政治变革，需要遵循两种渠道：一是循序渐进的教化，二是一步到位的强令。前者见效缓慢且不易察觉，一旦形成，便十分稳定不易变化。后者立竿见影，但来自受力方的反作用往往使施力一方吃不消。在先秦诸子中，儒家倾向于使用教化手段，相信春风化雨的力量，润物无声中完成对人格由内而外的重新塑造。法家则偏爱运用强制措施，他们不相信人民有教化向善的可能，只知用生杀赏罚手段驱使民众，以求国家利益最大化。孰优孰劣我们无法一概而论，但两家起码做出了切实的努力，而道家却力主"无为"。最大程度减少作为真能治世？恐怕不行。即便某个统治者愿意奉行"无为"之道，但老子没法保证世间其他所有人都愿以"无为"的态度生活，一旦某个人打破"无为"规则，占尽好处，一定会造成多米诺骨牌效应，大家争先恐后抛弃"无为"之道，生怕少分得利益的蛋糕。春秋时的宋襄公，以传统贵族所谓仁义的方式与楚军交战，未料楚军不按套路出牌，打破周王室既定的交战规则，宋襄公大败，因此被嘲笑为"蠢猪式的仁义"。规则一旦被破坏且破坏者得利更多，这时要想维持旧规则，几乎是不可能的。以此观之，老子"无为"而治的政治主张完全不具有可行性，是虚无空洞的一厢情愿。

此外，可能因为《老子》成书过早，义理颇深，"道"的虚无玄幻渐渐深入中华民族的文化骨髓，进而养成一种扑朔隐晦的语言表达习惯，凡事说一半，留一半。这种中国特有的文化心理现象的形成，也许要归因于老子。

二是反智愚民的专制。人民一旦拥有了充分的知识，就没办法控制，老子对此心知肚明。因此，老子反智。智慧一旦被某些人掌握，这些人便会成为贤人，而贤人是有为的，必然会成为推行"无为"而治理念的障碍，所以必须根除。老子将文明败落与脱离正轨归罪于智力的发展，固然是一种流于历史规律表层的时代局限，但依照先后关系，老子"无为"政治建立在反智主义基础之上，确是事实。

反智之后，如何统治万民？反智主义在实践层面的映射便是愚民政策，法家尤其是商鞅将愚民政策发挥到了极致。而对于愚民政策的施行，老子提出了六字真言——"虚其心，实其腹"，原话是这样：

> 是以圣人之治，虚其心，实其腹；弱其志，强其骨。常使民无知无欲。使夫知者，不敢为也。为无为，则无不治。（见《老子·第三章》）

愚民政策的根本目的，在于剥除民众的个人追求，进而将每个人的意志统一于国家乃至君主一人的意志上来，其最终指向只能是专制。从这个意义来说，老子与韩非子没有本质区别，无怪乎《韩非子》不惜用大量笔墨"解老""喻老"。老子的"圣人"已窥破了政治艺术的最高隐私，因为"圣人"已与天合德，成为在政治顶端的挥舞权杖者，代天而治民。老子的天道理论看似属于哲学层次的终极思考，实则是为现世的统治者提供统治合法性的理论论证，因为"圣人"代表着天道，天道表现乎"圣人"，"圣人"与天道本是一体。至此，对于"圣人无常心，以百姓心为心"（见《老子·第四十九章》），初读时如沐春风的言语，再读时，虚伪诡诈之气顿生，老子忠厚智慧的形象中也平添不少杂质。

在老子眼中，普通百姓是扶不上墙的烂泥，不能对他们做些许贡献抱有任何期望。直至晚清时期，革命之暗流涌动不止，康有为之所以力倡君主立宪制度，施行自上而下的变革，实因他认为民智极难开启。康梁维新，自上而下的改革道路确实有一定道理，不失为一种近代政治体制的合理探索，专制社会的问题确实需要统治者层面的发力解决。但老子不喜欢闹哄哄，只求清净，既然人民不能指望，统治者就少一些剥削压迫，力争成为"圣人"，这实际上也是自上而下的一种变革思路。一方面，老子的反智主义与愚民政策，最终将国家引向专制；另一方面，老子又期待"圣人"治世的贤人政治发挥作用，以求利益普惠，百姓享受更多发展成果。这种不改变专制政体而求贤人统治的思路，属于二律背反，因为专制制度下根本不可能存在老子理想中"生而不有，为而不恃，功成而不居"（见《老子·第二章》）的"圣人"。这方面，继承老子哲学的法家也犯了同样的错误，缺少制约的专制权力只能伤人害己。

三是毁灭文明的倒退。再看《老子·第八十章》："小国寡民。使有什伯之器而不用，使民重死而不远徙；虽有舟舆无所乘之，虽有甲兵无所陈之。使民结绳而用之，甘其食，美其服，安其居，乐其俗。邻国相望，鸡犬之声相闻，民至老死，不相往来。"除了田园牧歌式的生活向往，我们还能感觉到老子对先进文化与文明进步的恐惧。春秋战国时代距"结绳而用之"的上古时代渐行渐远，准确地说是——不论是物质文明还是精神世界，古老先民前赴后继地将中华文明稳步推进。当时，锋利尖锐的铁骑取代了青铜石器，更高效率的牛耕代替了人力耕作，新兴地主阶级即将取旧式贵族统治而代之，人口流动性逐渐增强，城市因人口的聚集激增而不断扩大规模，工商业体量因需求增长而成为经济亮点……这一切拥有一个共同的名字：进步。遗憾的是，文明的进步，生产的发展，往往伴随着对传统的无视与亵渎，常常以传统的崩溃，至少是剧烈的阵痛为代价。老子无法心平气和地面对这些，在《老子》中多次提及的"复归"概念，如"复归于婴儿""复归于无极""复归于朴"（见《老子·第二十八章》）等，这里的"朴"代指宇宙万物的本初状态，而"复归于朴"可以理解为重新回到本初状态，而另一种理解是，倒退回原始社会。

在老子哲学体系中，也许根本没有前进与后退在方向意义维度的区分，因为万物都处于周而复始、相反相成的轮回之中，前进也是后退，后退亦即向前。以退为进，以守为攻，以下为上，以内为外，正是老子哲学的精髓所在，也是老子哲学不能付诸治国实践的症结所在，毕竟天性使然，没有国家或个人愿意主动退让，彻底毁灭已取得的文明成果。从这个角度，我们能更好地理解"无名"实为老子政治哲学的依据：老子主张根除美丑善恶等一切社会道德价值，而这些道德衡量标准是人为加之的指代词汇与概念，即"名"，根除价值的过程也是消灭这些词汇与概念的过程，最终复归于"无名之朴"的混沌原始时代："道常无为，而无不为。侯王若能守，万物将自化。化而欲作，吾将镇之以无名之朴。"（见《老子·第三十七章》）

胡适认为，老子对于社会政治的学说，一个是毁坏一切文物的制度，另一个是极端放任无为的政策。老子在理想国中抛弃了文化与文明，力主毁灭文明的倒退，在上古之"朴"中圆一个道德之梦。他把文明置于道德的对立面，遑论经济、社会、技术，为了维持道德的纯洁，牺牲其他一切也在所不惜。相反，鲁迅的《汉文学史纲要》提供了一个别样的视角，"时有愤辞"的老子，多数言辞也许只是为发泄不满，为表达愤激的，并非出于理性思考。不过这已无从考证，只能留待后人猜测评说。

欧仁·鲍狄埃于1871年创作《国际歌》歌词，其中一句经久不衰："从来就没有什么救世主，也不靠神仙皇帝！要创造人类的幸福，全靠我们自己！"

第四章

孔
子

苦孩子

颜回曾感叹夫子学说："仰之弥高，钻之弥坚，瞻之在前，忽焉在后。"（见《论语·子罕》）道出千百年来读书人的心声。无疑，孔子是一位巨人——人格的巨人，教育的巨人，思想的巨人，文化的巨人。尤其在后世上至帝王将相，下至黎民百姓接连不断的造圣运动中，孔子已经被动地不安于巨人称号，进而成为圣人。孔圣人的光辉固然灿若星辰，但他的躯体也投射下巨大阴影，后人乃至整个民族都生活在这阴影之下，踽踽前行，难以逾越。时至近代，国人的目光不再执着于圣，而更多关注人，正如欧洲的文艺复兴运动，破除圣贤的迷信，解构完美的化身，将历史人物拖回理性客观的轨道，让人更像人。对孔子也一样，回归人的过程，正是通向"仁"的道路。

孔子（公元前551—前479年），子姓，孔氏，名丘，字仲尼，祖籍宋国栗邑（今河南省商丘市夏邑县），出生于鲁国陬邑（今山东省曲阜市）。孔父叫叔梁纥，据《史记·孔子世家》记载："纥与颜氏女野合而生孔子。"这里的"野"并非野外的意思，而表示与礼制相对。叔梁纥正妻施氏，生了九个女儿却没有一个儿子，于是叔梁纥请求颜氏，想纳她三个女儿之中的一个为妾。颜氏征求三个女儿的意见，只有小女儿颜徵在愿嫁，但她当时尚不满二十，叔梁纥却已六十六岁，夫妻年龄相差悬殊，成婚于礼不合，二人只好在尼山居住并且怀孕，故谓之"野合"。一生致力于以礼立身、恢复周礼的孔夫子，却自娘胎起便是非礼的产儿。

孔丘生而头上圩顶，意为头顶凹陷，唐代著名史学家司马贞说，其形状如倒过来的屋顶。又因其母曾祷于尼丘山，故名丘，字仲尼。夫子之道高深博大，名字却简单直白。

《史记·孔子世家》说："孔丘长九尺有六寸，人皆谓之长人而异之。"关于孔丘的身高，学界向来争议颇多。九尺六寸，李零考证说是2.2米多；

北京孔庙的孔子像高为 1.91 米，曲阜孔庙孔子像高为 1.92 米，相较前者略有增益。根据近来南昌西汉海昏侯墓出土了一件画有孔子像并记有孔子身长尺寸的屏风，专家又推算孔子身高 1.82 米。孔丘的身高越考越矮，这是考古学家关心的事，但孔子在中国乃至世界文化领域的高度却与日俱增。本来，河出潼关，不会因少一支流而稍减其奔猛，风回三峡，也不因小丘阻隔而有损其怒号。孔子可以变矮，但又一直很高。

孔子相貌的记载，太史公留下了最为直白的一段。在周游列国的潦倒途中，孔子与弟子走散，孑然立于城东门口，一位不知名的郑国群众对子贡说了这一番话："东门有人，其颡似尧，其项类皋陶，其肩类子产，然自要以下不及禹三寸。累累若丧家之狗。"子贡以实告孔子。孔子欣然笑曰："形状，末也。而谓似丧家之狗，然哉！然哉！"（见《史记·孔子世家》）额头像唐尧，脖子像皋陶，肩膀像子产，腰以下比夏禹差三寸，这该是何等长相！郑国的这位群众压根没见过唐尧、夏禹，何谈相像？这样的形容当时就被孔子否定，但"丧家之狗"的形容深得孔子之心，他欣然而笑，连连点头，充满对自己瘦瘠疲惫样貌的自嘲，也有从心底翻腾起来的落寞：满怀救世热忱，缘何四处碰壁，跌跌撞撞，凄凄惨惨，壮志难酬怎堪恨，眺望无际心茫茫。心事如此浩茫，天道如此无情，孔子从积郁已久的胸腔中吐出一句："道不行，乘桴浮于海，从我者其由与？"（见《论语·公冶长》）

抱怨归抱怨，孔子终生并未出海，更没弃世，他虽然尊重隐者的世界观和避世原则，但并不赞同。宋人有言："天不生仲尼，万古长如夜。"在这礼坏乐崩，"弑君三十六，亡国五十二"（见《史记·太史公自序》）的时代，孔子"知其不可为而为之"（见《论语·宪问》），真好似冷月无声，光晕天际。孔子正像一位痴人，当时也一定有人认定他是精神病患者，因为他的思想完全脱逸现实，沉浸在过去的辉煌之中，追寻着万物逝去的方向。即便失败是他命中注定的归宿，孔子也要知其不可为而毕生为之。

孔子祖上是宋国贵族，先祖是商朝开国君主商汤，商朝著名贤人微子是孔子的十六世祖，出身显赫。无奈家道中落，六世祖孔父嘉曾为宋国大司马，却在宫廷内乱中被太宰华督所杀。传至叔梁纥，为避宋国战乱逃到鲁国的陬

邑定居，官职为陬邑大夫。祸不单行，孔子三岁时，父亲叔梁纥病逝，母亲颜徵在失去庇佑，被叔梁纥正妻施氏所逐，于是带孔子至曲阜阙里，过着清贫的生活。后来，孔子曾回忆这段经历：

> 太宰问于子贡曰："夫子圣者与？何其多能也？"子贡曰："固天纵之将圣，又多能也。"
>
> 子闻之，曰："太宰知我乎！吾少也贱，故多能鄙事。君子多乎哉？不多也。"（见《论语·子罕》）

这位据说是伯嚭的太宰大人，惊讶于孔丘竟然如此多才多能，于是向子贡求教。子贡是孔门造圣运动的扛旗人，一贯认为孔老师就是圣人，于是说孔老师不是后天圣人而是天生的大圣人。不看下文，读者也知道孔子听说此事后一定表示谦虚，之后再以谦恭之道教导子贡一番。但事实不止于此，孔子确实表示了谦逊态度，之后又说："吾少也贱，故多能鄙事。"要知道，这段话中的"君子"并非道德高尚之人，而是君子一词的本义：君之子，即封建贵族。而贵族是不需要"多能"的，只需继承爵位，读书做官。在贵族阶层眼中，身兼多能、通晓六艺、技超百工皆是下贱人物的象征。对此，《论语·子罕》也有佐证，孔子曾说："吾不试，故艺。"正因为夫子没能为政实现抱负，只好学得一些技艺。"多能鄙事"为贵族君子不齿，所以说："君子多乎哉？不多也。"

孔子坦诚的态度令人动容，本是高车亮马、锦衣玉食的命，却不得不以"多能"为生，一句"吾少也贱，故多能鄙事"将孔子的记忆打回与母亲茕茕孑立、形影相吊、相依为命的苦日子，想想祖上的昔日繁华，少年孔丘怎能不在夜深人静时躲在被窝中偷偷抹泪。太史公更是秉笔直书："孔子贫且贱。"然后又好像为夫子辩解回护一般："及长，尝为季氏史，料量平；尝为司职吏而畜蕃息。由是为司空。"虽然夫子没钱没势，但做起事来非常靠谱：做官管理统计准确无误，为吏能使牲畜繁衍生息，凭借自己的奋斗，升任鲁国司空。数言之间，贵族孔子似乎重新站立起来。而关于孔子的少年，司马迁还声色并茂地记载了这样一个轶事：

> 孔子要经，季氏飨士，孔子与往。阳虎绌曰："季氏飨士，非敢飨子也。"
> 孔子由是退。（见《史记·孔子世家》）

孔子本想参加鲁国大夫季孙氏的宴请，却被季孙氏家臣阳虎斥退："季氏宴请的是士人，没人请你啊！"按照弗洛伊德的理论，孔子对阳虎颇为厌恶，大概不仅因为阳虎违礼僭越，开鲁国"陪臣执国政"的先河，也缘于阳虎的这一声鄙夷的呵斥，深深扎入少年孔丘的心，刺痛了这个苦孩子，更刺醒了他：人间竟如此缺乏尊重与关爱！儒家呼唤相亲相爱的仁爱思想，说不定便是从此时生根发芽的。

孔子的家族变故与早年经历，与韩非有异曲同工之处，孔子心中的恓惶一点也不亚于韩非，但二人都没有被命运击倒，而是更加顽强。这让我想起高尔基笔下，"在乌云和大海之间，海燕像黑色的闪电，在高傲地飞翔"。同时，一段歌词回响耳畔："路上的心酸，已融进我的眼睛；心灵的困境，已化作我的坚定。"

读《论语》之法

《论语》是幸运的。比起书中章节散佚大半的《申子》《慎子》，后人增添痕迹明显的《商君书》，甚至本有著述但早已失传的杨朱，记录孔子及其弟子言行的《论语》流传千年，保存良好，体例完整，无疑是非常幸运的。胡适在《中国古代哲学史》中几乎将先秦诸子著作的真实性质疑个遍："《老子》里假的最少。《孟子》或是全真，或是全假。《墨子》《荀子》两部书里，有很多后人杂凑伪造的文字，《庄子》一书，大概有十分之八九是假造的。《韩非子》也只有十分之一二可靠。此外如《管子》《列子》《晏子春秋》诸书，是后人杂凑而成的。《关尹子》《鹖冠子》《商君书》是后人伪造的。《邓析子》也是假书。"精于考究的胡适唯独没有点《论语》的名，使人长舒一口气。看来，研究《论语》者最没有史料真实与否之忧。

《论语》是简约的。寥寥数言，区区几语，似有似无地传达着夫子智慧，且等观者自会。《论语·为政》中"君子不器"是篇幅最短者之一，简约明了的四个字，引出后代学者一篇又一篇论文著述，有的讨论君子，有的讨论器，有的从伦理方面探讨，有的从美学角度分析，各守一隅。相较孟子的连段排比，庄子的飞扬物外，荀子析密思精甚至有点啰唆的推理论证，《论语》的风格更像《老子》。正如学诗岂容学李白？学文也不能学《论语》，也许是文体发展的大势所趋，自从荀子将议论文章范式大致厘定，之后便少有对话录式的哲学著作了。

《论语》是庞杂的。《老子》不简单在于语言玄妙，表意晦涩，留给后人想象发挥的空间极大，而《论语》不简单则在于内容纷繁庞杂，主题散落但互相关照，虽说以"仁"为中心，但不像《老子》中"道"具有超现实代表性，很难用只言片语概述全书内容。但是，要一究儒家哲学发源的读者，切不可真将《论语》看作只鳞片羽的鸡汤短文，大灌一通后感觉腹中满满，实则毫无所得。《论语》字字句句皆有义理寓乎其间，诚如钱穆所言："要懂得如此平铺用心，逐章逐句去读《论语》之全部，才见孔子思想也有线索，有条理，有系统，有组织，只是其线索、条理、系统、组织与西方哲学有不同。"读《论语》，应该把握以下五个要点与概念。

第一是孔子生活的时代以及所处阶级。公元前 8 世纪至前 3 世纪，即春秋战国时期（春秋是公元前 770—前 476 年，战国是公元前 475—前 221 年），是中国经济、政治、社会、文化等诸多领域的大变革时期。历史学家对中国封建制度瓦解的原因尚无一致意见，但可以断定的是，公元前 8 世纪时，已经有贵族因为战争等原因失去土地封号降为庶民，也有庶民跻身社会上层，封建贵族社会秩序赖以依存的宗法制面临瓦解。到战国时期，各国新兴地主阶级都极力摆脱贵族政治，走向专制集权，发展到秦代便是皇帝的专制主义中央集权。

孔子生于公元前551年，卒于公元前479年，是标准的春秋晚期人，而作为宋国贵族后裔，孔子又是地地道道的封建贵族阶级，生活时代与阶级立场的烙印深入骨髓。从这个角度出发，可以反观《论语》的思想体系与关键概念。

周王朝用来维持封建制稳定与周天子权威的重要一项就是礼乐制度，由礼分出亲疏贵贱，再由乐协同调和，形成一种和谐却尊卑有序的社会秩序。事与愿违，随着生产力发展与生产关系变化，社会各阶层乃至阶级之间趋于动态流动，礼坏乐崩便是用来形容以礼乐制度为代表的封建制解体，不仅是周王室的政治权力瓦解，更重要的是整套社会制度的瓦解。这便不难理解孔子孜孜以求对礼乐制度的复兴，所谓"克己复礼为仁"（见《论语·颜渊》），"仁"即恢复礼乐制度后人人亲爱的心性结果。封建贵族通过分封子弟与宗法制度维系着氏族成员的共同意识与团体利益，周王与诸侯，诸侯与卿大夫之间不但是血统的延伸与宗族的分支，更是一种等级森严的主从关系。这便不难理解孔子的政治设计是对"君君，臣臣，父父，子子"（见《论语·颜渊》）的重构，并且由家庭中父子、兄弟、夫妻的伦理关系出发，推而广之，形成儒家特有的伦常政治。

第二是伦常政治。在周王室建立的封建制度中，昭穆制和大小宗制维系着封建贵族的宗族分支和主从关系，而两项制度的本质是氏族内部伦理关系的调整与既得利益的分配，说白了就是如何处理家族中亲戚关系的问题。李泽厚认为儒学、孔子、《论语》具有"半宗教半哲学"的特征。宗教性和哲学性在其中融合无间，而儒学的宗教性完全不同于基督教、伊斯兰教等西方宗教，并不以高于众生的上帝或真主管辖人们的心灵，而主要通过以人与天，即伦理与自然秩序为根本支柱构成的意识形态和政教体制来管辖人们的身心活动。

于是，伦理道德被儒家提升到前所未有的高度。《朱子家训》有言："伦常乖舛，立见消亡。"专制社会时，君臣、父子、夫妇、兄弟、朋友五种关系为五伦，是不可改变的常道，故称为伦常，即人类的伦理道德常态。而在孔子思想中，人格的宗教要求和社会政治要求几乎不做区分，这是由

第四章 孔子

于儒学本是建立在封建氏族内部关系调整的基础之上的。在伦理道德的话语体系下，宗教、政治、伦理三方面的要求合而为一。试想，孔子提倡的"仁""义""忠""信"等不单是对个人的伦理要求，也是君主治国需要具备的品德，更是一种广泛意义上的社会行为规范。最典型的一句是：

> 或谓孔子曰："子奚不为政？"子曰："《书》云：'孝乎惟孝，友于兄弟，施于有政。'是亦为政，奚其为为政？"（见《论语·为政》）

孔子认为，做到对父母孝顺，对兄弟友爱，便是"为政"的一种途径，提倡并践行孝、友等伦理道德甚至是比入朝为官更重要的"为政"形式，一个人可以不做官，但不孝不友为孔子所不容。所以，在儒家思想体系中，伦理与政治密切相关，融为一体，孔子大力提倡入世精神，通过伦理与政治结合的手段"施于有政"，重整社会风气，故称其为伦常政治。

继先秦之后，以阴阳五行为框架的秦汉儒学和以心性本体为框架的宋明理学为两大儒学体系。以董仲舒为代表的秦汉儒学，构建了一套阴阳五行、天人感应的宇宙观，董仲舒则是最早使儒家伦常政治纲领有了以系统的宇宙观作为基石的思想家，使《易传》《中庸》以来儒家所向往的"人与天地参"的世界观得到具体落实，完成了自《吕氏春秋》始的以儒为主、融合各家以建构体系的时代要求。而以朱熹为代表的宋明理学，则构建了以天理与人欲为核心的心性本体论，否认神的存在，是一种宗教、伦理、政治三合一的道德律令展示出来的后期传统社会的意识形态与社会秩序。在政治思想方面，伦常政治贯穿了孔子之后儒学发展的各个阶段。

第三是忠恕之道。孔子思想如此博大精深，是否可以找到一个核心理念提纲挈领，如老子思想便以"道"为核心。夫子在世时，曾参，即后来大名鼎鼎的曾子，与老师有过这样一段对话：

> 子曰："参乎！吾道一以贯之。"曾子曰："唯。"
> 子出，门人问曰："何谓也？"曾子曰："夫子之道，忠恕而已矣。"

（见《论语·里仁》）

孔子说自己的思想有"一以贯之"的核心，曾子心领神会："忠恕而已。""忠"与"恕"，明明是两个概念，为什么是一以贯之而非二以贯之呢？如果将二字拆解开来，中心为忠，中人之心，尽力为人，故为"忠"；如心为恕，如人之心，推己及人，故为"恕"。朱熹曾说："尽己之谓忠，推己之谓恕。"二者本是一个问题的两个方面：从积极方面而言，是"忠"，即《论语·雍也》中的"夫仁者，己欲立而立人，己欲达而达人"，有好处想着分享，不愿独占，待人忠心；从消极方面而言，是"恕"，《论语·卫灵公》中子贡也提出"有一言而可以终身行之者乎"的问题，孔子以"其恕乎！己所不欲，勿施于人"，自己不愿意的事情不要强加于人。这里孔子不提"忠"，便是因为"己所不欲，勿施于人"重在消极的不施与，属于"恕"的范畴，而"忠"是主动积极的施与，正如程颐所言："以己及物，仁也；推己及物，恕也。"

遵循忠恕之道，不仅可以处理好个人与个人之间的关系，家、国、天下亦可从中引申，其中便存在一个递推的逻辑关系。在儒家的理论体系中，由此及彼的递推逻辑非常关键，治国平天下与管理家族，甚至修行己身的道理都是相通的。《论语·公冶长》中子贡赞许颜回能"闻一以知十"，便是得道之后的一通百通。

> 物格而后知至，知至而后意诚，意诚而后心正，心正而后身修，身修而后家齐，家齐而后国治，国治而后天下平。（见《礼记·大学》）

中国古代读书人奉为圭臬的"修齐治平"理想正出于此，忠恕之道应用于身、家、国、天下四种场合，产生出四种实同名异的思想维度。而忠恕之道也就是"仁"的原则，个体按照忠恕之道的原则为人处世，便是对"仁"的最好实践。《礼记·大学》还将忠恕之道称为"絜矩之道"，原话是："所恶于上，毋以使下；所恶于下，毋以事上；所恶于前，毋以先后；所恶于后，毋以从前；所恶于右，毋以交于左；所恶于左，毋以交于右，此之谓絜矩之道。"

颜真卿在《河南府参军郭君神道碑铭》也有言："夫孝弟之至，絜矩之道。"意为以自己为尺度规范自己的行为，说到底还是一句"己所不欲，勿施于人"。这个尺度无时无刻不在衡量自己与他人的一举一动，并由此生成优劣高下的价值判断，有则改之无则加勉，"仁"在其中矣。

第四是学。孔子作为后世无可争议的教育家，教书育人实乃第一天职，有教必有学。"学"是《论语》中提及较多的重要主题，相对于"仁""义""忠""恕""信"等作为追求目标的人性品格，"学"则更多作为求知不懈、积极上进的状态存在着。这种状态的哲学本质其实是实现良好道德修养的方法论，而且是终极方法论，其地位在孔子思想中无可比拟。谈及"学"，读者往往将其理解为对知识、道理、技能、方法的学习，以及温故而知新式的学识进步。且举以下两例：

> 子曰："学而时习之，不亦说乎？有朋自远方来，不亦乐乎？人不知，而不愠，不亦君子乎？"（见《论语·学而》）
>
> 子曰："吾尝终日不食，终夜不寝，以思，无益，不如学也。"（见《论语·卫灵公》）

"学而时习之"可理解为学得之后需时常温习；终日空泛无目的的思考毫无益处，"不如学也"可理解为不如去学习。这两句中的"学"，含义类似于今天常说的学习，但多数人没有注意到《论语》中"学"的另一层含义：

> 子夏曰："贤贤易色；事父母，能竭其力；事君，能致其身；与朋友交，言而有信。虽曰未学，吾必谓之学矣。"（见《论语·学而》）

这里的"学"如果翻译为学习，是牵强的。"事父母""事君""与朋友交"遵从的伦理道德与知识技能毕竟不同，知识技能一学就会，至多是反复操习多次，容易掌握，但伦理道德并非能靠反复演练获得，而是需要润物无声地感染熏陶，使之真正内化为内心的价值认可。朱熹引游氏之语评价这句说："三代之学，皆所以明人伦也。能是四者，则于人伦厚矣。学之为道，何以加此。"
"学"而为"明人伦"，真是一语中的。孔子曾感叹："人而不仁，如礼何？"（见《论语·八佾》）"礼"作为外在的行为规范，就像知识、技能一样，并不触及心灵，而孔子之所以提倡"礼"，其实是看重外在行为背后的内心动力，即"仁"心。从这个角度来说，上述伦理道德的获得并非缘于学习的灌输，而是心灵的修养，所以这里的"学"，应该理解为修养、修行，而非学习。《论语》中还有一句可帮助我们区别学习与修养的不同内涵：

> 子曰："可与共学，未可与适道；可与适道，未可与立；可与立，未可与权。"（见《论语·子罕》）

孔子在这句中将"学"与"道"做了明显的区分，"道"是高于"学"的，"共学"可以理解为共同学习，但共同学习并不意味着可以"适道"，即走上真理的道路。这个高于知识学习的真理便是指灵性的修养。所以，《论语》中的"学"，不但有学习的意思，更有修身的内涵，修身在孔子思想中的地位不言而喻，"学"自然足以成为根本方法论。

第五是区别孔子与儒家。孔子在儒家学派的地位，应以创始人来形容。既然有创始人，一定有后继者，诸如子思、孟子、荀子、董仲舒、韩愈、周敦颐、张载、程颐、程颢、朱熹、陆九渊、王阳明等，都在一定程度上对孔子思想做出发展与修正，这些富于创新精神的后继人，没有一个愿意全盘接受孔子思想而不做稍加调整，离孔子年代稍近，被称为"亚圣"的孟子，也将孔子关于人"性相近"的思想发展为"性善"。现在我们所说的儒家，应是广义上古今所有儒家学者思想的总和，并非专指一人一事，孔子属于儒家，但儒家绝不等于孔子。在专制社会后期，封建礼教禁锢人性，荼毒生灵，被鲁迅等人强烈批判，其实《论语》绝没有要钳制人性的意思，这些本应归因于程朱理学。钱穆说："注《论语》讲求义理，特别重要者必先讲求论语原文之'本义'，亦即其'原始义'。"阅读《论语》，讲述《论语》，思考《论语》，研究《论语》，更应该追求孔子本义，忠实原著，不夹杂固有成见，不做过分发散，尽量摈除不必要的误会，卸下有色眼镜。

朱熹在《论语集注》的序说中，引用程颐之言："今人不会读书。如读《论语》，未读时是此等人，读了后又只是此等人，便是不曾读。"

此条之前一条为："读《论语》，有读了全然无事者；有读了后其中得一两句喜者；有读了后知好之者；有读了后直有不知手之舞之足之蹈之者。"

最后一条为："颐自十七八读《论语》，当时已晓文义。读之愈久，但觉意味深长。"

刻板印象

关于对孔子学说想当然的刻板印象，向来不少。大概因为孔子形象的本初来源——《论语》，在经过一代又一代人的阐释和解读后，孔子业已被分裂为各自迥异乃至彼此冲突的形象，呈现在漫长的时间流中。在不少人脑海中，孔子是执着的，也是执拗的，甚至是固执的；他满口忠孝仁义，一味忠君爱君，为日后的封建礼教打下理论基础；他彻彻底底反对刑罚，致力于建设仁爱社会……对于孔子的回顾与思考，很少有人能破除某种看似符合历史常识和理论逻辑的既定框架，连"新文化运动"都急于"打倒孔家店"。

首先，孔子并非固执透顶，而是提倡灵活权变的。权，繁体字从木从雚，本义是黄花木，因其坚硬，难以变形，被用来制作秤杆、锤柄等。引申含义之一是权变，所谓"事可从经，亦可从权"，便是告诉人们处理事情要兼顾原则和实际。孔子是著名的"死磕"主义者，曾被评价为"知其不可而为之者"（见《论语·宪问》）。孔子一生都在为恢复周礼的虚幻梦想而奔走，自诩为周公的知音，时不时会与周公在梦中交流心得体会，晚年还会哀叹："甚矣吾衰也！久矣吾不复梦见周公。"（见《论语·述而》）照此说来，孔子真是刻板而不知变通的，但他还说过这样一句话：

子曰："可与共学，未可与适道；可与适道，未可与立；可与立，未可与权。"（见《论语·子罕》）

在孔子"可与"的价值排序中，最低一等是"共学"，之后是"适道"，再后是"立"，最高是"权"，即通达权变。孔子所谓"学"并非仅停留在学习知识与习得技能层面，更多指的是心灵修为和内在修养，这一句也不例外，孔子其实很赞许权变通达的人生观。而且，孔子提倡的权变通达和对"仁"的孜孜以求并不矛盾：一个是处世态度，是面对客观境遇的豁然达观，显示出夫子为人处世的成熟风度；另一个是追求理想，是迎接挫折的逆折回川，表现了孔子作为有理想、有追求、有担当的仁人典范。

无独有偶，孔子曾评论当时节行超逸、避世隐居的七位"逸民"，说到虞仲、夷逸两人时："虞仲、夷逸隐居放言，身中清，废中权。我则异于是，无可无不可。"（见《论语·微子》）他认为隐者品行确实高洁，但缺少权变，明确表示"我则异于是"的反对。而在《论语·子张》中记载了子夏的观点："大德不逾闲，小德出入可也。"意思是做人只要大节不亏，小节方面有点出入是可以接受的。正如《史记·项羽本纪》中樊哙所言："大行不顾细谨，大礼不辞小让。如今人方为刀俎，我为鱼肉，何辞为？"君子应当顾全大局，保命最是要紧，哪有工夫执着于细枝末节。

面对一项选择，我们的思量往往游走于两个层次：必要性和可行性。必要性是关于应不应该的，而可行性是关于可不可能的，应不应该涉及价值判断，而可不可能关乎实践评估。有人说，成年人只论利弊，只有小孩才会考虑对错。多少人在这看似矛盾相左的两个维度中艰难选择，其实不一定要做选择，孔子就为我们提供了一条中间道路：既考虑对错，也考虑利弊；既在人生理想方面执着，又在具体细节方面权变；既心怀远方，又有路在脚下。儒家称这条中间道路为"中庸"。正如老子感叹："上士闻道，勤而行之；中士闻道，若存若亡；下世闻道，大笑之，不笑不足以为道。"（见《老子·第四十一章》）孔子也深觉权变通达的中庸之道"其至矣乎！民鲜久矣"（见《论语·雍也》）。我们应该庆幸，真理往往掌握在少数人的手里，但我们也该为此感到惋惜，

因为有识之士都很孤独，尤其是哲学家，尤其是孔子这样以天下为己任的担当者。

其次，孔子不愚忠，而要讲究方法原则。说到"忠"，我们往往想到忠诚、忠心、忠君，狭义地认为"忠"是臣民对君主和国家应尽的道德义务。《论语》多处谈及"忠"的忠君含义，以"君使臣以礼，臣事君以忠"（见《论语·八佾》）最为典型，加之后世专制君主热捧孔子的关键原因便是看重儒家思想体系中蕴含的忠君因素，于是人们往往将《论语》的"忠"片面地理解为忠君，没有领会孔子本义。

> 曾子曰："吾日三省吾身——为人谋而不忠乎？与朋友交而不信乎？传不习乎？"（见《论语·学而》）
>
> 子曰："主忠信。毋友不如己者，过则勿惮改。"（见《论语·子罕》）
>
> 子贡问友。子曰："忠告而善道之，不可则止，毋自辱焉。"（见《论语·颜渊》）
>
> 樊迟问仁。子曰："居处恭，执事敬，与人忠。虽之夷狄，不可弃也。"（见《论语·子路》）
>
> 子张问行。子曰："言忠信，行笃敬，虽蛮貊之邦，行矣。言不忠信，行不笃敬，虽州里，行乎哉？立则见其参于前也，在舆则见其倚于衡也，夫然后行。"子张书诸绅。（见《论语·卫灵公》）

以上是对忠的五条具体阐释，我们可以发现：第一，"忠"往往与"信"同时出现，如"主忠信""言忠信"；第二，"忠"的对象不只是君主，也有朋友和更广泛意义上的他人，如"与人忠"；第三，适度地"忠"，"不可则止，毋自辱焉"。所以，在孔子思想中，"忠"绝不仅限于忠君事上，更多的是指对他人的关爱心理，以及对他人所托之事的负责态度。中心为忠，中人之心，尽力为人，故为"忠"，属于"己欲立而立人，己欲达而达人"的积极境界。既然是负责态度，"忠"便与"信"分隔不开，忠信一词一直沿用至今。如果从语法上分析，忠信应该属于一个偏正短语，所表含义更倾向于"信"，即信用、信实之意。所以，"与人忠"指待人方面，是"忠"的最广泛含义，其下是任事奉公方面，而忠君事上是对"忠"最狭义的理解。

此外，孔子认为行"忠"是要讲究方法原则的，并不主张无条件、无底线地"忠"，不可同后世专制君主一贯宣扬的尽忠死节混为一谈。子贡询问交友方法，孔子在嘱咐"忠告而善道之"的同时，更强调"不可则止"的界限问题。凡事有度，总在别人耳边絮叨烦扰，哪怕你说的道理无比正确，别人也一定会厌烦，结果只能是自取其辱，这便是"事君数，斯辱矣；朋友数，斯疏矣"（见《论语·里仁》）的道理，君子不为。

再次，孔子并不反对刑罚，而是秉承客观公正的精神。法家主张"以法治国"，这里的"法"基本等同于刑罚，从商鞅到韩非，都希望君主通过"以刑治，以赏战""重刑少赏""重刑明民"达到"以刑去刑"的良好效果（见《韩非子·饬令》）。而孔子关于"刑"的讨论，常常为人所忽视，儒家"为政以德，譬如北辰，居其所而众星共之"（见《论语·为政》）的德政思路深入人心。其实孔子对刑罚早有思考：

> 子曰："道之以政，齐之以刑，民免而无耻；道之以德，齐之以礼，有耻且格。"（见《论语·为政》）
>
> 季康子问政于孔子曰："如杀无道，以就有道，何如？"孔子对曰："子为政，焉用杀？子欲善而民善矣。君子之德风，小人之德草。草上之风，必偃。"（见《论语·颜渊》）

可以看出，孔子旗帜鲜明地反对刑罚，反对杀戮，甚至对"道之以政"都颇为不齿，因为这会使百姓"无耻"。在儒家看来，没有羞耻之心的人与禽兽何异。相反，"道之以德，齐之以礼"使人民不但心有廉耻，也行有方寸。而关于"君子之德风、小人之德草"，则涉及孔子表率施政的理念，所谓"子欲善而民善矣"，领导向善，起到带头作用，那么下属便都能向善。虽然这种理念几乎不具有现实可行性，但孔子是个理想主义者，在他的大脑中，考虑应不应该做的部分远比考虑可不可能的部分多。虽然如此，孔子对刑罚却另有思量：

子曰："君子怀德，小人怀土；君子怀刑，小人怀惠。"（见《论语·里仁》）

这句话里，孔子一反之前对刑罚的批评态度，转为赞许，认为"君子怀刑"，还将"刑"与"德"并列提出，难道孔子是朝秦暮楚之流？其实，这句话中的"刑"并非狭义的刑罚，而是指从刑罚中提取出来的抽象的客观公正精神。君子心中从来都有一把客观的尺子，也就是固定的规矩，以此丈量世界，甄别善恶，但小人的标准是随着"惠"，即个人利益的变化而变化的，也就是孟子所说的"无恒心"。以此观之，君子心中客观的类似"刑"的标准就是一种德，而小人心中永远只存一己私利，诸如土地等，心无常念，随波逐流。"刑"与"惠"，正是儒家常挂嘴边的义利之辨的自然延伸。

诚然，读者对孔子不乏想当然的刻板印象，但"君子求诸己"，如果孔子反躬自省，自己学说中想当然耳的成分也是不少。

人人都献出一点爱

先秦诸子哲学具有强烈现实问题导向的基本精神，通俗而言就是救世。春秋乱世，老子"无为"，孔子有为，都要为拯救世道开出药方。在当时的士人眼中，救世是最现实、最迫切的问题。在那样一个乱世，不要说普通百姓，就连诸侯、卿大夫等贵族都随时可能丧失基本的生存权利，整个社会都在呼吁稳定，期盼安全，渴求和平。在这样的社会背景下，孔子开出"仁"的药方，并以"礼"作为药引，身体力行着自己的救世理论。

"仁"并非孔子的原创，在他之前，早已出现了许多关于"仁"的思想。《诗经·郑风》的"洵美且仁"，《诗经·齐风》的"其人美且仁"，"仁"都与"美"联系在一起，是仪文美备的意思，与"文质彬彬，然后君子"（见《论语·雍也》）异曲同工。《尚书》有"予仁若考，能多才多艺，能事鬼神"

的句子，其中"考"意为多才多艺，也就是《论语·泰伯》中所说的"如有周公之才之美，使骄且吝，其余不足观也已"。《国语·晋语一》有云："爱亲之谓仁""仁"在父子关系中是孝。《国语·晋语二》中申生拒绝逃亡说："仁不怨君。"还说："逃死而怨君不仁。""仁"在君臣关系中是忠。而"仁"在处理国家关系上，是保护小国，救助邻国。此外，"仁"还有其他含义，如《国语·晋语二》的"利国之谓仁"。

可见，"仁"在孔子之前，含义已相当广泛，包括了各种具体的以宗法道德为主的行为规范，涉及人与人之间的关系问题。孔子正是在此基础上，归纳衍生出"仁"的伦理道德意义，将其系统化与理论化。樊迟曾问老师什么是"仁"？子曰："爱人。"（见《论语·颜渊》）孔子的救世主张被称为仁爱思想，来源于此。其实，这里的"爱人"并非情爱，而是有两层含义：

一是亲爱，即人人都像爱自己的亲人一般爱别人，人人都献出一点爱，世界就能变成美好的人间。正如《孟子·梁惠王上》所言："老吾老，以及人之老；幼吾幼，以及人之幼。"儒家的仁爱是递推的，最大的爱要献给直系亲属，次一等的爱献给旁系亲属，再次一等的爱献给同乡的父老乡亲，再次一等的爱献给同国籍的人，依次递减，类似于费孝通提出的社会差序格局。孔子的"仁"也是一种差序仁爱，这爱分三六九等的思想也是封建制下社会等级的映射。而孔子主张最应该爱的就是父母兄弟，即儒家提倡的孝悌，有子说："君子务本，本立而道生。孝弟也者，其为仁之本与！"（见《论语·学而》）

二是敬爱，即"仁"作为一种含义极广的社会道德范畴，很多时候发源于庄敬恭谨之心。在另一次的樊迟问仁中，孔子这样回答："居处恭，执事敬，与人忠。"（见《论语·子路》）子张又一次向孔子问仁，孔子说"能行五者于天下为仁矣。"分别是："恭、宽、信、敏、惠。恭则不侮，宽则得众，信则人任焉，敏则有功，惠则足以使人。"（见《论语·阳货》）不论是待人负责的"忠"，言行一致的"信"，还是对他人的宽容与恩惠，都发源于内心对事对人的庄敬恭谨，"出门如见大宾，使民如承大祭"（见《论语·颜渊》），敬爱就在其中。

如果从字形分析，仁字从人从二，指不仅只有自己一个人，为人处世要时时顾及另外一人的感受，将心比心，推己及人，自然仁爱。怪不得仲弓问仁，孔子说："己所不欲，勿施于人。"（见《论语·颜渊》）孔子也曾对子贡说："夫仁者，己欲立而立人，己欲达而达人。能近取譬，可谓仁之方也已。"（见《论语·雍也》）忠恕之道正是"仁"的题中之意。

此外，在孔子眼中，爱人之人不但要有"刚、毅"坚强的内心，而且要"木、讷"（见《论语·子路》），就是不卖弄嘴皮子功夫，只需埋头苦干，才能接近"仁"的境界，这个道理也向司马牛说过："仁者，其言也讱。"（见《论语·颜渊》）孔子十分厌恶巧言令色之徒，曾说："巧言令色，鲜矣仁。"（见《论语·学而》）也许孔子是一个不善言语论辩之人，从《论语》记载来看，夫子之言大多简明扼要，除了引用《诗经》等篇章外，不在文辞方面做过多修饰。如有巧言令色之徒颠倒是非，混乱君上，愚弄百姓，孔子自然反感异常。

"仁"是一个很高的境界，孔子不但很少以"仁"赞许别人，更不承认自己是"仁人"："若圣与仁，则吾岂敢？抑为之不厌，诲人不倦，则可谓云尔已矣。"（见《论语·述而》）公西华是个乖巧机智的学生，当时便顺着老师的话说："正唯弟子不能学也。"难怪孔子对这个比自己小四十二岁的学生称赞有加。当然，"仁"的境界并非虚幻，只要"博学而笃志，切问而近思，仁在其中矣"（见《论语·子张》）。可能是为了推广自己的学说，扩大受众群体，孔子也说过："仁远乎哉？我欲仁，斯仁至矣。"（见《论语·述而》）以此鼓励大家消除畏难情绪，积极实践仁爱。

"爱之，能勿劳乎？"（见《论语·宪问》）爱意味着付出时间精力，付出辛劳心血。孔子爱自己的国家，爱整个世界，为了自己的理想周游列国，奔走呼号，恨不得把百姓群众一个挨一个教导个遍，使天下归于"仁"。从个人修养来说，一个"仁人"，孔子当之无愧。

"仁"是发自内心的一种品质修养，朱熹便说仁是"爱之理，心之德"。既然是心理状态，就缺少可观的衡量标准，这也是孔子学说为墨、法等诸子批判的漏洞之一。直到现在还有人批评虚伪造作之人是"满嘴仁义道德，满腹男盗女娼"，也是看准了仁爱确实无从考量。孔子也一定发现了道德品质的要求并不靠谱，需要更显性可观的方案，于是就地取材，开出"礼"作为药引，治病救世。

之所以说孔子就地取材，是因为"礼"也非孔子原创，而是取于周朝的礼乐制度。据说礼法始自夏商，到西周初期周公"制礼作乐"，形成周朝封建社会下独有的文化体系与统治制度。"礼"，是从氏族社会的祭祀文化发展而来，据许慎《说文解字》："礼，履也，所以事神致福也。从示从丰。"丰乃"行礼之器，从豆，象形"。因此礼的本义指祭神之器，而后引申为祭神的宗教仪式，再而后才泛指人类社会日常生活中的各种行为仪式。

需要说明的是，礼乐为当时封建贵族所专有，平民百姓并没有机会身体力行，不同的礼乐待遇标志着贵族的身份等级，是否配享礼乐更是区别贵族与平民的重要标志。东周以来礼坏乐崩，孔子将礼乐制度中的文化精神剥离出来，使"礼"走出庙堂，"飞入寻常百姓家"，不再仅仅作为一种身份等级标志，而成为一种社会上下通用的行为规范，《论语·为政》中有"道之以德，齐之以礼，有耻且格"的为政思路。

进一步，孔子还将"仁"与"礼"联系起来，"仁"是"礼"之本，"仁"为心，是发自内里的，"礼"为行，是表于外在的。孔子说："人而不仁，如礼何？人而不仁，如乐何？"（见《论语·八佾》）意思是首先要保证心存仁爱，仁爱之后才能谈礼乐，没有仁爱之心做基础，礼乐制度只是空洞虚无而已。孔子尤其看重作为外在形式的"礼"，其背后的真情实感，于是有师生的这段对话：

子夏问曰："'巧笑倩兮，美目盼兮，素以为绚兮。'何谓也？"子曰："绘事后素。"

曰："礼后乎？"子曰："起予者商也！始可与言《诗》已矣。"（见《论语·八佾》）

"巧笑倩兮，美目盼兮，素以为绚兮"出自《诗经·卫风》，本义是称赞少女笑容美丽，眼睛明媚，用素粉来打扮。读《论语》一定不能停留于对

话的表面意思，子夏也就此提问，孔子回答说这是"绘事后素"，即绘画时先有白底后有图画，子夏很聪明，从中领会出"仁"先"礼"后的道理，"仁"作为"心之德"就是白底，"礼"虽然美丽明媚，终究是居于后的图画，得到孔子大加赞赏。颜回与孔子也有一段关于仁和礼的讨论：

> 颜渊问仁。子曰："克己复礼为仁。一日克己复礼，天下归仁焉。为仁由己，而由人乎哉？"
>
> 颜渊曰："请问其目。"子曰："非礼勿视，非礼勿听，非礼勿言，非礼勿动。"
>
> 颜渊曰："回虽不敏，请事斯语矣。"（见《论语·颜渊》）

"克己复礼"有两种翻译方法：一是克制自己恢复礼制，克作克制解，二是使自己能够恢复礼制，克作能够解。而"克己复礼"的对象也有两种说法：一是对君主个人行为修养的要求，二是对社会上下全体民众的要求。黄现璠则认为"克己复礼为仁"中的"仁"该做人解，二者同义。不论怎样理解，"克己复礼"的结果都是"天下归仁"，"礼"是实现"仁"的路径，之后颜回"请问其目"，则点出了"仁"为"礼"纲，"礼"为"仁"目的关系。

不少中医开药时，为使药方的效果充分发挥，会指定另一些东西作为药引。鲁迅在短篇小说《药》中，讲述了茶馆主人华老栓夫妇为儿子小栓买人血馒头治病的故事，人血馒头便是药引。既然孔子以"仁"为救世药方，作为实现"仁"的路径，"礼"正是所需的药引，孔子对"礼"寄予了很大期望：

> 子曰："君子博学于文，约之以礼，亦可以弗畔矣夫！"（见《论语·雍也》）
>
> 子曰："恭而无礼则劳，慎而无礼则葸，勇而无礼则乱，直而无礼则绞。君子笃于亲，则民兴于仁；故旧不遗，则民不偷。"（见《论语·泰伯》）
>
> 子曰："知及之，仁不能守之；虽得之，必失之。知及之，仁能守之。不庄以莅之，则民不敬。知及之，仁能守之，庄以莅之，动之不以礼，

未善也。"（见《论语·卫灵公》）

在孔子的思想体系中，"礼"对"仁"心的塑造发挥着反作用力，强调"约之以礼"的行为约束作用，"仁人"具备的"恭""慎""勇""直"等品质，离开"礼"的规范很容易走向负面。道德的培养主要经由对情感的礼乐教化，而非理性的认知训练，这一点是被儒学形塑的中华文明不同于西方文明的重要方面。而"礼"是依据人的情感制定的，反过来，"礼"又以修正人的情感为目标。"仁"与"礼"，内与外，心与行，在儒家思想中成为互相作用、相辅相成的双方力量。孔子说："兴于《诗》，立于礼，成于乐。"（见《论语·泰伯》）"礼"作为外在行为规范起到立身的作用，"动之不以礼"，毕竟"未善也"。

冯友兰曾说："孔子对于中国文化之贡献，即在一开始试将原有的制度，加以理论化，予以理论的根据。"孔子给予原有制度以"理论的根据"不是别的，正是"仁"。"仁"的产生是社会关系大变动在思想领域的表现，是对子父、君臣、家国关系的伦理道德总结。与其说孔子发掘了"仁"与"礼"的伦常意义，不如说孔子是对封建制度下周礼与伦理关系的回归与重拾。

孔子对古代典籍制度的态度确实是"述而不作，信而好古"（见《论语·述而》）的，在铁器牛耕极大地推动了社会生产力发展的春秋时代，社会这台机器已经开始了隆隆作响的转型运作，他在一旁指手画脚，嫌转型过程中机器发出的响声过于巨大骇人，而力图使机器停止运转，退回从前，维持原貌，所谓"周监于二代，郁郁乎文哉！吾从周"（见《论语·八佾》）。孔子"从周"的理论实践便是提出"仁"与"礼"，固然有塑造人性、导民向善的积极意义，但其理论中包含着森严的等级观念，一旦真正施行便会使推动社会生产力发展与结构调整的社会流动机制陷于停滞，不但没有可行性，而且更是阻碍历史进步的保守倒退行为。

社会流动，指社会成员或社会群体从一个社会阶级或阶层转到另一个社会阶级或阶层，从一种社会地位转向另一种社会地位的转变的过程。春秋战国时代的历史跨越性进步，一定程度上要归功于不同阶级与阶层的社会流动得以顺利开展。在周朝封建制度的控制下，不但贵族与平民之间鸿沟巨大，在贵族内部，从天子到诸侯，从卿大夫到士人，也存在着不可逾越的高墙，贵族世袭不辍，生而为平民之人几乎没有改变命运成为贵族的渠道，基本不存在阶级或阶层间的社会流动。

这种阶层固化的情景在春秋时期开始改变：一方面，由于阶级内部地位升降，一些贵族失去分封的土地，成为破落贵族，转而投向教育等其他领域，孔子便是其中之一，他们将从前只有贵族阶级才能享有的知识专利开始向社会其他阶层普及；另一方面，铁器牛耕的推广极大地解放发展了生产力，越来越多的劳动力从田间解放出来，他们走出田野，走向城市，一部分人从事工商业，也有一部分人接受教育，跻身士人阶层，成为最底层的贵族。在传统的士、农、工、商的阶层划分中，士人是个特殊的群体，他们不但是平民中的最上层，也是封建贵族阶级中次于天子、诸侯、卿大夫的最底层，士人阶层可上可下，具有极强的流动性，也打通了贵族与平民间改变社会阶级的渠道，平民通过自身奋斗，也能成为一时显赫的贵族，苏秦、张仪便是其中的成功典范。

春秋战国之际的社会流动，不但发生在平民与贵族不同阶级之间，还不时发生在封建贵族阶级内部。为庄子鄙夷的"彼窃钩者诛，窃国者为诸侯"（见《庄子·胠箧》）正是社会流动的体现，执掌权势的卿大夫实力足以与诸侯抗衡的时候，便通过战争或和平手段成为诸侯，称王称公，三家分晋与田氏代齐就是卿大夫阶层向诸侯阶层流动的实例。作为后起之秀的新型地主阶级，同样是得益于社会流动而产生、发展、壮大，直至取封建贵族阶级而代之。可是，这在孔子眼中是绝对不能容忍的，《论语》中多处提到的季氏，即鲁国三桓之一的季孙氏，季氏之所以被孔子及其弟子树立成反面典型，就是因为他们作为卿大夫却时有对鲁国国君即诸侯阶层的僭越举动：

孔子谓季氏："八佾舞于庭，是可忍也，孰不可忍也？"（见《论语·八佾》）

三家者以《雍》彻。子曰："'相维辟公，天子穆穆'，奚取于三家之堂？"（见《论语·八佾》）

季氏旅于泰山。子谓冉有曰："女弗能救与？"对曰："不能。"子曰："呜呼！曾谓泰山不如林放乎？"（见《论语·八佾》）

季氏富于周公，而求也为之聚敛而附益之。子曰："非吾徒也。小子鸣鼓而攻之，可也。"（见《论语·先进》）

我们受《论语》的感情基调和价值观念影响十分深刻，自然而然认为季氏是违礼不仁的小人，是忘本僭越的蠹虫，恨不得亲自"鸣鼓而攻之"。殊不知，从春秋战国时期的历史趋势来看，季氏正是代表着社会阶层流动的先进力量。倘若真如孔子设想，用"仁"从心性上培养，用"礼"从行为上约束，使社会各个阶级与阶层安于其位，确实可以消弭祸乱，维护社会秩序的稳定，但也使社会流动完全废止。水而无流，是为死水，社会阶层之间失去流动性，不也是一潭绝望的死水吗？以孔子为代表的儒家，用"仁"和"礼"建构等级的藩篱，力图维护现有社会等级，从理论角度极大地妨碍了社会流动，而春秋战国本是以极强流动性为特点的社会。孔子这样的逆势而为，精神值得尊重，做法却绝不可学，抑制流动，否定进步，不但是保守倒退的，也是不现实的。所以，孔子开出的是有毒的药方。

《论语》中存而不显的等级观念，被孔子学说继承者之一的荀子接下。荀子理论体系的核心便是"礼"，是使"贵贱有等，长幼有差，贫富轻重皆有称"（见《荀子·礼论》）的"礼"，荀子的"礼"也几乎完全成为君主的政治工具。而荀子认为人伦关系发挥着"斩而齐，枉而顺，不同而一"（见《荀子·荣辱》）的作用，对社会关系做赤裸裸地扁平化、单一化处理，这或许就是法家消除百姓个性，一致为君服务的理论滥觞。

汉武帝之后的历代专制统治者，几乎都将儒家学说奉为正统，无限推崇孔子，明尊卑，尚礼制，以孝治天下。仁爱亲亲表面之下，帝王还是看重儒家思想对社会与统治稳定的维护作用，并不断加以强化，一次又一次地抑制社会流动的可能。西方人眼中死气沉沉的晚清社会，麻木不仁的底层百姓，就是被压在阶层夹板下长达千年的无灵生命。

不靠谱政治

周敬王四十一年（公元前479年），孔子逝世，鲁哀公亲自撰写诔文祭奠："旻天不吊，不憖遗一老，俾屏余一人以在位，茕茕余在疚，呜呼哀哉！尼父！无自律。"（见《左传·哀公十六年》）鲁哀公矫揉造作地表达了自己的哀痛，大意是：上天如此不公，竟不肯留下一位老人陪我，让我孤零零一人在位，我悲伤得无法自律。既然鲁哀公如此器重孔子，生前又是怎么对待孔子的呢？《史记·孔子世家》中记载的是："鲁终不能用孔子。"看来，鲁哀公只是在虚文应付罢了。子贡当时便不给鲁哀公台阶下："生不能用，死而诔之，非礼也！称'余一人'，非名也。"

其实，"生不能用"孔子的，远不止鲁哀公一人，楚昭王、齐景公、卫灵公等都不曾正式任用他。但孔子一生对入世从政是求之无倦的，他周游列国十四年的主要目的便是推广自己的政治主张，找寻王公贵族抛出的橄榄枝，却"屡试皆爽"。晚年回归故土，经历了颜回、孔鲤、子路相继去世的打击之后，直呼："噫！天丧予！天丧予！"（见《论语·先进》）患病不愈而卒，终年七十三岁，葬于鲁城北泗水岸边。

孔子一生做过几次官？准确地说，只做过一次。鲁定公九年至十三年，先后在鲁国担任中都宰、司空、大司寇等要职，颇有政绩，此时孔子已年过半百。这之前，于鲁昭公十年至十一年，孔子二十至二十一岁，孔子担任过乘田吏、委吏，但只是处理具体事务的吏，根本算不上官。周游列国时，孔子曾经在卫国和陈国出仕，也仅作为领取俸禄以备咨询的顾问官而已，别说政绩，连具体的官名都没有留下。而在齐国和楚国，孔子虽然都受到了国君的尊重并几乎受到重用，但由于各国贵族和当权者，如齐相晏婴、楚令尹子西的反对，都抱憾而归。

孔子想从政吗？当然想，想得不能再想。子贡曾用美玉比喻人才，向老师发问，美玉是该藏在盒子里还是卖出去，意思是人才是该在野隐居还是"货与帝王家"：

> 子贡曰："有美玉于斯，韫椟而藏诸？求善贾而沽诸？"子曰："沽之哉！沽之哉！我待贾者也。"（见《论语·子罕》）

孔子一连回答两个"沽之哉"，极力提倡人才入世做官。子贡还没有问老师是不是要入世，孔子却迫不及待，说自己就是待价而沽的人才，可见孔子的从政情结有多么强烈。此外，孔子还自我推销："苟有用我者，期月而已可也，三年有成。"（见《论语·子路》）这让我们想起一句广告词：产品效果好，谁用谁知道。孔子像个推销员，而且还是有理想有底线的推销员，别人都是根据顾客需求生产产品，他却手捧产品寻找适合的顾客，而且还是年代久远的过时产品，结果处处碰壁。

孔子因为急于从政做官，一展抱负，还差点丢了底线。一次是鲁国季氏家臣公山弗扰盘踞费邑叛乱，召孔子，另一次是晋国范氏、中行氏家臣佛肸据守中牟反叛，也召孔子，孔子的反应都是"欲往"（见《论语·阳货》）。要知道，公山弗扰和佛肸都是以家臣的身份反叛卿大夫，典型的以下犯上，维护周礼的孔子本应严词拒绝并声讨之，但在从政做官的巨大诱惑下，孔子不顾原则，跃跃欲试。两次都是被耿直犯上的子路摆了脸色，提醒老师不要自食其言，孔子最终未能成行，但仍心有不甘地说："吾岂匏瓜也哉？焉能系而不食？"（见《论语·阳货》）匏瓜可以做摆设，但孔子不是匏瓜，只有做官，才能避免当一辈子摆设的命运。

孔子自己想做官但没做成，于是积极鼓励推荐自己的学生做官。鼓励弟子做官，如"子使漆雕开仕"（见《论语·公冶长》）；向人推荐弟子做官，如"雍也可使南面""由也果，于从政乎何有？""赐也达，于从政乎何有？""求也艺，于从政乎何有？"（见《论语·雍也》）不少出仕的弟子，为不枉老师一片赤诚，下班后还常常同老师论政。一次冉有下班晚了，孔子询问缘由，冉有答道："有政。"孔子颇为不屑：你那个不叫政务，只能叫事物，"如有政，

虽不吾以，吾其与闻之"（见《论语·子路》）。

《论语·子张》还有一句非常著名的话："仕而优则学，学而优则仕。"第一个"优"应理解为优裕或有余力，第二个"优"应理解为优异，而"学"则译为修身，比译为做学问更为恰当。这句话意思是做官有余力就要勤加修身，而修养优异之后自然要出仕做官。在人的一生中，修身与出仕都不能偏废其一，实践二者的顺序并不重要，重要的是时时心念，勉力日进。

虽然孔子的从政之路并不顺利，但他却留下不少施政理念与为政方法。比起先秦其他诸子，他最为看重统治者的个人德行，坚持认为个人的德能推而广之成为他人之德，再推便是国家有德，终点是天下有德，即天下大治。所以，德政是孔子政治思想的枢纽，他多次强调"德"对政治的重大意义：

> 子曰："为政以德，譬如北辰居其所而众星共之。"（见《论语·为政》）
>
> 子曰："道之以政，齐之以刑，民免而无耻；道之以德，齐之以礼，有耻且格。"（见《论语·为政》）
>
> 子曰："泰伯，其可谓至德也已矣。三以天下让，民无得而称焉。"（见《论语·泰伯》）

孔子曾到周王国向老子问礼，受老子影响颇大。在老子的治世哲学中，唯"道"是举，而《道德经》中不但有《道经》，还有《德经》，老子认为，"道"为纲而"德"为目，"道"为规律而"德"为方法，"道"为理想而"德"为现实，"道"的地位高于"德"，"德"是比"道"次一等的境界。对于孔子，虚无缥缈的"道"虽然至善，但毕竟遥不可及，于是采取了尊道崇德的态度，将理论重心放在"德"的境界。相比老子，孔子已经退而求其次了，而"仁""义""礼"等在老子看来则是比"德"更次等的境界。儒道相较，老子理想，孔子务实，其施政理念有三个突出特点：

第一，贤人政治。孔子不遗余力地为尧、舜、禹等圣君大唱赞歌，如《论语·泰伯》中的"巍巍乎！舜、禹之有天下也而不与焉""大哉尧之为君也！

巍巍乎，唯天为大，唯尧则之""禹，吾无间然矣"等。高高在上的孔夫子变成了疯狂呐喊的铁杆粉丝，不再顾及师道尊严与刚毅木讷，一遍又一遍地歌颂着这些传说中的圣人。孔子崇拜尧、舜、禹，固然有其情愫原因，更在其中表达着自己贤人政治的设想主张。

贤人类似柏拉图理想国中的哲人王，哲人王具备无比的智慧，具有凌驾一切，发号施令的绝对权威。老子心目中的"圣人"与柏拉图的哲人王异曲同工，孔子继承了老子的圣人思想，认为"圣人"出则天下治。此外，在孔子的贤人政治中，只有"圣人"一人是不够的，治理好天下还需要任用贤人：

哀公问曰："何为则民服？"孔子对曰："举直错诸枉，则民服；举枉错诸直，则民不服。"（见《论语·为政》）

樊迟问仁，子曰："爱人。"问知，子曰："知人。"樊迟未达，子曰："举直错诸枉，能使枉者直。"樊迟退，见子夏，曰："乡也吾见于夫子而问知，子曰：'举直错诸枉，能使枉者直'，何谓也？"子夏曰："富哉言乎！舜有天下，选于众，举皋陶，不仁者远矣。汤有天下，选于众，举伊尹，不仁者远矣。"（见《论语·颜渊》）"举直错诸枉"意为提拔正直的贤人，做不正直之人的上级，孔子认为这能使"枉者直"。在贤人的感召影响下，连"枉者"都能改过自新变得正直，更别说普通百姓了。子夏还举出古时例证，舜和商汤作为圣君，治理天下时还要选拔贤人如皋陶、伊尹，于是"不仁者远矣"，天下大治。在孔子看来，贤人的力量就是如此巨大，可以"亲贤臣"，可以"远小人"，贤人政治功不可没。

第二，榜样政治。上有圣君，下有贤人，他们是如何使"枉者直"的呢？孔子回答说：榜样的力量是无穷的。在孔子眼中，人性中天然有着向贤人学习的基因，只要君主以身作则，身体力行，克己复礼，天下百姓一定会如大旱之望云霓，趋之若鹜：

季康子问政于孔子。孔子对曰："政者，正也。子帅以正，孰敢不正？"

（见《论语·颜渊》）

　　季康子患盗，问于孔子。孔子对曰："苟子之不欲，虽赏之不窃。"
（见《论语·颜渊》）

　　子曰："其身正，不令而行；其身不正，虽令不从。"（见《论语·子路》）

　　樊迟请学稼。子曰："吾不如老农。"请学为圃。曰："吾不如老圃。"
　　樊迟出。子曰："小人哉，樊须也！上好礼，则民莫敢不敬；上好义，则民莫敢不服；上好信，则民莫敢不用情。夫如是，则四方之民襁负其子而至矣，焉用稼？"（见《论语·子路》）

　　孔子教导季康子说，只要你行事正派，百姓就像影子一般，"孰敢不正"。所谓"政者，正也"，儒家眼中的政治被浓缩成道德品质的正直，尤以君主个人品德最为关键，能达到"不令而行"的良好结果。法家的韩非子一直告诫君主不能暴露个人好恶，因为臣下会以此迷惑甚至威胁君上，所谓："好恶见则下有因，而人主惑矣。"（见《韩非子·外储说右上》）韩非子总从人性的阴暗面推导，而孔子则不吝巨大的善意思考忖度，往往得到与韩非子截然相反的结论，他不会在意威胁君上的阴谋论，一厢情愿地认为人们只会朝圣君与贤人看齐，取长补短。

　　第三，爱民政治。爱民与民本的差别很大，不可混同。民本是以民为本，是十分现代的政治思想，孔子等先秦诸子囿于历史时代所限，无一不倡导君主政治，民本对于他们过于先进。而爱民是民本思想的内涵之一，孔子虽然做不到民本，但对百姓有着深深的同情与怜悯：

　　原思为之宰，与之粟九百，辞。子曰："毋！以与尔邻里乡党乎！"
（见《论语·雍也》）

　　哀公问于有若曰："年饥，用不足，如之何？"

　　有若对曰："盍彻乎？"

　　曰："二，吾犹不足，如之何其彻也？"

对曰："百姓足,君孰与不足? 百姓不足,君孰与足? "(见《论语·颜渊》)

子适卫,冉有仆。子曰:"庶矣哉! "

冉有曰:"既庶矣,又何加焉? "曰:"富之。"

曰:"既富矣,又何加焉? "曰:"教之。"(见《论语·子路》)

当孔子有余粮时,会想着分享给乡里近邻;当鲁哀公要增加百姓赋税时,有若据理力争,一番"百姓足,君孰与不足"的说辞,令人感动;当百姓生活富庶时,孔子还不忘实现他们作为人的更高层次的发展需求,礼义教化,终生不息。儒家的爱民政治,体现在孔子及其弟子的一言一行中,也体现在仁爱思想中。"仁"本就是一个大写的人。"禹思天下有溺者,由己溺之也;稷思天下有饥者,由己饥之也。"(见《孟子·离娄下》)孟子将"仁"发展为"仁政",实本于孔子,己溺己饥,"如是其急"。

不得不承认,这是儒家学说比法家更容易为人接受的重要原因。法家只会为专制君主献上杀人的钢刀,从头到脚都透着彻骨入髓的阵阵寒意,而含情脉脉的儒家总给人尤其是底层百姓以希望。他们告诉百姓:虽然现在没有诗,但你们还有远方。固然,儒家许给百姓"大道之行也,天下为公"(见《礼记·礼运》)的美好蓝图,很大程度上是画饼充饥,但起码能当作一种心灵的熨帖和精神的港湾。春秋战国之际饱受离乱的百姓,也许不会真正相信儒家的温情理念,但绝对不会愿意接受法家的冷酷构想。至于水深火热的秦国人民,则纷纷表示:我们都是被商鞅逼的。威权政治可以强于一时,但终究不是长久之计。

除了上述三个特点,孔子还非常注意"正名"。当子路问到为政最先实施的措施时,孔子回答"必也正名乎! "理由是:"名不正,则言不顺;言不顺,则事不成;事不成,则礼乐不兴;礼乐不兴,则刑罚不中;刑罚不中,则民无所措手足。"(见《论语·子路》)"正名"本质是对上下等级的划分与重新确认,出身封建贵族的孔子,对自家的旧有辉煌念念不忘。而"正名"的目的是使百姓信服,实现"老者安之,朋友信之,少者怀之"(见《论

孔子曾说："无为而治者其舜也与！夫何为哉？恭己正南面而已矣。"（见《论语·卫灵公》）"无为"在先秦诸子中真是热门词汇，不仅道家、法家讲，孔子也钦慕圣明如舜的"无为而治"。三家殊途同归，道家是以无为求无为，法家、儒家是以有为求无为。"恭己正南面而已矣"，南面之术在韩非子那里变了味道，儒家的贤人政治变成了权谋甚至阴谋政治。

孔子将政治蓝图描绘得美丽非凡，但常遭到时人冷嘲热讽。有一次，师徒迷路，子路向名为长沮的人问路，长沮得知"执舆者"竟是孔丘，一翻白眼，揶揄道："你家老师不是圣人吗？想必一定知道路在何方喽。"留下子路在一旁干瞪眼。

面对避世隐士的讥讽，子路非常无奈，而看着孔子切切爱民的政治理念，我只能说：孔子的为政热情无可厚非，但其施政逻辑却是漏洞百出。如果说春秋末年的华夏大地是一件褴褛衣衫，战乱早已在上面留下漏风破洞，孔子一手穿针，一手引线，怀着济世救民的仁善之心意图修补，但他手中的补丁本身就是破的，以破补破，破上加破，于事无补。

孔子期望"圣人"为君，贤人为臣，世界上的圣贤之人哪有如此之多？就算尧、舜、禹、汤的事迹全都可靠，中华历史上的专制君主有数百人之多，所谓的圣君又有几人？韩非子用守株待兔故事中的愚蠢宋人比喻儒家，等待圣君出世，其希望就如同等到第二只兔子撞死在树桩上一样渺茫，这热辣辣的讽刺，孔子及其弟子如何反驳？何况，尧、舜等圣君的事迹并不一定可靠，远古的事情根本无法核实验证，正如《韩非子·显学》所言："无参验而必之者，愚也；弗能必而据之者，诬也。故明据先王，必定尧、舜者，非愚则诬也。"此外，关于圣君贤臣的判断标准究竟是什么的问题，孔子同样没能给出答案。在那样的战乱年代，社会利益多头难控，治理难度与日俱增，空口赞叹"巍巍乎""大哉"，或给出"直""无间然"的好评，对于救世实践丝毫无补。而且孔子说舜、汤选贤之后"不仁者远矣"，史书中也找不到确切翔实的事实依据。

榜样政治更是茶余饭后想当然的产物。对于贤人政治，孔子尚且能列举出几个说服力极弱的例证，论及榜样政治时，通篇只有强加因果的说教。"子帅以正"之后，用什么来确保人人能顿时变身正人君子？"子之不欲"之后，怎么可能让穷了几辈子的底层人民拒绝通过盗窃得到财富的诱惑？"其身正"之后，如何保证国家政治升级到百姓自治的境界？本来着力刻画人物细节的画师孔丘，此时突然变成抽象派画家，挥笔泼彩，任由天马行空。艺术创作可以接受抽象或后现代的风格，而政治理论需要的是精确再精确，细致再细致。还有一个操作性的问题，如果君主不愿意做百姓的榜样，反而乐意追求个人享乐，偏不按照儒家规定的套路来，这时，孔子大概只能望洋兴叹了。

爱民政治的确难能可贵，在看过老子的抽象、沉闷、诡异、心机之后，孔子对平民百姓的仁爱让人感到温馨，也感到人之所以为人的意义。十分遗憾的是，孔子毕竟不是"圣人"，更不是神人，同先秦诸子一样，也有时代枷锁自带的局限性，这固然不能归罪于某一个人，却不能不被指出。"民可使由之，不可使知之。"（见《论语·泰伯》）尽管后世诸多人曲义辩解，回护孔子，但本着追求本义的态度，不得不承认这是愚民的前奏，而"上好礼，则民易使也"（见《论语·宪问》）则打破周礼温软的面具，毫不讳言其使民唤下的目的。此外，正如韩非子所说："威势之可以禁暴，而德厚之不足以止乱也。"（见《韩非子·显学》）在太平盛世，尊道崇德尚能规制人心，可孔子生活的时代正好相反，强暴肆虐，武力横行，岂仁爱厚德足以止之。

韩非子果真犀利刻薄之人，儒家每一个理论漏洞都逃不过他的法眼，他如剜除毒疮的医者一般，对儒家思想进行了外科手术般的精准打击。在他看来，天下不治的病因在于："尧为人君而君其臣，舜为人臣而臣其君，汤、武为人臣而弑其主，刑其尸。"本是乱了君臣大伦，但偏偏"天下誉之"（见《韩非子·忠孝》）。都是儒家惹的祸，韩非子将牙关咬得咯咯作响，说了下面这段话：

> 今儒、墨皆称先王兼爱天下，则视民如父母。何以明其然也？曰：'司寇行刑，君为之不举乐；闻死刑之报，君为流涕。'此所举先王也。夫以君臣为如父子则必治，推是言之，是无乱父子也。人之情性莫先于父母，

皆见爱而未必治也，虽厚爱矣，奚遽不乱？今先王之爱民，不过父母之爱子，子未必不乱也，则民奚遽治哉？且夫以法行刑，而君为之流涕，此以效仁，非以为治也。（见《韩非子·五蠹》）

人们爱父母的情感本是最真切可靠的，但即便以父子至亲厚爱，尚有祸乱，何况先王所谓的爱民呢？祸乱岂不是更多更大？韩非子一剑穿喉，把儒家以家庭父子伦理为基础构建起来的仁爱理论，杀得彻彻底底，干干净净。试想，在如此缜密的逻辑推理阵仗面前，孔子只能败下阵来，难怪韩非子自信满满地得出结论：儒家实为五蠹之首，蠹虫不除，祸乱不止，"海内虽有破亡之国，削灭之朝，亦勿怪矣"（见《韩非子·五蠹》）。

听着儒法两家跨时空的激烈辩论，想想《论语》中不靠谱的政治理念，我更愿意投法家一票。不知哪朝流行起来一句"半部《论语》治天下"，我宁愿相信这是孔门某位弟子传人打出的广告词。

君子的课堂

孔子是教育事业的坚决拥护者，而且也是公认的教育家。一方面，孔子以教师的身份要求自己，虽说"仁者不忧"，但《论语·述而》记载了孔子的四个忧患，分别是"德之不修，学之不讲，闻义不能徙，不善不能改"，讲学与修德、行义、为善并称，可是另一方面，孔子以教民要求统治者，《论语·子路》记载了孔子认为执政先要使人民繁衍生息，"既庶矣"之后，要"富之"，而后是"教之"。

对教育理念创新的孜孜以求，对民氓文明开化的殷切期待，对弟子谆谆教导的身体力行，"天下之无道也久矣，天将以夫子为木铎"（见《论语·八佾》），这块木铎发出当当的清脆声响，从前束之庙堂高阁的文化"飞入寻常百姓家"。孔子"至圣先师"（见《礼记·中庸》）的地位从此不可撼动，不仅预告了百家争鸣时代的到来，更将民族智力的春天款款迎入。自此之后，面朝黄土背朝天的中国底层百姓抬起眼来，也能看到天边不同以往的光影彩霞。

孔子主张学以致用，如果不能转化为实践，学识再多都是徒劳。而且儒家之学最终致于仕宦之用，这也符合孔门"仕而优则学，学而优则仕"的路径，读书与做官既然密不可分，教育的重要目的之一当然是出仕。孔子曾明确说诵习《诗经》的目的便是为政时从容不迫，出使时应对自如：

> 子曰："诵《诗》三百，授之以政，不达；使于四方，不能专对；虽多，亦奚以为？"（见《论语·子路》）

一个反问句，"虽多，亦奚以为？"透露出孔子对读死书、死读书、读书死的不屑一顾。熟读《诗经》三百固然渊博，但若不能学以致用，再多无益。引申开来，就算不以做官为目的，读书也应活学活用，教师在其中的作用不容忽视。

孔子教育理念的创新之一在启发式教学，看重教而后"发"，省而后"发"，学而后"发"。"发"的意思是学有启发，有所发挥，能将课堂延伸到教室的局限之外，从具象的文字投射，直入心灵，达到灵魂修养与完善的目的。孔子的启发式教学也体现在表达风格上，从来都是说一半留一半，不把话说透，留给学生充分的思考空间，子夏从"巧笑倩兮，美目盼兮，素以为绚兮"中得到"礼后乎"的结论，孔子大加赞赏（见《论语·八佾》），便是实例，其他两例如下：

> 子曰："吾与回言终日，不违，如愚。退而省其私，亦足以发，回也不愚。"（见《论语·为政》）
>
> 子曰："不愤不启，不悱不发，举一隅不以三隅反，则不复也。"（见《论语·述而》）

孔子教育理念的创新之二在个性化教学,根据不同学生的不同性格特征,教学内容也不尽相同,量体裁衣。子路、冉有同样发出"闻斯行诸?"的疑问,孔子劝导子路再思而行,却鼓励冉有果决行事。一进一退,大有学问,原文如下:

> 子路问:"闻斯行诸?"子曰:"有父兄在,如之何其闻斯行之?"
>
> 冉有问:"闻斯行诸?"子曰:"闻斯行之。"
>
> 公西华曰:"由也问闻斯行诸,子曰'有父兄在';求也问闻斯行诸,子曰'闻斯行之'。赤也惑,敢问。"子曰:"求也退,故进之;由也兼人,故退之。"(见《论语·先进》)

《论语·卫灵公》中提出:"有教无类"。要弄清楚什么叫"有教无类",得先弄清楚"有 A 无 B"句式。谢质彬认为,这种句式在汉语中有四种意思:第一,只有 A 没有 B,比如有勇无谋、有名无实,是矛盾的对立面;第二,有 A 没有 B,比如有增无减、有过之无不及,也是矛盾对立面;第三,既有 A 又没有 A,比如有意无意、有一搭没一搭;第四,如果有 A 就没有 B,比如有备无患、有恃无恐,是因果关系。"有教无类"应取第四种解释,如果"有教",则"无类",前后是因果关系。通过教育,可以消除"性相近,习相远"的人类的固有差别,如贫富、贵贱、智愚、高下等。可见"无类"是教育的结果,而非前提。

"有教无类"不但是孔子对时代教育的总结,更是对教育本质的把握与对未来的瞭望。站在宏观角度,对"有教无类"理念的提出给予多高的评价都不为过,作为孔子最重要的教育理想,影响深远。时至今日,我们还常说"教育改变命运",多少家族、家庭世代的梦想系于教育一端,四两足以拨弄千斤。

西周时期,"学在官府",奴隶主贵族垄断文化教育,民间无任何教育可言。后来随着社会政治变动,官学逐渐走向衰落,文化教育也出现了"学术下移"的现象,"学在官府"变为"学在四夷"。原来西周的官吏到各诸侯国去谋出路,各诸侯国甚至各卿大夫的私门需要士为他们服务,争相养士,士的出路渐广,于是出现了士的阶层，士的培养也成为迫切需求。原本在宫廷专门掌管典籍、身通六艺的士人纷纷出走，其中一部分人成了诸侯的学官，但也有一部分人流落民间，这些人中的有识之士就以个人的身份授徒讲学，这就是中国历史上最早的私学。孔子开设私学，虽不是最早的，但绝对是影响最大的，奠定了中国两千年专制社会私学的基本形制。首先，它冲破西周以来学校教育为官府垄断的局面，扩大了教育对象。其次，它打破了政教合一、官师合一的旧官学教育体制，使教育成为一种独立的活动。最后，它突破了教育理论只局限于上流社会的状况，促进先秦教育理论的发展。

孔子的课堂，三千众弟子云集于斯，七十二贤人列坐其次，杏坛讲学，诲人不倦，他日趋庭，叨陪鲤对，还有"浴乎沂，风乎舞雩，咏而归"，何等的意气飞扬，何等的春风浩荡！官场失意，孔子被揉碎的心在教学对答之间被重新缝合。他在门人弟子身上看到光明，这是能照耀历史角落的亮，这是能驱散时代离乱的光。百家争鸣的出现，从某种程度上说，便是私学与教育发展的结果，思想自由的前提是思想在不同人群间的交流与传播。遗憾的是，皈依法家、醉心师吏的秦始皇以强力查禁私学，造成中国古代的思想断层，更兼后世儒家将教育引向只重"礼""孝"等人伦教化，而轻视逻辑、科学的歧路。

无奈，时代变了，课堂变了，老师变了，学生变了。宋元以降，礼教僵化禁锢的负面作用愈加显著，其一在于动辄祭起礼教中所谓的"仁""义""忠""信"等标尺，对处于自己利益对立面的人或事进行预设立场的挞伐与批判。这种纯道德批判是我们民族的一种畸形文化心理，表面光鲜亮丽，为正义呼号，实际是挂羊头卖狗肉，心里想的尽是一己私利，后世有句批评儒家的俗语："满口仁义道德，满腹男盗女娼。"话糙理不糙。对此，孔子虽说没有直接责任，但也不能完全推脱，《论语》中惯常以君子与小人品评人物，或为道德批判的萌芽：

子曰："君子周而不比，小人比而不周。"（见《论语·为政》）
子曰："君子怀德，小人怀土；君子怀刑，小人怀惠。"（见《论

子曰："君子喻于义，小人喻于利。"（见《论语·里仁》）

子曰："君子坦荡荡，小人长戚戚。"（见《论语·述而》）

子曰："君子泰而不骄，小人骄而不泰。"（见《论语·子路》）

子曰："君子而不仁者有矣夫，未有小人而仁者也。"（见《论语·宪问》）

像这些将君子与小人并提，褒扬君子、贬损小人的章句，在《论语》中随处可见，书中满篇都是对君子个体的赞美与对君子人格的鼓励。君子，本义为君之子，正如公子本义是公之子，君主、公侯的子弟自然身份高贵，君子原指地位尊贵的封建贵族子弟。孔子则赋予君子以道德内涵，随着封建贵族的没落，君子便多泛指道德品质良好的人。孔子时不时便教导学生要朝君子靠拢，所谓"见贤思齐焉，见不贤而内自省也"（见《论语·里仁》），贤者，君子也。

这里存在一个巨大问题，孔子的课堂固然对君子喜闻乐见，当然也看好有成为君子潜质的学生，请问：小人怎么办？难道就任由所谓的小人一直小下去？对于这些"比而不周""喻于利""长戚戚""骄而不泰"的小人们，儒家一竿子打倒一船人，标签贴上，永无翻身之日，断绝了小人改造、成长、进步、蜕变的可能。孔子曾说："中人以上，可以语上也；中人以下，不可以语上也。"（见《论语·雍也》）"中人"所指并非地位而是道德品质平凡普通的人。又是道德划界！"中人以上"当然是君子，他们难道天生就该享有接受"可以语上"的高等教育权利？作为"中人以下"的小人，真的不配"可以语上"？如果我是小人，即便有十分的进取心，也被这种道德二分法打磨得没有一点希望，甘于小人身份。这些小人，胆小者猥琐度日，胆大者鱼肉乡里，在基层是流氓地痞，在高层便是窃国大盗。君子与小人二分的品评标准，的确成就了不少道德先生，更坑害了许多无知群众。"有教无类"甚至也因此成为一句空话，教育之后，社会地位可以改变，但君子和小人依旧存在。

退一万步，即使君子与小人的道德评判合情合理，世界上除了君子，难道都是小人？高收入者和低收入者之间还有中等收入者，君子与小人之间的中间群体又在哪里？《论语》中品评人物时多用君子与小人，但也有"圣人""仁人""善人""成人""有恒者""贤人""鄙夫"等评语，《论语·述而》记载孔子曾说："圣人，吾不得而见之矣；得见君子者斯可矣。"还说："善人，吾不得而见之矣，得见有恒者斯可矣。亡而为有，虚而为盈，约而为泰，难乎有恒乎。"《论语·宪问》中子路以"成人"发问，孔子回答说："今之成人者何必然？见利思义，见危授命，久要不忘平生之言，亦可以为成人矣。"看似多元的标准，实际依旧是君子与小人、良与恶的简单二分，"圣人""仁人""善人""成人""有恒者""贤人"等都可归入君子一类，儒家抱以肯定的态度，只不过程度、境界略有差别。这样的二分法必然导致人们走向道德极端，无视人性的中间地带和复杂多变，忽视了人是不同于机器的存在，也不相信个人会在不同时间与不同条件下可能做出截然相反的心性选择，殊不知人心似水，民动如烟。饿了数日，走投无路，一个人难免会行偷盗以果腹，这确为小人行径，但等度过时艰之后，仓有余粮，从前的偷盗者可能也会以余粮赈济他人，又成君子作为。如此这般，怎能简单地以君子或小人论之。

君子与小人的道德二分法既然站不住脚，关于人性是善还是恶的争论亦可止休。善恶只在一念之间，世上何曾有单纯的善或纯粹的恶，盗亦有道。在这方面，荀子的观点极具参考价值，一方面，他是"性恶"的提倡者，认为人性之恶与生俱来；另一方面，他更看重经过教育引导之后的人在后天对善的追求，"化性起伪"即做出人为努力而改变恶的本性，所谓："凡所贵尧、舜、君子者，能化性，能起伪，伪起而生礼义。"（见《荀子·性恶》）先天的"性"与后天的"伪"，这样的划分要比君子与小人的标准科学得多，也更具努力而后实现的可能性。

众所周知，订六经，著《春秋》，刘歆论及儒家时说："游文于六经之中，留意于仁义之际。"（见《汉书·艺文志》）一部《春秋》与褒贬批判密切相关，《庄子·天下》有言："《春秋》以道名分。"所以《春秋》的首要作用便是正名字、别同异，这关乎语言学、训诂学等专业。物各有名之后,《春秋》的第二个作用便是定名分、辨上下,这同荀子的"礼"作用相似,关乎名学事业,影响到先秦所有对名有讨论的哲学家。正名字、定名分的目的是寓褒贬,这是《春秋》的第三个作用,司马迁在《史记·自序》中说:"夫《春秋》上明三王之道,下辨人事之纪,别嫌疑,明是非,定犹豫,善善恶恶,贤贤贱不肖,……王道之大者也。"《春秋》笔法,不在忠实客观地记录事实,而在叙说孔子对事实的评判,使人观后生出敬畏之心,从而趋善去恶。读司马迁《史记·自序》,司马光《资治通鉴》"初命三晋为诸侯"一段,以及朱熹《通鉴纲目》的正统书法各段,就能看出中国古代历史学受《春秋》影响至深。历代读书人无不览史,史家褒贬批判的方法论借此影响了一代又一代读书人,进而波及社会思想,打牢了国民文化心理中以善恶道德评判人事的基础。

著《春秋》虽为匡正乱世,但编订史书本"天子之事也",孔子自觉不妥,说了这样的话:"知我者,其惟《春秋》乎!罪我者,其惟《春秋》乎!"(见《孟子·滕文公下》)知我罪我,其惟春秋。道德批判,真要不得。实事求是,才是正道。

尽人事,听天命

先秦儒家中可当得大师之称的,无外乎孔、孟、荀三人。虽说闻道有先后,术业有专攻,但三位都是不得志的,再三求用,却屡不受用。孟子每以得孔子真传者自居,想必也会对自己如孔子般的境遇早有心理准备。

《论语·宪问》记载,孔子朝子贡感叹:"没有人理解我啊!"子贡询问原因,孔子答道:"不怨天,不尤人,下学而上达。知我者其天乎!"孤独若此,彼苍者天,才能体谅他一片苦心。对春秋末年的"烂摊子",孔子采取了尽人事以听天命的态度。

孔子的政治哲学是伦常政治。伦常本是为人处世的规则,伦常政治意味着在孔子思想中，人生哲学与政治哲学密不可分。他认为，一个国家要想安泰祥和，首先需要"正名"：

> 子路曰："卫君待子而为政，子将奚先？"
>
> 子曰："必也正名乎！"
>
> 子路曰："有是哉，子之迂也！奚其正？"
>
> 子曰："野哉，由也！君子于其所不知，盖阙如也。名不正，则言不顺；言不顺，则事不成；事不成，则礼乐不兴；礼乐不兴，则刑罚不中；刑罚不中，则民无所措手足。故君子名之必可言也，言之必可行也。君子于其言，无所苟而已矣。"（见《论语·子路》）

在《论语·颜渊》中也记载了齐景公向孔子问政，孔子对曰："君君，臣臣，父父，子子。"属于"正名"的具体表达，君臣父子各有各"名"，即名分，相应的也各有其"实"，即实际，名实相称便是理想社会。按照孔子的逻辑，"名不正"最后导致"民无所措手足"，即百姓不知道该做什么。反而推之，要想让老百姓各守其分，就要"正名"。这个道理放在君、臣等不同主体身上同样适用。冯友兰就此给予"正名"以新的解释，他认为在社会关系中，每一个名字包含有一定的社会责任和义务。正如君的本职是使天下治，臣的本职是辅佐君主使天下治。孔子的"正名"被置于广义的社会环境与关系中，意义在于君臣父子要完成各自的责任与义务，或者为完成责任与义务做出必要的努力，而责任的本质便是"仁"，即爱身边的人。

如果说"仁"是一种观念，那么"义"就是这种观念的行为规范。《中庸》说："义者，宜也。"《说文》段注有云："义之本训谓礼容各得其宜。"韩愈在《原道》中说："博爱之谓仁，行而宜之之谓义。"可见，"义"就是人在社会关系中的应然，即应该遵循的责任与义务。孔子说："见义不为，无勇也。"（见《论语·为政》）是鼓励"义"之所至，理所当为，还说："隐居以求其志，行义以达其道。"（见《论语·季氏》）行"义"方能达道，这个道就是"仁"，因为责任义务的本质应是爱人，有了对他人的爱心，才能完成孔子认定的社会责任。

孔子的尽人事，就是个人完成所担负社会责任的过程。一部《论语》，绝大多数内容都围绕如何尽人事：孔子将个人放在社会关系即伦常中加以审视，而伦常既有人生方面也有社会政治方面；同时，伦常会引起人与人之间相互的行为关系；为此，孔子专门提出"仁""义""礼""智""信"等，作为良好行为关系的比照标准，供其他人效法学习；这学习的过程便是修身，以图最终实现"仁"的完美人格修养，成为君子；之后以忠恕之道推己及人，齐家，治国，而后天下平，平天下者为"圣人"，代表着儒家至高至善的理想人格。

尽人事既然是一个过程，就必然有结果，众所周知，孔子尽人事的结果是不尽如人意的。《论语·微子》记载，当子路遭遇荷蓧丈人的质疑时说："君子之仕也，行其义也，道之不行已知之矣。"原来，天下"道之不行"是孔子师徒的既有结论，他们不但知道天下无道，更明白通过师徒努力使天下有道的希望微乎其微。既然"已知之矣"，孔子为何还要"知其不可为而为之"？要解答这个问题，先要了解孔子的"天命"观：

王孙贾问曰："与其媚于奥，宁媚于灶，何谓也？"子曰："不然，获罪于天，无所祷也。"（见《论语·八佾》）

孔子曰："君子有三畏：畏天命，畏大人，畏圣人之言。小人不知天命而不畏也，狎大人，侮圣人之言。"（见《论语·季氏》）

子曰："予欲无言。"子贡曰："子如不言，则小子何述焉？"子曰："天何言哉？四时行焉，百物生焉，天何言哉？"（见《论语·阳货》）

这些章节的言论都表明，孔子是十分敬"天"畏"命"的。在科学知识荒芜的年代，"天命"被孔子认为是宇宙变化的主宰，代表着一种莫名且强大的力量。但孔子并未止步于敬畏，主张"知天命"，最著名的便是"五十而知天命"（见《论语·为政》），他还说过："不知命，无以为君子也。"（见《论语·尧曰》）孔子"知命"，就是知晓天下"道之不行"。

如果将命比作一辆车子，那么运就是行车轨道，命总是在既定的轨道上且行且止。《论语·宪问》记载孔子曾说："道之将行也与，命也；道之将废也与，命也。"他已经尽人事，而将结果成功与否托付给了"命"，这看似是一种完全消极的人生观，远不如"人定胜天"来得热血沸腾。但细细追究，其中蕴含着"为而无所求"的积极精神。

既然"义"所当为，孔子当"仁"不让，做了自己该做的、能做的几乎所有事，"求仁得仁"，他所求的是努力行事的过程，而非结果，因为过程才是儒家在道德方面的实现与完成。一个人当做之事的价值在"为"之中，而不在乎外在的"所求"的结果。冯友兰认为，"知命"就是个人对外在的成败利钝在所不计，认识到世界存在的必然性。如果真能这样行事做人，责任与义务已经完成，便能永不失败，个人自然也不会在乎成败得失，就能保持快乐，正所谓"知者不惑，仁者不忧，勇者不惧"（见《论语·子罕》）。这该是一种多么伟大，多么高尚的境界。

《圣经·马太福音》记载："你要尽心、尽性、尽意，爱主你的神。这是诫命中的第一，且是最大的。"基督教是爱天，儒家是敬"天"、畏"天"。儒家历来以人或民为价值主体，有"爱人"之说，而不以神或"天"为价值主体。之所以敬"天"、畏"天"，实则是为了"爱人"。其实，"天"并没有独立的价值取向，而是"天聪明，自我民聪明；天明畏，自我民明畏"（见《尚书·皋陶谟》），"天视自我民视，天听自我民听"（见《尚书·泰誓》）。远"天"而近人，才是儒家真正的价值取向。难怪子贡感慨："夫子之文章，可得而闻也；夫子之言性与天道，不可得而闻也。"（见《论语·公冶长》）

孔子不爱"天"而"爱人"，不敬神而敬"天"，尽人事，而后听天命。尊崇孔子，要学《论语》，不妨从尽人事学起。

最后引一句胡适对孔子的评语："孔子那样的精神魄力，富于历史的观念，又富于文学美术的观念，真是一个气象阔大的人物。"

第五章

墨子

仗剑敢问路在哪里

战国末年，估计连三岁孩童都知道，结束这六合纷乱、多方竞逐时代的会是秦国，这个鹊起于西戎荒夷之地的国家将带来东方的破晓曙光。随时间轴向前滚动的还有哲人的思想，先秦诸子纷至沓来，"乱哄哄的你方唱罢我登场"，这场跨世纪大辩论的终章辩手是韩非子。他回顾历史，作判断道："世之显学，儒墨也。"（见《韩非子·显学》）可见在战国时，儒、墨两家是平分秋色的。

然而，身处西汉盛世的司马迁给予两家的待遇完全不同。孔子以布衣之身列入世家，连孔门弟子都有传记。对于墨子，只在以孟、荀二人为主的列传中里附了二十四个字：

> 盖墨翟，宋之大夫，善守御，为节用。或曰并孔子时，或曰在其后。
> （见《史记·孟子荀卿列传》）

端的是落寞寂寥，但也透露出墨家一丝过往的煊赫。墨子较孔子晚生多年，这是事实，连《墨子》中也未曾掩饰这点，却有人说墨子和孔子同处一时。在崇古尚古风气浓厚的先秦，人们天然觉得年代越早的人物成就越高，"或曰并孔子时"大概反映了两家打平手的胶着状态。如果说孔子给予春秋一个辉煌的结束，墨子则赋予战国一个闪亮的开始。

司马迁的只言片语为后代带来巨大麻烦，墨子的基本信息长期处于不详状态。关于姓名，主流意见认为他姓墨，名翟，但也有人说他叫翟乌。墨姓从何而来？钱穆推断是因受墨刑而得此姓；有人说因为他长相黢黑；有人说因为他本职木匠，常操绳墨。而且，翟字本义为长尾巴的野鸡，常代指野蛮不化之人。客观来说，墨翟算不上一个好名字。关于籍贯，《史记》中载是宋人，还有楚人说和鲁人说。颇显荒诞的是，有学者认定他是印度人，甚至是阿拉伯人。关于出身，有人说他是与孔子同祖的孤竹君之后，有人说他是平民，钱穆则断定他是刑余之奴隶。

说到墨子的相貌，人们的印象比较一致。孟子说他"摩顶放踵"（见《孟子·尽心上》），即磨秃头顶，走破脚跟；庄子说他"腓无胈，胫无毛"（见《庄子·杂篇·天下》），即腿肚子没肉，小腿汗毛掉光；鲁迅在小说《非攻》中的形容为："像一个乞丐，三十来岁，高个子，乌黑的脸。"

关于生卒年，墨子大约生于公元前468年左右，卒于公元前376年左右，处于春秋战国的交替时代。且以《加缪手记》的一段话为这个时代作注解："我们在众生身上已经可以感受到这股愈来愈高涨的仇恨和暴力。他们心中的纯真已荡然无存，再也没有什么是无价之宝了。……这个令人作呕的世界和这股全球风行的昏庸愚昧。勇气变得微不足道，伟大可以仿冒，荣誉感式微。"在儒家看来，勇力确实是微不足道的，孔子对门下强亢犯上、意气昂扬的子路便每下"毒手"，摧折打压。但勇敢在墨家来说是再好不过的品质，《墨子·修身》有言："战虽有阵，而勇为本焉。"以勇为本的组织精神让墨家子弟"皆可使赴火蹈刃，死不旋踵"（见《淮南子·泰族训》），汉代的陆贾也在《新语·思务篇》中评价："墨子之门多勇士。"

凭着这股勇劲儿、韧劲儿，墨子不辞劳苦，奔走四方，创立了诸子中唯一以创始者姓氏命名的学派，也一手缔造了组织严密、纪律严明、章法严苛的类军事组织。这个组织的首领被称为"巨子"，掌组织内部之生杀大权，其最成功的组织行为被记载在《墨子·公输》中，墨子通过和公输般的攻守虚拟演示，劝阻了楚王的侵宋计划。而墨子杰出科学家的历史地位，也源于他在守城备敌技术方面做出巨大贡献，公输般作为当时有名的机械发明家，九种攻城机械用尽，墨子的防守武器却还有余，墨守成规作为成语从此流传。2016年8月16日1时40分，甘肃酒泉，长征二号丁运载火箭成功将世界首颗量子科学实验卫星发射升空，这颗标志着我国空间科学研究又迈出重要一步的卫星被命名为"墨子号"，以纪念这位先秦"巨子"。

研究墨家思想的主要资料是《墨子》一书，本有七十一篇，后有十八篇亡佚，现存五十三篇。胡适将其分为五组：第一组为自《亲士》到《三辩》共七篇，认为皆后人假造；第二组为《尚贤》三篇、《尚同》三篇、《兼爱》三篇、《非攻》三篇、《节用》两篇、《节葬》一篇、《天志》三篇、《明鬼》一篇、《非乐》一篇、《非命》三篇、《非儒》一篇共二十四篇，属墨家子弟演墨子学说所作；第三组为《经》两篇、《经说》两篇、《大取》《小取》共六篇，属《庄子·天下》所说的"别墨"所作，主要探讨逻辑学问题；第四组为自《耕柱》到《公输》共五篇，以语录体辑录墨子言论；第五组为自《备城门》到《杂守》共十一篇，记载墨家守城方法，与哲学关系不大。

随着生产力的发展与生产关系的变革，周朝的礼乐制度渐趋瓦解，相应的社会阶级藩篱开始松动，社会流动剧烈进行，士人作为一个特殊群体开始活跃。作为贵族最底阶层，士人大多没有独立经济能力，得依附于某个利益集团，用自己的本领换饭吃，舞文弄墨的被称为文士或儒士，出力征战的被称为武士，制法定规的被称为策士，临机谋划的被称为谋士，卜卦问道的被称为方士，根据类型不同被细分为不同群体。其中有一支本在周朝王公贵族辖下从事军事活动，周的统治权力解体，这些士人也丧失了权力地位，不愿投奔他处的只能散落民间，偶尔接受雇用，维持生计。虽说风光不再，但这些人毕竟是昔日贵族，有着自己的理想信念或者职业操守，在民间常常打抱不平，仗义疏财，久而久之形成了一个固定群体，被称为侠士。司马迁十分钦慕这些人的侠肝义胆，将其单列一传，《史记·游侠列传》记载他们："其言必信，其行必果，已诺必诚，不爱其躯，赴士之困厄。"简直是墨家的真实写照。

墨家组织奉行的理想信念，很大程度上是侠士道德的延伸。他们一方面是侠，路见不平一声吼，该出手时就出手，荡尽天下不平事；另一方面也是士，曾接受良好的高等教育，具备基本的贵族修养，"孔丘、墨翟修先圣之术，通六艺之论"（见《淮南子·主术训》），像墨子这样生出兼济天下的情怀并不奇怪。甚至有人将墨家称作"政侠"，言其颇具政治理念和组织纪律，以区别于以武乱政的游侠。与多来自中上层贵族的儒士不同，侠士更多来自社会底层，墨子诸多基本信息不详，出身低微，其貌不扬，都从侧面说明侠士在当时社会的边缘地位。但墨家毕竟与普通的侠士不同：一则普通侠士听从雇主，盲目尚武，缺少原则，而墨子则反对一切非正义战争，专心从事防御工作；二则普通侠士只做到遵守群体的道德操守，墨子在此基础上为该群体的职业原则与生活方式贡献理论，加以理性化，墨家学派由此诞生。

受限于等级的森严，周朝的礼乐典章、宗亲制度、名流仪礼等都专门为贵族阶级所有，在底层社会人眼中没有丝毫用处。立场决定观点，墨子正是以此为出发点，大力抨击周朝的礼乐制度，也乐于批判维护周礼的孔子。有人将墨子比作"向帝国挑战的剑侠"，还有的将其喻为"被历史速冻的烈焰利剑"，都将墨子定义为侠，目光也集聚在他腰间挎剑。不错，墨子的思想正如一团熊熊燃烧的赤炎烈焰，墨家的行动堪比一把凛凛威慑的尖刀利剑，但很多人忽视了墨子头顶高悬的大纛——中国文明史上一面独特的旗帜，神采的激越，血火的灾难，精神的自由，高贵的质朴，神秘的深邃，都书写在上面，屡遇风霜，依旧猎猎飞扬。梁启超在《先秦政治思想史》中赞叹："古今中外哲人中，同情心之厚，义务观念之强，牺牲精神之富，基督而外，墨子而已。"说的便是墨子思想中对鳏寡孤独的怜悯同情，为天下苍生的责任义务，替大道正义的殉难牺牲。

诚然，墨子思想应该并无实践的可能，但正如鲁迅在《我怎么做起小说来》中谈及自己动笔创作的原因，是希望小说的力量能改变社会，"必须是为人生，而且要改良这人生"。这种观点虽有不少值得商榷之处，但他这一份改良社会的人生的心情，令人肃然起敬。墨子亦如是。在墨子思想背后，站着一个庄严的生命，这个生命关注的不是一己之进退，而是整体大群的生存、生计、生活、生机。

苦难理想剑胆琴心，锋芒所致无人能敌。除暴安良不畏艰险，兼而大爱是礼是义。侠行天下一身正气，仗剑敢问路在哪里。

儒墨恩仇录

出身底层的墨子在抨击周朝礼乐与等级制度的同时，也批判维护周礼的孔子。《墨子》中有《非儒》篇，顾名思义，就是非难儒家及其思想，说儒家是"群残父母而深贱世"，是"贼天下之人者"（见《墨子·非儒》），诋毁之至，毫不惜力。

无奈墨子出生时孔子的生命即将走向终点，"将军一去，大树飘零"，孔子实在无法亲自披挂上阵，好好教训一下这大不恭敬的学术晚辈。于是，反身回击的重担落在孟子肩上，这位夫子全然不顾雅儒风范，双眸火起，开足马力，一阵狂轰：墨子"无父无君，是禽兽也"，墨家思想"邪说诬民，充塞仁义也"（见《孟子·滕文公下》），谁采信墨家就是"举一而废百"（见《孟子·尽心上》）。双方关系就像《罗密欧与朱丽叶》里的凯普莱特和蒙太古两大家族，途中偶遇不掐一架，回去都不好意思向家人交代。冤冤相报，何时能了。

吊诡的是，儒、墨两家间并非只有不高兴、不和谐、不稳定的气氛，青年墨翟也曾跪坐行礼，进退有仪，求教于儒士，诵经于庙堂，学习六艺之论，济济一堂，其乐融融。墨子的启蒙之学偏偏是儒学。

儒、墨两家并称显学，与儒家相似的是，墨家的起源同仪礼文化不无关系。班固在《汉书·艺文志》中称"墨家者流，盖出于清庙之守"，《吕氏春秋·当染》中的记载可以证明这一点："鲁惠公使宰让请郊庙之礼于天子，桓王使史角往，惠公止之。其后在于鲁，墨子学焉。"史角是东周史官，精通周礼，赴鲁授礼期间被惠公留在国内，于是墨子师从之。由于鲁国首封国君为武王之弟周公旦之子伯禽，鲁文化受周文化影响甚深，墨子与孔子都生活在人文气息浓厚的鲁国，其思想渊源相近便容易理解。《淮南子·要略》便说："墨子学儒者之业，受孔子之术。"

从学术渊源角度，儒有恩于墨。

然而，两大显学却是同源而异流。墨子"以为其礼烦扰而不说，厚葬靡财而贫民，久服伤生而害事，故背周道而用夏政"（见《淮南子·要略》），在崇古氛围的影响下，墨子既然要反对周的统治逻辑，便需祭出前朝，称禹之德，颂夏之政。墨子嘴上说得漂亮，声称是从百姓利益出发，但实际根源仍在于出身不同，阶层各异。这使得两家和睦相处的好日子到头了，接着就是彼此分离，针锋相对。

一个开创性哲学家的思想体系之宏大、开阔、深刻，往往达到空前的程度，而后继者常因主客观各种条件所限，致使思想格局趋于狭义化和浅显化，而无法企及其开创者的思想境界，这在中外思想史上是个通例，柏拉图、孔子、庄子的后继者莫不如此。可贵的是，在孔子开创了儒家宽广的哲学沃野后，墨子能跳进来，也能跳出去，启蒙于兹，超脱从兹，没有被孔夫子庞大骇人的身影吓倒而跪地膜拜，而是另起炉灶，开辟新的疆域，与儒家分庭抗礼，成为孔子的首位反对者。

墨子出身寒微低贱，据说曾做过木匠，生存权是底层人民也是墨家一派最为关注的问题，面对"饥者不得食，寒者不得衣，老者不得息"（见《墨子·非乐上》）的社会瓶颈，思想便背弃理想，偏向实用，逐渐远离了启蒙时的"郊庙之礼"，转而极度质疑其合理性。相反，孔子等儒士出身贵族，本就衣食无忧，加之受宗法思想约束力极强的周鲁文化熏陶，形成了儒家思想较大的保守性。范文澜《中国通史简编》第一册提到"孔子学说是士阶层思想的结晶"时说："士在未出仕时，生活接近庶民或过着庶民的生活，还能看到民间的疾苦，懂得'节用而爱人，使民以时'。……当他求仕干禄向上看时，表现出迎合上层贵族利益的保守思想，当他穷困不得志向下看时，表现出同情庶民的进步思想。士看上时候多，看下时候少，因此士阶层思想保守性多于进步性，妥协性多于反抗性。"孔子正是"求仕干禄向上看"的典型代表。贵族天然地要维护贵族阶级的统治，很难"向下看"，自会对礼坏乐崩的社会充满忧虑与恐惧，便致力于恢复并守持周代礼乐制度，并从伦理角度加以解释，论证其存在意义。冯友兰认为，孔子对古代文明的态度是加以理性化、合理化，墨子对古代文明持批判态度；孔子是一位文雅有修养的君子，墨子是一位充满战斗精神的布道家。总之，不论阶级立场、生活环境，还是经济条件、个人经历，孔与墨、儒与墨的分途实属必然。

从立场观点角度，墨对儒有仇。

仇人相见，分外眼红。墨子认为"儒之道足以丧天下者四政焉"，而且条条"足以丧天下"（见《墨子·公孟》），具体如下：

第一，否认鬼神。所谓"儒以天为不明，以鬼为不神，天、鬼不说，此足以丧天下"（见《墨子·公孟》）。墨子认为儒家"执无鬼而学祭礼"是"犹无客而学客礼也，犹无鱼而为鱼罟也"（见《墨子·公孟》）的愚蠢行为，点出其不信鬼神但重视祭祀的矛盾。墨子有"天志"和"明鬼"的思想，是敬天信鬼神的，而且不同于老子的"道"，墨子的"天"并非客观自然也非天命，而是人格化、有意志力的统治者，拥有比天子更高的主宰地位，能够赏善惩恶，"顺天意者，兼相爱、交相利，必得赏；反天意者，别相恶，交相贼，必得罚"（见《墨子·天志上》）。鬼与神亦如是，所以让天下大治的方法就是"上尊天，中事鬼神，下爱人"（见《墨子·天志上》）。

第二，厚葬久丧。所谓"厚葬久丧，重为棺椁，多为衣衾，送死若徙，三年哭泣，扶后起，杖后行，耳无闻，目无见，此足以丧天下"（见《墨子·公孟》）。对此墨子主张"节葬"，如果在"力不足，财不赡，知不知"的情况下厚葬久丧，"实不可以富贫众寡，定危理乱乎！此非仁非义，非孝子之事也"（见《墨子·节葬下》）。与"节葬"相辅相成的是"节用"思想，节俭才是立国之本，统治者尤其要率先垂范，因为"圣人为政一国，一国可倍也；大之为政天下，天下可倍也。其倍之，非外取地也，因其国家去其无用之费，足以倍之"（见《墨子·节用上》），反对奢华，以经济实用为准。

第三，重视礼乐。所谓"弦歌鼓舞，习为声乐，此足以丧天下"（见《墨子·公孟》）。孔子对礼乐的重视程度怎么形容都不为过，修身为人应"兴于诗，立于礼，成于乐"（见《论语·泰伯》）。但墨子认为礼乐非当务之急，大钟鸣鼓、琴瑟竽笙、刻镂文章、刍豢煎炙美则美矣，却不能解决饥者、寒者、劳者的切身之患，也不能制止"强劫弱，众暴寡，诈谋愚，贵傲贱，寇乱盗贼并兴"的乱象，反而会"使丈夫为之，废丈夫耕稼树艺之时；使妇人为之，废妇人纺绩织纴之事"（见《墨子·非乐上》），所以要大力非难。

第四，信奉天命。所谓"又以命为有，贫富寿夭，治乱安危有极矣，不可损益也。为上者行之，必不听治矣，为下者行之，必不从事矣，此足以丧天下"（见《墨子·公孟》）。在墨子看来，儒家信"天命"，孔子曾说"畏天命"（见《论语·季氏》），"不知命，无以为君子也"（见《论语·尧曰》），说自己"五十而知天命"（见《论语·为政》）。对此，墨子批评道，如果人人信命，便会消极怠工而指望命运垂怜，"吏不治则乱，农事缓则贫，贫且乱政之本，而儒者以为道教，是贼天下之人者也"（见《墨子·非儒下》）。更进一步，墨子指出天下治乱不在"天命"而在于君主的作为，"此世未易，民未渝，在于桀、纣，则天下乱；在于汤、武，则天下治。岂可谓有命哉"（见《墨子·非命上》）。

墨子对儒家的四条批判，仍旧脱不开阶级背景与生活状态的深刻烙印。其实早在春秋中后期，社会便有一种对天、鬼、神的怀疑主义思潮，而且底层民众的经济客观条件不允许他们厚葬久丧，更不可能大兴礼乐，只有面朝黄土背朝天地不断劳作才能维持基本的生存与生命，这便是墨子前三条批判的来源。至于第四条，儒家固然常常提及"天命"，但并非墨子批判的宿命。孔子主张凡事先尽人事，即个人完成所担负社会责任的过程，而后再随任"天命"，这本来是一种注重过程，而不在乎成败得失的积极心态，并非消极怠世。墨子的第四条是所批非人，批判主题和批判对象风马牛不相及。

站在两千年后的地平线上，回看儒、墨这场风波，嗤笑于墨子烂漫单纯和孔子无辜受伤的同时，应该对两家的阶级立场和社会背景存有更加清醒的认识。"殷鉴不远，在夏后之世"，阶级的对立与背景的分化固然存在，但如果双方互相的沟通更频繁一些，价值体认的渠道更多元一些，社会流动的可能性更多一些，不必要的摩擦或许会减少很多。冯骥才在《期待》中说："人很矛盾，有的时候喜欢自我封闭，喜欢设防，垒一道围墙，躲在里面，便有一种安宁，稳妥，清净，可以自享。可是反过来，人又不能守在里面与孤独为伴，又希望别人进来，看见自己心中一些别人所不知道的十分珍贵的东西——人在这时候特别美好。这种心灵之扉悄悄打开的意境是非常美好的。"

前尘往事，莫再提起。以德报怨，怨解恨消。

实利主义哲学

在《墨子·非命上》中，墨子为了反驳主张信天命之人的观点，表示"必立仪"，并且提出了衡量是非正误的"三表"，即三条准则：第一，此事是否与上天神灵和古代圣王的做法一致，所谓"上本之于古者圣王之事"为事物之本；第二，此事是否能被人们耳目验证，所谓"下原察百姓耳目之实"为事物之原；第三，此事一旦实施是否于国于民有利，所谓"废以为刑政，观其中国家百姓人民之利"为事物之用。

这"三表"法则被墨子当成数学公式，论辩任何问题都要一一套用，属于极重要的方法论，值得细细推究。第一条中，"古者圣王之事"在缺少确切文字记载的情况下本就虚妄，加之当时并无信史传统，各家各派为论证自己合法性可以任意援引，甚至捏造圣王之事，这在诸子的著作中俯拾皆是，可见并不牢靠。第二条中，"百姓耳目之实"重在"实"，是对事物实际状态、功用效能、运转模式等的考察，类似今天的田野调查，实践出真知。第三条中，"国家百姓人民之利"重在"利"，是对事物发挥功能之后的效用、成果、利弊等的考察。其实，"三表"法则的重点在于后两条，而精髓则在最后一条，毕竟"实"的效果仍要归结于对是否获"利"的研判。于是，我们姑且称墨子的哲学观点与方法为实利主义。

儒、墨两家思想存在诸多对立，而这些表层现象的对立皆根源于深层本质的对立，即两家哲学方法的迥异。《墨子·耕柱》中记载叶公子高向孔子问政：善于治理政治的人是怎样的？孔子回答说要使"远者近之，而旧者新之"，即让远方的人亲近，对待老朋友要像新朋友一样好。墨子听闻这段问答之后，认为孔子答非所问，因为"叶公子高岂不知善为政者之远者近也，而旧者新是哉？问所以为之若之何也"，叶公子高不用问孔子也明白这个道理，他其实想问"所以为之"即怎样做的问题，而非是什么的问题。孔子念念不忘于心中的理想目标，更关心事物应该是什么，而墨子醉心寻求现实的解决方法，更关注怎么样解决问题。

回顾儒家思想。"君君，臣臣，父父，子子"（见《论语·颜渊》）与"近者说，远者来"（见《论语·子路》）都是施政的目的。在人生哲学方面则有"止于至善"，细目则是"为人君，止于仁；为人臣，止于敬；为人子，止于孝；为人父，止于慈；与国人交，止于信"（见《礼记·大学》），都是修身处世的理想境界。孟子讲"君子所以异于仁人者，以其存心也。君子以仁存心，以礼存心"（见《孟子·离娄下》），董仲舒也说"正其义不谋其利，明其道不计其功"（见《汉书·董仲舒传》），说的都是"存心"如何与"义"当如何，即事情应该如此，而不问怎样如此。

墨子则不然，认为任何事物都有用处。正如墨子说"兼爱"是"用而不可，虽我亦将非之。且焉有善而不可用者？"（见《墨子·兼爱下》）能用即善，善即能用。既然如此，人如何使事物之用最大限度地发挥，进而使人受利，便成为墨子的关注点，这就是实利主义。再看"三表"法则，虽说第一条并不切实际，但也能理解为汲取历史的曾经的实际经验，第二、三条则是现实甚至未来的实际经验，温故而知新，彰往以察来。儒家说"义也者，宜也"（见《礼记·中庸》），"义"即应该如此，而墨家说"义，利也"（见《墨子·经上》），"义"是事物作用之后的利益。墨家为"宜"，终因其"利"。墨子还特意提出一个兴利除害的总纲领，在《墨子》中的九篇共十二处提及，认为这是仁人志士的责任担当：

> 仁人之所以为事者，必兴天下之利，除去天下之害，以此为事者也。（见《墨子·兼爱中》）

"兴天下之利"自然可"除去天下之害"，兴利之后便能除弊。在这个总纲领的指导下，墨子喋喋不休、不厌其烦、反反复复地言说墨家学说是通向"利"的捷径。《墨子》的文风令人觉得奥古无趣，除因墨家不尚妆点虚文之外，与作者的话痨不无关系，书中的主张门类繁多，看目录觉得新鲜有趣，一头栽进去之后，才发现论证的观点不同，但证明方法大同小异，诸如抬出三代圣王、梳理近代历史、援引古书言说、批判不知类比等，而所有论证最终都指向有利与否的判断，方法属于结论，结论亦是方法，可谓百川归海，千江印月："尚贤"上可利天，中可利鬼，下可利人，所谓"古者圣王唯能审以尚贤使能为政，无异物杂焉，天下皆得其利"（见《墨子·尚贤中》）；"兼爱"为天下大利之本，所谓"今吾本原兼之所生，天下之大利者也"（见《墨子·兼爱下》）；"非攻"避免了得失不划算的攻战，所谓"计其所自胜，无所可用也；计其所得，反不如所丧者之多"（见《墨子·非攻中》）；"节用"可使国财倍增，所谓"因其国家去其无用之费，足以倍之"（见《墨子·节用上》）；"节葬"则不失死生之利，所谓"故衣食者，人之生利也，然且犹尚有节；葬埋者，人之死利也，夫何独无节于此乎？"（见《墨子·节葬下》）；顺应"天志"则有利赏，悖逆则获严惩，所谓"顺天意者，兼相爱、交相利，必得赏；反天意者，别相恶，交相贼，必得罚"（见《墨子·天志上》）；"非乐"合于百姓之利，所谓"万民出财赍而予之，不敢以为戚恨者，何也？以其反中民之利也"（见《墨子·非乐上》）；"非命"足以兴利，所谓"命上不利于天，中不利于鬼，下不利于人"（见《墨子·非命上》）……墨家哲学的观点与方法在"利"上实现融合式交会，而墨子爱"利"之深、之甚、之切，可知矣。

不得不提的是，法家的韩非子也将学说大厦打牢在"利"的地基上，在他看来，人天生好"利"，所谓"夫民之性，恶劳而乐佚"（见《韩非子·心度》），人本性趋利，所谓"利之所在民归之，名之所彰士死之"（见《韩非子·外储说左上》）。既然百姓好"利"，自然喜赏而恶罚，这就为法家施展赏罚"二柄"的威力留下广阔空间，"利"成为韩非子思想的内在驱动力。我们不禁要问：韩非子和墨子都以"利"为基础性概念，二者有何区别？

一方面，墨、法两家的相通之处在于二者都从人生行动角度看待"利"，以其为衡量事物的标准和出发点，通过度量收益的大小，获得后续行动的依据。而更重要的是另一方面，韩非子的"利"是人性的好利倾向，是微小个体面对抉择时的利害计算，属于私利，而墨子的"利"却重在事物整体产生效用的多寡，而非个体之私利，更非财物之利，要兴的是"天下之利"，要除的是"天下之害"，属于公利。韩非子虽也提出过以私利和公利作为判断善恶的客观依据，但一心为君主谋的法术之士，君主的利益就是公利，其最大公利实现之日，也即成就君主一己之最大私利之时，陷入二律背反的穷途困境。韩非子的私利人人都有，皆为己谋，结果是人人自私，损人利己；墨子的公利只有心怀天下的圣君明主才能有、才配有，为天下谋，结果是美美与共，天下大同。墨子虽未陷入法家理论的纠结，但其公利具有鲜明的阶级色彩，他从不指望普通百姓能有这种以"兴天下之利"为己任的胸怀，能做到爱人如爱己的"兼爱"就不错了。他热盼的眼光同样落在王冠之上，这便是不少人认为墨子学说会引出专制集权的原因之一。

这时，我们耳边再次回荡起孟子"王何必曰利？亦有仁义而已矣"（见《孟子·梁惠王上》）的断喝。是啊，说到"利"的话题怎能绕过孟夫子。在孟子的价值观中，十分排斥自私自利之"利"，而亲近"义"，也不反对利民利国的多数人之公利。从这个角度看，墨子和孟子两位仇家还是心有灵犀的，墨子之"利"约等于孟子之"义"，"义，利也"（见《墨子·经上》）便更好理解，儒、墨思想的继承性从中也隐约可寻。而墨子对儒家的扬弃仍归结于前文是什么和怎样做的话题：一个是动机，另一个是操作；一个是应该如此，另一个是何以如此；一个是登高望远，另一个是脚踏实地；一个是心存动念，另一个是行在古道。

批判儒家的同时，墨子隆重推出自己的十大主张：一是"兼爱"，即爱人如爱己；二是"天志"，即天是有意志的存在；三是"明鬼"，即证明鬼的存在；四是"尚同"，即所有人与上级保持一致；五是"尚贤"，即崇尚贤能之人；六是"非命"，即不信宿命；七是"非乐"，即反对娱乐生活；八是"节用"，即节省开支；九是"节葬"，即薄葬短丧；十是"非攻"，即反对侵略战争。

实利主义作为墨子哲学的根本，十大主张均由此展开：以"兼爱"为中心，

"天志"和"明鬼"为"兼爱"提供天、鬼、神的护佑保障，"尚同"和"尚贤"为"兼爱"提供现实体制的制度保证，"非攻"是"兼爱"的直接结果，而"非命""非乐""节用""节葬"四条则是墨家非难儒家的理论抓手。墨子哲学的体系与架构如下图：

实利主义

天志
明鬼
护佑保障
兼爱
非 儒
非命
非乐
节用
节葬
尚同
尚贤
制度保证
结 果
非攻

十大主张中，"非命""非乐""节用""节葬"四条与实利主义的关系最为密切，墨子认为只要实践这四条便能使国家和人民得到实惠，快速变现、立竿见影的成效令他颇为得意。而墨子在论证其他六条时则以实际利益为说辞，劝导人们相信上天鬼神，相信上级组织，爱他人如爱己，反对侵略战争，这六条观点因实利主义而合理可行。

在实利主义的指导下，墨子精于计算单位劳动所生产的成果多寡以判断劳动的价值，追求"加利"，越多越好，多多益善，曾说："凡费财劳力，不加利者，不为也。"（见《墨子·辞过》）还说："诸加费不加利于民者，圣王弗为。"（见《墨子·节用中》）这"加利"应作何解？

故圣人之为衣服、适身体，和肌肤而足矣。……当今之主，其为衣服，则与此异矣。冬则轻暖，夏则轻凊，皆已具矣。必厚作敛于百姓，暴夺民衣食之财，以为锦绣文采靡曼之衣，铸金以为钩，珠玉以为珮，女工作文采，男工作刻镂，以为身服。此非云益煖之情也。单财劳力，毕归之于无用也。（见《墨子·辞过》）

以衣服为例，墨子认为合于身体，足以保暖就够了，至于铸金为钩、珠玉为珮、文采刻镂等衣服的装饰性工作，则完全不必，因为这些都是"加费不加利于民"的行为，这便是"节用"——无论任何人，其物质消费只能以维持生命正常运转为最高限度，超过限度的便是"亏夺民衣食之财"（见《墨子·非乐上》）的奢侈行为，便要加以非难，"节葬""非乐"等观点皆本于此。《墨子·非乐上》开头列举大钟鸣鼓琴瑟竽笙之声，刻镂文章之色，刍豢煎炙之味，高台厚榭邃野之居，墨子承认这些是好的，也是群众喜闻乐见的，但只因其"反中民之利"，故而非之。在墨子看来，全体人类只该发展物质生产，满足最基本的物质需求，而不应有任何精神层面的消费行为和满足。虽然这种观点发端于对当时社会权贵阶级骄奢淫逸、压榨百姓的生活方式的批判，值得理解和同情，但未免太过极端，直接剥夺了全体人类精神生活的权利。老子曾说：

> 三十辐共一毂，当其无，有车之用。埏埴以为器，当其无，有器之用。凿户牖以为室，当其无，有室之用。故有之以为利，无之以为用。（见《老子·第十一章》）

生活中的"有"确实利好，但"无"也自有所用，这是老子的贵"无"思想。相形见绌，墨子的实利主义走向极端，只看到"有之"之"利"，而未能见"无之"之"用"，所以荀子批评"墨子蔽于实而不知文"（见《荀子·正论》）。庄子也说：

> 虽然，歌而非歌，哭而非哭，乐而非乐，是果类乎？其生也勤，其死也薄，其道大觳。使人忧，使人悲，其行难为也。恐其不可以为圣人之道，反天下之心，天下不堪。墨子虽独能任，奈天下何！离于天下，其去王也远矣！（见《庄子·天下》）

此论甚为恰当公平，事事计较功利，条条算计得失，以此为人类社会的共同法则和最高价值，可行性几乎为零，是违背人性的，是"反天下之心"的，

只可能是个别情操极其特别的人才能勉强做到。庄子觉得墨子就是这种人，一句"墨子虽独能任，奈天下何"既存敬佩，也有同情，但更多的还是讥讽。

在个人的日常生活和人类的总体发展中，确实有不少事情是为了什么的，但也还有不少事情并不为了什么。有时候，什么都不为，才是人生最大的价值。为学习而学习，为生活而生活，为娱乐而娱乐，为关爱而关爱……这些道理墨子怎么都想不明白，因为他凡事都要求知道为了什么，追求物质性的功利结果，这是何苦。虽说如此，但苦行不正是墨家一派的生活方式吗？墨子个人艰难修行，凭意志力极力遏制自己的物质生活，以求精神世界的完满和哲学理想的实践。庄子为此连连称赞："虽然，墨子真天下之好也，将求之不得也，虽枯槁不舍也，才士也夫！"（见《庄子·天下》）

兼而爱之，爱人如己

孔子为乱世开出了"仁"的药方和"礼"的药引。与孔子针锋相对的墨子则对其做了一番修正，开出的药方叫"兼爱"。同样以爱作为母概念，可见墨家在一定程度上继承了儒家的某些思想。"圣人以治天下为事者也，必知乱之所自起，焉能治之。"（见《墨子·兼爱上》）说得不错，面对当时礼坏乐崩、满目离乱的悲惨世界，诸子开药的前提是确诊，知晓病因才好对症下药。

墨子向来倡导仁人志士要以"兴天下之利，除去天下之害"为己任，这里"天下之害"指的是什么？《墨子·兼爱中》给出答案："今若国之与国之相攻，家之与家之相篡，人之与人之相贼，君臣不惠忠，父子不慈孝，兄弟不和调，此则天下之害也。"这和儒家认为的天下丧乱表现如出一辙。两家都认为社会最大的弊病在于伦常失序，在于不安其道，时代正处在旧制度崩坏但新制度尚未成型的混乱过渡期。

混乱因何而起？墨子也给出答案："以不相爱生。""相爱"的字面意思是相互爱怜，但其实是要求人人谨守本分，个个安于现状，扮演社会期望中的固定角色而其乐融融，绝非追求个性的自由发展。正是由于本应"相爱"的社会关系变得"不相爱"，本应井然的社会突然失序，所以才会出现"强必执弱，富必侮贫，贵必敖贱，诈必欺愚"的诸多社会矛盾。不但诸侯、大夫、士人"不相爱"，君臣、父子、兄弟也为一己私利而反目成仇，以至"祸篡怨恨"的悲剧天天上演：

> 今诸侯独知爱其国，不爱人之国，是以不惮举其国以攻人之国。今家主独知爱其家，而不爱人之家，是以不惮举其家以篡人之家。今人独知爱其身，不爱人之身，是以不惮举其身以贼人之身。是故诸侯不相爱则必野战，家主不相爱则必相篡，人与人不相爱则必相贼，君臣不相爱则不惠忠，父子不相爱则不慈孝，兄弟不相爱则不和调。天下之人皆不相爱，强必执弱，富必侮贫，贵必敖贱，诈必欺愚。凡天下祸篡怨恨，其所以起者，以不相爱生也，是以仁者非之。（见《墨子·兼爱中》）

靠什么来整治这混乱的现实？墨子说："以兼相爱、交相利之法易之。"操作要领就是："视人之国，若视其国；视人之家，若视其家；视人之身，若视其身。"这反映出墨子强烈的平等观念，这是不仅限于外部条件如阶级、地位、金钱，而是由发自肺腑的同理心而生成的平等诉求，把别人看作自己，像爱护自身一样爱护他身：

> 是故诸侯相爱则不野战，家主相爱则不相篡，人与人相爱则不相贼，君臣相爱则惠忠，父子相爱则慈孝，兄弟相爱则和调。天下之人皆相爱，强不执弱，众不劫寡，富不侮贫，贵不敖贱，诈不欺愚。凡天下祸篡怨恨可使毋起者，以相爱生也，是以仁者誉之。（见《墨子·兼爱中》）

这便是墨子十大主张的中心——"兼爱"。首先，"兼爱"主张起源于侠士的职业操守。既然墨家的理想信念是侠士价值的延伸，"兼爱"也不例外。

侠士重义，为兄弟情义甘愿赴汤蹈火，两肋插刀，牺牲自我也在所不惜，《水浒传》中鲁智深野猪林搭救林冲、宋公明通消息私放晁盖等都是这种精神的写照，与这样爱他人超过爱自己的境界相比，爱人如己已然是降格以求了。其次，"兼爱"发端于底层社会几乎为零的幸福感。墨子作为出身社会底层的思想家，自然为底层大众代言，他们不但缺少充饥的粟米和遮体的衣衫，更缺少社会上下的关心和哪怕一丁点的爱护，痛苦永远来自对比，与底层大众形成鲜明反差的是统治阶层的骄奢淫逸，上流社会的酒池肉林。由此不难理解，"兼爱"其实是对社会平等的强烈呼唤，温情脉脉的理想是凄凉现实的映射，会心一笑的喜剧背后是彻头彻尾的悲剧世界。

值得注意的是，"兼相爱"之后还有一个"交相利"，既然实利主义作为墨家哲学的观点和方法，二者成为固定搭配绝非偶然，"兼爱"是建立在实际利益基础之上的，有着极强的互利性。《墨子·兼爱下》做了一番思考：是我先爱人、利人然后人能爱我、利我呢，还是我先害人、损人然后人能爱我、利我呢？结论显而易见："即必吾先从事乎爱利人之亲，然后人报我以爱利吾亲也。"实际上，"兼而爱之"与"从而利之"几乎可以画等号，"兼相爱"为的就是"交相利"，人与人互相帮助、互惠互利，不做损人利己、自私自利的傻事，与人方便的同时也与己方便。这种爱的互惠关系更像一种感情投资，为了更大限度满足自己被爱或得利的欲望，就应该全心全意爱人、利人。

看到"兼爱"，不禁令人联想起孔子的"夫仁者，己欲立而立人，己欲达而达人"（见《论语·雍也》），两家投桃报李的理论如出一辙，墨家思想中果然处处能见到儒者身影。但墨子仿佛故意与孔子作对，特别强调儒墨之分，《墨子·兼爱下》中提出了"别"爱的概念，即感情内外有别、亲疏有分，爱自己远胜过爱别人，显然是比照了儒家仁爱的爱有差等。墨子假设了两种情景：一个士人主张"兼"，所以助人为乐；另一个士人主张"别"，所以损人利己。如果让你选朋友的话，你会选哪个？一个国家的君主主张"兼"，所以爱民如子；另一个国家的君主主张"别"，所以大灾大难面前，任人民自生自灭。如果让你选国籍的话，你会选哪个？回答显而易见，当然要"兼以易别"。

"兼爱"与仁爱虽然都企盼互爱互利、皆大欢喜的和谐图景，但两家的动机殊为不同：儒家之爱发自无所为而为的同情心，墨家之爱来自有所为而为的功利心。如果两家面临孩童溺水呼救的同样情景，孟子会大动"恻隐之心"伸出援手，而墨子大概要站在岸边盘算一番：救或不救，究竟哪个选择于我更有利。这样一来，完全存得出不救利益更大的结论的可能，况且等墨子算计完毕，孩童大概早已淹死，纵然下水亦是徒劳。这个假想固然极端，但确实能从中形象地感知儒墨的分歧。

　　虽说都是爱，"兼爱"在历史长河中的传播力与生命力显然远不如仁爱，随着秦朝统一以及汉初游侠的绝迹，墨家一蹶不振，"兼爱"也随之湮没在静水流深的时光中，不见踪影。且不论外部因素，"兼爱"作为墨家理论的重中之重，自身便存在极大的问题，当然这并不意味着仁爱就没有问题。一个连自圆其说都无法做到的理论，它的命运终是必然而且骤然的衰落。"兼爱"的漏洞起码有以下四点：

　　第一，原因不确实。墨子将诸侯交战、家主相篡、人人相贼、君臣不惠忠、父子不慈孝、兄弟不和调等社会混乱归因于"不相爱"，而所谓"子非鱼安知鱼之乐"，墨子怎么就一定知道两人打架必然是因为感情问题而不是利益纠纷？"不相爱"确实可能导致激烈矛盾，但并不代表矛盾一定是"不相爱"引发的，这是个充分而不必要的命题。墨子论证原因时，逻辑链条是脆弱的。而"天下之人皆不相爱，强必执弱，富必侮贫，贵必敖贱，诈必欺愚"（见《墨子·兼爱中》）的结论则过于武断，强弱、贫富、贵贱、智愚等对立事物发生冲突并非必然，墨子能用强大的规矩管理墨家成为准军事组织，为什么偏偏忽略了秩序的调和与缓冲作用？事实上世界并没有绝对的平等，势位差的存在才是绝对的。

　　第二，前提不牢靠。墨子为施行"兼爱"设置的人性前提是"爱人者，人必从而爱之；利人者，人必从而利之；恶人者，人必从而恶之；害人者，人必从而害之"（见《墨子·兼爱中》），由此引诱众人对他人施以爱意。如果你是被施与的一方，当知道对方给你爱是为得到爱的回报时，你还敢坦然接受这份爱意吗？你起码要同样费心地进行利害算计，这样的人际关系还能叫作爱吗？只是利益的计算往来罢了。兼爱理论的本质是赤裸裸的利诱，进一步想必就是法家通过赏罚"二柄"的威逼，二者都令人在感情上难以顺畅接受。换个角度，如果你施人以爱前都抱着希望"人从而利之"的心态，这份爱也变得低廉并且失去了爱本身高尚而不求回报的精神和情感价值。

第三，落实不容易。我们不妨假设将墨子放入囚徒困境中：墨子和我是两个囚徒，面对指控，如果我们两人都不招，则各判一年徒刑；如果一人先招供，则可因立功释放，而另一人则判处十五年徒刑；如果二人都招供，则各判处十年徒刑。墨子是践行"兼爱"的伟大人物，虽然在囚牢中，爱我仍然像爱他自己一样，这种人任何时候都不会招，但平庸之辈如我会怎样选择？我并不知道墨子是否会招供，但为了防备他先招，我多半会赶快招，最终结果是"兼爱"的墨子吃了大亏，人格卑劣的我逍遥法外，这公平吗？墨子设计"兼爱"时完全忽略了人性中有自私自利的一面，以至践行的代价过高，成功的可能太低。《墨子·兼爱下》中还建议统治者推行"兼爱"时要"劝之以赏誉，威之以刑罚"，如果"兼爱"真像墨子所说那样能"人必从而利之"，好处多多，何必要用强制手段推行呢？以赏劝、以罚威只能说明连墨子都对"兼爱"的可行性产生了怀疑。

第四，效果不确定。"兼爱"成立的原因和前提都不可靠，也难以落地施行，其效果自然无法保障，果真实行的结果只能是使社会弥漫一股"交相利"的恶劣氛围，而"兼相爱"则被抛诸脑后。正如荀子所说："墨子有见于齐，无见于畸。"（见《荀子·天论》）墨家只看到人类平等的侧面，未想差等的一面其实不能抹杀。即便不论平等与否，人本性好利就绝不能忽视，墨子却对其视而不见。

"兼爱"之下，还有"非攻"，即反对战争，具体说是反对一切不义之战。墨子将战争分为两类：一是"攻"，指因不义缘由而发起的战争；二是"诛"，指像古代圣王那样为除暴安良、讨逆伐罪而发动的正义战争，著名案例有禹诛三苗、商汤诛桀、武王诛纣。《墨子·非攻上》中说，人人都知杀一个人不义，杀十个人也不义，杀一百个人更不义，但有人发动战争时却没人认为不义，这是"小见黑曰黑，多见黑曰白，则必以此人为不知白黑之辩矣"。

把墨子骂作禽兽的孟子也曾宣称"善战者服上刑"（见《孟子·离娄上》），主张君主把能征善战的名将都杀了，从此天下太平。在某种意义上说，孟子的反战，比墨子更彻底。墨子虽然"非攻"，但对"诛"很赞许。问题是，后世那些热衷侵略屠戮的元凶巨恶，谁不爱扯出正义的大纛，将自己归为"诛"的一类？对次缺陷，庄子看得很清楚："为义偃兵，造兵之本。"（见《庄子·徐无鬼》）

在"非攻"的问题上，墨子也有高出孟子一筹的主张，准确地说是实践而不仅限于主张。话谁都会说，多么慷慨激昂，多么豪情万丈，都有秀才遇到兵的窘境，血淋淋的屠刀横在面前，孟庄之流只能傻眼，但墨子的目光依旧笃定锐利。当公输般自知技不如人时，暗示楚王擒杀墨子以绝后患，这时墨子道："公输子之意，不过欲杀臣，杀臣，宋莫能守，可攻也。然臣之弟子禽滑釐等三百人，已持臣守圉之器，在宋城上而待楚寇矣。虽杀臣，不能绝也。"楚王只好作罢："善哉！吾请无攻宋矣。"（见《墨子·公输》）

墨家是"非攻"的实践派，而且他的实践不是以攻为守，而是以守遏攻，传到后世演变成墨守成规这个带有消极贬义的成语。《墨子》中大量篇幅着墨于墨家的守城实践，而且依据城池布局和攻城手段细分为多个专题，诸如城门部位的防守、应对筑土山居高临下进攻的防守、应对云梯的防守、制止穿挖城墙的防守、面对挖掘隧道偷袭的防守、应对人海战术的防守，还详细描述如何进行祭祀、望气等趋吉避凶的活动，如何在守城时使用各种旗帜，如何进行人事安排，如何制定条例禁令，等等。在此仅列一段：

二十五步一灶，灶有铁鐕容石以上者一，戒以为汤。及持沙，毋下千石。三十步置坐候楼，楼出于堞四尺，广三尺，广四尺，板周三面，密傅之，夏盖其上。五十步一藉车，藉车必为铁纂。五十步一井屏，周垣之，高八尺。五十步一方，方尚必为关籥守之。五十步积薪，毋下三百石，善蒙涂，毋令外火能伤也。百步一桃杙，起地高五丈，三层，下广前面八尺，后十三尺，其上称议衰杀之。（见《墨子·备城门》）

这里描述了守城时灶台、沙石、候望楼、巢车、休息室、柴木、桄枞诸多物品工具的布置与使用注意事项，墨子甚至提醒要用泥土将柴木封盖严密，"毋令外火能伤也"，真是周到缜密。在"别墨"所作六章中，包含了丰富的关于力学、光学、几何学、工程技术知识和现代物理学、数学的基本要素，如力系的平衡和杠杆、斜面等简单机械的论述，关于小孔成像和平面镜、凹面镜、凸面镜成像的观察研究，还率先提及朴素的时间和空间概念。这些科技成果为后人称道的同时，也该明确这都是墨家防守实践的结晶。

从本质出发，"非攻"无疑是"兼爱"的自然衍生。"兼爱"理论在攻战实践方面表现为"非攻"；相反，"非攻"则从一个侧面映照出"兼爱"的内涵。如果没有爱人如爱己的深重义气，墨家组织也没可能如此紧密团结在以墨子为"巨子"的周围，同仇敌忾，一致对外。"兼爱"的切身意义，也许最为一同经历过刀光剑影、血雨腥风的战友所理解和接受。

唯才是举和唯上是从

在墨家的十大主张中，"尚贤"与"尚同"是政治色彩最为浓厚且不可分割的一对，蕴含着墨子的政治理想与组织蓝图。强调不可分割，是由于二者属于一个逻辑链上的两个操作步骤，《墨子·尚同中》有言："明乎民之无正长以一同天下之义，而天下乱也，是故选择天下贤良、圣知、辩慧之人，立以为天子，使从事乎一同天下之义。"这是"尚贤"和"尚同"关系的集中表述。墨子认为乱由纷起，天下人各执一词彼此纷争不休，故需立天子而统一天下意志，而所立之人必须是贤能聪慧堪当大任的。

《墨子·尚贤上》批评当时王公大人"不能以尚贤事能为政"，走入"失其所欲，得其所恶"的事与愿违的困境，所以治国只"在于众贤而已"，即尽可能使贤能之人众多。贤能之人就是今天常说的人才，而"尚贤"基本等同于唯才是举。

人才有水平，自然有脾气，可不能随意呼来使去，得重视，要礼遇，享尊崇。《墨子·尚贤上》提出"富之、贵之、敬之、誉之"的人才待遇，他们这些"国家之珍，社稷之佐"顺心、开心、舒心，自然会更加用心。与此同时，也应对人才提出道德要求，即墨子一贯呼吁的"义"。所谓"不义不富，不义不贵，不义不亲，不义不近"，你纵然有百般技术，无德无义便可一票否决。墨子甚至还想象能借此形成全民尚义的良好氛围，从上到下都自行自查自己是否符合"义"的标准，以至"逮至远鄙郊外之臣、门庭庶子、国中之众、四鄙之萌人闻之，皆竞为义"。想法不错，但未免过于理想主义。

出身社会底层的墨子再一次带给底层民众以改变命运的光明。在"尚贤"理念中，英雄不问出处，不论出身，不论财产，不论关系，只要贤能，所谓"虽在农与工肆之人，有能则举之"，而且一旦选中，圣王就要敢于放权，所谓："高予之爵，重予之禄，任之以事，断予之令。"（见《墨子·尚贤上》）曹操《求贤令》中提出的"唯才是举"方针早被数百年前的墨子写进书中，这简直是民氓奋发的明媚春天。

有趣的是，墨子还发明了干部任免制度，提出"官无常贵，民无常贱"的理念，让人不禁为之叫好。配套的是"有能则举之，无能则下之"的官员能上能下的动态机制，怀有"举公义，辟私怨"的公仆情怀。墨家这部分思想基本可以原封不动地照搬到今天，虽仅停留在理念层面而缺少实操，仍有着巨大的积极意义。

至此不得不再次提及儒家，墨子的"尚贤"与孔子的贤人政治主张基本一致，都将天下大治的期望寄托于圣贤个人身上。世上的贤人本就不多，被发现并顺利提拔至天子、三公、诸侯岗位上的可能性就更微乎其微了，就算都被提拔上来，贤人也不可能在所有方面都擅长，更不可能每时每刻都贤明无错漏，但墨子不管这些。总之，"夫尚贤者，政之本也"。

《墨子·尚同上》仍从探索天下大乱的原因入手，上溯到人类刚刚诞生时，人人各言其意，一个人有一种道理，两个人有两种道理，十个人有十种道理，人多口杂，争端不断，"是以人是其义，以非人之义，故交相非也"，以至"天下之乱，若禽兽然"。墨子将这种纷乱情形归咎于"无政长"，即缺乏行政长官的号令，所以要"选天下之贤可者，立以为天子"，但一人之力不够，"又选天下之贤可者，置立之以为三公"，三公之后还有诸侯国君，还有乡长、里长……这过程包含着"尚贤"的理念。

墨子的这种思想与西方启蒙运动时的《社会契约论》异曲同工。卢梭、霍布斯、洛克等人都认为国家产生之前，人人处于自由的野蛮状态，之后相聚谋划推选出头领，这便是国家的雏形。再看《墨子·尚同中》的"明乎民之无正长以一同天下之义，而天下乱也，是故选择天下贤良、圣知、辩慧之人，立以为天子，使从事乎一同天下之义"。谁能"明乎"？是人民明确。谁来"选择"？是人民选举。谁能"立"？是人民拥立。谁能"使从事"？是人民役使。冯友兰认为"尚同"阐述了墨子的国家起源理论，而国家权威的来源之一是民众，而另一来源是"天志"。

行政班子配齐之后，他们的职责并非为人民服务，而是"壹"民，所谓"乡长唯能壹同乡之义，是以乡治也"，乡长统一乡民的意见而使乡得到治理。以此类推，"国君唯能壹同国之义，是以国治也""天子唯能壹同天下之义，是以天下治也"。那天子怎么办？墨子为防止因天下人皆同于天子而造成的专断，特意在《墨子·尚同中》中说明"夫既尚同乎天子，而未上同乎天者，则天菑将犹未止也"，原来天子要带领天下之人"尚同乎天"，冥冥苍天才有最终裁判权，一旦违背，"天降寒热不节，雪霜雨露不时，五谷不孰，六畜不遂，疾灾戾疫，飘风苦雨，荐臻而至者，此天之降罚也"。墨子妄图以虚无的"天志"制衡君主集权，被后世批判不止。

看到"壹"，使人联想起商鞅管理人民近乎压迫的"壹民"理论，不但政策命令要统一，百姓从事的工作内容也要一致，想来不禁寒战。墨子虽不如商君酷烈，但也蛮横规定道："上之所是，必皆是之，所非必皆非之。"全国上下唯上是从，向上看齐，上级即真理，服从无条件。这与霍布斯不谋而合，霍布斯认为国家成立之后，人人都应抛弃固有权利，全听任君主意志，被卢梭等人大力批驳。

天下之人"尚同乎天"之后，天子自然而然会变得自私与阴险，自私在于使臣下无条件服从、服务自己，阴险在于类似特务统治的设计。墨子这样描述理想的君臣关系：

> 古者圣王，唯毋得贤人而使之，般爵以贵之，裂地以封之，终身不厌。贤人唯毋得明君而事之，竭四肢之力以任君之事，终身不倦。若有美善则归之上，是以美善在上而所怨谤在下，宁乐在君，忧慼在臣。故古者圣王之为政若此。（见《墨子·尚贤中》）

君主终身不厌地信任臣下，臣子终身不倦地侍奉君王，本是明君贤臣的一幅和谐景象，但墨子还有后话：安乐由主上享有，忧患由臣下负担。凭什么？好事统统让君主占去，鞠躬尽瘁的从来只能是臣子。这是专制君主的美梦，也是集权体制必然引起的变态扭曲。

> 故古者圣王唯而审以尚同，以为正长，是故上下情请为通。上有隐事遗利，下得而利之；下有蓄怨积害，上得而除之。是以数千万里之外，有为善者，其室人未遍知，乡里未遍闻，天子得而赏之；数千万里之外，有为不善者，其室人未遍知，乡里未遍闻，天子得而罚之。是以举天下之人皆恐惧振动惕栗，不敢为淫暴，曰："天子之视听也神！"（见《墨子·尚同中》）

千里之外有人为善，直接上级还不知道但天子的奖赏命令已经传遍天下，万里之外有人作恶，乡亲邻里还不知道但天子的惩罚命令早已飘然而至。果真如此，不但当事人"恐惧振动惕栗"，换成我也要吓得一屁股坐在地上。乔治·威尔大概是看过《墨子》并从中汲取了《1984》的写作灵感，这种"使人之耳目助己视听，使人之吻助己言谈，使人之心助己思虑，使人之股肱助己动作"正是无处不在、无时不有、无地不存的特务。他们躲在暗处观察着身边的一切，全国上下都被白色恐怖的氛围笼罩，不时便有某君人间蒸发，恐怖至极，阴险至极。这种制度设计怎么听都像法家的权术手腕，令人完全不敢相信这竟出自"兼爱"天下的墨子。

《墨子》中留存着集权自私和白色恐怖的文字，授人以柄，几乎所有学者都将"尚同"钉在诱生专制与君主集权的耻辱之上，多见其过，少陈其功。但我们还要尽量理性地重新看待"尚同"。作为政治理论，类似"兼爱"，墨子仍旧将侠士的职业道德发展成为架构国家体制的理念，强调的是绝对纪律和绝对服从。如果没有这些，墨子的"巨子"地位恐怕岌岌可危，救宋国于危难之际的壮举也无法实现，充满科学智慧的守备方案自然也成为一纸空文。可以说，"尚同"理念更多地运用于墨家自身的组织建设和系统维系，墨子觉得这样维持组织的凝聚力非常成功，自然会将其推广至政治领域用于组织国家。所以，说墨子纯粹在鼓吹支持集权和专制，有失公允。

此外，评价"尚同"也不能抛却先秦的时代背景，它反映了墨子所处政治环境的险恶与混乱，也就是"人是其义，以非人之义"。墨子从小在儒家课堂中学到的礼义廉耻、谦敬恭谨荡然无存，反而是"天下之乱，若禽兽然"，这使墨子对这个世界与儒家的世界观产生深深的怀疑，怪不得他会背弃儒门，自创学派。无独有偶，不仅仅是墨子，战国时期的诸子几乎无一不倾向中央集权体制，因为即便是专制的秩序也比自由的混乱好。诸子这个集体，作为当时最具权威的哲学思想大集，他们的不约而同更深刻地反映出整个社会的一致呼声——专制与集权。从中国古代两千余年的发展来看，从氏族部落到封建社会，再到专制体制，再到今天的民主共和，文明的渐进发展呈现出由无次序混乱的绝对自由，进步至大一统专制下个人自由空间被过分压缩，国家以绝对权威压倒个人，再到如今国家与民众、集体与个人关系在震荡调整中实现再平衡。社会与理念总有个渐进的过程，我们不能进步心切以求一步到位。

况且墨子主张"尚同"，看似与法家如出一辙，但仔细推究，两家的理论出发点却截然不同。法家理论固定地站立在君主一方，其专制集权纯粹为了君主个人私欲。墨子向来反对这种理论，他耿耿于天下公利，以"兴天下之利，而除天下之弊"为己任，主张"一同天下之义"其实是为了结束天下混乱无序状态，给民众以最基本的生存发展条件，专制集权不过是这种美好动机的副产品，抑或是后世君主选择性执行的结果，绝非墨子初心。说到这儿，墨子理论中"兼爱"体现出的平等性，"尚同"体现出的非平等或集权性，二者之间看似存在的自相矛盾也就迎刃而解。"兼爱"出于情感心理，"尚同"属于政治秩序，本非同一层面的理论，何况墨子主张以"尚同"制止社会纷争，其动机正是"兼爱"天下的情怀。

《墨子·贵义》记载，墨子的论敌曾嘲笑他说，"我不行义，也没什么坏处，你行义，又未尝有任何好处？你真是'有狂疾'。"他的朋友也劝他说，"天下人都不行义，你又何必独自承担？"墨子的回答中流露出的坚强意志和豁达情怀令人感佩："今天下莫为义，则子如劝我者也，何故止我？"知其不可为而为之的精神，孔子有，墨子也有。

来自鬼神的恐吓

墨子的哲学体系以"兼爱"为中心，如果说"尚贤""尚同"从具体的、形而下的维度为"兼爱"施与了政治实操的保障，那么"天志""明鬼"则是从抽象的、"形而上"的视角为"兼爱"提供了思想伦理的依托。在墨子眼中，天、鬼、神等远离人世的不确定存在都是具有现实人格的主体，而且都与墨家处于同一立场，奉行着"兼爱"的宗旨，所以他们纷纷投身于引导、检视、督促乃至强制世人践行"兼爱"的事业中去，夜以继日，不知倦怠。于是，在墨家的"统一战线"中，不但有"巨子"，有门下弟子，还有善男信女，更有上天的意志和鬼神的力量。

社会经过从底层到上层的"尚同"，杀伐决断之权集于君主一身，权力集中之后，嬗变而成专制是必然的。精巧聪慧的设计师墨子也看到了这点，特意在君主之上安排了一个更加绝对权力的角色——天。《墨子·尚同中》有言："夫既尚同乎天子，而未上同乎天者，则天菑将犹未止也。"意思是如果君主不带领全民向天看齐，就会遭到天谴。而且墨子说："我未尝闻天之祷祈福于天子也，吾以此知天之重且贵于天子也。"（见《墨子·天志下》）

明清时期太监宣旨之前总有个"奉天承运，皇帝诏曰"的开头，这种奉天行事的思想基础，正是墨子打下的。

向天看齐，看齐的是什么？墨家的天是有意志、有人格、有感情、有好恶的天，不同于《老子》中作为自然代名词的天，更不同于《荀子》中客观存在的唯物主义的天。天有好恶，所谓"天欲义而恶不义"（见《墨子·天志上》），这个结论是如何得出的？

> 天下有义则生，无义则死；有义则富，无义则贫；有义则治，无义则乱。然则天欲其生而恶其死，欲其富而恶其贫，欲其治而恶其乱，此我所以知天欲义而恶不义也。（见《墨子·天志上》）

天是好心的天，希望广大百姓能富贵健康地活着，希望国家能政通人和，而实现这一切的前提是行"义"，所以天是赞同"义"的，"义"即天的意志。墨家假托"天志"，实则言"义"。墨子说："我有天志，譬若轮人之有规，匠人之有矩。"（见《墨子·天志上》）轮匠执规矩度万物之方圆，墨子以天志量天下之政事，"天志"成为墨家判断衡量现实政治的一把标尺，符合标准的就是"顺天意者"，是"义政"，而不合标准的就是"反天意者"，是"力政"。"义政"的描述是这样：

> 处大国不攻小国，处大家不篡小家，强者不劫弱，贵者不傲贱，多诈者不欺愚。此必上利于天，中利于鬼，下利于人，三利无所不利，故举天下美名加之，谓之圣王。（见《墨子·天志上》）

读这段有种似曾相识的感觉，这不正是"兼爱"所达到的效果吗？《墨子·兼爱上》有言："若使天下兼相爱，国与国不相攻，家与家不相乱，盗贼无有，君臣父子皆能孝慈。"《墨子·兼爱中》也有言："天下之人皆相爱，强不执弱，众不劫寡，富不侮贫，贵不傲贱，诈不欺愚。"这些纯属"义政"的同义反复。由此可知，"天志"就是让天下人行"义"行"兼爱"的意志。

既然政有义力之分，那么"天志"施与的待遇也各不相同。对于顺天的"义政"，天会奖赏，对于逆天的"力政"，天会责罚，概言之就是"必赏善罚暴"（见《墨子·天志下》），而赏罚的对象是君主，所谓"天子有善，天能赏之；天子有过，天能罚之"（见《墨子·天志下》），这也是天凌驾于天子之上的明证。君主有罪天罚之，百姓有罪自然是君主罚之，墨子称君主为天子，即上天之子，天子代表了天的意志发布政令，治理国家，赏善罚暴。于是"天志"成为继"尚同"的民众之后，又一君主统治合法性的来源，也是国家权威的来源。墨子为国家的成立做出了卓越的理论贡献。

这里再说一说墨子乃至先秦诸子都爱使用的一种论证方法——类比。《墨子·天志下》中，墨子借"天志"而说"义"，认为"天下之士君子之去义远也"，为什么这样说呢？人人都知道去别人家偷窃瓜果蔬菜是不道德的，当然还有越过围墙抢劫别人子女的，挖通府库偷走别人金银珠宝的，越过围栏牵走别人牛马牲畜的，杀害一个无辜百姓的。对这些行为，众位王公大人都知道要"加罚"，但遇到更大更严重的不道德行为，如诸侯之间"侵凌攻伐兼并"，杀死无数他国百姓，其罪过是杀死一个百姓的几千几万倍，王公大人却不闻不问，甚至鼓励参与，真是"不知黑白之别"。最后，墨子质问道："今王公大人之政也，或杀人，其国家禁之。此蚤越有能多杀其邻国之人，因以为文义。此岂有异蒪白黑、甘苦之别者哉？"文风质朴的《墨子》少有此激荡之语，言语的背后是墨子批评别人不知类比的逻辑：杀自己的百姓是犯罪，杀别国的百姓难道就不算犯罪吗？这种反向类比的论证在诸子著作中比比皆是，虽不能说完全没有道理，但毕竟不是严谨的逻辑推断，事件在层层递推和感情积累的同时，可能渐渐偏离理性和真相，需加以谨慎甄别。

除了上天，《墨子·明鬼下》还告诫世人：鬼神确实存在。不但存在，而且像天一样可以"赏贤而罚暴也"，而所有怀疑鬼神是否存在的思潮都是祸乱天下的。为说明鬼神的存在，墨子先讲故事，据他说，周宣王、郑穆公、燕简公、齐庄君等都亲眼见过鬼；再引经典，《诗经》、商书、夏书都记载有鬼的事迹，况且三代圣王都有祭祀鬼神的行为。总之，鬼神确实存在。

墨子还注意到祭祀具有和睦家庭、乡里关系的社会功能，从而佐证"明鬼"。《墨子·明鬼下》认为,一般情况下,年长的父母、兄嫂先于年少者死去,如果鬼神存在,那么以供品祭祀他们"是得其父母姒兄而饮食之也,岂非厚利哉",意思是请父母、兄嫂饮食是有利的。退一步讲,如果鬼神不存在,祭祀的供品也不会白白丢弃,而是"内者宗族,外者乡里,皆得如具饮食之",意思是宗族和乡亲能吃到祭祀用的供品。不论如何,祭祀都能"合欢聚众,取亲于乡里",而祭祀成立的前提是鬼神的存在,所以"明鬼"有利,墨家重实利主义,既然有利,便要依循。

如此推崇鬼神的力量,无怪乎后世多以墨家为一大宗教。梁启超便认为,墨子非哲学家,非政治家,而是宗教家。可以说,天正是其极其崇高与深刻的信仰,鬼神亦是其顶礼膜拜的对象。墨子以"天志"为衡量一切的标准,并以虔诚之心侍奉鬼神,因此创立了宗教的墨家,性质与基督教、伊斯兰教等相近,天的意义类似于耶稣,而墨家能有"赴火蹈刃,死不旋踵"的极大牺牲精神,全赖这种对宗教组织的狂热和教义精神的信奉。梁启超的观点有一定道理,但我宁愿将其理解为墨家具有一定的宗教性质,而非纯属等同于西方的宗教组织,因为从古至今的中国从未发展出西方式宗教,而是具有中国本土特色的宗教,以"天志"来说:

> 今若处大国则攻小国,处大都则伐小都,欲以此求福禄于天,福禄终不得,而祸祟必至矣。然有所不为天之所欲,而为天之所不欲,则夫天亦且不为人之所欲,而为人之所不欲矣。人之所不欲者何也?曰:病疾祸祟也。(见《墨子·天志中》)

墨子认为"天志"不希望有恃强凌弱现象的存在,如果真有国家诸侯以大欺小,就是违背"天志"的,是"不为天之所欲,而为天之所不欲",这样带来的恶果是什么呢?天也"不为人之所欲,而为人之所不欲",为人间降下"病疾祸祟"。墨子关于天也即关于人格神的观点与中国各路宗教一项基本信念暗合:对神的信奉与祈祷其实是为现世人们的平安顺遂。这便反映出中西宗教的分歧所在:第一,西方宗教主客分明、人神分离,上帝在人的主体之外，高高在上，距离感非常强，而中国宗教具有主客一身、人神合一的倾向，天如人一般有好恶喜忧，而且以人世的价值为判断标准，天志、天道、天命总呈现在人志、人道、人命之中。第二，正因为中国宗教或哲学的特征在于，不指向对象化的神的建立与崇拜，而是在宗教活动中产生人神一体的感受，所以中国并未有过超验的上帝观念，仅有"祭如在，祭神如神在"（见《论语·八佾》）的神秘敬畏的心理状态。第三，西方宗教多求来世命运的转还与改变，中国宗教则求现世甚至隔天便有报应来到，即现世报，关注当下人生，充满实用精神。人们常说中国人没有宗教信仰，此言大谬，中国有着与西方不同的宗教存在与信仰方式，在千年文明演进过程中，中国宗教充分地与伦理、哲学融合，称儒家为儒教便是由此而来。中国的宗教深受充满强烈现实问题导向和社会政治指向的诸子哲学精神影响，人们将信仰更多地寄托于伦理的有序与情感的满足。

关于祭祀鬼神的问题，墨家信奉鬼神，却大力反对祭祀、丧葬时的繁文缛节与大量牺牲；儒家强调祭祀的重要性，却不信鬼神果真存在。《墨子·公孟》中的公孟子是儒家人士，曾说过"无鬼神"，也说过"君子必学祭祀"，墨子对这种自相矛盾的论调批评道："执无鬼而学祭礼，是犹无客而学客礼也，是犹无鱼而为鱼罟也。"两家看似自相矛盾的观点其实殊途同归。

对墨家来说，信奉鬼神的真实目的是为"兼爱"做施行保障，而非果真对超验存在怀有兴趣。《墨子·明鬼下》便认为天下之所以混乱，"则皆以疑惑鬼神之有与无之别，不明乎鬼神之能赏贤而罚暴也"，信鬼神自然行"兼爱"，自然能得到鬼神的奖赏，这对百姓有利。而墨家奉行的"节用""节葬"也是为百姓的切身利益谋划。所以不论是信奉鬼神还是反对久丧厚葬，都归结于重视现实利益的实利主义，也都有利于民众秉持"兼爱"的信仰从而实践墨家学说，两者并不矛盾。

对儒家来说，丧葬祭祀的对象并非鬼神，而是祖先，重视祭祀也非出于对鬼神的崇拜，而是出于对祖先的追念和自身情感的慰藉。《荀子·大略》有言："善为易者不占。"而《荀子·礼论》中说："礼者，谨于治生死者也。生、人之始也，死、人之终也，终始俱善，人道毕矣。故君子敬始而慎终，终始如一，是君子之道，礼义之文也。……故丧礼者，无他焉，明死生之义，送以哀敬，而终周藏也。"这都说明丧葬的作用在于向生者表明人生与死亡的意义，以悲痛恭敬之心送别死者是人生过程业已完成的隆重表达。所以儒家不信鬼神的同时却强调祭祀，两者并不矛盾。

林花谢春红，毋乃太匆匆

秦朝统一天下后，墨家在战国时期的煊赫已被尘封，法家思想甚至压倒儒家成为统治阶级推行的主流意识形态，英豪隐迹，游侠藏匿。令人始料未及的是，秦帝国的大厦急速崩塌，时代再次降下群雄并起、楚汉相争的纷乱幕布，使世人有种回到战国的错愕感。本已打算隐居山林、了此残生的侠士群体感受到春回大地的温暖与欣悦，于是再一次跃上历史的舞台。

秦汉之际是侠士最后的"黄金档期"，也是实践墨家理念的最后机遇。从某种程度上说，墨家哲学是植根于侠士并为该群体代言、辩护的思想体系。思想要靠信徒践行，信徒也要靠思想指引，侠士与墨家是相伴相生的，双方一荣俱荣、一损俱损。《史记·游侠列传》便记载了汉朝建立以来，朱家、田仲、王公、剧孟、郭解等上至高祖下至武帝的诸多大侠，他们虽然屡次违反汉朝律令，但"其私义廉絜退让，有足称者，名不虚立，士不虚附"，太史公还专门将其与"朋党宗强比周，设财役贫，豪暴侵凌孤弱，恣欲自快"的豪强恶霸相区分，塑造了"其言必信，其行必果，已诺必诚，不爱其躯，赴士之厄困"的游侠群像，而这些侠士也继续履行着墨家的核心价值。

汉初游侠大多名望势力极大，甚至为皇帝所忌。元朔二年（前127年），汉武帝要将各郡国的豪富人家迁往茂陵居住，当时享有盛名的大侠郭解家贫，不符合迁转标准，名单中却有郭解的名字。于是大将军卫青替郭解求情，但武帝却说："布衣权至使将军为言，此其家不贫。"强令郭解迁居茂陵。临行时，人们为郭解送行，相赠路费竟有千万。到关中后，贤人豪杰听说他的名声，都争相与郭解结交。武帝深为忌惮，于是下令抓捕，郭解因此走上了亡命之路。而随着罢黜百家，独尊儒术，大一统局面逐渐形成，游侠在历史舞台上的表演最终落幕，植根于这个群体的墨家思想从此也一蹶不振。

墨家的辉煌虽然没有持续多久，但作为一代显学，在战国时期就受到了广泛关注。孟子攻击"兼爱"是"无父""是禽兽也"（见《孟子·滕文公下》）。《庄子·天下》认为，"恐其不可以为圣人之道，反天下之心，天下不堪"，但也由衷称赞"虽然，墨子真天下之好也！将求之不得也，虽枯槁不舍也。才士也夫"。荀子反对墨家"上功用，大俭约，而僈差等，曾不足以容辨异，县君臣"（见《荀子·非十二子》），认为墨家"蔽于用而不知文"（见《荀子·解蔽》）。《韩非子·显学》评说墨家"若辩其辞，则恐人怀其文，忘其直，以文害用也"，称其为"愚诬之学，杂反之行"。可见，多数先秦诸子对墨家持批判态度，墨子的思想并不被看好。

秦汉交替，对墨家的批评之声仍旧不绝于耳。《孔丛子·诘墨》逐一反驳《墨子·非儒》对儒家的非毁。西汉时《淮南子·齐俗训》也不赞成墨家的"节葬"与"三月之服"。《要略》指出墨家根植于夏政。《史记·太史公自序》引《论六家要旨》说墨家之学"俭而难遵""尊卑无别"。《汉书·艺文志》对墨家思想的源流做出总结，出于"清庙之守"，其主张皆与之相关，但崇尚节俭以至非礼，"兼爱"而不别亲疏，是其流弊。东汉《论衡》中有"订鬼""薄葬""书案"等篇对墨子的鬼神观进行了批评。

时至魏晋，清谈之风盛行，"别墨"的名辩思想部分得到重视。曹魏时的阮籍、嵇康等都曾谈论墨学。西晋鲁胜作《墨辩注》。

隋唐时，《隋书·经籍志》总结墨家为"强本节用之术""上述尧、舜、夏禹之行"，乃"清庙之守"之流职。隋朝乐壹曾注《墨子》三卷，已佚。韩愈作《读墨子》，认为墨子学说都与孔子相通，所以"孔子比用墨子，墨子比用孔子，不相用，不足为孔墨"，还以为儒墨之辩乃孔墨后学之争。

宋元明时，北宋欧阳修对墨子有所肯定，王安石则以墨子远于道而抑之。南宋人对墨子非议颇多，如朱熹、陈振孙、高似孙都以之为"矫伪之说"。元人黄震针对孔墨的异同做了具体比较，得出孔墨不相为用的结论，否定韩愈之说；马瑞林认为墨子似是而非，故"不容不深锄而力辩之"（见《文献通考·墨家考》）。明代宋濂欣赏"节用"主张，以之为强本节用之术；焦竑肯定"兼爱"与儒家"兼济"之道相似，也指出其弊病是"见俭之利而因以非礼，推荐爱之意而不殊亲疏"（见《澹园集·经籍志论》）；陆稳同意韩愈的评价，认为孟子辟墨是为防其流弊；白贲柄则认为孟子辟墨太过分；李贽《墨子批选》极为推崇墨子的救世之道，观点大胆，批驳了孟子批墨言论。

到了清代，墨学呈现复兴局面，《墨子》的校注工作也取得很大成就。毕沅对墨学贡献犹大，他的《墨子注》是第一个为《墨子》全书做注的，并为墨子公开辩护，肯定韩愈所谓儒墨之辨生于墨学，还认为《墨子》中少数篇目为墨子本人所作。而校注的集大成之作是孙冶让的《墨子间诂》。孙星衍进一步论证"兼爱""节用""明鬼"等出自夏礼，乃大禹遗教，以此提高墨家的地位。汪中是清代对墨家评价最高的，将其提升至与儒家一样的高度，认为"在九流之中，惟儒足与之相抗，自余诸子，皆非其比"（见《述学·墨子序》）。与此同时，翁方纲、张惠言对墨子大加挞伐，观点基本还是延续孟子的辟墨论，如此还有俞正燮、黄式三等。

近代以来，西学东渐，人们对墨家的自然科学和逻辑学知识日益重视，也对《墨子》的价值有了重新的认识，不少学者为此著述，如邹伯奇《学计一得》、陈澧《东塾读书记·诸子书》、殷家俊《格术补笺》、张自牧《瀛海论》《蠡测卮言》等等。

儒墨两家一时并称显学，然而秦汉以降，墨家逐渐衰落，到了东汉竟然"废而不传"（见《论衡·案书》）。墨家的后继无人和理论中绝是有深层原因的：

第一，儒墨的对立。就墨家主张而言，儒墨两家仅有一小部分体现着融合与汇流，而在绝大多数方面是根本对立的。儒家的核心思想是礼乐，而墨子正是因为认为礼乐过于烦琐且不能救世，才脱离儒家自立门户的，所以在某种程度上说，从墨子创立墨家学说的那一刻起，与儒家的对立已是必然。"兼爱"否定仁爱，"非乐"消弭礼乐，还有"非命""节葬"等，条条直指儒家。后世独尊儒术，自然不会有墨家的位置。道家虽也反对儒家，但在人格修养方面能与儒家形成互补关系，黄老之术也常常为统治者采纳，形成儒道互补的局面；法家的法、术、势更使统治者觉得甚为受用，虽不能明言，但暗地里以法家治国家、驭群臣，形成儒法互为表里的阳儒阴法式的儒法兼用局面。这便是道法两家能与儒家长期并存而不衰的原因，相形之下，墨家只能走向没落。

第二，巨子的依附。墨家作为一个准军事组织，纪律性、组织性极强是它的优势，也是它的巨大劣势，因为这使得组织上下对"巨子"的依赖性太强。"巨子"以超乎常人的智慧和能力领导墨家组织惩恶扬善，践行墨家主张，具有极高的威望。一旦"巨子"自然死亡或在战斗中牺牲，群龙无首之下，组织的凝聚力与向心力瞬间崩塌。《韩非子·显学》中称："自墨子之死也，有相里氏之墨，有相夫氏之墨，有邓陵氏之墨。故孔、墨之后，儒分为八，墨离为三，取舍相反不同，而皆自谓真孔、墨，孔、墨不可复生，将谁使定世之学乎？"墨子身后的诸多墨家流派主张分歧极大，墨家的整体实力不复当年。同样面临被分化的命运，儒家在孔子之后虽流派分化更为严重，但孔子"仁""礼"等主要思想内涵没有变化，后继者只是在此基础上做一定修正，如子思、孟子、荀子等，儒家更注重文化教育、思想传承等软实力，而非墨家注重组织、纪律等硬实力，并未为后世的绵延打下良好基础。

第三，要求的严苛。作为组织，一定的组织纪律性是必要的，但墨家的要求过于严苛了，严以律己是一种美德，但严以待人就是一种强求。墨子个人过着苦行僧般的生活，但"墨子虽独能任，奈天下何"（见《庄子·天下》），天下人难道都情愿跟着墨子过苦日子吗？这种全无精神享受的生活会受百姓欢迎吗？如果一直处于仅够满足最低保障的物质水平，人类进步的动力和可能又在哪里？墨子的大弟子禽滑釐修行三年，"手足胼胝，面目黧黑，役身给使"（见《墨子·备梯》），竟然都没有胆量向墨子求学提问，连墨子都看不下去而主动问他想学什么，这种状态过于困顿夸张了。墨家主张"短褐之衣，藜藿之羹，朝得之，则夕弗得"（见《墨子·公孟》）的生活，后学想必难以为继。既然要求如此严苛，为什么墨家还会成为一时显学呢？大概墨子提出这些主张时，民众连生存权利都无法保障，最基本的物质需求也无法满足，所以墨家要让普天下百姓都吃饱穿暖的思想大受欢迎，然而时过境迁，天下安定、生产发展之后，饱暖思淫欲，百姓不会满足最低标准的生活水平，墨家也自然会被遗忘。

第四，思想的僵硬。墨家多具体而微的规定，思想内涵在诸子之中相对较少，就算是缺少哲人气象的韩非子，也有着对人性别具一格的深刻洞察，从而弥补了"形而上"方面的短板。这大概根源于墨子实利主义的根本观点，重实践轻理论，重操作轻思想，重眼下轻长远，这是墨家成为一时显学的优势，同时也是欲使其思想常葆青春的劣势。反观儒家，则更多着眼于人性方面的发掘和领悟，这使得其思想回转的余地更大，理论的适应能力更强，与时俱进的可能性远远高于墨家。对后继者来说则更容易改造修正孔子观点而适应当时的社会具体状况。一路下来，后世儒家思想中与《论语》完全重合的内容基本不存在，但无不以《论语》为发源之水和茂盛之根。墨子之后，墨家逐渐向游侠和名辩两个方向转型，而这两者都处于社会边缘，再也无力与其他思想抗衡，也就相继走向消亡。

理论衣钵虽然后继无人，但《墨子》在先秦散文历史上发挥了承前启后的作用，体现了语录体向专论体的过渡趋势。《尚贤》《兼爱》等二十多篇文章，多由墨子若干语录连缀而成，或自问自答，或假设对方诘问再加以回答，而不像《论语》《孟子》中的言语只是随意组合在一起，缺乏必要的逻辑联系。《墨子》的每篇题目也以冠以中心思想，鲜明准确，而不像《论语》《孟子》只取该章首句前两三字做题目。《墨子》文章结构严密，有首有尾，层次分明，有意识地运用逻辑来说理，而且书中本就有丰富而系统的逻辑思想，主要集中在"别墨"所著的《墨经》之中，提出了"类""故""悖""辟""援"等逻辑概念和方法，而且频频运用在对墨家思想的论证之中。此外，《墨子》对议论文如何正确使用形式逻辑提供了有益经验，后世《荀子》《韩非子》等在逻辑方法与写作技巧方面都与墨子有不可分割的联系。

现在看来，《墨经》是中国历史上最接近于科学启蒙的著作。它比阿基米德掌握杠杆原理要早两个世纪，与欧几里得一样对几何学进行了朴素且严密的定义。但是，它并没有取得《几何原本》在西方科学史上那样彪炳史册的地位，也没有引发一场轰轰烈烈的科学革命，这不能不令人嗟叹。

墨子虽然反对审美享受，但实利主义的倾向正是其不能称之为美学的原因所在。《墨子》语言朴实无华，行文不够流畅，有时前后重复，语句呆板缺少活泼。荀子批评墨子"蔽于用而不知文"（见《荀子·解蔽》），刘勰认为其"意显而语质"（见《文心雕龙·诸子》）。作为语录体向专论体的过渡作品，《墨子》上不及《论语》言简意赅、耐人寻味，下不及《孟子》富于气势、生动明快，也不如《荀子》《韩非子》思辨精深、绵密严谨，以至于唯一欣赏墨子的韩非子都认为其言"言多而不辩"（见《韩非子·外储说左上》）。但我们并不能掩盖《墨子》不成功乃至失败的经验对后世专论体的有益启发。

历史何其相似。当古希腊城邦民主政治在雅典等地展开之时，中国黄河流域这一地区也发生着具有民主倾向的平民运动。《墨子·尚同下》中上至天子下至乡长，都要进行"选择"，所谓"故选择贤者，立为天子"，这种朴素的民主理论是空前的。如果墨家这一群体和思想，不曾遭遇兼有必然与偶然性质的命运，华夏民族可能会选择一种相对民主自由的政治制度和生活方式，中国的历史也可能会是另一种样子。

林花谢春红，毋乃太匆匆。可惜历史不容假设，墨家的衰败是颠扑不破的事实。很多人据此主张墨家消亡论，在我看来并不准确。墨家是先秦独立的思想流派之一，其作为学派的独立性与作为思想的整体性后来确实式微以至中绝，但墨家许多局部的思想内容并未完全失去生命力，而是略经改造之后与其他流派的思想实现了融合。由于墨子本就从儒门弟子中分化出来，所以这种融合关系在儒墨两家之间体现得尤为明显。

墨家局部思想被其他流派采纳并实现融合，这首先要得益于"世之显学"的名望与地位。墨家在当时是极少数能与儒家分庭抗礼的学派，想必天下凡是读书人没有不读墨家学说的，否则也不会出现"天下之言，不归杨则归墨"（见《孟子·滕文公下》）的思想垄断局面。如此看来，墨子及其弟子苦行的意义并非局限于一城一地的攻守得失，经由努力换来的思想名望和地位，为以后墨家思想得以在融合中发扬创造了前提条件。

在梳理诸子学说脉络时，人们往往只注意到一家之内的传承关系，仿佛儒、墨、道、法等流派名称既是示意思想渊源的识别物，也成为标定学术领地的高墙，难以逾越，各家之间往往论辩不休，甚至互相攻讦。但是，如果从另一角度看待诸子论辩，某人越是反对某种观点或流派，意味着受到所反对观点或流派的影响就越深刻。因为学术批判需要有理有据，有理有据的前提是对批判对象弊病的掌握和熟知，而纠察弊病又要求对批判对象的思想整体状貌具备深刻的领会，在这过程中必然会受到批判对象的影响。甚至可以说，批判越激烈，受批判对象的影响就越深。孟子对墨子断无好感，时时恶语相加，在这无情批判的背后，孟子思想不知不觉地受到墨家的深刻影响。

墨家"贵义"，"天志"欲义，"义"在墨子思想中被提升至空前的高度，代表着"兴天下之利，除去天下之害"的使命与责任。而孟子学说中"义"的分量同样极重，只不过孟子对"义"的内涵做了修正，抛弃了其中实利主义的内容，更之以不求回报的道德责任。此外，孟子有句名言是"穷则独善其身，达则兼济天下"（见《孟子·尽心上》），其中的"兼济"与"兼爱"都有一个兼字，而且"兼济"是指推己及人式的体谅、帮助、成就，本质与"兼爱"并无太大区别，只不过增加了前提。"兼爱"本没有前提，墨子希望天下人无条件地爱人如己，但孟子认为一个人"兼济"的前提是自身在某种方面的完成，通俗地讲就是先养活好自己再去接济别人。无疑孟子的"兼济"更具可行性，一个人也只有先养活好自己才能有余力接济别人。孟子的"兼济"就是对"兼爱"在可行性方面的修正，实现了学术思想的创造性转化。

听闻如此说法，孟夫子估计会火冒三丈：怎能把我的思想说成是对墨翟这禽兽的继承？请老先生先别生气，殊不知，墨子对孔子思想的继承性更为明显。某人越是反对某种观点或流派，意味着受到所反对观点或流派的影响就越深刻，这道理同样适用于对孔子大批特批的墨子。除了"兼爱"是对仁爱的修正再明显不过，在墨家其他主张中，"非命""非乐""节葬""天志""明鬼"就是为反对孔子而设，没有孔子也就没有这五条主张存在的基础，"尚贤"和儒家贤人政治则一脉相承，"节用"又与"节葬"联系紧密，不可分割。如此说来，墨家十大主张中，八条都与孔子及其创立的儒家有关，只不过也进行了必要的修正与重构。从孔子到墨子，从墨子到孟子，思想继承的路径异常明显，而且是后人对前人批判地继承。如果说儒道互补，儒法互用，那么儒墨便是相融。

再将视野放宽至整个春秋战国时代，诸子百家争鸣斗艳之下，藏有一股思想融合而再造、学术互补而推新的浪潮。不管是有着漫长发展历史的儒家与道家，还是新兴的法家，思想上都出现了包容之处，自家书中往往能见到别家思想的身影。人们常常称荀子或韩非子为诸子思想的集大成者，正是因为《荀子》《韩非子》早已打破一家一言的限制，在总结各家的基础上取长补短，形成具有调和与折中倾向的宏大学说系统。

冯友兰曾说："在中国古代哲学史上，公元前三世纪下半叶，即秦汉之际，出现一种调和、折中的趋势。"而这反映了当时思想界寻求共同点的强烈愿望，因为公元前三世纪的人们疲于列国之间几百年的战争，渴望政治上的统一，哲学家们也一样谋求思想上的一致，折中主义便是这样的一个尝试。从这个角度观察法家在争鸣中的最终胜出，并非仅仅缘于法家理论的先天优势，更多的是由于法家主张最契合渴望统一的历史进程和民众呼声。《韩非子》中具有最严密的国家治理理论和最系统的君主统治策略，诸子在这方面无出其右，秦国与嬴政选择法家既是自身历史发展脉络使然，又是时代大趋势的必然结果。

论及此，不得不提以《吕氏春秋》为代表的杂家。《吕氏春秋》预示了在秦汉大一统王朝即将出现之际，诸子百家思想逐渐从分到合，朝着为封建大一统建构理论的方向演变。高诱在《吕氏春秋序》中言道："然此书所尚，以道德为标的，以无为为纲纪，以忠义为品式，以公方为检格，与孟轲、孙卿、淮南、扬雄相表里也。"《吕氏春秋》以法家的"以法治国"为理论底色，糅合儒、道、墨、阴阳等各家思想，但尚未形成有机贯通的整体思想体系，所以《汉书·艺文志》将之列入杂家，足见其思想的折中性。但《吕氏春秋》折中之中更倾向于法、儒、道三家。其德治观念、民本思想、

正名理念、贤人政治等与儒家一脉相承，体现在《用民》《爱士》等篇中。道家的"无为"也有所体现，所谓："君道无知无为，而贤于有知有为。"（见《吕氏春秋·任数》）

儒墨恩仇未尽，帝国东方见白。墨子及其思想并未消亡，而是潜移默化于历史的潮起潮落中，发出阵阵呜咽似的鸣响，使人久久不能忘怀。

第六章

杨子

隐士新闻发言人

　　杨朱,字子居,后人尊称为杨子,魏国(一说秦国)人,战国初期的思想家、哲学家。其生卒年代不得而知:据胡适考证,《孟子》中记载杨朱学派与儒、墨三分中国,而《列子·杨朱》记载了墨子弟子禽子与杨朱的问答,推测杨朱的年代在公元前440年至前360年之间;据冯友兰考证,《墨子》一书中未提及杨朱,而《孟子》书中杨朱已成著名人物,所以杨朱年代应在墨子(约公元前468年至前376年)与孟子(约公元前372年至前289年)之间。二说基本一致。总之,杨朱应生活在战国初年,墨子之后,孟子之前。

　　杨朱学说在百家争鸣中颇能吸睛,是先秦诸子中的特立独行者。历代学者都引用《孟子·滕文公下》的这句话,来形容杨朱学派在当时社会的流行程度:"圣王不作,诸侯放恣,处士横议,杨朱、墨翟之言盈天下,天下之言,不归杨则归墨。"天下思潮,不归杨朱,便归墨翟。得此评价,简直是一名学者的无上光荣。但异常稀奇的是,杨朱的专著未能流于后世便被历史长河湮没,后人只能从其他诸子的书中摘录章句,最主要的是《列子·杨朱》篇,其他则散见于《庄子》《孟子》《韩非子》《吕氏春秋》《说苑》等书中。之所以说杨朱学说特立独行,是因为他浓厚的"为我"思想:

　　　　杨子取为我,拔一毛而利天下,不为也。(见《孟子·尽心上》)
　　　　今有人于此,义不入危城、不处军旅、不以天下大利易其胫一毛,世主必从而礼之,贵其智而高其行,以为轻物重生之士,而索民之出死而重殉上事,不可得也。(见《韩非子·显学》)
　　　　杨生贵己。(见《吕氏春秋·不二》)

　　杨朱劝导世人,即便损伤自己一根毫毛而对天下人都有利,也不要去做,即所谓的"一毛不拔"。在诸子皆为救世奔走劳碌之时，杨朱这样"为我"的个人主义思想，实在是一朵奇葩，后世不少人批判其为极端的个人主义。但杨朱能在中国古代哲学史占有重要地位，正是因为他敢于提出"为我"，勇于主张"贵己"，并赋予其哲学依据。

既然人人都应"贵己"，那么保存个体生命才是对自己最大的负责，这便引出杨朱的"轻物重生"的思想。杨朱对济世救民没有兴趣，他理想中的乐土就是人人保护好自己，珍惜自己性命的前提下，积极提升个体生活质量。《列子·杨朱》在这方面多有涉及，如"可在乐生，可在逸身"，又如"十年亦死，百年亦死，仁圣亦死，凶愚亦死。生则尧舜，死则腐骨；生则桀纣，死则腐骨。腐骨一矣，孰知其异？且趣当生，奚遑死后？"大有不顾身后洪水滔天之意，以至于当代多半学者认为《列子》是伪书，因为它把杨朱思想描述成一种极端的享乐主义，安顿·弗克关于杨朱著作的书名便是《杨朱的乐园》。

杨朱"贵己"的同时，又批评侵占他人资源的行为。在《列子·杨朱》中，他一面说"损一毫利天下不与"，另一面又说"悉天下奉一身不取"，天下人人为己不为人，更不要为了自己去侵害他人的权益，在倡导个人主义的同时，杨朱也反对专制君主的独夫之心。从这个角度，恐怕不能将杨朱的个人主义冠以"极端"这样的修饰词，他只要"人人不损一毫，人人不利天下，天下治矣"。我们姑且称这种特别的主张为杨朱主义。

此外，杨朱还倡导无名主义，这也是"为我"思想在名实之辨主题下的具体表现。名实之辨是战国时期诸子喜爱讨论的一个话题，诸子中有一家是名家，以研究名学即近似逻辑学的学说著称。实是指特定的事物，代表着个体存在，而名即是事物存在的称谓，代表着共性特征。老子最先讨论名的作用，主张复归于"无名之朴"（见《老子·第三十七章》）；孔子认为为政的首要任务便是"正名"，所谓"名不正，则言不顺；言不顺，则事不成"（见《论语·子路》）；荀子更重视"正名"在划分社会等级方面的作用，如"贵贱明，同异别，如是则志无不喻之患，事无困废之祸，此所为有名也"（见《荀子·正名》）。以上这些"正名"传统在墨子处被打断，墨子重视实用，攻击当时的人"誉义之名而不察其实"。杨朱则更为极端，只承认个体的实，不承认共性的名，《列子·杨朱》记载："实无名，名无实。名者，伪而已矣。"一切名都是人们伪造，这种无名主义导致两种结果：一是将一切礼仪文明都看作人类的虚作；二是只认可个体的重要，轻视社会人伦关系。怪不得孟子骂杨朱"无父无君，是禽兽也"（见《孟子·滕文公上》），杨朱的个人主义是斩断了儒家学说的伦常根。

根据《论语》记载，孔子周游列国时曾遇到许多避世的隐士，当孔子满怀热忱意图与他们交流一番时，往往备受冷遇，甚至受到嘲笑，子路向丈人打听孔子去向，丈人却说："四体不勤，五谷不分，孰为夫子？"（见《论语·微子》），而一位名为晨门的隐士则称孔子为"知其不可为而为之"（见《论语·宪问》）。纵然有子路为老师辩解，但孔子仍对这些隐士怀抱敬意。春秋战国世道纷乱，这些隐士便以隐居的方式"苟全性命于乱世"，求得一时平安。冯友兰称这些隐士为欲洁其身的个人主义者，从某种意义上说，他们又是认为世界败坏、不可救药的失败主义者。一位隐士对孔子门徒说："滔滔者天下皆是也，而谁以易之？"（见《论语·微子》）天下混乱像滔滔洪水泛滥那样，谁又能救得了呢？这些隐士远离世俗，遁迹山林，早期道家便产生于此。虽然隐士归隐林泉，本不应在意社会对他们的评论，更不会为自己的行为做出任何辩解。但一些早期道家代表人物哪怕在隐士遁世之后，还要为自己的生活行为方式说出一套道理，杨朱便是其中最突出的一个。于是，杨朱成为先秦隐士群体的新闻发言人，形成自己的一套哲学体系，盛极一时。

如果按照救世主张，可以将先秦诸子分为悲观厌世派、破坏重建派、消极救世派、积极救世派等四个派别。而除以杨朱为代表的悲观厌世派之外，其他派别的人都相对积极地投身于先秦时代的滔滔洪流之中，他们越是积极，就越凸显出杨朱的特立独行与拒不从众。杨朱就像时代母亲的顽劣幼子，脸上丝毫没有苦难时代的些许印记，正处于青春期的他，只顾自己快活享乐，全然不顾身外之事。

正如马克思所说，中华民族是早熟的儿童。照此说，先秦时代正是这位儿童成长的青春期，而叛逆是青春的基础色调，在时代的青春期中，孕育着杨朱这么一个叛逆的孩子。

杨朱无爱，所以无书

鲁迅曾说："创作总源于爱，杨朱无书。"初看令人费解。仔细推敲，"杨朱无书"是说杨朱作为先秦诸子之一，并没有著作流传，只能从《列子》等书中窥探杨朱学说。但前一句"创作总源于爱"，放在此处使人疑惑，而要解开这个疑惑，还要从"无书"的杨朱说起。

杨朱为何"无书"？早已不可考证。推测有两种情况：一是杨朱根本没有著书立说；二是杨朱也曾著述，但由于某些原因未能流传后世。如果再细想，导致后一种情况的原因可能有两个：一是著述被杨朱自行销毁；二是著述在杨朱身后失传。总结起来，"杨朱无书"有三个可能：一是自己没有著述，二是因自行销毁而失传，三是身后失传。而导致这些情况的根本原因，还要求诸杨朱自己的心态及其学说本身——他在糟糟乱世里心无可恋，他的学说在争鸣洪流中逆势而为。

"杨朱、墨翟之言盈天下，天下之言，不归杨则归墨。"（见《孟子·滕文公下》）足见杨朱学说洛阳纸贵，以至于亚圣孟子在传经布道之前，一定要批驳杨朱来搬开这个巨大的理论障碍。杨朱学说既然如此流行，那么杨朱绝不可能是一个胸无点墨、无能著述之人，何况杨朱生前还有孟孙阳、心都子等学生，可以帮助老师著书。所以，从根本没有著述的角度推测，杨朱并非缺乏条件著书立说，更不是没有能力，而是不愿有所著述。杨朱为什么不愿意将自己的人生智慧精华通过文字传至后世？因为心无可恋。杨朱代表着诸子中的悲观厌世派，且看他对人生意义的反思：

> 百年，寿之大齐。得百年者千无一焉。设有一者，孩抱以逮昏老，几居其半矣。夜眠之所弭，昼觉之所遗，又几居其半矣。痛疾哀苦，亡失忧惧，又几居其半矣。量十数年之中，然而自得亡介焉之虑者，亦亡

一时之中尔。则人之生也奚为哉？奚乐哉？（见《列子·杨朱》）

杨朱为世人做了一道人生算术题：假设一百岁是寿命的极限。且不说一千人中难有一人能活到一百岁，即使某人活到一百岁，在他的人生中，孩童无知与衰老糊涂的阶段几乎占去一半时间。还有夜晚睡觉与白天休息的时间，又几乎占去一半。加上疾病痛苦、失意忧愁，又几乎占去一半。而在剩下的十多年中，舒适自得，没有丝毫顾虑的时间，也只剩不到一半。虽然这个算法漏洞百出，但有一定道理。假设将人生的意义着眼于个体免除痛苦与舒适享乐，时间的确少得可怜，所以杨朱问出了哲学家都需要思考的终极问题：人生的意义是什么？人生的快乐在哪里？

李白的"锦城虽云乐，不如早还家"，在杨朱眼里变成"人生虽短暂，不如即行乐"，其中透露出来的享乐思想，好也罢，坏也罢，都根源于杨朱对世事的厌弃，对功利的看淡，对时代的失望。三国时阮籍《咏怀》有言："杨朱泣歧路，墨子悲染丝。"借杨朱、墨翟自比，表达不随心意、壮志难酬的愤懑之情。杨朱泣歧成为成语，而这则故事也被荀子记载下来：

> 杨朱哭衢涂，曰："此夫过举跬步而觉跌千里者夫！"哀哭之。（见《荀子·王霸》）

今人无法考证杨朱哭泣的真实原因，但比照另一位当路而哭的人士——阮籍，也许能得知一二。《晋书·阮籍列传》说阮籍"时率意独驾，不由径路，车迹所穷，辄恸哭而反"。穷途之哭，作为一则成语流传至今。同样的才情，同样的身处乱世，同样的当路而哭，同样的情绪宣泄，二人的心境一定有某种共通之处。阮籍若不在百余年前的历史中找到足以共情的杨朱，否则也不会作诗唱咏。

在春秋战国这样一个苦难时代——什么样的血没流过？什么样的阴谋没有被制造过？什么样的悲剧、闹剧没有上演过？什么样的纯洁没被玷污过？什么样的正义与良心没有被扼杀过？什么样的邪恶与残忍没有猖獗过？什么样的友情没有被利用过？什么样的信义没有被出卖过？什么样的承诺没有被否认过？杨朱的心可能早已凉透，厌世的他，认为这样的世界早已不能拯救，也不值得拯救，于是他告诉世人："从心而动，不违自然所好，当身之娱非所去也。"（见《列子·杨朱》）随心所欲吧，不要违背自然本性，尽情享乐吧！

心无可恋，持这种心态的杨朱，怎会有生前著述？别说文字，就算丝毫信心，杨朱都不愿意给这扼杀真善美、掩盖假恶丑的乱世留下一丝一毫。"杨朱无书"，杨朱压根就没准备有书。

当然，杨朱也可能已经写就一部著作，但正因失望异常，心无可恋，自毁其书。这虽然是推测，但历史上真有人如此行事。康有为的老师名叫朱次琦，世称九江先生，广东南海（今佛山市）人，生平著述甚丰，多属尺牍、稿本、日记等，临终时尽皆焚去。自毁其书虽然不可思议，然并非没有可能，杨朱心甘情愿做一名隐士，既然隐去，便要不留痕迹，"挥一挥衣袖，不带走一片云彩"。归根到底，因自行销毁而致著述失传的猜测也是心无可恋的或然结果。

以上是杨朱心无可恋而可能引发的两种情况。其实，"杨朱无书"的第三种可能，即本有著述但后世失传，可能性更大。因为杨朱的学说实在太特立独行，难容于古今，其中心思想是"为我"的个人主义，一方面重"贵己"，另一方面贱"轻物"。他曾说：

> 今吾生之为我有，而利亦大矣；论其贵贱，爵为天子，不足比焉；论其轻重，富有天下，不足以易之；论其安危，一曙失之，终身不复得。（见《吕氏春秋·重己》）

他认为自己的生命比君主、国家更加宝贵，一旦失去，万事皆空。此外，《列子·杨朱》还强调："忠不足以安君，适足以危身。"忠君并不能让国家安定，却足以危及自身，这是与儒法两家提倡的忠君观念公然叫板。更进一步，杨朱在"为我""贵己""贵生"诸原则指导下，提倡个人欲望享受，反对为国家、为君主的奉献精神，强调个人利益而非君主利益，以求"无君"境界，这就不仅在宇宙观方面，更是在社会价值观方面与诸子思想的直接冲突，可以说是诸子百家中的另类。

首先，在对待君主态度方面。孔子一生执着追求以周礼维系的稳定统治秩序，君尊臣卑，父远其子，"君君，臣臣，父父，子子"（见《论语·颜渊》）；孟子的"仁政"本就是献给君主的治世之策；老子虽说淡泊无为，但心中始终极具"圣人"情结，所谓"圣人之治，虚其心，实其腹；弱其志，强其骨"（见《老子·第三章》），"圣人"是君主统治的理想化身，小民无须有个体自由与思想，只要听从"圣人"安排；韩非子则要把忠君印在思想中，刻在骨子里，还着力"以法治国"（见《韩非子·有度》）的制度建设，将君主专制推向鼎盛。再看杨朱，形单影只，"无君"岂能不被诸子围攻？

其次，在确立个体定位方面。在孔子主张的人际关系中，虽说人有差等，亲疏有别，但君子应心怀天下，从政导民，积极入世，"仕而优则学，学而优则仕"（见《论语·子张》）；孟子的"老吾老，以及人之老；幼吾幼，以及人之幼"（见《孟子·梁惠王上》）也将个人置于群体之中，向往抱团取暖、互助共赢的和谐社会；墨子的"兼相爱，交相利"（见《墨子·兼爱》）处于个人主义的反面，主张人绝非个体的单独存在，而处于正向互利的社会互动关系之中；法家更不必说，他们自己的性命早已完全交给君主，任凭驱使，无怨无悔，"臣事君，子事父，妻事夫。……此天下之常道也"（见《韩非子·忠孝》）。反观杨朱，孤苦伶仃，"为我"怎会不被众人唾弃？

> 不逆命，何羡寿？不矜贵，何羡名？不要势，何羡位？不贪富，何羡货？此之谓顺民也。天下无双，制命在内。（见《列子·杨朱》）

不悖逆天命，何必羡慕长寿？不看重显贵，何必羡慕名声？不追求权势，何必羡慕地位？不贪图富有，何必羡慕财货？顺应自然，支配权握于自己手中，则天下无可匹敌。可见，杨朱否定了当时社会已经普遍接受的礼义教条与君臣纲常，指出权势、富贵、荣誉、名声都不是人生目的，这与老子的思想如出一辙。他还对当时社会的丑恶、不公现象进行了讽刺与批判，提出"制命在内"主张，要求自己能够主宰自己的命运，勇气可嘉，只不过缺乏实践的有效条件。

个人主义是权利意识的发端，一个人只有先珍视自己的生命，看重生活的质量，才能积极维护个体权利，从而延伸出权利意识与诉求。矛盾的是，杨朱"为我"的个人主义竟然也充满了"天下公有"的传统思维模式，包含着类似于老子的"圣人"情结。杨朱认为：

> 虽全生身，不可有其身；虽不去物，不可有其物。有其物，有其身，是横私天下之身，横私天下之物。不横私天下之身，不横私天下之物者，其唯圣人乎！公天下之身，公天下之物，其唯至人矣！此之谓至至者也。（见《列子·杨朱》）

人虽需保全生命，但不可拥有身体；虽需外物供养，但不可占有外物。人们将属于天下的身体与外物据为己有是不合理的，能够将身体与外物都化为公有者，才是"圣人"，才是道德最完善的"至至者"。杨朱思想中本已酝酿着的朴素权利意识，却被他自己提出的"天下公有"扼杀，因为"公天下之身，公天下之物"就是"普天之下，莫非王土，率土之滨，莫非王臣"的另一种表达。这之后，个人只能成为国家、集体中沉默的一员，个人主义一旦被蛮狠归入公有的范式，便再难生出个人权利的萌芽。个人主义者如杨朱，依然不能理直气壮地倡导私有与个人权利，依然没能跳出"公天下"的思维窠臼。

尽管有一定的局限，但杨朱学说在战国时代确能自成一家而且独树一帜，可谓逆势而为。杨朱甚至被曲解为极端利己主义者，遭诸子围攻，无立足之地。随着新兴地主阶级统治的稳定，君主专制体制得以确立，杨朱学说必定受到统治者严厉打压，其充斥异端思想的专著很快销声匿迹，自然不难理解。

再看鲁迅的"创作总源于爱，杨朱无书"，茅塞顿开。原来，杨朱早已无爱。真是杨朱无爱吗？不，是世间无爱。

第七章

商鞅

四个转折

与时光长河相比，人生很短，但同历史片段相比，人生又很长。每个人生都是由无数个历史片段拼接缝合在一起的。虽然人生因此而连贯有序，但当我们回首过去，脑海中浮现的都是记忆犹新的片段，而非充斥着生活琐事的整个人生历程。一个人今天生存发展的状态，取决于生命中某几个关键节点与转折，因为人生道路不是今天穿蓝色上衣还是黑色上衣的问题，而是面对岔口向左还是向右的问题。

商鞅（约公元前395—前338年），战国时期卫国（今河南安阳市）人，法家早期代表人物，卫国国君后裔，本姓公孙，故又称卫鞅、公孙鞅。后因战中立功获封商地十五邑，号为商君，故称商鞅。如果让商鞅回忆自己的一生，他仍会念念不忘这四个转折：惠王不用亦不杀、三见孝公说霸道、刑太子师推新法、舍人不纳徒喟叹。

《史记·商君列传》从青年商鞅开始讲起："鞅少好刑名之学，事魏相公叔座为中庶子。"喜好刑名之学固然是客观叙述，但也为后文商鞅变法埋下伏笔。而魏国丞相公叔座可谓知人善任，十分了解商鞅才华，但天不假人以寿，还没来得及培养重用商鞅，他就一病不起。魏惠王前往探病，弥留之际，大丞相公叔座人生最后一段谈话的中心竟是小官吏商鞅。一大一小，足见商鞅之秀冠群芳。

公叔座有气无力地向魏惠王举荐商鞅，说他"年虽少，有奇才"，建议将全国政务托付给商鞅。魏惠王就是被孟子骂作"望之不似人君"的梁惠王，见识平平。对公叔座的建言，"王嘿然"。嘿嘿偷笑一下，估计是嘲笑公叔座的建言。公叔座看在眼里，急在心里，于是放下狠话："王即不听用鞅，必杀之，无令出境。"魏惠王听后："许诺而去。"俗话说，"人之将死其言也善"，历尽世事的老丞相在将死之际不出善言而露杀计。一用一杀，更见商鞅确有超世之才。

魏惠王走后，公叔座可能觉得良心过不去，于是找来商鞅，告诉他刚刚的那一幕，建议他赶紧逃跑。但商鞅在这生死关头不但毫无惧色，而且依旧思维缜密，见解独到，说："彼王不能用君之言任臣，又安能用君之言杀臣乎？"是啊，魏惠王不同意任用商鞅，表示他并不相信公叔座的眼光，更不相信商鞅的才能，怎么可能会杀商鞅呢？商鞅很淡定，没有逃跑。

果然，魏惠王出门后对左右说："公叔病甚，悲乎，欲令寡人以国听公孙鞅也，岂不悖哉！"觉得公叔座是病得老糊涂了，竟提出如此可笑的建议。最终，魏惠王没有任用商鞅，也没有杀商鞅。事实再一次证明了商鞅的锐识远见。

太史公神来之笔，区区百余字，贬魏惠王，抑公叔座，皆为褒商鞅。而且前后四次暗中托衬商鞅之明之智，不着痕迹。这是商鞅人生的第一个转折点，也是他荣登历史舞台的首次亮相，不得不说，商鞅的表现近乎完美，而魏惠王不经意间流露的愚蠢更悄悄改变了历史的走向。这正是：惠王不用亦不杀。

是金子总会发光，魏惠王看不上商鞅，但秦孝公看得上，虽然经历了一番波折。据《史记·商君列传》记载，商鞅听说"秦孝公下令国中求贤者"，于是向西入秦，托关系走后门找到孝公的宠臣景监，求见孝公。景监是个难得的好人，好在没有向商鞅索取高额中介费，好在辅佐孝公诚心求贤，更好在不厌其烦地给商鞅游说孝公的机会，前后一共三次：

第一次，商鞅"说公以帝道"，但"语事良久，孝公时时睡，弗听"。孝公听课不认真，公然打瞌睡，下课之后怒斥景监，责怪他引荐这么一个疯言疯语的人。景监把孝公的话告诉商鞅，商鞅请求第二次机会，于是五天后又见孝公。

第二次，商鞅"说公以王道"，孝公"善之而未用"，事后对景监说："汝客善，可与语矣。"这次的效果明显好于上一次，于是商鞅信心满满，第三次求见孝公。

第三次，商鞅"说公以霸道"，孝公来了精神，"不自知䣛之前于席也，语数日不厌"。这次谈话效果极好，用景监的话说就是"吾君之欢甚"，只

一个"欢"字，足见孝公对商鞅之霸道异常中意。

这是商鞅人生的第二个转折点，也是日后变法的前奏。怀瑾握瑜的商鞅与野心勃勃的孝公一拍即合，四目相对之中，大秦帝国的蓝图绘就，接下来的历史，将由不被魏惠王看好的商鞅书写。

从这段历史中，我们还能一窥战国时的世风日下。商鞅本想以"帝道"辅佐孝公，孝公不用，退而求其次是"王道"，再退而求其次才是"霸道"，可见"霸道"是在道德方面最次的选择，但却是收益最快的。不用"王道"而用"霸道"的孝公，不就是战国时众多君主的形象缩影吗？不正代表着当时统治阶层重利而不好义的价值取向吗？"霸道"是为儒家所不齿的，不说孔子、孟子，连荀子这样倾心于君主的儒者都将"霸道"作为最次选。

商鞅并非不愿行"王道"，无奈孝公不用，法家是讲实用哲学的，他不是孟子，做不到与君主一言不合就拂袖而去。要知道，君主才是法家的命根子。商鞅的一句话大有深意，说孝公用"霸道"固然好，"然亦难以比德于殷、周矣"。是啊，孝公的选择，注定了秦国的强盛乃至一统天下，但也埋下了二世而亡的致命隐患。这正是：三见孝公说霸道。

孝公中意商鞅，变法在秦国如火如荼地展开。一年之后，舆论却倒向了保守派，所谓"言初令之不便者以千数"，反对新法的呼声一浪高过一浪。时至今日，商鞅没有退路，退则立死，只能向前。

机智如商鞅——为显示秦国中央推行新法的决心，商鞅坚持王子犯法与庶民同罪。孝公的太子，也就是后来的秦惠文王，触犯新法，商鞅慷慨曰："法之不行，自上犯之。"要杀太子，但国之储君是不能说杀就杀的，于是找了太子老师公子虔和公孙贾两个倒霉鬼当替罪羊，"刑其傅公子虔，黥其师公孙贾"。这一举动的震慑作用是巨大的，"明日，秦人皆趋令"，新法顺利推行。

愚蠢如商鞅——长于谋国，拙于谋身，善于谋人，拙于谋己。被他刑罚羞辱的公子虔从此不出家门，蛰伏了八年。可以想见公子虔在家的咬牙切齿，誓报此仇。新法确是顺利推行，但商鞅的退路被堵死了。多年之后，孝公驾崩，"公子虔之徒告商君欲反"，公子虔报仇的机会终于来了。

商鞅人生的第三个转折，真是"福兮祸所伏"，为他伟大变法事业铺平道路的同时，也敲响了商鞅不得善终的丧钟。商鞅的选择看似个案，实则是法家思想本质的外在表露。法家之"法"，非民之法，君之器也，《韩非子》已经明确，"法"只是君主治国制臣的工具。法律尚且如此，何况法术之士的一己性命。法家理论的实践者如商鞅、申不害、吴起等，一味尊君重君，但不知君主重之又重，压迫臣民的同时，也会碾死这些忠心不二的法术之士，最终又因无法承受自身重量而走向毁灭。这正是：刑太子师推新法。

孝公死后，当年的太子即秦惠文王即位，保守派的反扑开始了。"发吏捕商君"，商鞅无丝毫还手之力，只能逃跑，却不能像年轻时在魏国那样淡定而从容了。《史记·商君列传》以商鞅用智度人而决然不逃为始，又以其狼狈奔逃却无人收留为终，一代改革家终在太史公逃与不逃的黑色幽默中黯然落幕。

商鞅很狼狈，他想起了自己的故乡，想回到魏国去，想回到母亲的怀抱里去。好不容易逃至秦魏交界的边关，本想在旅店住宿一晚，没想到旅店老板以"商君之法，舍人无验者坐之"的理由拒绝了他。商君喟然叹曰："嗟乎，为法之敝一至此哉！"作法自毙，意味深长。这正是：舍人不纳徒喟叹。

更令商鞅哭笑不得的是，魏国"弗受"，故乡也拒绝了他，"魏人怨其欺公子昂而破魏师"。商鞅无奈，只好投靠别国，然而没有国家敢接纳商鞅，真是"所逃莫之隐，所归莫之容"（见《新序》），丧家之犬"遂内秦"，尽发商邑的家兵做困兽斗，"北出击郑"。

商鞅为了秦国，为了孝公，可以出卖朋友，可以背弃故国，可以献出良心。郭沫若对此十分不解："虽然是兵不厌诈，人各为主，但那样的出卖朋友，出卖故国，实在是可以令人惊愕的事。"对于一种体制皈依到如此地步，悲剧也就开始了，当个人毫无自身的独立意志与独立操持，抛弃一切基本的道德信条而依附体制时，冰冷无情的体制，能给予你一切，当然也可以拿走一切。《吕氏春秋·无义篇》就此评论："故士自行不可不审也。"

秦国又一次发兵，直取商鞅，杀之于郑国黾池，尸体运回国，"车裂"之后"灭商君之家"。秦惠文王给商鞅的罪名是"莫如商鞅反者"，一个把毕生心血和全家老小性命献给国家的人，却被安上反叛的罪名。

商鞅变法，成果斐然。谭嗣同说过："两千年来之政，秦政也。"毛泽东也说："百代都行秦政法。"这里的"秦政"就是商鞅时代变法形成的一系列政治制度。《史记·商君列传》记载变法之后："秦民大悦，道不拾遗，山无盗贼，家给人足，民勇于公战，怯于私斗，乡邑大治。"而在传末，司马迁评价商鞅个人时，却没了赞誉，说他是"少恩"的"天资刻薄人"。从不施恩于人，人也不会施恩于你，"卒受恶名于秦，有以也夫！"

农战为本的《商君书》

《商君书》主要流行于战国后期。《韩非子·五蠹》中有言："今境内之民皆言治，藏商、管之法者家有之。"从侧面佐证商鞅确实著有此书，驳斥了郭沫若、黄云眉等认为《商君书》全书均非商鞅所著实系伪书的说法。但是此书中"更法""错法""徕民"等三篇涉及商鞅死后之事，显然为后人续著。《四库全书总目提要》云："殆法家流，掇鞅余论，以成是篇。"所以《商君书》应是商鞅与其他法家著作的合编，非作于一人也非写于一时。此书现存二十六篇，其中两篇有目无书，已然亡佚。

《商君书》文字不多，但涉及经济、政治、军事、法治等诸多领域，内容庞杂。阅读先秦诸子和著作，"读进去"的同时更要"读出来"。通篇读过之后，跳脱出著作文字的局限，综合历史背景与人物事迹，再概览全书，做选择性阅读，在这过程中暂时放弃或跳过看似与核心内容无关的章节。这样把一本书"打散"来读，可以梳理出一条贯穿全书的逻辑主线。之后执此主线重新检视每一章节，你会发现那些之前暂时放弃的看似与核心内容无关的文字，几乎都为这条逻辑主线服务。《韩非子·扬权》中有阐述君主集权的一句名言："事在四方，要在中央，圣人执要，四方来效。"用来形容这种读书方式甚为恰当。

反观《商君书》，其逻辑主线是：商鞅以国家强大为头等重要之事，而实现国家强大的关键在于"农战"，即农业和军事；农业、军事发展的前提是百姓专心务农，勇于征战，而要实现这些，需要君主掌握有效手段引导甚至强迫百姓专心于"农战"，这个有效手段就是"法"。

《商君书》有文字的二十四篇中，涉及"农战"的有十五篇之多。还有专门的"农战"篇论述其必要性，开篇一句"国之所以兴者，农战也"，足见商鞅对"农战"的重视。

先是农业——作为国家根基与命脉，《商君书·垦令》中提出二十项具体措施，皆以"则草必垦矣"为结尾，向君主陈述心得：禁止粮食买卖，禁止开设旅店，禁止百姓从学，禁止搬家，禁止奇声异服流行，统一按照粮食产量征收赋税，统一管理山林湖泊，统一政策法令，统一让贵族子弟服劳役……一个个命令禁止，一条条政令统一，近乎将百姓绑在田间地头，面朝黄土背朝天的生活，早在两千多年，商鞅就给百姓规划好了。此外，《商君书·徕民》主张出台税收等方面的优惠政策，吸引三晋地区农民前来务农，以弥补秦国地多人少的不足。

再是军事——作为国家强弱的晴雨表，所谓"入其国，观其治，兵用者强"（见《商君书·画策》），军事实力强大是农业发达的最终目的，所以在商鞅的农战思想中，农业只是提升军事实力的手段，军事才是"农战"的着眼点。商鞅认为治军的理想状态是"民之见战也，如饿狼之见肉"（见《商君书·画策》），秦国军队被称为虎狼之师，渊源于此。《商君书·兵守》提出"三军"的顶层设计，一窥秦国全民皆兵，入则为农，出则为战，"农战"结合。《商君书·战法》专门论述战术。《商君书·境内》则主要介绍秦国的军事制度。

在商鞅看来，百姓作为务农和征战的工具，没有从事任何其他事务的必要，更没有被人文关怀的意义，作为微不足道的个体，都要服从国家利益，平时务农垦荒备战，战时杀敌报效国家。为了"农战"，商鞅力求屏蔽一切可能的干扰因素，这就引出了"壹"。"壹"在《商君书》中频频出现，内涵丰富而特殊，主要有以下两层：

含义之一是施行统一政策。《商君书·赏刑》中"圣人之为国也，壹赏，壹刑,壹教"是指君主要在奖赏、刑法、教育方面有统一的政策和措施;《商君书·农战》中"王道作外,身作壹而已矣"与《商君书·垦令》中"訾粟而税,则上壹而民平"是指君主要将税收政策贯彻始终如一;《商君书·垦令》中"行作不顾,则意必壹"是指让百姓思想统一。

含义之二是"农战"的单一途径。严格来说,这层含义也属于第一层含义的引申,只是加上了特定对象——"农战"。《商君书·壹言》中"故圣王之治也,慎为、察务,归心于壹而已矣",《商君书·农战》中"国作壹一岁者,十岁强;作壹十岁者,百岁强;作壹百岁者,千岁强;千岁强者王",《商君书·立本》中"赏壹则爵尊,爵尊则赏能利矣",《商君书·靳令》中"圣君知物之要,故其治民有至要,故执赏罚以壹辅仁者",都劝君主将百姓意志统一到"农战"这单一途径上来。

"壹",象征着一致、团结、共同、统一。客观来说,这些概念并无威胁个人发展与群体进步的可能,但《商君书》的受众群体是各国君主,"壹"也是被君主操持的,毕竟法家之"法"是作为君主统治工具的存在,法家力行的是法制而非法治。所以,君主手中的"壹"是无视一切个体需求与差异的一致,是整个社会千篇一律、不容丝毫区别的团结,是千家万户抛头颅、洒热血的共同,是专制君主中央强权下的统一。在这点上,一个世纪之后的韩非子都未能走出商鞅划定的圈界,仍用切切言语诉说着君主专制下,"壹"的"践踏人,不把人当人"的内涵。

要想"壹"民于"农战",法家之"法"是再好不过的了。商鞅认为:"法令者,民之命也,为治之本也。"(见《商君书·定分》)将"法"上升到决定国家和百姓生死存亡的高度。强调"以法治国"的同时,与韩非子一样,商鞅也排斥儒家的礼义教化,斥责儒家仁义道德为"六虱",所谓"六虱:曰礼、乐;曰《诗》《书》;曰修善,曰孝弟;曰诚信,曰贞廉;曰仁、义;曰非兵,曰羞战。国有十二者,上无使农战,必贫至削。"(见《商君书·靳令》)

而对于由"法"延伸出的赏罚"二柄",商鞅与韩非子都给予极大重视,但与韩非子不同的是,商鞅主张重刑轻赏,所谓"重刑少赏,上爱民,民死赏"(见《商君书·靳令》),"王者刑九赏一,强国刑七赏三,削国刑五赏五"(见

《商君书·去强》）。他还主张对轻罪要用重刑，百姓因为畏惧重刑就不敢犯罪，所谓"禁奸止过，莫若重刑。刑重而必得，则民不敢试"（见《商君书·赏刑》）。这个逻辑乍听很有道理，但细细思考，商鞅"重其轻罪"难道不是鼓励百姓犯重罪吗？试想，偷一件衣服要判死刑，杀一个人也要判死刑，都是死刑，不如去杀人吧。本想偷衣服的小偷，被商鞅的刑罚指引到杀人犯的道路上了。韩非子批判继承了商鞅学说，《韩非子·难二》中议及刑罚问题："刑当无多，不当无少。"主张罪刑相称，是符合平衡原则的。法律是一个制约系统，量刑恰当与否直接关系到法律的公正与秩序。商鞅的法律意识尚且淡薄，没有意识到自己的"法"终究会因违背法的精神而被时代遗弃。

虽说如此，商鞅仍然对"法"抱有美好的期待，在他看来，"以法治国"的最高境界是"以刑去刑"，所谓"刑重而必得，则民不敢试，故国无刑民。国无刑民，故曰：明刑不戮……明刑之犹至于无刑也"（见《商君书·赏刑》）。这样以重刑杜绝犯罪的设计，依照上文逻辑，也只能是停留在空想层面了。但是，我们并不能因此一概抹杀商鞅理论的法治建设意义。在《商君书·定分》中，他详细制订法律推广的工作计划，设定专门官吏对群众进行普法教育，意图达到"万民皆知所避就，避祸就福，而皆以自治也"的理想境界。此外，他还主张严格执行法律，力求法律公正，所谓"靳令，则治不留；法平，则吏无奸"（见《商君书·靳令》）。

《商君书》历来号称难读，体例杂芜，文笔古奥，不但自汉武帝独尊儒术之后渐趋沉寂，近代学术界也有诸如吕思勉"《商君书》精义较少，欲考法家之学，当重管、韩而已"（见《先秦学术概论》）的认识。但我们应该学习韩非，不能忽视《商君书》中具有现代意义的理念和思想，批判地继承才是明智之举。

治民？不，制民

商鞅思想以"农战"强国为核心，而要实现这个目标，需要君主引导甚至强迫百姓专心"农战"。依据这个顶层设计，为使百姓专心"农战"，君主必须对他们施行全方位、多角度的高压政策，然而当压力加到一定程度，就会导致陈胜一呼："今亡亦死，举大计亦死，等死，死国可乎？"百姓揭竿而起是统治者最不愿看到的。那么，怎样既让百姓专心"农战"，又不使他们因政策高压而聚众造反？当秦孝公为这个问题烦恼万分时，商鞅从口中蹦出两个冰寒彻骨的字："制民。"

商鞅理论的天平永远不会向普通百姓倾斜，只要国家强大，就算牺牲全部百姓的所有权益，也在所不惜。在他的政治图景中，国家与百姓永远处于对立面，正如跷跷板两端，一端在上必有一端在下，不可能达到理想的平衡。对此，商鞅并不多做解释，只是蛮横武断地给出结论：

> 民弱国强；民强国弱。（见《商君书·弱民》）
>
> 民胜其政，国弱；政胜其民，兵强。（见《商君书·说民》）

百姓弱小，国家就能强大？百姓强大，国家一定弱小？这其中的逻辑关系，即使费尽思量也无法知其理。但道理归道理，现实归现实，商鞅没有时间更没有耐心将个中原理细细道来，他掌握了话语权，先验性地抛出这个没有逻辑的逻辑。既然一切都为了国家强盛，那么百姓就不能强大，君主就要不择手段地压制民众，这便是《商君书》中制民理论的起点。

千百年来，少有人公然推崇法家，更无人表示过对商鞅的哪怕一丝好感，正是因为商鞅的思想没有一点温度，没有一点感性，没有一点人间之爱。关于思想的温度，儒家自不必说，孔子上下奔波，只为"爱人"（见《论语·颜渊》），孟子激辩，却存有"思天下有溺者，犹己溺之也"（见《孟子·离娄下》）的博爱。不问世事的道家在论及生灵时都充满温情，老子眼中的圣人"无常心，以百姓心为心"（见《老子·第四十九章》），而庄子更是竭力回护专制统治下本就剩余不多的个体私人空间，但《商君书》却是竭尽全力压榨私人生活，敲吸百姓脂膏。在这方面，商鞅确实为韩非子开导先路，但哪怕是《韩非子》中都存有不少哲学家应有的思考和对世人的警示，而《商君书》只想把百姓踩在脚下。

汉语有统治一词，即统率治理之意，君主统治时走在百姓前面，一方面充当领导者，另一方面也首当其冲承受着前方未知的危险，对百姓则穷尽治理的智慧，以求君民双安，这种领导者是值得尊敬和追随的。但是，汉语中也有统制一词，即统领制约之意，统制型的君主白天走在百姓前面，晚上则要骑在百姓身上。商鞅以"制民"为本，一个制字，联系着一串使人不安的词汇：制服、限制、制约、抑制、制裁、钳制、遏制、抵制、扼制……赤裸裸的制民理论，从《商君书》中缓缓流出，淌进君主的血液，随着脉搏，跳动在国家的每一处角落。

> 昔之能制天下者，必先制其民者也；能胜强敌者，必先胜其民者也。
> 故胜民之本在制民，若冶于金，陶于土也。（见《商君书·画策》）

君主若想征服天下，先要制服百姓，若想击溃敌人，必先压服人民。真是混账逻辑。这让人想起疯狂家暴的男人——对外可以唯唯诺诺，对内却要拿出大丈夫所谓的阳刚本色。这种男人的自信建立在对柔弱女子的暴力凌辱之上，发泄兽性的同时，找寻着作为男人所谓的尊严和快感。两千多年来，大多专制统治者正像这种家暴男——对外无所建树，国事蜩螗也不能使他们哪怕清醒一点，但欺凌百姓是他们的拿手绝活儿，必须打起十二分的精神。国家在他们手中，正如鲁迅所言："简直不似人间！"商鞅抛弃了治民，选择了"制民"。他的制民理论指导着专制君主杀尽天下豪杰俊才，大兴优汰劣胜，不断愚民、弱民……直到这种体制的灭亡。

做完顶层设计之后，商鞅开始堆叠"制民"的主体，在抹杀个人意义与挤压私人空间的宗旨指导下，他制定出台了一连串具体措施，保证"制民"之策万全，最终目的是创造一个全民意志高度统一的独裁政府，一个万千百姓皆以君心为己心的专制国家。

第一，利赏作壹，出于农战。上文介绍过"壹"民于"农战"的思想，此处讨论君主"壹"民的上游逻辑。商鞅眼中的百姓形象和荀子、韩非子的

认识差不多，他们都认为百姓本性好利好名，只要用利善导之，便能随心所欲：

> 民之性：饥而求食，劳而求佚，苦则索乐，辱则求荣，此民之情也。
> 民之求利，失礼之法；求名，失性之常。……故曰：名利之所凑，则民道之。
> （见《商君书·算地》）

荀子将人的生理本性误判为人性之恶，并主张用"礼"扼杀本性。其实，早于荀子的商君则把人的天性当成可利用的软肋，所谓："主操名利之柄而能致功名者，数也。圣人审权以操柄，审数以使民。"（见《商君书·算地》）可怜商君之民，生而当然为君主权柄驱使。在人的天性可用的基础上，君主让利赏的机会都必须通过"农战"获得，所谓"利出于地，则民尽力；名出于战，则民致死"（见《商君书·算地》），百姓赴汤蹈火，在所不惜。

第二，刑赏结合，重刑轻赏。不同于韩非的重刑轻赏思想，商鞅的"重其轻罪"违反了法律量刑适当原则，更缺乏法律应有的公正和秩序。此外，商鞅"以刑去刑"的愿景虽然美好，但也因"重其轻罪"的不成立而止步于理论。

第三，以弱去强，"流氓"政治。《商君书》中，有一句话原封不动出现了两次，大意是国家用强民去除强民，就会削弱，而用弱民去除强民，就会强大：

> 以强去强者，弱；以弱去强者，强。（见《商君书·去强》《商君书·弱民》）

如果用强民去除强民，还会剩下一部分强民，政府还是要想方设法应对这些有头脑、有力量、有勇气、有担当的强民。不如直接用弱民去除强民，剩下的只是些孱弱之徒，不会对政权产生任何威胁。比"以弱去强"更可怕的是，商鞅还主张"以奸民治"：

以良民治，必乱至削；以奸民治，必治至强。（见《商君书·说民》）

这种"以奸民治"纯属"流氓"政治，"奸民"是专制社会基层的地痞流氓，而这些人是专制皇权的第一道防线，如果把百姓训练得可以忍受流氓或者对流氓敢怒而不敢言，那么民自然成为弱民。可见，"以奸民治"的流氓政治是"以弱去强"的自然延伸。在专制社会中，基层的流氓政治和中上层的小人政治狼狈为奸，以流氓压服基层民众，以小人制服上流君子，上上下下，虽乌烟瘴气，但服服帖帖，这就是专制统治者玩的把戏。《水浒传》讲述这层含义透彻入骨，被逼上梁山的众位英雄好汉，不就是赵宋官家眼中的强民吗？蔡京、高俅、童贯等不就是禽兽衣冠的朝堂小人吗？镇关西、牛二、蒋门神等不就是鱼肉乡里的基层流氓吗？小说开篇描写高俅转身一变成为高俅高太尉，难道不是暗示读者上层小人与基层流氓本是同一副丑恶嘴脸吗？看过《水浒传》的大多感叹宋江迂腐，但大多读者只知其一不知其二。其实，一贯主张"招安！招安！招甚鸟安？！"的李逵才是心如明镜，他凭直觉早已洞悉：在无数底层流氓与庙堂小人之上，赵宋官家才是大流氓、大小人，是自己骂骂咧咧中的一只恶"撮鸟"。

第四，抟力杀力，转移矛盾。同样的高压统治，秦国百姓没有造反，但秦朝百姓揭竿而起，是因为沿袭商鞅策略的秦国通过不断发动对外战争消耗国内力量，从而转移国内矛盾。这是"杀力"的一层含义。

夫圣人之治国也，能抟力，能杀力。……其抟力也，以富国强兵也；其杀力也，以事敌劝民也。（见《商君书·壹言》）

力多而不用，则志穷；志穷，则有私；有私，则有弱。故能生力，不能杀力，曰自攻之国，必削。（见《商君书·说民》）

"抟力"意思是培养积累实力；"杀力"意思是消耗实力。而将其置于制民政策层面，"杀力"是指驱使国内强民参与对外战争，从而达到肉体消灭强民的目的。与此同时，《商君书·去强》认为："国强而不战，毒输于内，礼乐虱官生，必削；国遂战，毒输于敌，国无礼乐虱官，必强。"通过对外战争，不但能消灭可能威胁政府的强民，还能将商鞅眼中"六虱"之类的毒瘤输送给敌国，将内部矛盾转化为外部矛盾，以达到君强民弱、我强敌弱的最终目的，一箭双雕。

以上是商鞅制民思想的精髓。总而言之，商鞅制下之民，随时准备牺牲一切以全国用，甚至只为全君主一己之私用。秦国其民，侈谈人权。我们不禁要问：人民权益被尽皆剥夺的国家，还有存在的意义吗？

如果将国家比作肌体，这具肌体富于生命力的前提是绝大部分细胞具备应有的活力，哪怕细胞暂时没有活力，作为肌体的国家也要想尽办法赋予个体细胞以蓬勃生命的期望。这不但是对每一个微小个体的尊重，更是对国家这个复杂肌体的护持。但是，在制民思想主导下的秦国，大片大片地对肌体细胞进行灭绝式打击，这里用打击而非毁灭，是因为"制民"并不直接导致个体的死亡，而是对个体实施类似摘除大脑的外科手术——经过"壹赏，壹刑，壹教"，统一法令的同时统一思想；经由"以弱去强"，国家成为流氓地痞鱼肉众生的天堂；通过"重其轻罪"，奸邪淫盗之害充斥域内。这时，再看商鞅"明赏之犹至于无赏也，明刑之犹至于无刑也，明教之犹至于无教也"（见《商君书·赏刑》）的理想境界，不是"无赏"，而是民无途受赏；不是"无刑"，而是人人皆曾受刑；不是"无教"，而是人为愚人，民为弱民，早已不用教化，也不能教化。组成整体的细小个体都变成行尸走肉，那么这个国家充其量只是僵尸的国度，绝非乐土。当然，这里的个体专指臣民，高高在上的专制君主作为制民政策的操作者，正忙得不亦乐乎，甚至为了控制民众，丧心病狂。独裁社会中，全民意志空前统一的专制国家正如贪噬一切的恶鬼，不仅每个生存其中的个体尽皆被吞并，久而久之，它连带着自己也一起吞入口中。

据统计，秦国在统一六国的战争中，先后杀死共计150余万人，这其中并不包括秦国军民的伤亡，而战国末期中国总人口只有2000余万。仅长平一战，大屠杀者白起一次性坑杀赵军40余万，都是手无寸铁的降卒。近代日本法西斯制造惨绝人寰的南京大屠杀，屠南京城30余万百姓，从中可知秦军之残忍、暴戾，秦乃虎狼之国也！难道这就是商鞅追求的"攻敌之国"？

秦统一之前，百姓被捆绑于田垄纵横之间，奔走在交兵战场之上，苦。

秦统一之后，百姓仍被束缚于营建殿宇之中，被奴役于边塞长城脚下，苦。

总之，百姓就一个字：苦！

历史进化论

《商君书》中除了"农战""壹"民等主题外，还有不少章节记述了商鞅注重当下的历史观，如果上升到哲学思想高度就是历史哲学。历史观的意义不限于对过去的观点评价，更在于历史对现实的照应与对未来的影响。商鞅的这种历史观符合法家的一贯主张，韩非将其发展为历史进化论，为新兴地主阶级取代封建贵族阶级提供理论依据，但这种历史观过度重视当下的功用，会产生狭义的功用主义，成为科学与哲学思想进一步发展的阻力。

> 然则上世亲亲而爱私，中世上贤而说仁，下世贵贵而尊官。……此三者非事相反也，民道弊而所重易也，世事变而行道异也。（见《商君书·开塞》）
>
> 礼、法以时而定，制、令各顺其宜。（见《商君书·更法》）
>
> 故圣人之为国也，不法古不修今，因世而为之治，度俗而为之法。（见《商君书·壹言》）

以上是商鞅关于历史的代表观点，总结起来，商鞅将历史分为上、中、下三世，虽各具特点，但他认为君主治国不应法古也不可仿今，而要根据实际情况调整政策，这便是商鞅的"因世""度俗"的注重当下的历史观。

韩非继承商鞅法治思想衣钵的同时，也批判继承了他的历史观：继承在于，韩非注重当下，主张"世异则事异，事异则备变"（见《韩非子·五蠹》）；

批判在于，韩非将不同阶段的历史看作互相关照的有机整体，用变化发展的眼光对比古今。胡适在《中国古代哲学史》中认为"韩非是一个极信历史进化的人"，并称韩非的历史观为"历史进化论"。

自古以来，中国就是一个农业大国。在春秋战国年间，农业更是决定国家实力与生死存亡的命根，商鞅恨不得让全部百姓都去务农，以求强国。全民皆农是理想境界，但绝大多数百姓都以农民身份生存却是不争的事实。农民最重要的生产工具是土地，一年四季为土地束缚，流动性极差，获得好收成的关键在于能依循和沿袭以往成熟的耕作经验，而非通过引进新技术等创新途径。遵循这种思维方式，遇到问题时，人们首先想的是从过往经验中寻找解决办法。这样农业式的生产模式与思维惯性，深深地影响着中国古代哲学思想的发展与变迁。西周末年，礼坏乐崩，从老子开始，一心想挽救世事的诸子，频频回头，都想从历史经验中找到救世良方：孔子钟情于西周的文王和周公；墨子在与儒家展开论战时喜爱援引更古老的夏禹；孟子则请出比夏禹更老的尧舜，言必称之；道家更胜一筹，用传说中更古老的伏羲、神农证明自身理论的正确性。

法家以外的诸子，展开着一场场复古大辩论，仿佛谁的理论渊源年代悠久，谁就具有更大的合法性。这些其实属于一种历史退化观，共同特点是：人类的黄金时代在过去，而非将来，更不是现在。因此，他们都主张退回古代，否定探索和创新。在这样的时代背景下，商鞅和韩非子都可以算作历史观的先进人士，商鞅走出了第一步，突破了用历史经验套用现实的窠臼，韩非子则更进一步，在宏观历史中找寻现世君主的统治路径。

韩非子作为战国末年法家集大成者，深刻地体会着时代的变幻莫测，而每一次变化都有必然逻辑与原因。于是，他将历史分为上古、中古、近古三世，并在其中洞察到时代更迭的大势：

> 今有构木钻燧于夏后氏之世者，必为鲧、禹笑矣；有决渎于殷、周之世者，必为汤、武笑矣。然则今有美尧、舜、汤、武、禹之道于当今之世者，必为新圣笑矣。是以圣人不期修古，不法常可，论世之事，因

为之备。（见《韩非子·五蠹》）

韩非子认为，当下全新的情况必然产生新的问题，只能用新的方法解决，只有守株待兔的蠢人才会期盼用先王之道救世。韩非在批判儒家"法先王"的陈旧观点的同时，表达了自己变化发展的唯物主义历史观，这种重视当下的务实精神和厚今薄古的思维方式，值得学习借鉴。

法家之所以对历史进化论情有独钟，是因为他们所代表的是现世君主的利益与立场。立场决定观点，屁股决定脑袋，其他诸子更多是为普通百姓的生存境况忧心，而法家只为专制君主出谋划策，这是法家在历史观方面异于其他诸子的根本原因。春秋战国时代，正是新兴地主阶级取代封建贵族阶级统治的大变革时期。新兴地主阶级通过一系列手段掌握旧贵族政权、军权之后，缺乏统治合法性的论证，而法家这种历史进化论正合新兴地主阶级的统治需求，"法后王"而非"法先王"，现代必然胜过古代，历史车轮方向朝前而不朝后。法家历史观处处证明着新兴地主阶级较封建贵族阶级更为进步，相比之下，儒家、道家思想便是旧贵族的"借尸还魂"。

追寻理论渊源，法家的历史进化论与荀子思想不无关系。荀子的历史观既"法先王"也"法后王"，向前看的同时，也向后看。这距法家的历史进化论仅有一步之遥，甚至可以说荀子也是历史进化论的提倡者。

然而，这所谓的历史进化论也在一定程度上导致了先秦诸子哲学的中道衰落。胡适在《中国古代哲学史》中的最后一章，探讨了中国古代哲学即先秦哲学何以中绝的问题。他认为，常人把中国古代哲学中绝归因于焚书和坑儒，是有失公允的，因为焚书并不能完全禁绝百家之书，而坑儒事件的主要受害者是方术之士。胡适这种观点值得肯定之处在于，焚书和坑儒这两个单纯事件确实不是古代哲学中绝的真正原因。但此观点不完善之处在于，胡适没能察觉焚书只是表层现象，真正发挥深层影响的措施是查禁私学。所以，如果从政治角度分析，秦始皇通过焚书事件在全国范围内严禁私学，导致除法家外的诸子学说销声匿迹，中国古代哲学因此中绝。而除了政治因素，胡适还给了我们新的解释角度：哲学角度。他认为，古代哲学中绝的真正原因有四：

一是怀疑主义的名学；二是狭义的功用主义；三是专制的一尊主义；四是方士派的迷信。其中与法家历史进化论相关的是狭义的功用主义。

功用主义本是墨子对庄子怀疑主义的驳斥，因为怀疑主义是主张真理不可知且是非不可辨的，属于明显的消极态度，甚至有滑落到虚无主义的倾向。墨子认为理论学说要能改良人生行为，才值得推崇，反对庄子的怀疑主义态度。后来的荀子进一步发展了墨子的功用主义：

> 凡事行，有益于理者立之，无益于理者废之，夫是之谓中事。凡知说，有益于理者为之，无益于理者舍之，夫是之谓中说。……若夫充虚之相施易也，"坚白""同异"之分隔也，是聪耳之所不能听也，明目之所不能见也，辩士之所不能言也，虽有圣人之知，未能偻指也。（见《荀子·儒效》）

> 若夫非分是非、非治曲直、非辨治乱、非治人道，虽能之，无益于人，不能，无损于人。（见《荀子·解蔽》）

荀子行事讲求"益"，将是否有益于现世的治理作为衡量事物价值的标准，甚至将墨家论辩的意义仅局限于"分是非"和"辨治乱"两点，被胡适称为狭义的功用主义，以别于墨家的功用主义。荀子这种狭义功用主义的着眼点在于实际功用，这个实际功用并非过去存在的功用，更不是未来预期的功用，而是现实的功用，是当下的功用，是能够即刻生效、让君主收获效用的功用，其中透露出荀子浓厚的"法后王"思想。如果按照司马迁"近己而俗变相类"（见《史记·六国年表》）来理解"法后王"，其中的"后王"并非未来王，而是近代或当代君主。"法后王"是对当世君主的理想化描述，在"后王"身上，凝聚了新时代发展的要求。所以，荀子的历史进化论中的"法后王"决定了他判断事物会以狭义功用主义为标准，而狭义功用主义不过是荀子历史进化论的表现。

作为荀子学生的韩非子，在老师学说基础上更进一大步。一方面，将老师的历史进化论推向极致，只"法后王"而明确反对"法先王"；另一方面，将老师的狭义功用主义发展成胡适所说的短见功用主义，因为狭义功用主义到韩非时，更激烈了，更偏狭了：

> 夫言行者，以功用为之的彀者也。……今听言观行不以功用为之的彀，言虽至察，行虽至坚，则妄发之说也。是以乱世之听言也，以难知为察，以博文为辩；其观行也，以离群为贤，以犯上为抗。（见《韩非子·问辩》）

韩非子的这种观点，把荀子的功用理解为富国强兵且立即见效的功用，实在是太着急了。后来秦始皇说："吾前收天下书不中用者，尽去之。"便是韩非短见功用主义的自然结果。而这种短见功用主义无疑是哲学思想发展的巨大阻力，因为科学与哲学虽然都有应用的归宿，但科学家与哲学家还要能超出眼前的速效小利，方能够从根本上着力，打下高深学问的基础，以备未来更大更广的应用。照此逻辑，荀子、韩非子师徒二人的狭义功用主义从哲学思想角度中绝了中国古代哲学的创造性发展。总之，荀子、商鞅、韩非子等均将眼光置于当下，相对其他诸子来说，这种历史进化论无疑是一种进步，但是他们对现实功用的过分重视与不懈追求，使君主专制国家日益强大的同时，也生出狭义功用主义的恶果。这从哲学思想角度，终结了中国古代哲学的百年辉煌。

法家改革派的悲剧

历代史家对商鞅之死都不胜唏嘘。秦孝公死后，忠心耿耿的商君落得一个反叛被杀、五马分尸、夷灭全族的悲剧命运：

> 秦发兵攻商君，杀之于郑黾池。秦惠王车裂商君以徇，曰："莫如商鞅反者！"遂灭商君之家。（见《史记·商君列传》）

无独有偶，战国时著名改革家、法家代表人物吴起，不但能征善战，而且精于变法强国，曾使魏、楚两国盛极一时。但他也命途多舛，去鲁奔魏，替魏国立下赫赫战功，但遭奸人谗害，无奈投楚，帮助楚悼王变法。与商鞅同病相怜，楚悼王去世，楚国贵族趁机发动兵变，仇恨的锋利箭镞射死了吴起，也射在悼王尸体之上：

> 及悼王死，宗室大臣作乱而攻吴起，吴起走之王尸而伏之。击起之徒因射刺吴起，并中悼王。（见《史记·孙子吴起列传》）

商鞅、吴起等法家改革派，一心为国，耿耿之士，何以大多落得不能善终的悲剧命运？表面上看，变法触动了贵族势力的利益蛋糕，所以遭到反对。深入分析，法家改革派的变法失败与个人悲剧，固然是新兴地主阶级与封建旧贵族阶级利益的冲突所致，但更是法家主张的法治与人治对抗的必然结果。从中还可以发现，法家法治理论存在的致命漏洞。

封建一词，本意是封土建邦。武王伐纣建立周朝后，将国土分封给贵族和功臣及其子弟，这些人成为诸侯，建立诸侯国，再将诸侯国土分封给卿大夫。一级一级地分封，国家权力被逐步下放，土地、人民也被逐级分割，但天下都尊奉周王为天子，定期入朝觐见纳贡，战时诸侯、卿大夫的军队听从周天子调配。除此之外，各地诸侯、卿大夫作为相对独立的政治社会实体，保持着相对独立的治权。

周朝的封建制度得以维系有两大前提：一是周王室和诸侯的宗法感情和血统联系，这种联系通过昭穆制和大小宗制建立；二是周王室自身实力强大，周王分封诸侯时便对诸侯势力做出严格限定。在这两个因素的支撑下，周朝形成了等级分明而井然有序的封建社会。但是，宗法感情随时光流转而渐渐淡漠，周王室的实力不可能一直强大，于是周朝上层贵族社会秩序开始发生变动。

西周末期，诸侯、卿大夫等贵族阶级的矛盾表面化，最直接的表现就是领土争端。加之贵族阶层内部因各种原因造成的地位升降，周朝原有的礼制无法维持原有的等级关系，我们常说的礼坏乐崩，就是指封建社会井然有序的等级关系逐渐瓦解。与此同时，土地私有制的出现与不断深化，破坏原有井田制的同时，催生了更适应当时生产力与生产关系发展的新阶级——地主阶级，其实力迅速壮大。春秋到战国交替时期的三家分晋与田氏代齐，都是新兴地主阶级实力强大到足以取代封建旧贵族，从而获得政治权力的重要表现。一方面是封建宗法组织的瓦解，另一方面是诸侯征战与卿大夫夺权给国家带来痛苦的经历，新兴地主阶级为维护自身统治，果断抛弃原有的封建等级制度，向君主专制的集权道路靠拢。

可想而知，新登上历史舞台的地主阶级与周朝旧式封建贵族阶级的矛盾不可避免，旧贵族阶级为保护自身利益，极力压制地主阶级与专制权力的扩张，而地主阶级则想通过专制权力的扩大一举粉碎贵族阶级，双方较量，此消彼长，势同水火。而商鞅、吴起等法家改革派，极力主张变法。既是变法，必有破立。战国年间各国变法的本质其实是新兴地主阶级通过对政治、社会、经济等领域秩序的变更，实现破除旧式封建贵族既得利益、加强君主专制统治的目的。变法，代表着新兴地主阶级利益，破的是旧贵族之法，立的是专制政治新秩序。

理清封建贵族和地主阶级的产生与矛盾由来之后，再看法家改革派的悲惨下场，豁然开朗。封建贵族势力之所以要将商鞅、吴起置之死地而后快，极力反对变法，实则是对新兴地主阶级统治的反扑，也是时代大潮的逆流而动。从这个角度说，法家改革派的变法失败与个人悲剧，是新兴地主阶级与封建旧贵族利益冲突所致。

法家改革派之所以遭到反对，除阶级矛盾外，也能从法家学说中寻得蛛丝马迹。在这之前，我们需要对"法"与刑做严格区分。刑即刑罚，古已有之，而"法"的观念直到战国年间才出现，夏商时期的刑罚不能算是法家所称的"法"，因为刑罚只是法律中执行部分的一个方面，是局部中的部分。明确了二者的分界，再来看法家之"法"：

以法治者，强；以政治者，削。（见《商君书·去强》）
故有明主忠臣产于今世，而欲领其国者，不可以须臾忘于法。破胜

党任，节去言谈，任法而治矣。（见《商君书·慎法》）

故当今之时，能去私曲就公法者，民安而国治；能去私行行公法者，则兵强而敌弱。（见《韩非子·有度》）

万乘之主，有能服术行法以为亡征之君风雨者，其兼天下不难矣！（见《韩非子·亡征》）

法家主张不言自明："以法治国"，即君主尊奉"法"作为治国的最高纲领，一切行动以"法"为准绳，将"法"置于国家之上。此处着重探讨法家之"法"中蕴含的平等主义与客观主义。

先是平等主义。在儒家对社会秩序的构想中，人与人绝无平等，《礼记·曲礼》中有"礼不下庶人，刑不上大夫"之说；孔子有"子为父隐，父为子隐"（见《论语·子路》）的观点；孟子有瞽瞍杀人、舜窃负而逃的议论。墨子的"兼爱"思想便攻击儒家的亲亲主义，迈出了平等主义的第一步。到了法家，则倡议法律面前，人人平等，所谓："人主使人臣虽有智能，不得背法而专制；虽有贤行，不得逾功而先劳，虽有忠信，不得释法而不禁：此之谓明法。"（见《韩非子·南面》）商鞅黥太子师之面，便是王子犯法与庶民同罪式的平等主义的实践。

再是客观主义。法家早在慎到时便有客观主义，《慎子·威德》有言："法制礼籍，所以立公义也。凡立公，所以弃私也。"从中可见法家的政治哲学：提倡废除主观私意，建立客观标准。而韩非子则指出，只要有了客观、标准的"法"，君主是否贤能都无关紧要，明确反对儒墨两家主张的贤人政治：

释法术而心治，尧不能正一国；去规矩而妄意度，奚仲不能成一轮；废尺寸而差短长，王尔不能半中。使中主守法术，拙匠守规矩尺寸，则万不失矣。（见《韩非子·用人》）

圣人之为法也，所以平不夷、矫不直也。（见《韩非子·外储说右下》）

原来，法家之"法"除了我们印象中的赏刑"二柄"之外，还蕴含着平等主义与客观主义的思想，这在现代人看来并无稀奇，平等与客观本就是法律的应有之义，但在两千年前的战国时期确实难能可贵。遗憾的是，法家提出的平等主义和客观主义，不但没有施行的可能，更将商鞅、吴起等改革派推向断头台。

战国年间，正是新兴地主阶级冉冉升起，君主专制蓬勃发展的关键时期。专制的本质是人治——一切依从君主个人或者统治阶层一小撮人的意志。杜牧《阿房宫赋》中"一人之心，千万人之心也"的感叹，实则是对君主专制的反思。但是，同时期的法家却极力主张客观主义和平等主义，简直是戳到了专制君主的软肋与痛处，更一下点破了法治与人治的根本区别。治国如果都依照客观法律，置君主个人意志于何地？全国上下，法律面前，人人平等，寡人为君的尊严何存？法家高唱客观、平等之论调时，专制君主简直是愤怒极了：竟不把寡人放在眼里！让寡人不痛快，寡人就让尔全家不痛快！

商鞅、吴起等法家改革派，力求将新法纵深推进，但在这过程中，如何能既推行变法又不触动专制君主维护个人权威与人治制度的敏感神经，尺度、火候的把握十分关键，也异常困难，一不小心，就会招来杀身之祸。法家改革派没有想那么多，毅然推行包含平等、客观精神的法家之"法"。随着法治的逐渐确立，就算封建旧贵族不祭起屠刀，代表新兴地主阶级的专制君主也要对改革派秋后算账，赶尽杀绝——关于根本利益，没有丝毫商量的余地。从这个角度来说，商鞅、吴起等法家改革派的个人悲剧是必然的，战国年代凭法治与人治对抗，结果只能是惨死街头。

法家改革派的悲剧命运实属必然，因为法家之"法"是从理念上否定人治的。那么问题来了，为什么秦始皇及其后来者，或多或少会采纳、利用法家学说？这还要求诸法家学说本身。法家意图在理论上将"法"置于专制君权之上，以"法"约束权力，这种设想固然美好，但却存在两个致命问题：一是假如君主不守"法"，没有丝毫权势的民众拿君主一点办法也没有，只能任由君主胡作非为；二是约束君主的"法"由谁来立的问题，在韩非的构想中，君主既立法又执法，既做裁判员又做运动员，这个比赛自然无法继续下去，这个"法"也不可能起到约束君主的作用。所以，要使法律执行畅通无阻，必须建立独立于权力之外的法律运行机制，法律本应作为国家制度的目的而非君主个人工具的存在。这样的现代法治观念，恰恰是法家所不具备的，这是法家理论的纰漏所在。

法家的理论者和改革派，在推行法治的道路上高歌猛进，主张"以法治国"，还提倡"法""术""势"的结合使用，甚至提出平等主义与客观主义，如果再进一步，便有希望建立起独立于权力之外的法律运行机制，就能给法治思想画出一个完美的逻辑链闭环。正如一台电动机正常运行的前提是电路系统构成回环，一旦某段线路断开，机器便无法开动。法家理论的炮制者，只因法治思想的最后一段逻辑链条——法在权外，法在权上——没能成功搭设，前功尽弃，令人遗憾。法家改革派也将因此断送性命。

不过，历代专制君主尤其中意法家并不奇怪，他们一定是察觉到法家之"法"终究逃脱不了成为君主统治工具的注定命运，完全不可能凌驾于君权之上，法家口中的平等、客观不过是理论空想罢了。至于改革派的血流得是否值当，法家当然不会给出答案，只好留待后人评说。

第八章

慎子

源道入法的先行者

多数人都不知道先秦诸子中还有一个慎子。作为战国时期法家代表人物之一，他远不如商鞅名气大，更不如韩非的理论贡献多。《慎子》全书因大部分佚散，仅流传下四千余言。但为更好地理解法家思想渊源，慎到学说有必要了解，其主要功绩在于将道家的"无为"发展改造成法家的"无为"，从中能窥见道家对法家的深刻影响。

慎子（约公元前390—前315年），姓慎，名到，与荀子同国籍，战国时期赵国人。司马迁对此人并不重视，没有留下专门传记，慎到的事迹记载于以孟子、荀子为主的《史记·孟子荀卿列传》中，而且还是与田骈、接子、环渊三人一并介绍，原文极短：

> 慎到，赵人。田骈、接子，齐人。环渊，楚人。皆学黄老道德之术，因发明序其指意。故慎到著十二论，环渊著上下篇，而田骈、接子皆有所论焉。（见《史记·孟子荀卿列传》）

稷下学宫位于齐国都城临淄（今山东省淄博市），传说因其具体位置在名为稷的城门附近而得名，是世界上第一所由官方举办、私家主持的特殊形式的高等学府。重要的是，其官学为黄老之学。齐宣王和齐愍王时期，慎到曾在稷下学宫讲学多年，故属于稷下学派，门徒甚众，享有一时盛名。而慎到"学黄老道德之术"，与稷下学宫的黄老官学符合，可知慎到的学术起点在于黄老道学，成名起点在于稷下学宫。

慎到初学道家，但后来的学术思想发生转变，投入法家的怀抱，与韩非、商鞅、申不害等人物齐名，主张"以法治国"，被认为是战国时期道法两家衔接的重要人物。虽然投身法家，但慎到源道入法的思想历程给他自己也给后来的法家带来深刻影响：申不害的著作《申子》中大谈"无为"而治的统治境界，韩非的著作《韩非子》中以"道"作为君主治国的最高纲领。当然，慎到自己的著作《慎子》也透露出浓重的道家思想倾向，可称之为道法兼容。

《史记·孟子荀卿列传》中记载《慎子》原书有"十二论"，徐广对此注释说总共"四十一篇"。《汉书·艺文志》著录为四十二篇。而到宋代已有不少流失，《崇文总目》记为三十七篇。现存《慎子》只有七篇，佚失情况相当严重，令人叹息。现多以清代钱熙祚修订的《慎子》为最精审版本。然而，幸运的是，从《慎子》仅存七篇中，也能管窥慎到的思想原貌，其中比较重要的一是法家积极主动的"无为"，二是借"势"行"法"。

慎到初学黄老，汲取了道家"无为"而治的思想精华。《慎子·因循》有言："天道因则大，化则细。因也者，因人之情也。"说明慎到主张顺应人性而不做强行要求，是道家顺从自然思想的延伸。然而，此"无为"非彼"无为"，慎到将道家对自然规律的被动接受转化为对社会规律、现实的主动探索与积极改造。这在慎到的法治思想方面表现尤为突出，他一反道家的法律虚无主义的态度，主张根据社会现状因地制宜地制定法律，君主治国完全依靠法律，从而达到"无为"境界，所谓："君臣之道：臣事事而君无事，君逸乐而臣任劳，臣尽智力以善其事，而君无与焉，仰成而已。故事无不治，治之正道然也。"（见《慎子·民杂》）所以，慎到的"无为"是君主依靠法治之后的"无为"，是积极主动而后"无为"，是使社会上下遵循社会现实与人心人性的"无为"。相比道家消极退让的"道法自然"的"无为"，殊途同归。这为此后法家的"无为"奠定了理论基调，申不害和韩非都是沿着慎到开辟的道路向前拓展的。

除了"法"，慎到还很重视"势"，即权力地位。而对"势"的重视最终还是为了法治能顺利施行。因为只有君主掌握权势，才有能力推行法治。在《慎子·威德》中，他认为飞龙翱翔缘于云雾的承载，失去云雾，飞龙与蚯蚓无异，飞龙正如国家，而权势正如辅助飞龙的云雾，所谓："故腾蛇游雾，飞龙乘云，云罢雾霁，与蚯蚓同，则失其所乘也。故贤而屈于不肖者，权轻也；不肖而服于贤者，位尊也。"可想而知，慎到反对儒家的德治，因为道德不

可能使法律贯彻执行。

慎到借权势行法治，"此得助则成，释助则废矣"（见《慎子·威德》），最终目的还是"以法治国"。他对法治十分推崇，甚至不惜离散骨肉，不吝诛灭亲戚，且看《慎子》中这一段的真情告白："我喜可抑，我忿可窒，我法不可离也；骨肉可刑，亲戚可灭，至法不可阙也。"也是万分慷慨，激昂悲歌。

此外，《慎子》中还对君主任用人才、忠臣的作用、君臣关系等内容有所涉及。清代《四库全书总目提要》有言："今考其书大旨，欲因物理之当然，各定一法而守之。不求于法之外，亦不宽于法之中，则上下相安，可以清静而治。然法所不行，势必刑以齐之，道德之为刑名，此其转关，所以申、韩多称之也。"这个评价是比较公正的。

专制学宫，自由争鸣

《史记》在为人物列传时，会将若干人物合为一传，多因同一传记的不同主人公在经历、命运、主张等方面存在共同特点。如《史记·孙子吴起列传》将孙武、孙膑、吴起合为一传，因三人皆为当时著名的军事家。又如《史记·屈原贾生列传》将屈原与贾谊合为一传，系司马迁认为二人的悲剧命运有共通之处。奇怪的是，在《史记·孟子荀卿列传》中，将孟轲、邹衍、邹忌、邹奭、淳于髡、慎到、田骈、接子、环渊、荀况、公孙龙等十一人合为一传，这些人分属不同学派，也没有相似的人物命运，太史公何以将他们归在同一传记？

原来，这十一人中，除邹忌因另有传记一笔带过之外，其他十人都有一个共同身份——稷下先生。当时学术界流行到稷下学宫讲学，这十人均曾在此讲学，故名稷下先生。虽然稷下学宫并不为大众熟知，但它在中国古代学术思想史上的地位无可比拟：它不但是世界上第一所由官方举办、私家主持的特殊形式的高等学府，而且是先秦诸子百家争鸣的中心园地，其风气恐怕只有民国蔡元培时期的北京大学可企及一二。然而，稷下学宫的思想繁荣是先天不足的，也没有在后天形成自主的学术流派，更未曾树立独立于政治的学术思想精神，终究没有逃脱人亡政息的宿命，随着齐国灭亡而黯然收场。

稷下学宫以黄老道家为官学，凡在稷下学宫讲学的诸子，思想著作中多多少少带有黄老道学的影子，包括本学黄老的邹衍、申不害、慎到、环渊等，相传《老子》一书便经环渊整理问世，影响极大，直至战国后期。那么，为何道家思想在诸子中影响如此之大？这要归因于稷下学宫的建立。

稷下学宫始建于齐威王时期，也有说创立于齐桓公时期，定官学为道家思想。之所以将道家定为官学，还要从战国初年田氏代齐说起。齐国田氏是取代或者说篡夺原来姜氏政权而成立的新政权，因为田氏的臣子身份，这种行为难免被扣上犯上作乱的帽子，对此庄子辛辣评论道："彼窃钩者诛，窃国者为诸侯，诸侯之门而仁义存焉。"（见《庄子·胠箧》）所以田氏急需为新政权辩护，以巩固统治地位。而黄老道家就是齐田政权为论证自身统治合法性而引入的。相传，老子是春秋时陈国人，而田氏祖先田完正是齐桓公时由陈国避乱逃到齐国的。所以，田氏政权选择了来自陈国的老子学说，同时又抬出比尧舜历史更久和资历更老的黄帝，与老子合称为黄老。齐威王把黄帝作为田氏始祖，确是一番苦心，其妙处在于，田氏是黄帝后裔，姜氏却是炎帝后裔，传说黄帝战胜炎帝建立华夏民族，那么，田氏取代姜氏岂非人心所向。

学术思想之火花，固因生机蓬勃而打动人心，但更因自主独立而瑰丽灿烂。最高的学术良心是有什么就说什么，而不是在被告知该说什么之后才说什么，前者代表着客观公允的思想成果，后者则是被人操纵的文化屌头。文化屌头可以被任意捉弄，在好战者手中他是鼓动战争的当头炮，在投降派手中他是飘于城头之上的白色降幡，在专制统治者手中他就是愚民弱民的思想钳制器。说稷下学宫先天不足，正因其建立之初就被打上十足的统治集团烙印——为论证新兴地主阶级统治合法性而生，属于被告知该说什么之后才说什么，从一开始便丧失了培养独立学人的可能，也失去了成为独立学术思想交汇平台的历史机遇。本应清净的黄老之学，被强制抬入田齐闹哄哄的宗庙之中，稀里糊涂地被崇拜了一番。

　　而在之后的历史上，这一幕被不断重演。东汉灵帝光和元年（公元178年），鸿都门学作为全国学习研究文学艺术的最高等专科学校，在洛阳成立。与稷下学宫如出一辙，其得名也因坐落于鸿都城门。更有趣的是，鸿都门学是统治阶级内部斗争的结果，是宦官集团为培养拥护自己的知识分子，与士族势力盘踞的太学相抗衡的产物，也是一个政治的副产品。

　　稷下学宫虽然先天不足，但并不能因此一笔抹杀其重要的历史地位。它兴盛于齐宣王时期，直到齐王建时期衰亡，历时150余年。全盛时期，各国持不同学术观点的学者及其门徒，不远千里，到此游学，进行不治而议的自由辩论，儒、道、阴阳、法、名、墨、纵横、杂、农、兵等家学者都被统称为稷下先生或稷下学士。以稷下学派为中心，高门大屋招徕贤士，诸子学派多来云聚，百家争鸣蔚然成风。

　　我们试着从更宏观的角度看待稷下学宫的兴盛与百家争鸣的思想繁荣。春秋时期铁制农具推广，牛耕渐渐取代人力，将更多的劳动力从田间地头解放出来，生产力实现了跃进式的空前发展。井田制随之崩溃，私田兴起成为主流。经济基础决定上层建筑，新兴地主阶级由此诞生，实力迅速增强。春秋战国时代成为中国由封建制社会向专制制社会转型的重要时期，新兴地主阶级发起了对封建贵族阶级的疯狂攻击，三家分晋和田氏代齐就是新兴地主阶级登上历史舞台，赶走贵族阶级并掌握政权的标志性事件。在这个社会大变革时期，颇具实力的新兴地主阶级除了对政治权利的需求，更有对思想文化领域的掌控欲望，儒、墨、道、法等学说应运而生，为图取得地主阶级的青睐而一家独大，展开了激烈辩论。将心比心，谁不希望自家学说被恭恭敬敬抬入庙堂之高，享受众人投来的顺从目光呢？

　　从这个角度来说，稷下学宫的兴盛既然是百家争鸣的缩影，那么先秦百家思想的灿烂之花便植根于新兴地主阶级的肥沃土壤。而百家争鸣的思想繁荣实则是新兴地主阶级的思想繁荣，争鸣之声终究是为新型地主阶级贡献治世之策。此后，新兴地主阶级弃封建而行专制作为统治方式，稷下学宫作为百家争鸣的中心，实则是专制意志下的思想繁荣。

战国末期，随着齐国衰落，稷下学宫也江河日下，百家争鸣盛况也变成儒与法的双方争执，儒家当"仁"不让，法家有"法"可依。

"百家争鸣"一词中，"鸣"字指的是表达自家观点，而"争"字指的是各家为压倒其他学说而进行的从语言到文字的辩论。辩论，本指见解不同的人彼此阐述理由、辩驳争论的过程。只辩不论或只论不辩，都不能称之为完整的辩论，只能叫作思辨或争论。学术观点辩论之精髓其实在于辩——辩为体，论为用；辩在先，论在后；辩为主，论为次。这种辩论的价值在于学术观点交锋，而思辨是观点得以交锋的前提与必要条件，没有争论的思辨尚能产生出新鲜可贵的学术成果，但不经思辨的争论则完全流于形式而缺乏实际内容，是买椟还珠式的愚蠢行为，除了看热闹的感官刺激，没有丝毫学术思想价值可言。

回到百家争鸣，细细考究之后发现，各家各派大多仅是不争只鸣，即一味称道各自观点，未曾进行真正意义上的思想交锋与学术辩论，而是"非我族类，其心必异"式的责难、攻讦、谩骂，乃至人身攻击。先看看儒家代表队中的实力选手荀子是如何批判墨家"非乐"的：

> 墨子非之，几遇刑也。明王已没，莫之正也。愚者学之，危其身也。君子明乐，乃其德也。乱世恶善，不此听也。于乎哀哉！不得成也。弟子勉学，无所营也。（见《荀子·乐论》）

荀子特别喜欢批判墨子，四字成韵，读来朗朗上口，但大多是上文这样观点式的批评，缺乏足以服人的逻辑论证与事实支撑。同属儒家代表队的知名选手孟子也极力批判杨朱和墨子，而且比荀子更蛮狠，更不讲理，直接进行赤裸裸的人身攻击：

> 杨氏为我，是无君也；墨氏兼爱，是无父也。无父无君，是禽兽也。……杨墨之道不息，孔子之道不著，是邪说诬民，充塞仁义也。仁义充塞，则率兽食人，人将相食。（见《孟子·滕文公下》）

　　此外,法家代表队队长韩非子除了批评儒家,也将不少吐沫喷在墨子身上,《韩非子·显学》有言:"今孝、戾、侈、俭俱在儒、墨。"还说:"今宽、廉、恕、暴俱在二子。"他充分发挥自己言语刻薄的辩论优势,将儒家比喻成五种国家害虫之一,即著名的"五蠹",建议君主除之而后快:

　　　　儒以文乱法,侠以武犯禁。（见《韩非子·五蠹》）

　　　　此五者,邦之蠹也。人主不除此五蠹之民,不养耿介之士,则海内虽有破亡之国、削灭之朝,亦勿怪矣。（见《韩非子·五蠹》）

　　如此这般,不一而足。百家争鸣,都被这些学者的蛮荒淫邪之辞搞得乌烟瘴气,哪还留存着哲人应有的气象。对于这一点,亚圣孟子在痛骂一气之后,冷静下来还有一番心得。当学生公孙丑问他如何分析别人的言论,孟子慨然答道:"诐辞知其所蔽,淫辞知其所陷,邪辞知其所离,遁辞知其所穷。"（见《孟子·公孙丑上》）孟老先生,从你口中蹦出来的诐辞、淫辞、邪辞、遁词比谁都多,你哪有资格评论别人?

　　诸子百家这样不争只鸣,只否决而不肯定,只批判而不继承,从一定程度上削弱了诸子学说的学术思想价值,自然也降低了稷下学宫作为当时知名学术论坛的含金量。除认可本家学说之外,诸子对别家思想视如仇雠。非理性的辩论缺少批判继承的学术精神,甚至可以视为思想领域的纯粹扼杀,杨朱的思想就在这样的潮流中几乎被完全湮没。可以说,秦始皇焚书坑儒,就代表着法家思想在辩论比赛中胜出后,从精神到肉体对其余诸子的大绝杀。韩非的笔终于换成了嬴政的刀,这一杀不要紧,要紧的是杀灭了学术思想独立于政治体制的可能。

　　百家争鸣,争来争去,主裁判嬴政一声哨响,宣告了法家胜出,也宣告了春秋战国时代的终结,更宣告着一个学术黄金时代从此一去无返。

第九章

申 子

弄术贱臣

申子（公元前385—前337年），姓申，名不害，战国时期韩国人。曾任丞相19年，辅佐韩昭侯施行变法，使韩国强盛一时。作为法家代表人物，他的学说以"术"著称，著有《申子》。《史记·老子韩非列传》中称申不害为"故郑之贱臣"，其原是郑国京邑（今郑州荥阳）人，公元前375年郑国被韩国所灭，申不害遂成韩国人，并担任韩国低级官员，故称"郑之贱臣"。

他的一生可以说是顺遂且光荣的，既立功，又立言。相比韩非命途多舛，他未曾遇到大的波折，在郑亡国之后还能走进新君视线，甚至爬上一人之下万人之上的丞相高位。相比商鞅含恨而亡，他虽亦为激进的改革家，并将变法付诸实施，但仍旧得以善终。这样看来，申不害真有两把刷子，他不但把权术写进《申子》，更将其内化于心，外化于行。

申不害，这个"郑之贱臣"，亡国后并没有郁郁寡欢，他不像韩非身为王室贵族，低贱的身份给了他来去自由的心境和未来的无限可能。正是凭借玩得一手好权术，申不害走向历史舞台。

《战国策·韩策》记载了这样一个故事。魏国出兵攻打赵国，赵国向齐国与韩国求救。韩昭侯一时拿不定主意，便找申不害商议，申不害本想发表意见，但害怕所言不合韩王心意，所谓"未知王之所欲也，恐言而未必中于王也"。于是说这是国家大事，待自己回去细细思量。退朝之后，申不害赶紧拜访韩昭侯的宠臣赵卓、韩晁二人，说："子皆国之辩士也，夫为人臣者，言可必用，尽忠而已矣。"申不害鼓励二人向韩王进言，以此试探韩王对出兵与否的态度。果然，二人向韩王进言，而申不害在一旁"微视王之所悦"，琢磨定韩王心意之后，申不害力主出兵援救赵国，结果是"王大说之"。高兴异常的韩昭侯发现，身边这个"郑之贱臣"是个人才，不久之后便提拔申不害为丞相，申不害的目的圆满达成。

这一个故事中，申不害用了三次权术，可谓操"术"于股掌之间：第一次是"拖字诀"，不正面回答韩王问话，唯恐所言违拗君王心意；第二次是"拉垫背"，鼓动别人当人肉扫雷器，试探韩王态度；第三次是"顺毛摸"，顺君主圣意进言。司马迁说申不害是"贱臣"，除他出身地位低贱外，大概还言其人品之贱，道德之贱，行为之贱。

战争对国家的重要性不言而喻，何况是在大国夹缝中求生存、求发展的小小韩国。赵卓、韩晁二人本为宠臣，这样的人历史形象往往很差，但在这个故事中做了忠臣，而申不害却坐实了"贱臣"之名。身为臣子，本职工作就是向君主谏言，不但要说话，还要说真话，说实话，说自己想说的话，说对国家发展有好处的话。申不害也说话，但他说的是假话，是虚话，是君主爱听的话，是不一定对国家有益的话。考察一人，不能单单从事实结果入手，还要从行为目的出发，因为凭借结果只能推测此人的智商水准，而目的才能检验此人的伦常操守。韩昭侯不清楚这一点，给申不害发了一张忠臣卡。虽然事实证明，申不害的建议是正确的，但并不能掩盖其玩权弄"术"的"贱臣"嘴脸。

虽说如此，我们也不要因此苛责申不害。他作为亡郑之民，在伦理方面，本没有为韩国利益服务的义务，在道德方面，也没有忠于韩昭侯的责任。申不害从个人利益最大化的角度出发行事，完全符合他当时的身份和处境，无可厚非。毕竟，务实而不慕虚名是法家的一贯行为准则。所以，称他为"贱臣"恰如其分，但不可称其为奸臣，事实判断和道德审判要划清界限。

不管过程如何，申不害最终当上了丞相，而且一当就长达19年。在这漫长的岁月中，他除了用"术"的绝活维系与韩昭侯的君臣关系，就是大力改革，变法强国。

申不害在韩国的变法，仍以拿手的"术"贯穿全局。第一，是整顿吏治，"术"的重要作用之一就是通过考察言行一致与否而选拔官吏，申不害自然运用自如。第二，打压贵族势力，向挟封地自重的侠氏、公厘、段氏三大强族开刀，不但充实了韩国府库，还大大加强了君主集权。第三，整肃军队，申不害自请任上将军，收编贵族私家兵为国家军队，严酷训练，使韩军战斗

力大为提高。第四，重视农垦，开荒种粮。第五，鼓励发展手工业，特别是兵器制造业，所以韩国冶铸业相对发达，当时便有"天下之宝剑韩为众"和"天下强弓劲弩，皆自韩出"的说法。变法之后，《史记·老子韩非列传》记载："终申子之身，国治兵强，无侵韩者。"韩国迎来了国力鼎盛的黄金时期，但令人惋惜的是，韩昭侯和申不害死后，韩国逐渐衰落，一蹶不振，成为东方六国中第一个被灭的疲弱之国。韩国没能延续韩昭侯时期的光辉，缘于变法成果未能延续后世。那么，为何商鞅死后其变法成果仍被后世沿用，而申不害一去，新法便被尽皆废除？

这还要从"法"和"术"的区别中寻找原因。商鞅变法和申不害变法，着眼点是不同的：商鞅重"法"，申不害重"术"。商鞅之"法"是秦国上下订立的相对客观的社会规范和统治原则，行之数年后深入人心，而申不害的"术"是主要依靠韩昭侯个人力量推行的君主权谋，明君一死，人亡政息。如果不是韩昭侯这样的君主在位，韩国能不能实行变法尚且两说，更别说能否使用申不害之"术"。商鞅对相对客观的法令孜孜以求，申不害则寄希望于君主圣明，韩国变法焉能不败。

当然，读过《申子》便知，申不害并非只操"术"不立"法"，他只是把"法"和"术"的位置弄反了。商鞅不仅将"法"置于"术"上，还意图将"法"置于国家之上，甚至君主之上，但申不害却本末倒置，认为"术"的地位重于"法"，"法"的施行只是君主以"术"治国的结果，并非统领国家的根本纲领。一味用"术"固然使韩国强大，但也出现了君主"一言正而天下定，一言倚而天下靡"（见《申子》）的独裁局面。而韩非子作为法家思想集大成者，一针见血地指出不能将"术"置于"法"上的道理，主张法术兼用，双管齐下：

> 君无术则弊于上，臣无法则乱于下，此不可一无，皆帝王之具也。（见《韩非子·定法》）

申不害变法，成也其"术"，败也其"术"，理固亦然。而关于《申子》

一书，《史记·老子韩非列传》记载："申子之学本于黄老而主刑名。著书二篇，号曰申子。"而《汉书·艺文志》中说有六篇。清朝马国翰《玉函山房辑佚书》有《申子》辑本，但已非原貌。现在通行版的《申子》主要是《群书治要》第三十六卷所引《申子·大体》单篇和一些佚文，全篇不足一千字。《申子》主要论述君臣关系，这个法家的一贯主题，尊君思想浓厚，所谓"明君如身，臣如手；君若号，臣如响。君设其本，臣操其末；君治其要，臣行其详；君操其柄，臣事其常。"此外，申不害还论述了操"术"治国、订立法令、重视农业、君主修身等多方面内容。

值得注意的是，《申子》中道家的"无为"思想依然浓厚，印证了《史记》中申不害本学黄老道家的记载。他认同老子"无为"而治的思路，所谓"镜设精无为，而美恶自备；衡设平无为，而轻重自得。凡固之道，身与公无事，无事而天下自极也"，而且主张处柔示弱的处世态度，所谓"故善为主者，倚于愚，立于不盈，设于不敢，藏于无事，窜端匿疏，示天下无为，是以近者亲之，远者怀之。……刚者折，危者覆，动者摇，静者安"。老子，其学说如其名。起码，法家思想确实做了道家思想的"儿子"。

法家的反智愚民政策

道家"无为"思想在《申子》中留下了极深印记；慎到批判继承道家"无为"，发展为法家积极探索与主动改造之后的"无为"；韩非将"道"作为学说的根本纲领，"法""术""势"都是在"道"的指导下运行。总之，法家的哲学思想在很大程度上源于道家，可以说老子是法家的学术"高高祖"，而其中最发人深省的是反智理论。反智理论，也称反智主义，并非中国本土词汇，由理查德霍夫斯塔特于《美国生活中的反智主义》一书中提出。余英时认为："中国虽然没有反智论这个名词，但反智现象则一直是存在的。"

智慧固然是好的，可智慧一旦被人掌握，成为智慧之人，也就是所谓的贤人，便成为"无为"推行的障碍。要知道，"无为"可是老子哲学思想在治世方面的最高境界。一个人有智慧，必然对自己有着丰满的期待，而现实往往是骨感的，每当理想与现实发生偏差时，人类有两种选择：一种是继续沉睡，另一种就是站立起来改变命运。有智慧的贤人几乎都选择了后者。一群乌合之众的站立不足为惧，但如有贤人参与其中，乌合之众的力量会成倍增强，这在古代叫起义，在近代叫革命。老子可不喜欢折腾，这会打破他的清净国土与"无为"境界，而贤智是这一切的根源。如果每个人都是质朴而无智的，哪会有争斗？没有争斗，动乱和苦难自然无从谈起。所以，反智是实现"无为"的必经之路，且看《老子》中的这些论述：

> 不尚贤，使民不争；不贵难得之货，使民不为盗；不见可欲，使心不乱。……常使民无知无欲。使夫知者，不敢为也。为无为，则无不治。（见《老子·第三章》）
>
> 绝圣弃智，民利百倍。（见《老子·第十九章》）
>
> 人多技巧，奇物滋起。（见《老子·第五十七章》）

出于对学术"高高祖"的尊重，更出于反智拥有如此大的社会政治意义，尤其对专制君主来说，简直是维护统治的利器，于是法家将如此宝贵的学术财富收为己用。慎到和申不害都有反智主张：

> 故贤而屈于不肖者，权轻也；不肖而服于贤者，位尊也。……由此观之，贤不足以服不肖，而势位足以屈贤矣。（见《慎子·威德》）
>
> 弃道术，舍度量，以求一人之识识天下，谁子之识能足焉？（见《慎子》）
>
> 圣君任法而不任智，任数而不任说。（见《申子》）

细心人会发现，申不害和慎到其实已经对老子的反智思想做了不动声色的修正。贤智是要反，但此反非彼反：老子反的智是社会上下普遍的心智状态，法家反的智是与"以法治国"对立的治国思路；老子关注反智的哲学意义，法家注重反智的社会政治价值；老子为促成时代的后退而反智，法家却为将时代推向前而反智；老子反智既是对君主的要求也是对百姓的要求，法家反智则纯粹是君主的制民手段。韩非子也注意到了贤智对推行法治的障碍，更发现不少君主对贤能智慧青睐有加，于是他时时告诫君主：

> 以是言之，夫仁义辩智，非所以持国也。（见《韩非子·五蠹》）
> 是故去智而有明，去贤而有功，去勇而有强。（见《韩非子·主道》）

鲁迅曾发问：一个铁笼子里一群人昏睡以待死，而有一两个人醒来了，这一两个人是喊叫好还是一同昏睡好？这醒来的一两个人不就是当时的贤智之人吗？智者虽智，但也有两难，一面是真相和良心，另一面是风险与现实：如果选择对得起良心，大声喊叫，那群人也许会因智者打扰了他们的好梦而大发雷霆。果真如此，智者将成为众人中最先死难却得不到纪念的可怜人。智者之难，可见一斑。老子曾管理过周朝国家图书馆，想必他正是透过厚厚书简，洞悉了人的劣根和心性丑恶，更对智者喊叫的风险了然于胸，所以才选择了后退与逃避。在他看来，后退是更好的前进，逃避也是另一种迎击。

对于老子反对贤智以求普遍蒙昧的主张，我们尚能理解，而将反智工具化并别有用心地加以利用，进而走向变态，则为心智健全者不容。在专制统治者眼中，反智的极端表现就是愚民，天下之人尽皆愚蠢而我独圣明，四境之内安于愚昧而独我睿智，这便是历代专制君主梦寐以求的最高理想和最佳权术。

相比慎到和申不害，商鞅的反智色彩更加鲜明、更加露骨、更加极端，因此屡屡被批判为愚民政策的倡导者。商鞅主张"弱民"，民何以弱？最根本的办法就是使民无知，士大夫不能在民众面前表达观点，更不该像儒家那样施以教化，因为这会提升民众的智商和思维能力，所谓"国之大臣诸大夫，博闻、辩慧、游居之事，皆毋得为，无得居游于百县，则农民无所闻变见方。农民无所闻变见方，则知农无从离其故事，而愚农不知，不好学问"（见《商君书·垦令》）。民众不聪明，就成了只会种地的"愚农"。为了愚民，商鞅甚至提出禁止民众搬迁的办法，因为人口流动引发的不确定因素会超出统治者的控制能力范围，周朝礼坏乐崩的诱因之一不正是社会阶层的流动加剧吗？前车之鉴，商鞅得吸取，所以他要"使民无得擅徙，则诛愚"（见《商君书·垦令》），真是考虑得周到详尽。

此外，《商君书》的灵魂在于"农战"，商鞅的逻辑是：只要全体百姓好农好战，国家就能强盛。而民不愚如何能尽力"农战"？况且，商鞅将民众个体发展与国家整体强大对立起来，所谓"民弱国强，国强则民弱"（见《商君书·弱民》）。对商鞅主张的愚民，余英时有精辟的分析："人民都普遍的愚昧无知，这样他们就可以俯首帖耳地接受有智慧的君主的领导"，所以"遗贤去知，治之数也"。总之，商鞅愚民政策作为反智的极端，目的在于剥除民众的个人追求而统一于国家意志。说白了，就是专制统治者的独夫之心。

没有了智慧，民众变得愚笨，更加乖顺地听人指挥，任人驱策。其结果是绝对单一化的社会结构。统治者凌驾于这种社会之上，用国家机器将全民的意志高度统一到政府的目标上来。其致命缺点是无视差别，只求下级听命于上级，无视普通民众的个性化、多样化的需求。在这种体制中，个体只是为实现统治目标的工具，只有利用价值而毫无被人文关怀的意义。要知道，抹杀特性的代价便是共性的一同毁坏。

时间前进两千多年，二十世纪六十年代到七十年代的十年浩劫，反智仍旧大行其道。不管生产力如何进步，社会形态如何改变，反智的幽灵总是不断变换着外表模样，伺机挑动着一颗颗不安分的心。

第十章

孟子

大哉！孟夫子

　　将《孟子》来回翻看，颇觉索然。激昂惊心的旋律，听久了会厌烦，固然有汩汩不绝的浩然正气充沛于书中，见多了不禁疲惫。遇到我这样的学生，孟子定会抛出一句"予不屑之教诲也者，是亦教诲之而已矣"（见《孟子·告子下》），之后师徒二人四目相对，尴尬异常。打破这窘迫局面的，只能是夫子再一次的一走了之。

　　而论及孟子本人，我绝无微词。夫子养浩然之气，夫子存赤子之心，夫子为王者师，夫子真大丈夫。除了这些被称颂滥了的官方溢美之词，我还从书中看到了孟子的血性、自信、率性、任性，血性得阳刚，自信得崔嵬，率性得天真，任性得烂漫。不论学说，孟子起码做到了一个大写的人。万物皆备，以身殉道，惟仁惟义，坦坦荡荡。

　　《史记·孟子荀卿列传》中记载的孟子事迹极其简略，一是屡不受用，二是退而著述。孟子，名轲，生于约公元前372年，距孔子之死即公元前479年约有百年，作为孔子之孙孔伋再传弟子的弟子，难免身受熏陶，也许是天造地设的缘分，孟夫子和孔夫子的人生履历重合度极高：贵族后裔、平民出身、幼年丧父、求学问道、教书育人、周游列国。

　　太史公敏锐地察觉到这些。当时天下都以能征善攻为贤，大兴合纵连横之术，"而孟轲乃述唐、虞、三代之德，是以所如者不合"，怎能见用？"游事齐宣王，宣王不能用。适梁，梁惠王不果所言，则见以为迂远而阔于事情"，宋、滕、鲁诸国国君莫不如是，罕于言利的夫子被统治者冠以迂腐之名，怎能"不废书而叹也"？"秦用商君，富国彊兵；楚、魏用吴起，战胜弱敌；齐威王、宣王用孙子、田忌之徒，而诸侯东面朝齐"，法家、兵家、纵横家……乱哄哄，你方唱罢我登场，何曾给儒者留有一席之地？"嗟乎，利诚乱之始也！……自天子至于庶人，好利之弊何以异哉！"司马迁不惜以史笔声援，孟子却也如孔子般心灰意懒，"退而与万章之徒序《诗》《书》，述仲尼之意，作《孟子》七篇"，在著书立说中找寻精神的永生。

孟子虽被称为亚圣，但地位在宋代以前并不高，曾有一首打油诗讽刺孟子学说的空洞："乞丐何曾有二妻，邻家焉有许多鸡。当时尚有周天子，何事纷纷说魏齐。"时至中唐，韩愈本是"鞭笞"古人向历史"开炮"的高手，连荀子都因他而位置不保，但在《原道》中，他仍把孟子列为先秦儒家中唯一继承孔子道统的关键人物。韩愈恭顺温驯的态度，标志着一个孟子的"升格运动"开始了，其人其书的地位逐渐上升。宋神宗熙宁四年（1071年），《孟子》一书首次被列入科举考试科目之中。元丰六年（1083年），孟子首次被官方追封为邹国公，翌年配享孔庙，《孟子》一书升格为儒家经典。南宋朱熹又把《孟子》与《论语》《大学》《中庸》合为"四书"，实际地位居"五经"之上。元朝至顺元年（1330），孟子被加封为亚圣公，地位仅次于孔子，亚圣之称始于此。

孔子的周游列国看似风光，实则如丧家之犬，无人愿意收留，只好浪迹天涯。浪子是风流潇洒的，也是悲从中来的。《孟子·公孙丑下》中，一连出现四个"孟子去齐"，宣王不用。如果去志坚定，誓不旋踵而已，何必如此拖泥带水，前后走了四次，还"若有不豫色然"。孟子的心情可以理解，齐宣王虽非圣主，比上不足，但较"望之不似人君"的梁惠王则绰绰有余，不失为一明君。于是，接连的"孟子去齐"好像是写给齐宣王看的，"三宿而后出昼，是何濡滞也？""去则穷日之力而后宿哉？""吾何为不豫哉？"一次次的反问辩驳，恰似一番番的求留哀告，孟子的心中仍旧充满"报君黄金台上意"的渴望，但宣王终究未曾挽留。以孟子的脾性，断无可能说软话告饶，回答学生公孙丑的"久于齐，非我志也"，显然是在为自己的不受用找台阶下了。孟子曾提出："无罪而杀士，则大夫可以去；无罪而戮民，则士可以徙。"（见《孟子·离娄下》）颇有勇气。然而，当君主滥用法律、残暴统治之际，西方思想家会指出这是滥用权力的非法之举，会诉诸法律审判进而惩处，而孟子除言论谴责外，只要求或只能要求"去"或"徙"。一走了之，是另一种逃避。

孟子是极具人格魅力与感召力的，这是古今追捧孟子的重要原因之一。曾有人对孟子说，公孙衍、张仪是真大丈夫啊！"一怒而诸侯惧，安居而天下熄"，而孟子回答道：

> 是焉得为大丈夫乎？……以顺为正者，妾妇之道也。居天下之广居，立天下之正位，行天下之大道；得志，与民由之，不得志，独行其道。富贵不能淫，贫贱不能移，威武不能屈，此之谓大丈夫。（见《孟子·滕文公下》）

孟子所指"以顺为正"的"妾妇之道"，不知击碎了多少人虚伪繁华的外表，从灵魂上给予痛切的鄙夷。从庙堂佞臣到些小乡愿，从弄权贼子到谄媚小人，无不奉行顺从上级、顺从权力、顺从金钱的信条，犹以官场为盛。清代朱克敬《瞑庵二识》记载，历任乾隆、嘉庆、道光三朝的元老曹振镛，用六个字概括了他官运亨通的诀窍："门生某请其故，曹曰：'无他，但多磕头，少说话耳。'"西汉鲍宣也曾在谏疏中谈及当时官场："以苟容曲从为贤，以拱默尸禄为智。"此类人甚至算不得妇，毕竟妇为正室，还不能一味顺从迁就。这种人只能算得妾，是十足的为妾之道。孟子认为当时所谓纵横捭阖的政治家，都是顺从君主、毫无骨气的"妾妇"。有破有立，"富贵不能淫，贫贱不能移，威武不能屈"，方乃大丈夫。三个"不能"字字铿锵，读来仿佛能感受到孟子人格中的硬气与英气扑面而来，使人不由得激荡澎湃。但大丈夫并非顿悟可得，需要不断培养，孟子便称："我善养吾浩然之气。"那么，何为"浩然之气"？

> 难言也。其为气也，至大至刚，以直养而无害，则塞于天地之间。其为气也，配义与道；无是，馁也。是集义所生者，非义袭而取之也。行有不慊于心，则馁矣。（见《孟子·公孙丑上》）

气，是古人认为组成生命的一种基本形态。对于"浩然之气"，孟子也说不出一个准确的定义，只能用最伟大、最刚强、充塞天地之间来形容，更重要的是它"配义与道""集义所生"，需要每个人用正直的道义时刻培养，一旦有不义之举，"浩然之气"顿时便馁泄疲软。此等"浩然之气"，大概就是附着在人身上无形的气场和人格魅力。

孟子是不缺"浩然之气"的，见梁惠王时，王发问："叟不远千里而来，亦将有以利吾国乎？"孟子直接顶了回去："王何必曰利？亦有仁义而已矣。"（见《孟子·梁惠王上》）不但不要"以顺为正"，孟子将当面顶撞君主和藐视上级发展成为生活常态，甚至以此教导弟子："说大人，则藐之，勿视其巍巍然。……在彼者，皆我所不为也；在我者，皆古之制也，吾何畏彼哉？"（见《孟子·尽心下》）不论实力强不强，气场不能输，对那些高高在上惯了的诸侯，就得摆出一副轻视的样子，因为我所行皆为正道，何惧之有？孟子的自信可夺诸子之冠：

> 王如用予，则岂徒齐民安，天下之民举安。（见《孟子·公孙丑下》）
> 如欲平治天下，当今之世，舍我其谁也？（见《孟子·公孙丑下》）
> 万物皆备于我矣。反身而诚，乐莫大焉。强恕而行，求仁莫近焉。（见《孟子·尽心上》）

一句"当今之世，舍我其谁也"可当作孟子的人格宣言，这磊落的呼喊，于战国汲汲于利的风气中，无异于惊雷乍响，天风浩荡。"自任以天下之重"的孟子，满满都是人格的张力，我不禁遐想，孟子大概不愿对君上行礼鞠躬，无奈受到传承儒家伦常的使命所限，不得已要朝君上弯腰时，腰弯下了，但孟子的头颈仍然是梗直着向上朝前，不肯弯曲的。

张载曾说，颜回没有做圣人，是因为那时有孔子在，孟子被称为亚圣，是因为孔子早已故去，他必须担当起拯救苍生的重任。《孟子》中有不少章节论及历史事件和历史人物，与《论语》不同的是，孟子喜爱用大篇幅的文字，通过似是而非的逻辑，将历史重新臧否一番。齐宣王问是否有"汤放桀，武王伐纣"之事，孟子说"于传有之"。齐宣王便因此发难：商汤、周武毕竟是臣子，桀、纣毕竟是君主，以儒家"君君，臣臣，父父，子子"（见《论语·颜渊》）的伦理，臣子弑君是不被认可的，这便意味着商汤、周武是谋逆背主之臣。且看孟子如何回应：

> 贼仁者谓之"贼"，贼义者谓之"残"。残贼之人谓之"一夫"。闻诛一夫纣矣，未闻弑君也。（见《孟子·梁惠王下》）

在辩论中，偷换概念是犯规行为，而这恰恰是孟子在辩论中的惯用伎俩。他将君臣伦理论题偷换成仁义与否论题，另起炉灶。在新论题中，桀、纣是有害于仁义的，既然有害于仁义，商汤、周武起而伐之便是正义之举，不是弑君，而是"诛一夫"罢了。如果我是裁判，至少要给孟子一个黄牌警告。孟子没有正面回答齐宣王的问题，而是一厢情愿地将论题引向了仁义，以此论证汤武革命的合法性，自然也是为儒家理论提供合理性论证。

在《孟子·万章上》中，此类问题比比皆是，孟子用"巧妙"的辩论技能，回应了诸如舜号泣于旻天而非怨，舜不告而娶并非废人之大伦，舜流放弟弟象是亲之爱之，禹因不传贤而传子所以德衰是不成立的等历史遗留问题，以正视听。其实，这些都是孟子开动理论宣传机器的产物。夏、商、周三代是个大舞台，尧、舜、禹是响当当的正面主角，桀、纣则是永远的反面配角，为了正面而正面，为了宣传而宣传。诚然，孟子做这些论证的目的在于为儒家"正名"，名正则言顺，言顺则事成，正名主义若隐若现地存在于诸子著作的字里行间，犹以《孟子》为盛。《论语》之后所有诸子著述，在记载自家与别家论辩时，结果永远是自家以滔滔不绝的雄辩之口完胜对手，使对手心悦诚服。这样的论辩看一次两次尚觉新鲜，看多了只能使人感觉生硬牵强，心生厌烦，宣传的效果自然也差了许多，这也是《论语》为后人称道，孔子被冠以宽仁包容之名的原因之一。

儒家的政治理论与教育理论关切甚紧，儒家学者无一不以师者自居，而孟子更是要做"王者师"，所谓"人伦明于上，小民亲于下。有王者起，必来取法"（见《孟子·滕文公上》）。可惜孟子的谆谆教导滑向了说教的深渊。

如果称孔子为教书匠，那么孟子便是说教书匠。从这位说教书匠身上，后人学得最有益的，应是人格魅力的感染与熏陶。

性善还是性恶

先秦儒家三位大师都曾论及"性"的话题，所指大体上是人与生俱来的情感、心理方面的品质，基本可以理解为人性，但"性"与我们今天所说的人性内涵绝不等同。

孔子作为儒家的开山人，只将"性"的概念轻轻抛出，并未做具体论述。子贡曾说："夫子之文章，可得而闻也；夫子之言性与天道，不可得而闻也。"（见《论语·公冶长》）可知孔子在课堂中极少涉及"性与天道"的话题。事实上，《论语》一书只有两处提及"性"，除上文外还有一处是孔子说："性相近也，习相远也。"（见《论语·阳货》）孔子认为人性相近，只是后天形成的习惯风俗有别，没有对"性"做任何说明与界定。

孟荀二人之所以能扛起儒家大旗，缘于对孔子学说有里程碑式意义的继承与发展。孔子讲仁爱，但没有说清楚为什么要追求仁爱，更没有回答为什么要进行"推己及人"的忠恕之道。孟子试图回答这个问题，提出"性善"论，因为人本性良善，自然会追求"仁"的境界，这追求的实践便是孟子学说的关键——"义"。荀子虽然认同"仁"，但并不相信"性善"，反而认为人性本恶，"性恶"之人断然不会主动追求"仁"，那么荀子便意图用外力引导、规范人们趋向仁爱，这个外力就是荀子学说的关键——"礼"。孟荀对孔子的思想扬弃大抵如此。

孟子的"性善"论涉及两大问题：一、人的本性皆为善；二、人之不善是由于没能将本性充分发挥。第一个问题说明了人性应该是什么，即人性应该是善的，第二个问题解释了人性事实是什么，即实际中很多人不善的原因。关于"性"，《孟子》中列举出除"性善"之外的三种不同观点，说明认识

人性是当时社会的热点命题：

> 告子曰："性无善无不善也。"或曰："性可以为善，可以为不善；是故文武兴，则民好善；幽厉兴，则民好暴。"或曰："有性善，有性不善；是故以尧为君而有象；以瞽瞍为父而有舜；以纣为兄之子，且以为君，而有微子启、王子比干。"（见《孟子·告子上》）

第一种认为人性并无善恶之分；第二种认为人性可以从善，也可以从恶，关键在于外力的影响；第三种认为有的人本性善，有的人本性不善。持第一种观点的是与孟子同时代的思想家告子，二人曾都以水做比来论述人性：

> 告子曰："性犹湍水也，决诸东方则东流，决诸西方则西流。人性之无分于善不善也，犹水之无分于东西也。"
> 孟子曰："水信无分于东西，无分于上下乎？人性之善也，犹水之就下也。人无有不善，水无有不下。今夫水，搏而跃之，可使过颡；激而行之，可使在山。是岂水之性哉？其势则然也。人之可使为不善，其性亦犹是也。"（见《孟子·告子上》）

告子认为人性如水，河道向东则水流东，河道向西则水流西，所以人性并无善恶之别。孟子就此反驳：水流不分东西难道也不分上下吗？人性本善就像水往低处流一样，虽然有时水会因外力而向上流，但这并非水的本性，而是"其势则然"。书中记载的孟子在辩论中又一次大胜而归，我们好像能看到孟子语出如注之后嘴角得意的微笑，他以水喻"性"的类比看似有理，但试问，为什么水向下就一定代表着向善？如果我说向下是代表向恶，不也说得通吗？这样虽然不能解释人性是善还是恶，但起码我知道孟子又做了一次无效的论证。读《孟子》就要习惯这样的论辩风格。

> 人皆有不忍人之心。……所以谓人皆有不忍人之心者，今人乍见孺

子将入于井，皆有怵惕恻隐之心。……恻隐之心，仁之端也；羞恶之心，义之端也；辞让之心，礼之端也；是非之心，智之端也。人之有是四端也，犹其有四体也。有是四端而自谓不能者，自贼者也；谓其君不能者，贼其君者也。凡有四端于我者，知皆扩而充之矣，若火之始然，泉之始达。苟能充之，足以保四海；苟不充之，不足以事父母。（见《孟子·公孙丑上》）

　　"恻隐之心"为"仁之端"，"羞恶之心"为"义之端"，"辞让之心"为"礼之端"，"是非之心"为"智之端"，这便是"仁""义""礼""智"的"四端"，孟子认为这是如四肢般与生俱来，不待教导，一触即发，是"非由外铄我也，我固有之也"（见《孟子·告子上》）。董仲舒在《春秋繁露·深察名号》有言："性有善端，动之爱父母。善于禽兽，则谓之善。此孟子之善。"

　　以上便是孟子关于人性本善的观点，那么，人性为何有诸多不善呢？《孟子·告子上》中直接回答："若夫为不善，非才之罪也。""才"本义为材料，孟子认为善性就如构成人的原始材料，所以《孟子》中"性""才""情"可以通用。之后孟子又将上述"四端"重申一遍，匆匆得出结论：人与人相比，善与不善能相差好几倍，是由于"不能尽其才者也"。也就是说，只要能充分发挥人的天性，就必然走向善的结果。那么为了善，就要对"四端"不断地"扩而充之"，即发扬优秀品质，做好合格臣民。为此孟子还半鼓励半警告地说："苟能充之，足以保四海；苟不充之，不足以事父母。"

　　从某种程度上说，对"四端"的"扩而充之"的历程就是"善养吾浩然之气"的过程，不管人有多么恶，这一点天生善的力量是无穷的，只要把人性中善的部分发掘出来，几乎无所不能。而那些不能发挥善端的人，乃"自贼者也"，不可救药。孟子还以"非人"来骂那些不修"四端"之人："无恻隐之心，非人也；无羞恶之心，非人也；无辞让之心，非人也；无是非之心，非人也。"（见《孟子·公孙丑上》）不是人，那一定就是禽兽，既然是禽兽，那也犯不着努力培养浩然之气了，更没有教育的可能和必要，所谓："人之所以异于禽于兽者几希，庶民去之，君子存之。"（见《孟子·离娄下》）孟子在这样的逻辑中心安理得地放弃了对失足群体的拯救。

与孟子相反，荀子是"性恶"论的拥护者，认为人性本恶。于是荀子也面临着与孟子类似的问题：在实际生活中，人为何会表现出善？为了回应这个问题，荀子在天性之外又提出一个"伪"的概念。"伪"字本意人为，相对于天生的"性"，"伪"指后天的、人为的、非自然的，"人之性伪之分"如下：

> 凡性者，天之就也，不可学，不可事。……不可学、不可事而在人者，谓之性；可学而能、可事而成之在人者，谓之伪；是性、伪之分也。（见《荀子·性恶》）

于是，荀子创造性地提出："人之性恶，其善者伪也。"（见《荀子·性恶》）挣脱出诸子单纯讨论人性而争辩不休的既有窠臼，在先天人性的基础上加了"伪"的后天因素。之前诸子都在"性"这一口锅里抢饭吃，荀子看不下去了，又拿来一口锅架在旁边生火煮饭，炉火越烧越旺的同时，为人性善恶的问题提供了比孟子更合理也更有逻辑的解释。

《荀子·性恶》篇中列出的若干项人性之恶："今人之性，生而有好利焉""生而有疾恶焉""生而有耳目之欲，有好声色焉"，又如"今人之性，饥而欲饱，寒而欲暖，劳而欲休"……结论是人天生就是"目好色，耳好听，口好味，心好利，骨体肤理好愉佚"的。荀子的"性"，相当于孟子骂骂咧咧的"非人"禽兽之性，即人类的动物性，而这动物性的恶不在孟子的研究范围之内；荀子的"伪"，基本等同于孟子寄予极大善良期望的人性，只不过孟子认为人性本善，而荀子认为人性经"礼"规范之后才能成善，否则仍旧是恶劣的动物性。

孟荀二人的针锋相对并非仅仅是言辞用语之争，观点区别在于：第一，孟子看重人类向善的能力，认为人只要将本性的善发掘出来，世界就会充满爱；荀子担忧人类作恶的倾向，认为任由这个倾向发展，结果只能是天下大乱。第二，孟子认为这种向善的能力是可以自行培养使之茁壮成长的，即"善养吾浩然之气"；荀子则否定了自行培养的路径，转而赞同借助外力"礼"进行引导、规范。

公正地说，对比孟子的"四端"，荀子的说法更有道理。因为荀子所说毕竟是无可争辩的事实，耳、目、声、色等欲望都是人类进化万年而未消退的动物性的体现，可以抑制，但绝不可能没有。反观孟子的"四端"，恐怕无人能生而有之。退一步讲，《孟子·尽心下》说："人皆有所不忍，达之于其所忍，仁也；人皆有所不为，达之于其所为，义也。""仁""义"是出于人有"不忍之心"，恐怕也没人敢说自己天生就有"不忍之心"，因为忍与不忍的发生前提是对客观事物的价值判断，例如我们不忍于法西斯军队随意杀害无辜百姓，前提是我们知道这是非人道的，而这其中的价值判断需要后天教育形成，不可能生而具有。所以，关于"性善"还是"性恶"的问题，孟子的价值判断远不如荀子的基本事实可靠有力。诚然，荀子将人类诸多本性定义为道德上的恶，并主张用"礼"消除这些恶，一定程度上是对人本性的武断否定，容易引出过分压制人性的恶果，但我们当下讨论的是谁的理论更有说服力，无疑荀子强于孟子。这其中，我们能感受到荀子为人的老辣多识，以及文章议论的审慎细密，《荀子·性恶》篇中每一条论述都如利箭，射向孟子，直接将孟子的"性善"论定性为"无辨合符验"的空洞之说。

> 故善言古者，必有节于今；善言天者，必有征于人。凡论者，贵其有辨合、有符验。故坐而言之，起而可设，张而可施行。今孟子曰："人之性善"，无辨合符验，坐而言之，起而不可设，张而不可施行，岂不过甚矣哉？（见《荀子·性恶》）

如果用性本善概括孟子关于人性的思想，荀子则是性恶而善伪，一个是单维度的平面图像，另一个是双维度的立体空间。多一个维度，就多一层保障，也多一方理论的回旋余地，这是荀子的高明之处。而"性善"与"性恶"对孟荀二人思想体系建构的理论意义怎么形容都不为过，为各自学说奠定了极重要的理论基础。

> 人之有道也，饱食、暖衣、逸居而无教，则近于禽兽。圣人有忧之，

使契为司徒，教以人伦，——父子有亲，君臣有义，夫妇有别，长幼有叙，朋友有信。（见《孟子·滕文公上》）

孟子认为人伦关系及基于人伦的道德是人区别于动物的主要方面，人只有在人伦与社会关系之中才能得到发展。儒家相较于道家最大的不同便是充分发掘人的社会性，而在人走向社会之前，又是以怎样的心性面貌出现的呢？孟子认为是"性善"。性本善的人融入社会，将善心善行充分发扬以致感染他人，世界便充满着爱，这便是儒家理想中"仁"的境界。而人在社会中之所以为人，需要承担一系列的责任与义务，尽力完成这些责任与义务便是"义"。至于那些不善之人，孟子只将其归为非人的禽兽类，不做讨论。此外，人在社会中自然脱不开政治的影响，尤其在入世心极强的儒家眼中，人就是一种政治动物，孟子找到了"性"与政治的连接点：

人皆有不忍人之心。先王有不忍人之心，斯有不忍人之政矣。以不忍人之心，行不忍人之政，治天下可运之掌上。（见《孟子·公孙丑上》）

因为人生而"性善"，都有"仁"的"不忍人之心"，统治者也是人，也有"不忍人之心"，所行自然是"不忍人之政"，即"仁政"。而对于那些不行"仁政"甚至行暴政的庸君、昏君、暴君，孟子骂道："庖有肥肉，厩有肥马，民有饥色，野有饿莩，此率兽而食人也。"（见《孟子·梁惠王上》）迫害百姓的君主自然没有继续执政的道理，孟子给人民以革命的权力，统治者如果不想被革命而愿意维持统治，那就对百姓好一些，时时刻刻把人民利益挂心间，这便是孟子的爱民思想。于是，"道性善，言必称尧舜"（见《孟子·滕文公上》）的孟子从"性善"出发，逐渐推演出"仁""义"等社会伦理，以及"仁政"、爱民等政治理念，没有"性善"做基础，孟子的理论大厦将毁于一旦。

反观荀子，其理论核心是"礼"。不同于孔孟侧重教育感化作用的"礼"，荀子的"礼"着重于对社会秩序与人们行为的强制性规范，所谓："礼者，贵贱有等；长幼有差，贫富轻重皆有称者也。"（见《荀子·富国》）这与法家之"法"的功能非常类似。那么，荀子为什么还被认为是儒家而非法家代表人物？孔子创立儒家，提出了"仁""义""礼""乐"等具有儒家特色的概念，孟子发展了孔子的"仁"和"义"，而荀子则发展了"礼"和"乐"，孟子主张用道德力量对人性中的善进行引导，荀子主张以外力规范对人性中的恶时刻防范，但是殊途同归，孟荀二人都以提升人的道德修养为最终目的，而不同于法家"以法治国"求得国家富强的目标，这是儒法的根本分野。荀子将孔孟之"礼"做硬化处理，其中缘由是他认为人性本恶。

> 故枸木必将待檃栝烝矫然后直，钝金必将待砻厉然后利。今人之性恶，必将待师法然后正，得礼义然后怡。（见《荀子·性恶》）

一方面，荀子认为人生而有之的欲望即是"性恶"，而不充裕的物质条件无法满足每个人的欲望，便会产生争夺，生出祸乱。这时便要发挥"礼"的强制规范作用，确定名分使人各司其职，不做非分之想，就能制止争夺，平息祸乱，天下太平。荀子希望"礼"能充分发挥强制力，便距离法家之法仅一步之遥，在犹豫之中，半只脚已经踏上法家的航船，其得意弟子如韩非、李斯皆投身法家，自然不足为奇。另一方面，除了人性本恶，荀子还认同人为之"伪"的力量，主张"化性起伪"。既然本性的恶无法避免，就需用后天教化的方式去恶向善。

> 故圣人化性而起伪，伪起而生礼义，礼义生而制法度。然则礼义法度者，是圣人之所生也。故圣人之所以同于众，其不异于众者，性也；所以异而过众者，伪也。（见《荀子·性恶》）

在荀子看来，人生而同恶，但圣人之所以出类拔萃，是因为后天的礼义教化，"伪也"。作为一个朴素的唯物主义者，荀子论"天"时极力推开天道，排除天对人类活动的制约，注重人本身主观能动性的发挥；荀子论"性"时同样极力压制天性，注重礼义的人为规范。先秦诸子中，老子、孔子、墨子、庄子、孟子无一不尊"天"敬"天"，认同天然高于人为，独荀子力排众议，坚持人为优于天然，所以恶都出于天然，而善皆源自人为。

孟子认为人性本善，如果要极力扩充人性中的种种善端，就得通过教育；荀子坚持性恶而善伪，如果想压制恶而培养善，还得通过礼义教育。所以不论人性是善还是恶，论调本身并不重要，重要的是二位大师都经由对人性的分析达到论证自己学说中现实指向部分合理性的目的，毕竟先秦诸子哲学的基本精神是强烈的现实问题导向与社会政治指向。告子为了人性问题每每和孟子争得面红耳赤，殊不知双方虽然使用的是同一个概念，但对这个概念的价值理解完全不同，时时关切现实政治的一方并不会理解纯哲学思考的意义所在，鸡同鸭讲是必然的。

先秦儒家三位大师都极重视教育，动辄以师道尊严的面貌出现，鼓吹"性善"或"性恶"，目的并不在于探寻人性的真相，而是类似于一种激励教育，因为只有通过教育手段，儒家的现实理想才能实现，也才能达到治国、平天下的至高境界。孟子觉得，天天跟一个孩子说："你真聪明，肯定能学得比别人好！"孩子就真的热爱学习了。你经常说别人可以很善良，所谓"人皆可以为尧舜"（见《孟子·告子下》），天下人就真的乐于去做好人了。

遗憾的是，这种说教式教育很傻很天真。其中一大问题是既然人性本善，人就必须善，不善也得善。正如"人皆可以为尧舜"的逆否命题耸人听闻：凡是不能成为尧舜的，就不是人。既然你不是人，那就成为孟老师口中的禽兽，我杀你也就不算杀人。在这种追求善的冲动下，屠刀霍霍磨砺的声音已经隐约可闻，后世所谓"理学杀人""道德杀人"，就是这种思路的体现。而一旦这种主张与政治权力相结合，暴政的出现便顺理成章。不想被杀的话，只能做善人，但不可能每个人做每件事都是善的，可即使不善也得装善，伪君子便大批大批地产生了。此外，孟老师过于相信善的力量，甚至有时候刻意回避人性之恶。这导致在他平治天下的方案中，如军队、法律、监狱之类的国家机器，不是绝对没有，但占比极低，这样的国家维持稳定尚且困难，何谈平定天下呢？

大约在公元前 319 年，梁襄王曾向孟子讨教安定天下之法。

卒然问曰："天下恶乎定？"

吾对曰："定于一。"

"孰能一之？"

对曰："不嗜杀人者能一之。"（见《孟子·梁惠王上》）

梁襄王问："天下怎样才能安定？"孟子答："统一了才能安定。"梁襄王又问："谁才能统一天下？"孟子答："不喜欢杀人者才能统一。"就在这段对话之后不到百年，以狂热嗜血、残暴无道著称的秦国，横扫六国，一统天下。

义与仁政

"性善"论为孟子学说奠定了极重要的理论基础，其最为后人称道的"义"与"仁政"，便是"性善"的自然结果。依照孟子观点，正因人性本善才会有追求"仁"的行为，这个行为便是"义"，而且人是时刻处于社会关系之中的动物，政治又是最紧要的社会关系，君主在政治活动中将本性中的善扩充及百姓，便是"仁政"，所谓："以不忍人之心，行不忍人之政，治天下可运之掌上。"（见《孟子·公孙丑上》）所以，"性善""义""仁政"，孟子学说的三个要点看似分离，实则浑然一体，联系异常紧密。

说到"义"，我们会联想到正义，这个用以代表光辉正面的道德词汇。《中庸》说："义也者，宜也。"《说文》段注有言："义之本训谓礼容各得其宜。"韩愈在《原道》中说："博爱之谓仁，行而宜之之谓义。"这些解释都与《新华字典》上"正确合宜的道理或举动"的解释相近。"义"本义适宜、合理、中肯，"正义"一词因此充满了正面的意义。

文天祥英勇就义之后，人们在其衣带中发现一首遗诗："孔曰成仁，孟曰取义，唯其义尽，所以仁至。读圣贤书，所学何事？而今而后，庶几无愧。"这首诗道出了孔孟的精华。孔子有"志士仁人无求生以害仁，有杀身以成仁"（见《论语·卫灵公》）的呐喊，孟子有"生，亦我所欲也；义，亦我所欲也。二者不可得兼，舍生而取义者也"（见《孟子·告子上》）的慷慨，"仁"和"义"是二人的代表思想，而"义"是对"仁"的发展，二者的区别何在？孟子曾做区分说："仁，人心也；义，人路也。"（见《孟子·告子上》）"仁"是内心修养，"义"是行为正道，正因有"仁"心才会有"义"举，"义"是"仁"的显性表达，行为符合标准，思想自然是跟得上的，所谓"唯其义尽，所以仁至"。之后文天祥说出了一个千古之问：人为什么要学习？对古人来说，埋头苦读，皓首穷经到底为了什么？当然不是为了传说书中自有黄金屋、千钟粟，更不能说是为了香车美女，而是力求达到"庶几无愧"的境界，唯有一生行"义"，不越雷池一步，才能无愧于父兄，无愧于乡亲，无愧于内心的崇高灵魂。

在文天祥看来，"义"仿佛比"仁"还要重要一些，只有先"义尽"才能有"仁至"，这无疑是对孟夫子的最好褒扬，也是对"义"这个道德规范的肯定。孟子将孔子的"仁"发展成"义"，是更注重外在行为评价的表现，更希望能将"仁"心剖露出来，施及于人，毕竟一个人的内心思想无从知晓也无法控制，只要他的外在行为符合道德规范即可。同时，"义"要比"仁"的评估更加可行，因为衡量一个人的行为是否适宜总比探索他的内心世界靠谱得多。孟子的"义"是使不可企及的孔子人格理想走向大众，人人都对自己的行为有所约束，孔子的圣贤理想只能是一小撮精神贵族的追求，孟子的"义"才可能是普罗大众的伦理规范。

在儒家人格理想被孟子推向大众的过程中，能够理解接受的群体越来越扩大，但同时，理想的精神内核渐渐地被抽离，最终不得称为理想，只能是屈从于大众审美与习惯的产物。从这个角度来说，"义"在人格理想方面，是相较于"仁"的一种相对退步，孟子虽仍将"仁""义"于口中并提，但心底已然弃守了人格理想阵地，退而求其次，致力于提倡外在行为的修养。

战国总不似春秋"涛声依旧"，而是"不见当初的夜晚"，孟子虽以孔子之真传人自居，偶然也不免对"仁"的可行性生出质疑，或是像老子一样，早已对世人失望，认为些小民氓不配以仁道导之。大出孟子所料的是，先秦儒家第三代掌门人荀子的相对退步退得更远。起码孟子还对人的自觉有些许信心，荀子却对人性不抱任何希望，别说内中之"仁"心，就算外显之"义"举在他看来都是不能指望的。于是，荀子将目光投向了"礼"。此"礼"非彼"礼"，荀子之"礼"亦非孔孟之"礼"，孔孟之"礼"重在柔性的熏陶教育，而荀子之"礼"，重点落在刚性的制约规定，完全借助外力规范人的行为，距法家之法仅一步之遥。从某种程度上说，先秦儒家从"仁"到"义"再到"礼"的学说发展，是一个相对退步的历程，退步的结果是学术与理想向政治与现实靠拢，双方最终在罢黜百家的运动中完成联姻的盛典。

此外，孟子提倡"义"的同时极其反对"利"。梁启超曾言道，孟子的最大特色在排斥功利主义。孔子虽有"君子喻于义，小人喻于利"（见《论语·里仁》）之言，但《易传》中有"利者义之和""以美利利天下"，《大学》中有"乐其乐而利其利"之言，并未将利归于恶端，而孟子却公然排斥。初见梁惠王，便以"王何必曰利？亦有仁义而已矣"（见《孟子·梁惠王上》）驳之；见到宋牼也劝他莫用"利"来说服秦楚停战。后世董仲舒的"正其谊不谋其利，明其道不计其功"（见《汉书·董仲舒传》）也出于此。有人说孟子攻击的"利"是自私自利，而不反对利民利国的多数人之乐利，这种说法有待商榷。孟子反对"利"其实并非专指一事一物一人的具体牟利，而是批判以获利为目的的行为动机，做事之前精于计算，衡量利弊的思想举动都是为孟子所不齿的，既然合乎道义，那么"何必曰利"，直行其事就好，至于成败祸福皆非儒家考虑之列，正如孔子尽人事而后听天命的"天命"观——注重生命过程，不计较具体得失。

老吾老，以及人之老；幼吾幼，以及人之幼。天下可运于掌。《诗》云："刑于寡妻，至于兄弟，以御于家邦。"言举斯心加诸彼而已。故推恩足以保四海，不推恩无以保妻子。古之人所以大过人者，无他焉，

善推其所为而已矣。（见《孟子·梁惠王上》）

孟子善于做激励教育，据《孟子·梁惠王上》记载，齐宣王坐在堂上看到即将献祭的牛心生怜悯，便下令以羊易之，原因是"吾不忍其觳觫，若无罪而就死地"，孟子就此大做文章，认为"是乃仁术也"，先对宣王的"仁"心给予充分肯定，之后鼓励他扩充"仁"心进行"推恩"，所谓"言举斯心加诸彼"，这正是将心比心、推己及人的忠恕之道。从这个故事中，我们能看到孟子之"仁政"对孔子之"仁"道的理论发展。孔子对"仁"的论述基本限于个人品德修养领域，孟子则将其扩展至政治范畴，完成了从"内圣"到"外王"的转变，所以说《论语》重在修身、齐家，《孟子》则更重治国、平天下，而这仿佛也符合我们对孔孟的人格印象，一个谦虚内敛，另一个高调奔放；一个谨慎保守，另一个大胆泼辣。

《孟子》书中的"王道"和"仁政"是同义词，基本可以相互替换。"圣人"也是人，也有"四端"，行之而波及政治领域便是"仁政"，所以"仁政"是由"仁""义"扩充而得，是怜悯之心性的发展结果。"仁政"在概念上应从属于"仁""义"，是其缩小施用范围之后的结果。以羊易牛的讨论之后，齐宣王在孟子的"忽悠"之下信心满满，似乎自己就该是个能行王道的圣君，随即表示："我虽不敏，请尝试之。"孟子怎能错过如此的教育良机，一口气说道：

无恒产而有恒心者，惟士为能。若民，则无恒产，因无恒心。苟无恒心，放辟邪侈，无不为已。及陷于罪，然后从而刑之，是罔民也。焉有仁人在位罔民而可为也？是故明君制民之产，必使仰足以事父母，俯足以畜妻子，乐岁终身饱，凶年免于死亡；然后驱而之善，故民之从之也轻。

今也制民之产，仰不足以事父母，俯不足以畜妻子；乐岁终身苦，凶年不免于死亡。此惟救死而恐不赡，奚暇治礼义哉？

王欲行之，则盍反其本矣：五亩之宅，树之以桑，五十者可以衣帛矣。鸡豚狗彘之畜，无失其时，七十者可以食肉矣。百亩之田，勿夺其时，八口之家可以无饥矣。谨庠序之教，申之以孝悌之义，颁白者不负戴于道路矣。老者衣帛食肉，黎民不饥不寒，然而不王者，未之有也。（见《孟子·梁惠王上》）

对"老者衣帛食肉，黎民不饥不寒"的社会描述，书中原封不动地出现过两次，可见其在孟子心中的分量。从保护人民，到富裕人民，再到教育人民，物质充沛只是文化繁荣的起步，孟子讨论生计问题与其经济思想固然重要，但"仁政"最终落点在提升国民人格修养上，这与孔子的"道之以德，齐之以礼，有耻且格"（见《论语·为政》）不谋而合。教育对儒家政治理想的实现至关重要。

按照孟子及后世儒家的看法，政治统治有两种形态，一个是"王道"，另一个是"霸道"。"王道"是行"仁政"的圣王之道，"霸道"是依靠暴力的集权专政。"王道"依靠道德教育贯彻，"霸道"依靠强制手段推行。《孟子·公孙丑上》记载孟子曾说："以力假仁者霸，霸必有大国，以德行仁者王，王不待大。汤以七十里，文王以百里。以力服人者，非心服也，力不赡也；以德服人者，中心悦而诚服也，如七十子之服孔子也。"孟子推行"仁政"的目的是要使天下万民对圣君心悦诚服，换句话说，是要百姓对君主俯首帖耳，甚至唯君是从。经由"仁政"，孟子实现了由"仁"心到"仁政"、心性到政治、学术到政策、伦理到律令的跨越，学统、道统、政统在他的熔炉中深度冶炼交融。如果说荀子开启了走向君主专制统治的大道，孟子便奠定了儒者参与政治的基石，没有孟子率先铺路，荀子未必能引导君主走向专制。

我们更应看到，"仁政"不能脱离儒家贤人政治的羁绊，孟子围着孔子的失误转了一圈又一圈，只把"仁政"的施行寄托于统治者的道德良心，寄托于圣人出现的小概率事件，丝毫没有思考过使用制度进行些许规范，并由此对当政者权力有所限制，从而达到惠民结果。可以想见，没有约束的君主权力一旦膨胀，也是"若决江河，沛然莫之能御也"（见《孟子·尽心上》），孟子的理想蓝图顷刻破灭。所以，从属于"仁政"的轻徭薄赋思想在中国古代不断重复出现，但不是持续短暂就是效果不佳，不可能救民于水火。问题还出在人治上，"仁政"就是孟子衷心信仰的道德人治。要实现这样的道德人治，只能靠圣君贤臣，尤其是圣君，他的出现才是天下大治的根本，正如《孟子·尽心上》所说："五百年必有王者兴，其间必有名世者。"圣王的道德之治成为孟子"仁政"的最高理想，这一政治理想对中国古代社会的影响极其深刻，中国百姓生活的盼头似乎就在对这类道德圣君的望眼欲穿之中，中国传统文化对君权的崇拜也正是建立在这虚玄的"仁政"蓝图之上。

民究竟有多贵

孟子为后世最看重是其提出了前无古人的民贵君轻的思想。《孟子·尽心下》记载孟子说："民为贵，社稷次之，君为轻。是故得乎丘民而为天子，得乎天子为诸侯，得乎诸侯为大夫。"孟子将百姓支持与否作为政权存亡的根基问题，背后是对人的尊重和对人民权利的重视。

在先秦诸子中，如此爱民重民的恐怕只此一家。在老子看来，圣人出于对婴孩的怜悯照顾之心情，故而爱民，这固然有一定的爱民思想，但本质是老子对人民的轻视，并想方设法愚民，所谓"非以明民，将以愚之。民之难治，以其智多"（见《老子·第六十五章》），使人民参与政治生活更是虚妄之事。墨子主张"尚同"，所谓"上之所是必皆是之，所非必皆非之"（见《墨子·尚同上》），天下之人惟上是从，以天子一人之心为天下人之心，民权自然早被国君抛诸脑后，即便有也是圣君自上而下的恩赐。商鞅眼中的百姓最好是一群只会耕田、打仗两项技能的机器，不能有思想，不能有个性，更不能有意见，"民弱国强，国强民弱，故有道之国，务在弱民"（见《商君书·弱民》）直接主张打击弱化人民的力量。到了韩非子，"民智不可用，犹婴儿之心"（见《韩非子·显学》）的观点类似老子，虽不似商君那般极端暴虐，但也充满了对百姓的失望叹息，底层人民除了守法就不能有其他奢求。

以上种种观点，儒家想必不敢苟同。孔子提出"仁"，是为此后的儒家划定了一个界限，这个界限就是对人存有起码的尊重。汉代郑玄为《礼记·中庸》中"仁者，人也"一句作注道："人也，读如相人偶之人，以人意相存问之言。"其中"相人偶"指人之间互相致意以示相亲相敬。而韩愈《原道》也有言："人其人，火其书，庐其居。明先王之道以道之，鳏寡孤独废疾者有养也。"其中"人其人"以最通俗的方式理解就是把人当人。孔子固然主张尊重人，在日常交往中有"出门如见大宾，使民如承大祭"（见《论语·颜渊》）的庄敬之情，但并不认为百姓应该享有参与政治生活的自由，"民可使由之，不可使知之"（见《论语·泰伯》）便是明证。所以孔子对普通百姓的态度是尊重但不至于重视，保证其生存权而漠视其发展权，认为人民的物质需求相对精神需求更为重要与迫切。

孔子之后的儒家进一步抬高了人的地位，如孟、荀之前的《礼记·大学》和《礼记·中庸》，影响甚广。《礼记·大学》的作者早不可考，相传为曾子及其门人所作，提出从"格物""致知"到"修身""齐家"再到"治国""平天下"的一套理论，将"修身"作为一切的根本，之前的"格物""致知""正心""诚意"都是"修身"过程的具体化，之后的"齐家""治国""平天下"皆为"修身"的效果或目标。"修身"关注的便是个人，个人是家国天下等一切伦理的起点，《礼记·大学》甚至直接点出："自天子至于庶人，壹是皆以修身为本。"而且无论贵贱皆修其身的观点也体现了对普通人的重视。《礼记·中庸》为孔子之孙子思所作，也说："故君子不可以不修身。思修身，不可以不事亲。思事亲，不可以不知人。思知人，不可以不知天。"也提出"修身"的人生哲学，同时极注重"诚"，所谓"诚者，天下之道也。诚之者，人之道也"，即是充分保留与发挥天赋予人本性中的"诚"，如果一个人做到这点，便是"诚之"，从而达到"与天地参"的境界。

> 唯天下至诚，为能尽其性；能尽其性，则能尽人之性；能尽人之性，则能尽物之性；能尽物之性，则可以赞天地之化育；可以赞天地之化育，则可以与天地参矣。（见《礼记·中庸》）

儒家发展至孟子，人的地位又一次被抬高，不但讲究对人的尊重，而且对人民的各方面权利十分重视。《孟子·尽心下》中"万物皆备于我矣"指的便是人作为天生灵长具有万物不可比拟的优越性，最大的表现就在于人性本善，良知良能，具有"四端"。细细想来，真可谓"反身而诚，乐莫大焉！""浩然之气""大丈夫"等绝不只是孟夫子的自信、自大、自恋，而是他如此看重个人的人格。孟子学说蕴含一种平等主义思想。

圣人，与我同类者。（见《孟子·告子上》）

何以异于人哉？尧舜与人同耳。（见《孟子·离娄下》）

彼，丈夫也；我，丈夫也；吾何畏彼哉？（见《孟子·滕文公上》）

舜，何人也？予，何人也？有为者亦若是。（见《孟子·滕文公上》）

自孔子以来，孟子是第一个将尧舜等圣君拉下神坛的儒家大师，"圣人"不再是遥不可及的只能供常人顶礼膜拜的宗教之神，而是在人格方面与普通人没什么区别的人。当然，孟子只是认同人与人在人格、天性上平等，而非才智、见识、德行等资质都等同，《孟子·滕文公上》中便说社会"有大人之事，有小人之事""或劳心，或劳力"。

孟子对个人生存权与发展权非常重视，希望统治者先不扰民，再保民，之后富民，进而教民。后世之所以追捧民贵君轻，是看重孟子极力争取人民的政治权利，民越发贵重的同时，君变轻了。他不但追求君权在一定程度上要"减重"，也从国民文化心理入手，狠狠地挖了一通君主制度的墙脚，唯愿人格之等，心性之同。孟子关于人民政治权利的思想，可总结为：得民心者得天下。反之亦然，失民心者自然失天下。在孟子眼中，君主统治的合法性来自广大人民的选择，这个选择不是西方民主的票选，而是为天下谋福祉，是人心向背，是"道"。所以即便统治者在"天时"和"地利"方面拥有再多的优势，也不及"人和"的效用巨大。

故曰：域民不以封疆之界，固国不以山谿之险，威天下不以兵革之利。

得道者多助，失道者寡助。寡助之至，亲戚畔之；多助之至，天下顺之。以天下之所顺，攻亲戚之所畔；故君子有不战，战必胜矣。（见《孟子·公孙丑下》）

为得民心而有"多助"，首先，君主要在思想上亲民爱民。滕文公曾问治国之道，孟子直言："民事不可缓也。"（见《孟子·滕文公上》）在孟子的思想中，国家政治基本可以与"民事"画等号。孟子说："有布缕之征，粟米之征，力役之征。君子用其一，缓其二。用其二而民有莩，用其三而父子离。"（见《孟子·尽心下》）这是典型的珍惜民力，没有发自内心的爱护何谈珍惜？而且古今"圣人"所行之道本质相同，所谓"禹、稷、颜回同道。禹思天下有溺者，由己溺之也；稷思天下有饥者，由己饥之也，是以如是其急也"（见《孟子·离娄下》），言语情感之切切跃然纸上，充满了对黎民百姓的同情和关爱。其次，君主还要在行动上富民教民，甚至与民同乐。除了富民教民，《孟子·梁惠王下》记载孟子与齐宣王讨论欣赏音乐，孟子问宣王："是独自一人听音乐快乐，还是与别人一同听音乐快乐？"宣王回答："当然是大家一起听音乐更快乐。"于是孟子由音乐引申至治国，得出"今王与百姓同乐，则王矣"的结论。齐宣王当然觉得孟子的"圣人"标准过于严格，很坦诚地承认自己喜欢财货，贪恋美色，孟子循循善诱地回答道：没关系，"王如好货，与百姓同之，于王何有？……王如好色，与百姓同之，于王何有？"孟子也不是一味地逞强刚直，劝说君主行"仁政"时还是花了一番心思，激励教育是孟老师的长项。

此外，人民并不是完全被动地受君主呵护，也能发表意见形成舆论影响君主的决策。据《孟子·梁惠王下》记载，孟子认为君主在任用贤能和杀伐决断之前，要充分征求民意："左右皆曰贤，未可也；诸大夫皆曰贤，未可也；国人皆曰贤，然后察之；见贤焉，然后用之。"这有点类似于今天的民意调查，不管实际效果如何，仍然体现了对民众力量起码的尊重与重视。

孟子告齐宣王曰："君之视臣如手足，则臣视君如腹心；君之视臣

如犬马，则臣视君如国人；君之视臣如土芥，则臣视君如寇仇。"（见《孟子·离娄下》）

君臣关系在这里脱离了上下高低之分，归于对等，注意是对等而非平等，我报之以李，你还之以桃，但你不仁，休怪我不义，人民脱离了对君主的人身乃至精神附庸。《孟子·离娄下》还说："无罪而杀士，则大夫可以去；无罪而戮民，则士可以徙。"在春秋战国那个大国林立、小国无数的时代，孟子认可百姓有选择的自由，可以用脚投票。更进一步的是，如果国君缺少领袖的道德品质，孟子给予百姓革命的道德权利，此时杀掉国君推翻政权并不能算弑君，因为按照孔子"正名"的观点，不为百姓谋利的君不配为君，只是作为民贼的"一夫"，所谓："贼仁者谓之贼，贼义者谓之残，残贼之人谓之一夫。闻诛一夫纣矣，未闻弑君也。"（见《孟子·梁惠王下》）历史上的商汤放桀和武王伐纣都是正义的。孟子的这些思想，着实值得大书特书一笔。

回到孟子的"民为贵，社稷次之，君为轻"，将民众、国家社稷、君主三者进行比较，绝不可能是指社会地位的尊贵卑贱而言，因为孟子及其时代毕竟是承认君权甚至欢迎集权的，而应是就政权建立过程中的重要性而言。其后紧接着说：能得民众拥戴者为天子，得天子赏识者为诸侯，得诸侯欢心者为大夫。断然没有民众的地位比君主尊贵的意思，对君主用"轻"这个衡量维度，而不用"卑"或"贱"，就是要强调人民在统治过程中的重要性，也就是告诫君王，你的统治基础是民众，没有民众，你不可能做天子。所以，孟子不时地提醒统治者，不能失去民心，这样才能坐稳宝座。《三国志·先主传》中记载有刘备的一句名言："夫济大事，必以人为本。"很多人觉得"以人为本"是指君主为民而设，是为了抚民、养民、爱民、教民，但在古代，这些其实都是上天赋予君王的职责。因此，君王首要对上天负责，而不是对人民负责。与此不同，民主思想则主张民有、民治、民享，认为统治者首先应对人民负责。

孟子亲民爱民的"仁政"可以称为民本主义，但与民主主义还相差甚远，我们尤其要注意区别中国之民本与西方之民主。前者倡导的是"以人为本"的口号，而后者遵循的是平等、人权的价值观。民本之民依然是君主统治下的无基本权利可言的子民，而民主之民是享有社会平等地位而作为权利主体的国家公民。前者预设的主权在君，后者则设定主权在民。民本论者把人民当作国家之本时，他们预先设定了人民是君王统治的对象，没有人民就无所谓君王的统治，人民是整个政治体的基础，君王则是政体的主导者，民主思想家则不仅强调人民是国家政治的基础，而且强调政治统治的主权在民而不在君。因此，就思想实质而言，中国传统的民本主义者几乎等同于专制主义者，顶多是其中的温和派。

所以，民本主义的主体仍是君主，要爱民如子，采用笼络民心的措施来巩固自己的统治地位，因为爱民就是爱自己，爱绝对的权力。虽然在局部问题上民本主义会同专制君主有所冲突，但从全局利益来看，它是向君主献上的符合其统治长远利益的良策，不是对君主专制体制的拆台，而恰恰是对君主专制主义的加固。中国历史上的所谓圣君明主们，都十分注重儒家思想在这方面的诚挚提醒。孟子成为亚圣，绝非巧合。

第十一章

庄子

时代跑题者

如果读过先秦诸子，可能会生出这样一些心态：在孔子面前满心尊崇，对墨子钦敬有加，同情怜惜韩非子的不幸遭遇，但唯独偏爱庄子，而且年龄越大越钟情，经历越丰富越会心生共鸣。

晓梦初醒的庄生，迷恋于蝴蝶的婉转多姿，一时竟无法分清是我化而为蝶，还是蝶化而为我。念及此，我们会萌发冲动，欲效法一番，遗憾的是，我们并不知道该从何着手，迷茫和苦恼之后，仍旧也只能投身于滔滔之世，我还是我，庄周依旧是庄周。我们不是不知道庄子境界之美妙，其个性魅力时时发出渺茫的召唤，遗憾的是，虽有心学习但偏偏学不到位，有些人甚至都不配拜庄子为师。年与时驰，岁与日去，曾不知老之将至，悲夫！庄周的形象穿透千年册牍仿佛依旧跃然鲜活，同时也缥缈而不知所终。从古至今的读书人，一生为儒学功名奔波，从不把老庄道学显露于外，唯有失意落寞之时，古道斜阳，会想到庄子，且做一剂舒缓良药，感受丝缕心灵熨帖。

庄子（约公元前369—前286年），姓庄，名周，字子休，一说字子沐。同老子一样，后人对其生平知之甚少，《庄子》中关于他的故事虽然很多，但只能作为了解庄子思想、性情、人格的材料看，不能当真。比较靠谱的文献只有《史记》，但也只给了庄子二百余字的简短篇幅，传达的有效信息实在有限。在汉武帝独尊儒术的氛围下，太史公对老子、庄子等非儒家人物节省笔墨，可以理解，但正是这不能再简略的记述，不也从侧面为道家之"忘我"情操与"无为"精神做了注解吗？

根据《史记·老子韩非列传》，庄子"蒙人也"。主流说法认为蒙在今天的河南商丘，春秋时属于宋国。宋国在战国时就被认为是蠢人辈出之地，诸子都爱揶揄讽刺宋人，不论是守株待兔的寓言，还是宋襄公所谓仁义的史实，宋人的愚蠢是认死理的固执，也是画虎不成反类犬的笨拙。

"周尝为蒙漆园吏。"漆园是地名还是漆树园子，无从考证，但我们能知道庄子一生连官都没做过，充其量一小吏而已，以行动践行着"终身不仕，以快吾志焉"的理念。

　　"与梁惠王、齐宣王同时。"庄子生活在梁惠王和齐宣王时期，自然与亚圣孟子同时。诡异的是，二人书中都未曾提及对方姓名，仿佛并不相识，引起后世诸多猜疑。有人认为，孟子大骂杨朱，是指桑骂槐冲庄周而去的，而庄子虚构过一个叫孟子反的人物，明摆着是要同孟子反着来。这虽是戏言，但也反映了喜观诸子争鸣者的一种心理：两大高手没能如庄子与惠子般论辩过招，实在太遗憾了。毕竟孟子是当时的辩论高手，因好辩而名满天下；庄子也不示弱，言语汪洋恣肆，文章一泻千里。后世当真错过不少好戏。

　　"然善属书离辞，指事类情，用剽剥儒、墨，虽当世宿学不能自解免也。"庄子颇善言辞，好用寓言"指事类情"，旁敲侧击，辩论时虽没有正面冲突，但总会让对手红脸出汗。偏锋走剑，要的就是这种冷飕飕寒意不绝的感觉。司马迁以"剽剥"二字形容其批驳之凌厉，可谓入木三分，单是连着两个立刀偏旁，就好似欲将儒、墨之徒击杀削除、生吞活剥，连当时的饱学之士也不能幸免。但庄子不像孟子那般直来直去，更不会进行频繁的人身攻击，而是将一场场唇枪舌剑的论辩编排成出人意料、搞笑戏谑，而又发人深省、引人深思的短剧，这正是庄子的艺术态度。

　　"其言洸洋自恣以适己，故自王公大人不能器之。"司马迁的"洸洋自恣以适己"七个字真是点睛之笔，创作立场、文风气势、价值观念、思想倾向，乃至庄周其人都囊括在内。反观先秦其他诸子，关注领域不外乎社会、政治等时代主流议题，稍显狭隘，且大多论有余而力不及。试问：我凭什么要为别人活着？为什么不能为自己而活？为什么不能为了活着而活着？庄周拿出了前辈杨朱的叛逆精神，回答道：活着只为"适己"，自己高兴就好。

　　在时代主题面前，庄子是名副其实的跑题者。当然，相较儒、墨、法家积极入世的态度，老庄都是时代的跑题者，只不过庄子跑得更远，更彻底，更不带走一丝云彩。《老子》全书充满了对理政治国的关注，而这种主题的内容在《庄子》中比例大减，代之以对个体生命、生活的关切。所以"王公大人不能器之"，其中一层意思是统治者看不上，准确地说是看不懂庄子，而更重要的另一层意思是，庄子压根瞧不上蝇营狗苟的政治和不可救药的社会，抛出淡淡一句：相濡以沫，不如相忘于江湖。

忘了，彻底；忘了，纯粹；忘了，干净。忘记，并不只是一个机理功能，而是一种人生态度，很多时候忘记很容易，好似在不经意间隔断了与过去某段时空的联系，有些时候忘记其实很困难，尤其是忘记那些你不想忘记的，这个过程痛苦而刻骨铭心，而庄周无声无息地做到了，甚至把忘记本身也忘记了。《庄子·德充符》有云："人不忘其所忘而忘其所不忘，此谓诚忘。"

汉代以后，道家尊奉庄子为南华真人，《庄子》也被尊为《南华经》，与《老子》《周易》合称"三玄"。《史记·老子韩非列传》说庄子"其学无所不窥，然其要本归于老子之言"，庄子思想继承老子的痕迹确实明显，向无争议，而先秦道家还有一个重要代表人物——杨朱。冯友兰认为先秦道家分为三个明显阶段，杨朱之后有老子，老子之后是庄子。陈鼓应则认为老子才是道家乃至先秦诸子的开山鼻祖。不论三人如何排序，庄子都是继二人之后的道家大师，继承并开拓了道家思想。

有人说，《庄子》不是一个人的作品，也不是一派人的作品，而是一脉人的作品。《庄子》大约成书于先秦，各篇基本为先秦道家所作，有近代出土秦简为证。《汉书·艺文志》著录五十二篇，今本仅余三十三篇，其中内篇七，外篇十五，杂篇十一，《逍遥游》《齐物论》《大宗师》等篇目集中反映了庄子的哲学思想。宋代起，有人认为内篇为庄子本人所著，而外篇和杂篇是其弟子所作。但总体来说，《庄子》一书的思想基本统一。

全书以"寓言""重言""卮言"为主要表现形式，想象奇幻，构思巧妙，呈现了一幅多彩世界和文学意境的美妙图景。文笔恣肆，瑰丽诡谲，刘熙载评其为"意出尘外，怪生笔端"（见《艺概·文概》），具有浪漫主义艺术风格。看似夸言万里，想象漫无边际，然皆有根基，重于史料议理，给人以超凡脱俗与崇高美妙的感受，在中国的文学史上独树一帜，其文章体制已脱离语录体形式，标志着先秦散文已经发展到成熟的阶段，可以说《庄子》代表了先秦散文最高成就。鲁迅在《汉文学史纲要》中说："其文则汪洋辟阖，仪态万方，晚周诸子之作，莫能先也。"

《史记·老子韩非列传》除了概述庄周一生，还保留了一则小故事。楚威王想请庄子出山担任相国，派使者携重金登门拜访，庄子却讲起了祭祀所用牺牲的故事："子独不见郊祭之牺牛乎？"牺牛在献祭的前几年就用好吃好喝的供养，临近祭祀，便披上精致的绣品送入太庙等待宰杀，这时这头牺牛如果想回到从前做一头普普通通的小牛，可能吗？答案当然是不可能。于是庄子不屑道："子亟去，无污我。我宁游戏污渎之中自快，无为有国者所羁。"他把入世做官看成污脏不堪的行为。类似的故事在《庄子·秋水》中也有记载，不过更之以庙堂之龟自比，问使臣道："此龟者，宁其死为留骨而贵乎？宁其生而曳尾于涂中乎？"使臣选择了后者，于是庄子说出那句名言："往矣！吾将曳尾于涂中。"

濮水静静流淌，庄周心无旁骛，使臣哑口无言，是牛也好，是龟也罢，庄周的态度十分坚决：拒不入世。除了在他眼中官场无比肮脏以及做官不自由外，就政治而论政治，还因为庄子继承了老子"无为"而治、顺其自然的政治哲学。有官就有管，而道家始终认为天下大乱的根源就是管，而且管得太多太细：

> 闻在宥天下，不闻治天下也。在之也者，恐天下之淫其性也；宥之也者，恐天下之迁其德也。天下不淫其性，不迁其德，有治天下者哉？……故君子不得已而临莅天下，莫若无为。无为也，而后安其性命之情。（见《庄子·在宥》）

"在宥"指任物自在，无为而化，与老子的"我无为而民自化，我好静而民自正，我无事而民自富，我无欲而民自朴"（见《老子·第五十七章》）一脉相承。庄子不在乎也不在意，一如濮水垂钓时的态度，对政治，对社会，对人世，避之唯恐不及，离得越远越好，自然的就是最好的，何必横加干涉？

值得注意的是，《庄子》中不但有厌世无为的表达，还有多处出现诸如"悲夫！""不亦悲乎！""可不哀邪！""可不谓大哀乎？"的悲苦慨叹，这

频频的情感流露令人起疑：庄周果真不在乎世事吗？如果真是不在乎，又何必要哀其不幸呢？胡文英曾说："庄子眼极冷，心肠极热。眼冷，故是非不管；心肠热，故悲慨万端。虽知无用，而未能忘情，到底是热肠挂住；虽不能忘情，而终不下手，到底是冷眼看穿。"（见《庄子独见》）

假作真时真亦假。与其说这种思想和情感的矛盾是庄子的哲学困境，不如说对于世事沉浮，庄子打心底里还是在乎的，只不过他正在经历煎熬的踱步徘徊和苦痛的内心辩论：

"离开吧，这才是最终归宿！"

"难道任由这世间破乱下去？"

"还能如何？这世界早已无可救药！"

"真的一丁点希望都没有了吗？"

庄子紧盯吊钩，看似没有一丝波澜，但殊不知，他的内心无数次游走于濮水河界两侧：不知是行至江左以归隐，还是留在江右以入世。久久不能抉择，无奈之下，只好坐定垂钓。试想，如果庄子对世事果真没有丝毫留恋，归隐得彻底完全，楚王使臣怎么还能在濮水之畔找到他呢？怎么还会有《庄子》传于后世呢？时至今日怎么还有一个叫庄周的为人所熟知呢？只能说，庄子心中仍放不下这世界。对人世间的种种荒唐与罪恶，他自知不能用书生的秃笔来与之叫阵，只好冷眼相看，但终于耿耿而不能释怀。于是，随着诸侯们的剑锋残忍到极致，他的笔锋也就荒唐到极致；世界黑暗到了极致，他的态度也就偏激到极致。天下污浊，不能用庄重正派的语言与之对话，只好以谬悠之说，荒唐之言，无端崖之辞来与之周旋。他好像在和这个世界比试谁更无赖，谁更无理，谁更无情，谁更无聊，谁更无所顾忌，谁更无所关爱，谁更赤条条来去无牵挂，谁更能破罐子破摔，谁更无正义、无逻辑、无方向、无心肝。

谁曾想，满纸荒唐言之下，是一把又一把的辛酸泪。庄子的世界观中的确充满矛盾——纠结入世与否，但最终选择了出世，又想以出世的态度解决入世的问题——一番对立、抗争、撕扯、分裂之后，世界还是那个世界，庄周依旧是庄周。

无美之美的人生

　　中国古代读书人的心中总有两种情结：厅堂情结和花园情结。且看江南园林，始入正门定有一间用以会客、工作的正厅，正厅之后，四面掩映、曲径通幽、柳暗花明，大片园林呈现眼前，而这不轻易示人的花园才是园林主人费力经营并引以为傲的所在，也是江南胜地尤其使人流连忘返的精妙之处。厅堂正式、庄严、隆重、典雅，预示着入世做官进而修齐治平，属于儒家范畴；花园休闲、适意、谐趣、曼妙，象征着出世优游同时豁然自在，属于道家理想。园林主人在厅堂中经历案牍劳神之后，总爱信步后院，在形神放松的同时享受天然情趣。偶有客至，一番厅堂寒暄和交流，谈得投机则直接引客入园，友爱之情在不同场合得到各自的提炼与升华。就连巍巍在上的皇族贵胄，也愿意在紫禁城本就拥挤金贵的空间中，为御花园留有一席之地。古代读书人总依靠这两种情结互相切换、适应、调剂，儒与道的精神也在一方园林中得到最好的彰显。

　　道家作为隐士群体中的思想家，将士人内心对自然之美的向往开掘出来。在这方面，老子和杨朱的贡献只是初步和启蒙式的，庄子则是深度和跨越式的，他将现实人生点化为艺术人生，运用丰富的想象力，将至美至乐的艺术精神和人性情感安置在大自然的优美清静中。正如陈鼓应所说，以往士人都是在庙堂之上或学宫之内坐而论道，而庄子则将其表达人生哲理的场所转移到山林之间、溪涧之旁。

　　如果有人觉得，庄子既然是隐士，做人做事一定很低调。其实并非如此，他仰望"怒而飞，其翼若垂天之云"的北冥鲲鹏，艳羡"以八千岁为春，八千岁为秋"的上古大椿，言道"御风而行，泠然善也"的列御寇，想象"乘云气，御飞龙，而游乎四海之外"的姑射神人，内心钟爱的尽是激越恢宏的壮阔意象。

　　但如果我们就此认为庄子是个外显高调之人，便又大错特错。上面说到

《庄子·逍遥游》是大众熟知的篇目，先讲述了鲲鹏之大、飞而万里的气势，但蜩和学鸠对鲲鹏不以为然，觉得自己在榆枋矮枝之间跳跃嬉戏就足够快乐了。继而提及以久特闻名的冥灵、大椿、彭祖，普通人的寿命完全不能与他们相比。鲲鹏和彭祖之流看似强于学鸠和普通人，但庄子仍认为"犹有未树也"。进而说有人能做到"举世而誉之而不加劝，举世而非之而不加沮"，这总足够超然了吧？但庄子还不满意，"彼其于世，未数数然也"。之后又提到乘风而行、无所凭依的列子，评价说"此虽免乎行，犹有所待者也"。经过层层铺垫之后，庄子终于说出了心目中"至人"的境界。

> 若夫乘天地之正，而御六气之辩，以游无穷者，彼且恶乎待哉！故曰：至人无己，神人无功，圣人无名。（见《庄子·逍遥游》）

魏晋以来，很流行一种解释，大意说鲲鹏有鲲鹏的本性，学鸠有学鸠的本性，"此小大之辩也"，无须分出高低对错，按照各自的方式生活就好，更无须嘲笑彼此。其实这种观点站不住脚，仅能反映注者自己的价值观，因为庄子在蜩和学鸠发出耻笑声后，抛出一句"之二虫又何知"，这两个小虫子怎能领会鲲鹏的境界呢？分明充满了鄙夷和不屑。在他心中，如何都不会认同鲲鹏和学鸠是平等的，正如他视惠施的相位如腐鼠、笑曹商为舐痔之徒的时候，也不会觉得自己和惠施、曹商之辈平等。但是，鲲鹏纵然"水击三千里，抟扶摇而上者九万里"，终归要依靠风力加持，因为"风之积也不厚，则其负大翼也无力"，是典型的"有所待者"，即需要借助外力依靠的事物。真正的高人，《庄子》中一般称"至人""神人""圣人"，是不需要任何凭依的，体现在哲学思想方面，就是"无己""无功""无名"。

道家对"无"青睐有加，《老子·第四十章》便有"天下万物生于有，有生于无"的认知，在《庄子》各个章节中也若隐若现地能看到"无"的正面、侧脸抑或背影：无所待是无所依恃，超脱而视利害是非为无物，顺应自然与天性是排除一切人为因素，虚己游世的处世态度本就是无所恃的表现……继被老子抽象化之后，"无"又被庄子投射到为人处世的原则与实践中去，拥有了更多层次的内涵。

万物一齐，孰短孰长？道无终始，物有死生，不恃其成。（见《庄子·秋水》）

庄子以万物为"一齐"，也就是著名的"齐物论"，又分为"齐物"和"齐论"两部分，其中"齐"指的是平齐、平等、对等，"齐物"是指一切客观事物归根到底都是同质与平等的，皆由"道"生，没有什么差别。而"齐论"是指一切主观意念都是同质与平等的，无所谓是非、美丑、善恶、贵贱之分。庄子借此表达了宇宙万物的绝对统一观点，在一定程度上将事物的相对性归于"无"。当然，其中也透露出一定的均衡观念：万事万物正是互相牵扯制约，从而达到平衡与齐谐。《庄子·齐物论》用一系列的疑问表达了世上本无是无非的观点："是亦彼也，彼亦是也。彼亦一是非，此亦一是非，果且有彼是乎哉？果且无彼是乎哉？"既然"万物一齐"，那么"仁""义""礼""智"等儒家世俗标准便没有存在的必要了，只要顺应自然，顺遂天命，听任造化即可，"齐物论"实乃庄子社会政治思想的哲学基础。

既然世间无是无非，那么美丽的容颜和健康的体魄都是靠不住的。当然，这里所说的美丽指的是世俗审美的产物，而非道家非主流的审美。

毛嫱丽姬，人之所美也；鱼见之深入，鸟见之高飞，麋鹿见之决骤，四者孰知天下之正色哉？自我观之，仁义之端，是非之涂，樊然淆乱，吾恶能知其辩！（见《庄子·齐物论》）

毛嫱与丽姬，可是当时沉鱼落雁的重量级美女，庄子看似称赞，其实是不怀好意地讽刺，批评世人的审美水平只等同于动物。客观而言，关于美丽与否的评价是极难划界的。《诗经·陈风》中有一句形容当时美人："有美一人，硕大且俨。"意思是这美人身材健硕宽大，而且下巴上的肉有好几层……以今视昔，审美观念的变化竟然如此惊人。

既然众口难调，庄子便主张回归本真，把美丑的标准推向"无"的境地。我们可以将此理解为取消美丑的区别，但事实并非如此，庄子只是取缔了世俗审美观念存在的必要，进而提出了一种在他看来更高层次的审美——天然之美，所谓"道与之貌，天与之形"（见《庄子·德充符》）。

"彼正正者，不失其性命之情。"（见《庄子·马蹄》）"性命之情"是指生命的本真状态，这种对"不失"的守持，即是对世俗社会人为物役的生存现状的极端否定。庄子还说："无以人灭天，无以故灭命，无以得殉名。谨守而勿失，是谓反其真。"（见《庄子·秋水》）其中"天"指的便是天然而无丝毫人为干预，在这里，天人并未合一而处对立，而"反其真"则呼唤人们返璞归真，崇尚的是一种天真烂漫之美，两小无猜之美。有美被庄子否决，转而欣赏无美，而无美并非果真无美，实是无美之美。

此外，庄子还认为一个领悟了道的人，身上应有一种超越形体的魅力。于是他捏造出许多残疾人士，《庄子·德充符》几乎就是一个丑人集中营：有下巴一直挂到肚脐眼的，有肩膀比脑门还高的，有大腿骨直接连着肋骨的……正是这些四体不全者，身残志坚，拥有形体完备者不具备的心灵本真，而这正是庄子之美所在。这其中涌动着质朴的生命意识，与中外古老的生存智慧相通，伤感而不颓丧。

孟子爱惜生发自天性的仁端善心，庄子则中意生命的本真和个体的美丽。就心性而言，孟子开辟出心性的道德领域，庄子则拓展出心性的审美面向；孟子侧重在人性的善，庄子倾向于人性的真与美。两人在人性议题上共同画出了真、善、美的同心圆，儒道互补果非虚言。

遗憾的是，由于在儒道的互动关系中，独尊儒术以来的道家一直处于相对劣势，一定程度上仅作为主流儒家思想的补充和陪衬，导致道家重视的真、美价值也渐趋式微，尤其在宋明理学之后，许多人性中最真实、最天然的美被主流且稍显畸形的文化刻意回避着。比如女性的肉体之美，唐代女性对自己的形体美毫不避讳，才有低开前襟的开放装束，而宋代女性服饰将躯体包裹得像个肉粽，男女之大防深入人心。加之后世礼教不断扼杀，真与美被人渐渐淡忘，善成为社会上下一致的追求。但是，缺少真元素的善常常在道德底线方面失守，缺乏美元素的善容易沦为虚伪空洞的高头讲章，于是，大批大批的伪道学家产生了，皓首穷经而无丝毫生机之美的老学究一个接着一个，最后弄得整个社会滑入"万马齐暗究可哀"的麻木状态。鸦片战争之后，清朝国门被强行打开，西方人才发现，这个从前梦一般的国度竟是如此颓唐不堪。失去真和美的"加持"，善终究无法独善其身。

灰色地带的游戏

战国时有个名士叫陈仲，《荀子》《韩非子》称为田仲，属于公认的廉洁之士，《孟子·滕文公下》说他"彼身织屦，妻辟纑，以易之也"，意思是陈仲亲自编草鞋，他的妻子负责练麻，换来钱物谋生，"以兄之禄为不义之禄而不食也，以兄之室为不义之室而不居也"，很有骨气和节操。他的事迹传到其他国家，却引来了当权派这样的议论：

> 于陵子仲尚存乎？是其为人也，上不臣于王，下不治其家，中不索交诸侯。此率民而出于无用者，何为至今不杀乎？（见《战国策·齐策》）

真是可怕的议论：一个人对国家没有积极作用，既不俯首称臣，也不专心治家，该杀。在其他时代，一个人对世事极度失望而选择归隐或者说逃避，是允许的，但在春秋尤其是战国时期，这种行为完全不为当权者所容。在战国的社会氛围下，隐士的生存权几乎被完全剥夺。韩非子也曾讲过一个故事，齐国国君太公望亲身拜访住在荒野中的一位叫狂矞的贤士，一连拜访三次，但狂矞次次闭门不出。于是太公望就把狂矞抓起来杀了，并做出一番解释：

> 狂矞也议不臣天子，不友诸侯，吾恐其乱法易教也，故以为首诛。今有马于此，形容似骥也，然驱之不往，引之不前，虽臧获不托足以旋

其轸也。（见《韩非子·外储说右上》）

韩非子如此迫不及待地取缔人生而"无所可用"的权利。代表专制独裁者的法家认为人活着就该为君主效劳，下到贡献体力耕田作战，上到奉献智力出谋划策，才能将国家推向强大。而韩非子将这种回避世事的人比作马，简直就像冲庄子而来。《庄子》中有一《马蹄》篇，大意是野生而无束缚的马本来是自由快乐的，正是因为伯乐出现，专爱打分评判马的功用大小，结果毁了马的幸福。庄子对战国时这种严酷相逼的社会氛围，显然深有领会。

无论是民主还是专制，是共和还是独裁，是法治还是人治，但凡属于政治体制和社会秩序的概念，如政府、法律、制度、伦理、道德、规范、习俗等，一定是要求一致而压制个性的，只是程度有所差异罢了。在道家看来，这些统统与自然相悖，同自然相反，故而强烈对抗，反对政府统治，主张顺其自然，"无为"而治，这是道家政治哲学的出发点。

庄子也不例外，《庄子·天地》有云："治，乱之率也，北面之祸也，南面之贼也。"他还讲过尧帝禅让于许由的故事，许由听说尧想将天下托付给自己，认为受到了极大侮辱，一路小跑，去河边清洗耳朵。这时，一个同样是隐士的人牵牛而过，问得缘由之后埋怨许由，原因是许由洗过耳朵的脏水顺流而下，污染了整个下游，他从此只能牵牛到上游饮水。故事非常夸张，但在其中能感受到庄子对官场和政治的厌恶之情，这种情绪因何而起？

第一，政治属于高危领域。庄子曾对惠施说，为官者就像狸猫、黄鼠狼之类的动物，"子独不见狸狌乎？卑身而伏，以候敖者；东西跳梁，不避高下；中于机辟，死于罔罟"（见《庄子·逍遥游》），上蹿下跳，固然得意，但终究不免于惨死下场，机关算尽太聪明，反误了卿卿性命。官场险恶，危险系数极高，这官不做也罢。如果从另一方面理解，一个人之所以做官，是因为具备一些起码的品格资质，也就是"有所可用"。主张"无"的庄子反其道而行，所谓"无所可用，安所困苦"（见《庄子·逍遥游》），既没本事又没资质，只好老老实实在家耕田，自然也就能免掉官场的各种旋涡和灾祸，不失为全生之道。

第二，官场实乃污浊之地。庄子眼中政治到底有多脏？且看这个故事。

一个叫曹商的宋人成功游说秦王，秦王赏他一百辆车子，于是曹商就向庄子炫耀，庄子反唇相讥："秦王有病召医。破痈溃痤者得车一乘，舐痔者得车五乘，所治愈下，得车愈多。"（见《庄子·列御寇》）像曹大人这样，能得到数以百计的车子，该多么努力地为秦王舐痔啊。不少人觉得庄子有政治洁癖，不但不入官场，连稷下学宫都不踏进一步。其实可以理解，稷下学宫虽是当时的学术圣殿，但毕竟是官方背景，以黄老之学为核心课题，归根结底是为田齐统治者服务的。腐烂的饭菜，常人是不吃的，但庄子连闻都不能。不妥协、不接受，是他的一贯立场。

第三，入世为官绝无自由。庄子除了愿意做"吾将曳尾于涂中"（见《庄子·秋水》）的乌龟，还讲了个故事。说宋国有个旅店老板，养了两个小老婆，一美一丑，但这老板偏喜欢那丑的，别人问为什么，他说："其美者自美，吾不知其美也；其恶者自恶，吾不知其恶也。"（见《庄子·山木》）意思是美者自以为美所以骄横，丑者自以为丑所以谦逊。对这个故事，理解角度很多，其中一个就是男人的驭妻术：打压美的，褒扬丑的。延伸开来就是君王的驭臣术，奖善惩恶，股掌之间。在这帝王心术的重压下，为官岂能自由？最保险的办法就是多磕头，少说话，尽力媚上。庄子怎会选择这样的去处？他的目标是诗和远方。

庄子、老子在政治方面都主张"无为"，但理由完全不同：老子着眼于"反者道之动"（见《老子·第四十章》）的自然规律，统治者一心强化控制的结果只能适得其反；庄子则依据自然和人为结果之不同，统治者的人为手段越多，距离天然境界就越远，所谓"以人灭天"（见《庄子·秋水》），人间悲剧也就越多。虽同属道家，但老庄之间不同点甚多：老子寡情，庄子善感；老子讲逻辑，庄子重感悟；老子多权谋，庄子多灵感；老子假无为，庄子真无为。读到深处，愈发觉老庄之别竟如此之大。

世界如此混乱，官场如此污浊，除了积极入世，参与政治交易外，庄子还有两条路可以走：一是避世，远远地逃开而与世隔绝；二是游世，若即若离地与世事保持安全距离。在我们的印象里，隐士都是避世的，似乎无人问津的深山，几许青黄的薄田，才是隐士的固定搭配。但很可惜，前面已经说过,战国没有赋予无用之人以生存的权利,毕竟"无所逃于天地之间"(见《庄子·庚桑楚》),所以庄子只能选择游世,用表面优游自在的态度纾解心中无限的悲伤。流传后世的《庄子》便是明证,如果庄子完全脱离世事,也就不会有作品问世,我们脑海中也不会有庄周这么一个特别的形象记忆。所谓游世,是指一种对世事不做过度参与,但也不完全离遁的状态。如果将世事比作黑色地带,将世事之外比作白色地带,那么游世者的舞台就是介于两者之间的灰色地带。庄子正是在灰色地带中,与蝶共舞,望洋兴叹,铺排属于自己的奇妙人生。

可庄子并不满足于沉默地游世。一方面是因为在中国这样表态思维浓厚的文化气氛中,沉默可以被认为是腹诽,是心存怨念,是消极对抗,而这些已经足够担上杀头的罪名;另一方面是强烈的表达欲望时时刻刻催促他宣泄胸中充沛的感情。于是,庄子走向了戏谑——戏谑君主,戏谑老友,戏谑对手,甚至戏谑自己。他知道不该说,但憋不住又想说,那就只好追求一种境界:"言无言。"(见《庄子·寓言》)。这三个字很难翻译,但也许有这么几层含义:爱说不说,说了也白说,不说白不说,说了还想说。

> 寓言十九,重言十七,卮言日出,和以天倪。寓言十九,藉外论之。亲父不为其子媒。亲父誉之,不若非其父者也。非吾罪也,人之罪也。与己同则应,不与己同则反。同于己为是之,异于己为非之。重言十七,所以已言也。是为耆艾,年先矣,而无经纬本末以期来者,是非先也。人而无以先人,无人道也。人而无人道,是之谓陈人。卮言日出,和以天倪,因以曼衍,所以穷年。(见《庄子·寓言》)

不少学者认为这段话就是庄子自己为《庄子》全书写的序言。什么是"寓言"?是把自己的话放到别人的嘴巴里说,本不是讲故事的意思,不过是间接发表意见而假托他人之口罢了,而这就要设置对话场景,安排聊天人物,一来二去,自然也就成了讲故事。在说与不说之间,庄子将"寓言"作为著作的重要载体,将戏谑不动声色地藏在其中。什么是"重言"?可以理解为重复的话，因为《庄子》里确实有不少同样的话来回说多次的情况，谎言重复一千遍就是真理，真理重复一千遍却成了聒噪。什么是"卮言"？卮是一种酒器，满的话斜向倾倒，空的话正而稳定，所以"卮言"指盈缩变通，略有点不着边际的话。

有一个与"寓言""重言""卮言"相对的概念——"庄语"，即庄严的语言。有趣的是，庄周姓庄而不庄，《庄子·天下》有云："以天下为沉浊，不可与庄语。"原来，庄子的戏谑皆时势使然。而且，比起在专制者面前沉默，戏谑的防御效果要好得多，《国语》有一句"我优也，言无邮"，意思是我是一个演小丑的不管说啥别人都不见怪。沉默可能被杀，而言微义大，正言若反，用戏谑换取安全。滑稽的戏谑不但让自己免于杀身之祸，还可以博君王一笑，与此同时，还有一定概率引起君王对自己荒唐行为的反思，果真如此，庄子的笑话就没白讲。

戏谑滑稽可以成为真实的保护色，但不容忽视，它也可以是虚伪的助推器。秦晖就有一段著名的议论："苟且而出于无奈，亦不足责。但庄周的苟且却不是自承无奈，而是把它奉为崇高境界。在这种境界中，真伪、有无、是非、善恶都可以不分，或者说都不可分。……我国传统时代的一大弊病是言行不一，儒家的那一套仁义道德只说不做，法家那一套关于法、术、势的厚黑学只做不说，所谓'儒表法里'是也。而道家的上述诡辩论则为本来难以相容的'儒表'与'法里'提供了关键性的黏合剂，为逻辑上摩擦剧烈的王道之表与霸道之里加注了有效的润滑油。"

一面是游世，一面是戏谑，合二为一是游戏。庄子一生都做着灰色地带的游戏。

愿世人活得更幸福

较之儒家对人际的关切，墨家对社会的关怀，法家对国家的关注，道家

更关心个体的人生。结合春秋战国的时代背景，关心人生的方面又能分为两大命题：一是如何活下来，二是如何活得更好。老子侧重前者，柔能胜刚、弱能胜强等都可理解为弱肉小民在强人横行的社会中的生存智慧；庄子侧重后者，在生存得以实现的基础上，提升生命质量，穷究终极幸福成为他探索的核心命题。哪怕《庄子》中的意象再超脱，寓言再玄妙，言语再高深，最终都可归入如何拥有更高质量生命的大主题。

依据个体生命质量，《庄子》大概将人分为四等：最低一等是被世俗价值裹挟着生活的人，这是世界上的大多数人，在庄子眼中基本等同于傻瓜，不屑一提，遑论幸福；略高一等的是企图更革世俗价值的人，诸如儒家、墨家、名家，虽被庄子大力批驳，但可与之言幸福；再高一等是鄙夷并叛离世俗价值的人，这些人活得相对自在，比较幸福，《庄子》书中如果出现庄子本人，通常属于此等；最高等是彻底脱离世俗也不需要世俗的"至人""神人"，达到无所依凭的境界，在他们眼中，世间一切并无区别，所谓"万物一齐，孰短孰长"（见《庄子·秋水》），这类人最为幸福。

不同的人看《庄子·逍遥游》会有不同角度的理解，上文提到的一种：是否"有所待"。而从另一角度理解，篇中故事蕴含这样的思想：实现快乐的前提是充分发挥本性。蜩和学鸠虽然不如鲲鹏能扶摇直上九万里，但跃然林间的它们有着自己的快乐，这种快乐在庄子看来固然比不了鲲鹏，那是因为宇宙万物的本性和天赋各有不同。不论是蜩、学鸠还是鲲鹏，乃至不需借助外力的"至人""神人"，实现快乐的共同点是，当它们充分并且自由地发挥天赋时，都会感到快乐。庄子并不以平等的眼光看待学鸠和鲲鹏，但对不同的生命形态，仍抱以充分的理解和包容。既然万物本性生而不一，强求一致并无丝毫意义。

> 凫胫虽短，续之则忧；鹤胫虽长，断之则悲。故性长非所断，性短非所续，无所去忧也。（见《庄子·骈拇》）

野鸭与白鹤的腿骨各有长短之别，但并无高下之分，如果想把野鸭的腿骨续长，将白鹤的腿骨截短，就是戕害万物天性，强求一致的行为，只能带来悲剧。所以在庄子的人生哲学范畴中，追求快乐需要充分地发挥、顺应本性。

更进一步，如果每个人都能做到顺应本性，那么整个社会、国家自然也笼罩在快乐的氛围之中，而这需要统治者放开政治、体制、道德等方面对自然天性的羁绊，因为这些都是强求一致的手段。有寓言说，从前有只海鸟栖息在鲁国都城郊外，鲁侯给它最高等级的礼遇，"御而觞之于庙，奏九韶以为乐，具太牢以为膳"，结果弄得海鸟"眩视忧悲，不敢食一脔，不敢饮一杯，三日而死"，庄子借此发表一番养鸟论：

> 此以己养养鸟也，非以鸟养养鸟也。夫以鸟养养鸟者，宜栖之深林，游之坛陆，浮之江湖，食之鳅鲦，随行列而止，委蛇而处。……鱼处水而生，人处水而死。彼必相与异，其好恶故异也。故先圣不一其能，不同其事。（见《庄子·至乐》）

鸟代表着百姓，养鸟者代表着统治者，养鸟的最好方式是顺应鸟的本性，即"以鸟养养鸟"。鲁侯以上宾之礼待鸟，却是"以己养养鸟"，动机是好的，结果适得其反。"先圣不一其能，不同其事"就是告诫统治者不要用政治和道德手段强求众生一致，可见庄子对政治统治的反感和抗议。相反，最好的统治方法就是"无为"，庄子的政治哲学正是要为普罗大众谋求快乐与幸福。

从某个角度理解，庄子的人生哲学要求天然，政治哲学要求"无为"。但这种顺应本性带来的快乐，只能是相对的快乐，庄子还有更高阶层的追求——"至乐"，要想寻着绝对快乐与终极幸福，另需一番功夫。

相对快乐之所以是相对的，缘于需要凭借、依靠其他东西。如果能充分发挥天性，人会感到快乐，但每当这样做时，总会遇到重重阻碍，如衰老、疾病、死亡等，使人无法充分活动，所以获得的快乐自然是相对的。传说老子死后，他的朋友秦失前来吊唁，看到其他人过分悲伤，于是批评道：

是遁天倍情，忘其所受，古者谓之遁天之刑。适来，夫子时也；适去，夫子顺也。安时而处顺，哀乐不能入也，古者谓是帝之县解。（见《庄子·养生主》）

夫子之来，是自然命数；夫子之去，也是自然命数。过分悲伤"遁天倍情"，不但无济于事，而且要受到惩罚。只有明白生死皆为实时顺势，便不会为欢喜或悲伤的情绪所干扰，便达到"县解"，即精神解脱的境界。庄子希望世人幸福快乐，而悲伤死者时产生的情绪使人在精神上备受折磨，感情越深，痛苦也越深，与快乐背道而驰。假如人能增进对万事万物的理解和感知，明白生老病死、富贵贫贱都是自然之力，便能大大减少因感情带来的痛苦，距离绝对快乐也近了一步。庄子自己就从常人情感中成功挣脱出来，当他妻子死时，惠施前来吊唁，他却"箕踞鼓盆而歌"。面对惠施的斥责，庄子这样说：

不然。是其始死也，我独何能无概！然察其始而本无生；非徒无生也，而本无形；非徒无形也，而本无气。杂乎芒芴之间，变而有气，气变而有形，形变而有生。今又变而之死。是相与为春秋冬夏四时行也。人且偃然寝于巨室，而我嗷嗷然随而哭之，自以为不通乎命，故止也。（见《庄子·至乐》）

庄子不是不悲伤，而是将情感伤怀变为过去时：在无知时，他是悲痛的；及至彻悟，他便不再悲痛。"神人""至人"能够洞察事物本性，通过理性思考化解感情波澜，不是没有感情，而是不去动感伤情，使自己的生命独立于外界事物，心灵更不受外物所扰，从而到达常人达不到的"至乐"。《岳阳楼记》中著名的"不以物喜，不以己悲"大概如此。但这充其量是对外物的挣脱，人在世界面前并没有发挥能动性，仅仅顺时因势，太过被动。

除了被动地挣脱，人还可以通过修炼实现超脱，这需要更高层次的理解与领悟。《庄子·逍遥游》中描绘了理想中的"至乐"之人："若夫乘天地之正，而御六气之辩，以游无穷者，彼且恶乎待哉！故曰：至人无己，神人无功，圣人无名。"这种人才是完美的、自由的、绝对快乐的、终极幸福的，因为他超脱了你和我、我和世界、我和非我、主观和客观等世俗界限，更具主动性，乃至天人合一，与道合为一体。

儒家用仁爱之道感化大众，使其停止为私利的争夺，让世界充满爱，力求实现对利害得失的超越；庄子选择从世俗的衡量标准中超脱出来，环游天外，希冀世人活得更幸福。

第十二章

荀子

渡尽劫波

荀子（约公元前 313—前 238 年），姓荀，名况，字卿，时人称荀卿，战国时代赵国人。许多书包括《荀子》都称他为孙卿或孙卿子，是因为西汉宣帝名为刘询，古时有避讳传统，而荀与孙二字古音相通，为避皇帝讳，荀卿只能委屈，称为孙卿。荀子一生致力于尊君忠君，自家姓氏也成了尊君的代表。相比孔孟，荀子的知名度要低不少。众人大概知道有一个思想家叫荀子，曾作《劝学》篇，"青，取之于蓝，而青于蓝"是篇中名言。《史记·孟子荀卿列传》关于荀子的记述也只有二百余字，然而荀学精深博大远非只言片语所能言尽。

身处战国末年，士人地位日益稳固，士人之气空前高昂，作为以研修特定技艺、追求特定价值为人生目标的流动群体，知识和自由成为士人阶层的共通点。在这幅士人群像中，能看到他们进行着独立思考，在不同领域孜孜精进，并且分别达到了当时生产力条件下的最高认知水准；能看到这群以精神本位为生存原则的人，为实现人生价值进行着最顽强的追求，人格之独立、信仰之笃定、荣誉之贵重、尊严之可贵，都比他们自己的生命更重要；能看到他们分门别类地求索真理，代表着专业知识，代表着社会良心，代表着社会理想，代表着价值追求，并分为形态各异的学派，相互争辩，互通有无，无形中都为社会的进步助力添彩。荀子作为一名士人，拥有士人阶层的所有共同属性，但又不是泯然众生的士人：在理论方面，阅尽百家之言后，融会贯通，形成独树一帜的思想体系，一定程度上脱开了孔学的荫庇，闯出一片新天地；在实践方面，迈开脚步，只身入秦，踏上了儒生从未涉足的处女地。本处于儒学守成位置的荀卿，做了名副其实的拓荒者。

一算荀子的生卒年，老人家竟活了七十五岁，更有一种观点说他活到八十多岁。众所周知，春秋战国战乱不断，人的平均年龄仅有二十岁左右，同样纷乱的民国时期，人的平均年龄不过三十五岁，直到新中国成立，平均年龄才升至五十七岁。反观荀卿，且采纳七十五岁之说，也无疑是高寿了。讨论荀子的年龄并非为抒发感慨，高寿不但使他有足够的时间巡历各国、遍览百家，也形成了他独有的稳健浑厚、不温不火、逻辑紧密、循循善诱，乃至有点啰唆的行文风格。郭沫若在《十批判书·荀子的批判》中便以《孟子》《庄子》《荀子》《韩非子》为先秦散文的"四大台柱"，其言云："孟文的犀利，庄文的恣肆，荀文的浑厚，韩文的俊俏，单拿文章来讲，实在是各有千秋。"说荀子经历丰富，一方面是他游历的国家多，另一方面是他亲历的大事多。

先秦诸子周游列国的传统，发端于孔子。夫子从鲁国出发，到过周朝都城洛邑，去过齐国，曾仕于卫、陈，又在曹、宋、郑、蔡等小诸侯国作短暂停留。行至在黄河南岸，眼看河水滔滔，遥望对岸的晋国，慨而叹曰："逝者如斯夫，不舍昼夜。"（见《论语·子罕》）继而南下，至楚国边邑而返归鲁国。《庄子·天运》说他"以奸者七十二君"，是夸大其词，但八九个国家还是有的。古代交通不便，孔子到过的国家已经不少，但足迹未出今天山东、河南二省地界。周边大国如楚、晋，孔子想去而未能遂愿，而秦、燕根本不在考虑范围之内，主要活动范围还是东周腹地，毕竟夫子中意礼乐文化浓厚之地。

荀子之前的多数先秦诸子也都只活跃于山东、河南。孔子之后，不少儒家后学踏上了晋国土地，当然，这时晋国已分裂为赵、魏、韩。子夏在魏国的西河地区教书，钱穆认为是现今的河南长垣。孟子见梁惠王于大梁，即今天的开封。首先反对儒家的墨子，活动区域远超孔子，曾到过楚国都城，但他在楚国停留最久的是阳城，即今天的河南省方城县。墨家门徒曾见过越王，不过这不意味着他们曾远赴江南，而是因为越国当时将首都迁至山东琅琊。老庄一般被人认作楚文化的代表，而今天河南南部地区是当时楚国的发达地带，老子是苦县人，庄子是蒙人，均位于河南境内。

在荀子看来，这些人走过的路程，只能算自己运动前的热身。他出生成长在赵国，曾游学于齐国稷下学宫，善为《诗》《礼》《易》《春秋》，并"三为祭酒"，到过燕国，后来又去楚国担任兰陵（今山东苍山县兰陵镇）

令，晚年还入秦见昭王——遍历燕、赵、齐、楚、秦，足迹遍布大江南北，可以说有着丰富的"国际"经历。有学者认为赵、齐、楚，分别是先秦法家、儒家、道家的发源地，荀子便有机会亲身接触分别盛行于各国的儒、道、墨、法等流派学说，为自家学说打下良好基础，难怪《史记·孟子荀卿列传》评曰："荀卿最为老师。"

而关于荀卿亲历的时代大事件，假设古籍中的记载都可靠，串起来看还有点黑色幽默。他在燕国，发生因燕王哙禅让而引起的大动乱；他在齐国，燕昭王派乐毅率五国联军连下齐国七十余城，几乎亡国；他自秦归赵不久，长平之战打响；他坚守邯郸，于是有了邯郸之围；最后，他投靠至楚国春申君门下，而春申君的结局，你懂的。

玩笑归玩笑，荀子见识的社会阴暗面，确实远非孔子所能想象。毕竟春秋末年，各诸侯国君还留有一点礼法道义，春秋的战争不论从时长、规模，还是从投入兵力、伤亡人数来说，和战国相比端的是小巫见大巫，还有点体育竞技的意味，交战前双方还会相互礼让客套，都请对方先开枪，甚至规定战败一方的士兵只要逃跑满五十步，战胜方就不能继续追击。战国时，人们面对的现实则要惨痛得多，孙膑围魏救赵一役，让各国第一次见识到战争手段竟能如此阴险却又如此有效。接踵而来的便是各国类似杀人竞赛的残酷战争，《孟子·尽心下》对此痛切道："不仁哉梁惠王也！……梁惠王以土地之故，糜烂其民而战之，大败。将复之，恐不能胜，故驱其所爱子弟以殉之，是之谓以其所不爱及其所爱也。"史书记载长平之战后，白起坑杀赵军降卒四十万，听着都令人不寒而栗。

荀卿年轻时在燕国经历了燕王哙禅让，事件结果是燕国高层彻底分裂，然后大动乱爆发。《史记·燕召公世家》对此的记载是："因构难数月，死者数万，众人恫恐，百姓离志。"孟子当时身在齐国，也听说了此事，但毕竟事非亲历。根据《韩非子》的记录，荀卿试图阻止灾难发生，终究有心无力。后来，《荀子》坚决断定尧舜禅让之事系浅妄之人杜撰，与此事留下的心理阴影不无关系。

第二件大事是齐湣王穷兵黩武。当时在稷下学宫担任祭酒的荀卿因湣王好大喜功，不能纳谏用士，屡屡决断失误，加之受人排挤，只好南逃向楚，所谓"齐人或谗荀卿，荀卿乃适楚"（见《史记·孟子荀卿列传》），随他去齐的还有不少稷下先生，学宫一时冷清萧条，一蹶不振。公元前284年，乐毅率领五国联军攻齐，曾经的强齐七十余城顷刻失守，只剩莒和即墨二城尚属齐国，皇宫内百年积蓄的珠玉珍宝被洗劫一空，湣王本人也死在楚国将军淖齿手中。而在湣王统治前期，齐国国力鼎盛，就在公元前288年，秦昭王和齐湣王还相约称帝，一为西帝，一为东帝。对此云泥之别，荀卿内心一定有翻江倒海般的反思。

第三件大事是长平之战和邯郸被围。据《战国策·中山策》记载，白起论及赵国长平一战后的情况："赵之死者不得收，伤者不得疗，涕泣相哀，戮力同忧，耕田疾作，以生其财。……赵自长平已来，君臣忧惧，早朝晏退，卑辞重币，四面出嫁，结亲燕、魏，连好齐、楚，积虑并心，备秦为务。"这是被虎狼之师打怕了。而秦军填平埋有赵军尸体的大坑后，休整片刻，再度出击，直捣邯郸，将城池围得水泄不通。赵国亡国在即的同时，全天下都感受到秦军"黑云压城城欲摧"的巨大威力。如果不是赵孝成王、廉颇、平原君等勠力同心，加之魏、楚援军及时赶到，赵国便要替韩国先行殉难，而荀卿当时极有可能就被困在邯郸城中。

第四件大事是春申君横死。春申君，姓黄，名歇，楚考烈王元年（公元前262年），被封为令尹，赐淮河以北十二县，封为春申君，权倾一时。与信陵君、平原君、孟尝君并称为战国四公子，贾谊评价他们"明智而忠信，宽厚而爱人，尊贤而重士"（见《过秦论》）。荀卿由赵入楚之后受到春申君赏识，过了一段时间的安稳日子。没想到在公元前238年，楚考烈王病逝，黄歇前去奔丧，被李园埋伏于棘门内的军士所杀，并诛全族。大树倾倒，荀卿体验了一次猢狲四散的复杂心情。

荀子文章之所以被评为"浑厚"，应是在血与泪洗礼之后的冷眼静观，澄澈释然。荀子不会像早生几十年的孟子一样刻意施时代苦难以浓墨重彩，不会依靠煽情打动读者，更不会接近歇斯底里地疾呼，他的言语审慎克制，行文收放有度，态度也相对客观。

《荀子·尧问》的最后一节并非荀卿本人所作，而是荀子学生对老师的评语，用韵文写成，相当于《史记》每篇结尾的"太史公曰"。"天下不治，孙卿不遇时也"，将荀子不受重用归因于客观时势，天下没有治理好，所以荀子没有遇到好时机，还说：

> 为说者曰："孙卿不及孔子。"是不然。孙卿迫于乱世，鳝于严刑；上无贤主，下遇暴秦；礼义不行，教化不成；仁者绌约，天下冥冥；行全刺之，诸侯大倾。当是时也，知者不得虑，能者不得治，贤者不得使。故君上蔽而无睹，贤人距而不受。（见《荀子·尧问》）

荀子弟子对老师的评价异常高。"所存者神，所过者化，观其善行，孔子弗过"，吹捧荀子的能耐比孔子大，甚至适合做皇帝，所谓"呜呼！贤哉！宜为帝王"。幸好先秦时期言论自由，否则《荀子》要成禁书，荀门弟子也难逃杀头厄运。总之，不是荀卿没有本事，而是世人没有眼光。然而评价再高，也都得承认老师"不遇时"的残酷现实——荀子真是郁郁不得其志。

从人生经历来看，荀卿看似游历各国，实则处处碰壁。在齐国稷下学宫，《史记·孟子荀卿列传》说："齐人或谗荀卿，荀卿乃适楚。"司马迁比较婉转地用了"适楚"，但掩盖不了荀卿的窘迫。到楚国之后，得到春申君赏识，"以为兰陵令"，本以为可以一展抱负，没想到"春申君死"，后台没了，兰陵令也自然要换人了，荀卿很无奈，但又没有别的地方可去，于是"因家兰陵"。此外，他老人家还以五十多岁的高龄（一说八十多岁），一反"儒者不入秦"的传统，委身入秦国——这个当时朝气蓬勃但也被东方六国鄙夷的第一强国，拜见秦昭王和丞相范雎，一番自我推销之后，换来的却是秦昭王"儒无益于人之国"的回应，不但老脸尽失，秦国的委任状自然也遥遥无期。郁闷的荀卿只好"序列著数万言而卒，因葬兰陵"。

再从自我感慨来看，《荀子·成相》以类似说唱文学的形式记事、抒情，其中有"世之愚，恶大儒。……春申道缀，基毕输"的句子。荀卿悲叹时人愚昧，厌弃自己这样的大儒，这是典型的怨妇口吻，老人家固执地认为自己的学说千好万好，理所应当受到重视。之后又说："嗟我何人，独不遇时，当乱世。"意思是"我荀况是什么人，可偏偏遇不上好时代"。"不遇时"，荀子自己的感慨和弟子的评价如出一辙，把黑锅都扔给了纷乱的时代去背。除了用说唱文学的形式，他还用赋来表达愤懑：

> 昭昭乎其知之明也！郁郁乎其遇时之不祥也！拂乎其欲礼义之大行也！暗乎天下之晦盲也！皓天不复，忧无疆也。千岁必反，古之常也。弟子勉学，天不忘也。圣人共手，时几将矣。（见《荀子·赋》）

从字里行间，仿佛能看到了荀子，一位八十余岁的老人家，向隅而泣，哭着哭着，骤然仰天，发出这样连续反复的悲叹：时代是如此不好，天下是如此昏暗！光明之天不复返，忧思无边无限长！圣人只能拱手等待，等待那即将重现的好时光！真是呜呼哀哉！呜呼哀哉！而西汉刘向也曾感慨："为人君能用孙卿，庶几于王。"（见《校书序录》）

总之，不论是人生经历，还是自我感慨，还是弟子与后人评价，荀子都是以不得志的形象出现。司马迁一句简单的"序列著数万言而卒，因葬兰陵"，现在读来，言有尽而意无穷。荀子没如弟子的期望去做皇帝，也没做成实践派的政治家，只好学习孔夫子，专心学术，教书育人。老实说，荀子门下除了吹捧老师的众弟子，还真有将师门荀学发扬光大的好学生。

韩非着实称得起荀门的首席大弟子。作为战国末期杰出的思想家、哲学家、散文家，他将商鞅之"法"、申不害之"术"、慎到之"势"集于一身，自编自导成韩非版的"独门三剑"，成为法家思想的集大成者。《韩非子》共五十五篇，洋洋洒洒十三万字，积极倡导君主独裁，为专制制度建言献策。如果说荀子是身在儒家，而站在法家门口观望一二，那么韩非子则彻彻底底地"入赘"法家。与此同时，他批判地继承了荀子的思想，将其"性恶"观发展成为地道的君主专制主义思想。

再看权位极高的李斯。《史记·孟子荀卿列传》记载："李斯尝为弟子，已而相秦。"作为秦朝著名的政治家、文学家、书法家，李斯早年为郡中小吏，从荀子学帝王之术，学成入秦。一篇《谏逐客书》铿锵有力："泰山不让土壤，故能成其大；河海不择细流，故能就其深；王者不却众庶，故能明其德"，自此被嬴政赏识，在秦国统一大业中出力甚多。秦统一后，任丞相，反分封，行郡县；焚诗书，禁私学，加强中央集权；参与制定法律，统一车轨、文字、度量衡制度。如果说荀子和韩非子为君主专制打下坚实的理论基础，李斯则以强秦为笔，泼墨天下，把理论变成了血淋淋的专制社会现实，奠定了中国两千多年政治制度的基本格局。

还有历任两朝，官至三公的张苍。他在秦朝做过御史，刘邦起义后归顺。西汉初年，先后担任过代相、赵相等职，后因平乱有功，晋封北平侯。汉文帝时接任丞相。而张苍的一位学生更有名——贾谊，如假包换的荀子再传弟子。李商隐有诗云："可怜夜半虚前席，不问苍生问鬼神"，贾谊作为荀门后继者，更是终生不得志，抑郁而终时年仅三十三岁。这股郁闷劲儿，想来确是得祖师真传。

先秦思想集大成者

《荀子》共二十卷，三十二篇，九万余字，其中颇多洞察社会政治、道破人情世故、指示立身行事之论。而这些方面的体悟，荀子也毫无保留地传授给了得意门生韩非。《韩非子》对政治、社会等鞭辟入里的分析，对世事、人性等入木三分的解剖，未尝不是学自荀师。读《荀子》不但可知古人哲学思想，也有益于立身处世之道。

不少学者以荀子为先秦思想集大成者。"集大成"本是孟子专门对孔子的评价，出自《孟子·万章下》："孔子之谓集大成，集大成也者，金声而玉振也。"礼乐制度是支撑周朝统治的重要制度之一，成字本义为将乐曲或曲词从头到尾完整演奏或演唱一遍，而依据周礼，演奏完整乐章要以钟为发端，以磬为收尾，即孟子所谓"金声"与"玉振"，"金声"开头，"玉振"

结尾，一曲被完整演奏就可以称为"大成"。引申开来，"集大成"意思是集中某类事物的各个方面，达到相当完备的程度，形容在某方面精通渊博超出一般的人或事物。关于荀子是否可堪称先秦思想的集大成者，学界虽然存在不少争议，但另一个基本事实是，诸子中只有荀子曾有此殊荣，如果荀子都当不得这个集大成者，其余诸子便更无资格。

在《荀子·性恶》篇中，开头就是一句"人之性恶，其善者伪也"，之后进行了一系列论证，痛批孟子的"性善"，提出著名的"性恶"论。"性恶"论对荀学的意义不仅限于哲学思想，更是荀子政治思想体系的基石。没有人性天生的恶，哪里会有逐利争夺之心？没有争夺之心，哪里还有混乱状态？没有了混乱状态，荀子之"礼"与基于此的政治架构岂不真成为一纸空文？这就是"性恶"与"礼"的逻辑链，"礼"的重要作用之一便是遏制丑恶的天性：

> 礼起于何也？曰：人生而有欲；欲而不得，则不能无求；求而无度量分界，则不能不争；争则乱，乱则穷。先王恶其乱也，故制礼义以分之，以养人之欲，给人之求，使欲必不穷乎物，物必不屈于欲，两者相持而长。是礼之所起也。（见《荀子·礼论》）

为了对付人性之恶，荀子提出"化性起伪"，其中"伪"指的是人为的努力。人们推崇圣人的原因在于圣人能做到"化性起伪"，即做出人为努力而改变恶的本性，"凡所贵尧、舜、君子者，能化性，能起伪，伪起而生礼义"（见《荀子·性恶》）。由此观之，"礼义"是圣人为了制止"性恶"而做出人为努力的结果，而这里的圣人，指向非常明确，就是身处庙堂之高的君主。

"礼"是《荀子》一书的核心思想，一共被提及三百七十五次，几乎贯穿全部荀子学说。在政治制度方面，荀子认为君主应该掌握因"礼义"而成的等级名分，"制礼义以分之，使有贫富贵贱之等"（见《荀子·王制》），"人君者，所以管分之枢要也"（见《荀子·富国》）；君主治理国家应"由礼义"而非"由权谋"，所谓"国无礼则不正"（见《荀子·王霸》）；招揽人才需要"礼义备"(见《荀子·致士》);培养军队也要通过礼义教化,"礼义教化,是齐之也"(见《荀子·议兵》);使国家强盛也要讲求以"礼义"为道,"道也者,何也?曰礼义、辞让、忠信是也"(见《荀子·强国》),用势不如用道。在教育修身方面,荀子认为学习应以"礼"和法律规范为准绳,要"道礼、宪"而不能只学《诗》《书》(见《荀子·劝学》),其中透露出明显的法家思路,也揭示了荀子之"礼"具有与法律相似的强制性质和规范功能;修身时也要时时以"礼"为原则,所谓"凡治气、养心之术,莫径由礼",而老师的作用在于"正礼"从而"正身",即"礼者,所以正身也;师者,所以正礼也"(见《荀子·修身》)。在哲学思辨方面,荀子批判诸子学说时,往往以"礼"作为武器和出发点;而盛赞大儒时,仍旧用"礼"作为标准。

需要注意的是,荀子的"礼"和孔子的"礼"并非同样范畴,甚至可以说内涵大相径庭。在《论语》中,"礼"一般是指周礼,从属于礼乐制度,其作用更倾向于修养自身时的准则。而以阶级立场划分,孔子的"礼"是为封建制社会中上层贵族服务的,是夫子对西周那种稳定、平和的政治制度与社会秩序的向往和追忆。荀子则不然,他的"礼"代表着当时的新兴地主阶级,主要作用是专制君主的统治工具,用以划分社会等级。荀子为"礼"赋予更多的社会治理功能,"礼"也成为他理想中社会生活的规定与秩序。所以,"礼"的首要作用是"制礼义以分之,使有贫富贵贱之等"(见《荀子·王制》),即发挥规范作用,并由此定"人伦",对人们进行节制与化育,即教育作用。而君主是掌握"礼"与社会等级的圣人,也就是说,君主才是社会游戏规则的真正制定者。

民本是孟子极具代表性的思想,广为后世传颂。然而荀子不以为然,在他眼中,因为人性本恶,所以百姓是绝对靠不住的,一定要"待圣王之治,礼义之化,然后皆出于治,合于善也"(见《荀子·性恶》),这里的"圣王"就是专制君主。荀子将天下大治的希望寄托在君主身上,与孟子相对,姑且称之为君本思想。在荀子看来,君主的地位是至高无上、不可撼动的,所谓"天子也者,势至重,形至佚,心至愈,志无所诎,形无所劳,尊无上矣"(见《荀子·君子》)。在君主那里，国家只能作为工具一般的存在而被自己役使，所谓"国者，天下之制利用也；人主者，天下之利势也"（见《荀子·王霸》）。所以国家治乱的根源并不在其他，而在于君主个人，"王、霸、安存、危殆、灭亡，制舆在我亡乎人"（见《荀子·王制》）。总之，君主是治国的核心力量。

既然君主形象光辉，举措正确，言谈光明，举止磊落，那么臣民一定要对君主既忠且顺，荀子对此深信不疑。君主统治百姓要"恭敬以先之，忠信以统之"（见《荀子·仲尼》），百姓对君主则要"君虽不知，无怨疾之心；功虽甚大，无伐德之色；省求多功，爱敬不倦"（见《荀子·仲尼》）；对于臣子，荀子的要求是"上忠乎君，下爱百姓而不倦，是功臣者也"（见《荀子·臣道》）。《荀子》中充斥着忠君顺君思想，可以说是一切以君主为中心，全心全意为君主服务，这也许是荀子和孔孟的最大区别：孔孟虽然也讲入世，但仍能与当权者保持相对独立的状态，荀子做不到，他要做君主的好幕僚。也难怪，面对古代中国庞大的人口基数，要顺利实施统治，就得将一盘散沙式的百姓组织起来。进行相关顶层设计之前，荀子充分思索了人和动物的根本区别所在：

> 水火有气而无生，草木有生而无知，禽兽有知而无义；人有气、有生、有知，亦且有义，故最为天下贵也。力不若牛，走不若马，而牛马为用，何也？曰：人能群，彼不能群也。人何以能群？曰：分。分何以能行？曰：义。故义以分则和，和则一，一则多力，多力则强，强则胜物，故宫室可得而居也。故序四时，裁万物，兼利天下，无它故焉，得之分义也。（见《荀子·王制》）

荀子指出，人类的生存不能离开社会组织，没有社会组织中的合作与相互支持，人类不可能改善生活，更不能进步发展。"能群"的意思就是人类拥有合作精神并能形成社会组织。而为了使社会以更优化的形式组织起来，人们便需要有一定的共同价值，即"分"，意为名分、职分。对于功能基本等同于"义"的"礼"，一大功能便是"以分之，使有贫富贵贱之等"（见《荀

子·王制》），进而形成组织，杜绝社会和思想混乱的可能。

既然百姓有形成组织的可行性和必要性，除了暴力驱策，最简单的办法就是树立一个偶像人物，让他们去崇拜景仰，从而达到万众一心的效果。在战国这样一个大争之世，细致入微的制度设计与充分调研的科学决策基本没有实施的时间和可能，只有个人崇拜的狂热可以让大家暂时丢掉个人利害的小算盘，星星之火借此方能骤然燎原。固然，制度建设是荀子非常关心的大事，但他仍强调君主在制度形成过程中的决定性作用：

> 有乱君，无乱国；有治人，无治法。羿之法非亡也，而羿不世中；禹之法犹存，而夏不世王。故法不能独立，类不能自行；得其人则存，失其人则亡。法者，治之端也；君子者，法之原也。（见《荀子·君道》）

他认为自古就有制造混乱的君主，但没有注定混乱的国家；有能够带来盛世的君王，没有能够带来盛世的制度。君王的地位远远高于国家制度。后羿的神射术固然没有失传，但学习该技能的人并非都能成为神箭手；大禹治国的章法尚在，但夏朝却早已经灭亡。由此可见，制度再好，也不能脱离人而独立存在。良好的制度是天下大治的本原，而君主又是制度的本原。这与《韩非子》中君在国上、权在法上的观点如出一辙，韩非果然得到荀学的精髓。

有一首歌叫《千万次的问》，用其中"千万里我追寻着你，可是你却并不在意"的歌词来形容荀子对君主的感情最合适不过。荀子如此深爱着君主，但君主辜负了他，没能给荀子期待的回应。荀子伤透了心，"问自己你到底好在哪里，好在哪里"，历史的吊诡不过如此。

荀子也常论及历史。"法先王"与"法后王"是先秦诸子对待古代以及古今关系的不同观点看法，可以理解为历史观，其中"法"意思是效法，以之为准则。历来对"法先王"的内涵认知比较统一，指的是君主应该推崇并效法上古时期的圣明帝王，具体是尧、舜、禹、周文王、周武王等。"法先王"在《论语》《孟子》等儒家著述中表现得尤为明显，是一种法古政治观，言必称尧舜。而关于"法后王"的含义，颇有争议。最早的观点认为"后王"

指近代或当代君王，以司马迁为代表，《史记·六国年表》中说："传曰'法后王'，何也？以其近己而俗变相类，议卑而易行也。"便以"后王"为近当代之王。唐朝杨倞为《荀子》作注，直至清代之前，解"后王"均附和司马迁。这种认识到清代开始发生变化，汪中、王念孙、俞樾等认为"后王"是指周文王、周武王。《荀子》中共十六次提到"后王"，论述最详细的是：

> 辨莫大于分，分莫大于礼，礼莫大于圣王。圣王有百，吾孰法焉？故曰：文久而息，节族久而绝，守法数之有司极礼而褫。故曰：欲观圣王之迹，则于其粲然者矣，后王是也。彼后王者，天下之君也；舍后王而道上古，譬之，是犹舍己之君而事人之君也。故曰：欲观千岁，则数今日；欲知亿万，则审一二；欲知上世，则审周道；欲审周道，则审其人所贵君子。故曰：以近知远，以一知万，以微知明，此之谓也。（见《荀子·非相》）

荀子首先指出要效法圣王，而"后王"才是其中的"粲然者"，继而点出，"欲知上世，则审周道"，仍以周朝的统治之道为尊。其实，清代学者与司马迁关于"后王"的解释，表面上看分道扬镳，观点指向实则是一致的。荀子身处战国末年，各诸侯国名义上还归周天子统治，彼时的近当代君主就是周天子，而历代天子中数文王、武王最值得推崇，所以清代学者只是将司马迁的观点明确化了，并非背离。而从"欲观千岁，则数今日"中可以看出，荀子眼中的"后王"也很可能是"今日"的在位君主，由此方能"以近知远，以一知万，以微知明"。

如果就此认为荀子是"法后王"的，从而与孔孟"法先王"对立起来，是一种误读。荀子在对待历史的态度上，不仅"法后王"，同时"法先王"，只是更倾向于"法后王"。《荀子·王制》明确说："王者之制，道不过三代，法不贰后王。"其中"三代"即夏、商、周三个儒家推崇的古代王朝，属于"先王"范畴，而之后又提出实行法度不背离"后王"，是典型的二者并重，向前看的同时，也向后看。虽然在《荀子》中，像这样怀念圣王、追忆尧舜的篇幅不少，但他明显更看好"后王"。作为理想人格的化身，"后王"是荀子学说的依托对象，象征着历史的进步，凝聚了新时代发展的要求，荀子正是通过"法后王"阐明了自己进步的历史观。

荀子固然推崇现世君主，也主张尊君、忠君、顺君，博闻广识的他在理论上赋予君王至高无上地位的同时，也对君权无限膨胀充满了警惕，为此做了三项安排：第一项，不论在朝大臣，还是在野儒生，都应通过"谏""争""辅""拂"对君权形成制约，如《荀子·臣道》提出的"率群臣百吏而相与强君挢君""能抗君之命，窃君之重，反君之事，以安国之危，除君之辱"等，都是"从道不从君"的孔孟老原则，荀子全盘接受。第二项，《荀子·正论》强调"主道利明不利幽，利宣不利周"，特别批评了君主行政应绝密而不公开的观点，这是臣能约君的前提，与他得意弟子"术不欲见"（见《韩非子·难三》）的秘密政治主张形成鲜明对比。第三项，荀子将君主置于国家行政体系之外，《荀子·君道》有言："请问为国？曰：闻修身，未尝闻为国也。"说的就是君主只需勤修己德，不用参与到治理国家的具体事务中去，所谓："农分田而耕，贾分货而贩，百工分事而劝，士大夫分职而听，建国诸侯之君分土而守，三公总方而议，则天子共己而已。"（见《荀子·王霸》）天子只要摆好姿势，供人民个人崇拜就可以了。

从这一系列安排中，我们能看到道家"无为"的君主形象，但荀子的这种法家式"无为"绝不同于道家的"无为"，更不是近代的君主立宪制。荀子实际上非常看重君主掌握的人事任免权，臣下有不听话的，换人就是，何必多言。要尊君，又担心君权肆虐，为找到其间的平衡点，荀子真是苦心孤诣。

《荀子·解蔽》曾批评庄子的哲学说："庄子蔽于天而不知人。"这不但是对庄子哲学的正确评价，也是荀子哲学的关键。正是庄子过于重"天"而不重人，才引出消极的保守主义。荀子反其道而行："唯圣人为不求知天。"（见《荀子·天论》）真有些朴素唯物主义的倾向。他还认为如果凡事做错都归于"天命"，只能日益退步。

故君子敬其在己者，而不慕其在天者；小人错其在己者，而慕其在

天者。君子敬其在己者，而不慕其在天者，是以日进也；小人错其在己者，而慕其在天者，是以日退也。（见《荀子·天论》）

这种思想与孔子"未能事人，焉能事鬼"（见《论语·先进》）一脉相承。荀子认为"天行有常，不为尧存，不为桀亡"，不以人的意志力为转移，还说"天不为人之恶寒也辍冬，地不为人之恶辽远也辍广，君子不为小人之匈匈也辍行"，而且决定社会治乱与人间祸福的是人而非"天"，"天能生物，不能辨物，地能载人，不能治人"（见《荀子·礼论》），所以必须明确天人各自的规律和职分，所谓"明于天人之分"。更重要的是，他认为人可以"制天命"，这种人定胜天的思想是前无古人的。

大天而思之，孰与物畜而制之？从天而颂之，孰与制天命而用之？望时而待之，孰与应时而使之？因物而多之，孰与骋能而化之？思物而物之，孰与理物而勿失之也？愿于物之所以生，孰与有物之所以成？故错人而思天，则失万物之情。（见《荀子·天论》）

胡适认为，荀子在儒家中之所以突出，是因为他能用老子自然的无意志的"天"，来改正儒家、墨家能够"赏善罚恶"的有意志的"天"，却又能免去老庄观念中安命守旧的种种弊病。在此基础上，荀子呼吁君主不要在"天"的方面做无谓的探索，只需要顺应它就够了，现实社会的治理才是真正应该关心的核心命题，国家治乱的直接责任不在天，不在地，不在时，而在君。

治乱，天邪？曰：日月、星辰、瑞历，是禹、桀之所同也；禹以治，桀以乱；治乱非天也。时邪？曰：繁启、蕃长于春夏，畜积、收臧于秋冬，是禹、桀之所同也；禹以治，桀以乱；治乱非时也。地邪？曰：得地则生，失地则死，是又禹、桀之所同也，禹以治，桀以乱；治乱非地也。（见《荀子·天论》）

此外，荀子对"天人感应"之类的说法也不感兴趣，《荀子·天论》主张面对所谓的"天变"，"怪之，可也；畏之，非也"。关于儒家向来重视的祭祀，他认为只是用来文饰政治的虚礼，不能当真，所谓"以为文则吉，以为神则凶"，不能因为求神而放弃人为的努力。

《周易》有言："天行健，君子以自强不息。"荀子深刻领会了其中"自强"的意涵，正是荀子和像他一样"自强"的人通过世世代代的努力，创造了悠久灿烂的历史与文化。冯友兰认为，荀子的理论主旨是：一切良善和有价值的事物都是人为创造的，价值来自文化，而文化就是人的创造性成就。因此荀子的哲学是一种文化哲学。"天有其时，地有其才，人有其治，夫是谓之能参。"（见《荀子·天论》）天、地、人被荀子同等看待，大大提升了人的地位，即便人性是那么自私丑恶。人要想"能参"，就应该恪尽职守，运用天时和地利，创造自己的文化，这才是人类之所以为人类的核心使命。

以上是荀子关于社会政治的核心观点，对后世产生了广泛而久远的影响。他还在文学主要是文体方面颇具贡献，主要体现在以下三点：第一，著《荀子·成相》，成为后代说唱文学的滥觞。"成相"即一边念诵一边打节拍的一种文学形式，就像打鼓、快板一样，是当时民间的一种曲艺形式。书中三篇"成相"、五篇赋及之后的"佹诗""小歌"，被《汉书·艺文志》统称为"孙卿赋十篇"，可见"成相"是赋的一个流别，是一种不歌而诵的文体。第二，赋作为一种文体名称，以《荀子·赋》为肇始。赋其实是一种用韵散文，介于诗歌和散文之间，荀子的五篇赋中每篇描写一个事物，有假物寓意的特色，更具有政治诗的味道，对"云""蚕""针"等描画别具深意，这种托物讽喻的特点对后代"劝百讽一"的赋颂传统影响极大，在中国文学史上地位极其重要。第三，开先秦议论文之先河。有人这样描述荀子对先秦散文的贡献：《论语》简古、《孟子》激烈、《庄子》怪诞，都是散文形成之前的自由形态，是野花遍地，荀子把散文的野花移植到家中，养成了盆景，按照一定的美学规范进行修剪。看来，自荀子起，议论文走向了正规化，变得可以模仿学习。而荀子的出现，标志着博览群书、见多识广的饱学之士代替了恣肆无端的天才人物，周密的思考代替了偏激的言论，推心置腹的出谋划策代替了逞快泄愤的冷嘲热讽，老成持重的带有明显世故气息的条分缕析代替了血气方刚的带有明显书生意气的挥斥方遒。

再探亡秦之失

《荀子》不像《论语》，很少以师生问答的形式表达观点，而仅有的几处都言之有物。尤其是荀老师和弟子李斯的一段问答，大有深意，从中不但可看出荀子预言之准确，思考之独到，也能就此探究亡秦之失。

　　李斯问孙卿子曰："秦四世有胜，兵强海内，威行诸侯，非以仁义为之也，以便从事而已。"（见《荀子·议兵》）

李斯对老师没有客套寒暄，没有预先铺垫，直接发问：秦国如今已强盛四代，兵势和国威都强于其他六国，但这些都不是依靠施行"仁义"做到的，而是根据唯利是从的原则罢了。据《荀子》记载，荀子入秦觐见的是享国长达五十六年的秦昭王，即秦昭襄王，因此推测师生的这段对话应该发生在昭襄王时期。李斯说"秦四世有胜"，其中"四世"指的是秦孝公、秦惠文王、秦武王、秦昭襄王四代国君，这期间，秦国国势如日中天。先是秦孝公重用商鞅，力推变法，奖励耕战，迁都咸阳，秦国从此走向强盛；之后秦惠文王改公称王，北扫义渠，西平巴蜀，东出函谷，南下商于，为秦的统一天下打下坚实基础；秦武王更是重武好战，平蜀乱，设丞相，置三川，秦国国力持续上升；秦昭襄王即位后继续扩张，攻陷洛邑，覆灭周朝，远交近攻，长平之战大胜赵军四十万，成功消灭六国最强大的军事力量。贾谊《过秦论》中对"四世"做如是评："孝公既没，惠文、武、昭襄蒙故业，因遗策，南取汉中，西举巴、蜀，东割膏腴之地，北收要害之郡。"

师生对话时，秦国已然天下至强，最有可能统一天下的就是秦。李斯是一个爱思考的好学生，他发现秦国的强大在于"兵强海内"，秦国军队之敢战斗、能战斗、喜战斗是出了名的。言下之意是，秦国不靠"仁义"，而是遵循什么有利可图就做什么的"以便从事"原则，也能强盛，岂不说明荀老师的儒家学说是虚妄之言。李斯的信仰仿佛发生了动摇，心中充满对未知的巨大疑惑，想不明白到底是"仁义"好，还是"便利"好。荀子虽然坚持"仁义"，遗憾的是，李斯并没有听从荀老师的谆谆教导，当然这是后话。

> 孙卿子曰：非汝所知也！汝所谓便者，不便之便也。吾所谓仁义者，大便之便也。彼仁义者，所以修政者也；政修，则民亲其上，乐其君，而轻为之死。（见《荀子·议兵》）

荀老师听李斯如此发问，有点不高兴了：这个道理不是你能懂得的！你所谓的便利，是一种不便利的便利，而我说的"仁义"，才是最大的便利啊！荀子点拨学生：行"仁义"是为政治修明，在政治修明的情况下百姓就会爱戴君主，而且为君主和国家牺牲都在所不惜。反观秦国，荀子说："秦四世有胜，諰諰然常恐天下之一合而轧己也，此所谓末世之兵，未有本统也。"秦国虽然四代强盛，但常常害怕六国团结一致来攻打自己，这是乱世军队，没有抓住根本纲领。之后荀老师又举了汤放逐桀和武王诛纣两个例子，说明兴仁义之师的"本统"道理。最后再次批评李斯道："今汝不求之于本，而索之于末，此世之所以乱也。"荀子认为一味求便利而不行"仁义"，是舍本逐末的愚蠢行为，也是混乱的源头。

师生二人讨论的是军队建设问题，而军队问题的实质正是施政纲领问题，毕竟军事是政治的自然延伸。众所周知，秦国军队极其凶狠残暴，秦不以"仁义"治军，自然也不会以"仁义"治国，这一点广为时人诟病。商鞅变法之后，秦国便走上了背离"仁义"的不归路，在商君思想的指导下，对内施行高压政策，赋税繁多，徭役沉重，刑法严苛，对外不断征战扩张。可以说，秦国强大是以牺牲个体民众的利益为代价，为了强盛不择手段，什么有利就做什么，不顾后果和长久利益。这从《过秦论》中也能找到依据，贾谊认为秦国"因利乘便,宰割天下,分裂山河",这里的"利"和"便"就是李斯说的"以便从事"。

睿智的荀子看出了秦不行"仁义"的弊病,也预测说"此世之所以乱也"。果然,秦在统一后,仍然延续传统政策,甚至变本加厉,以致天怒人怨,二世而亡。《过秦论》也认为秦亡在于"仁义不施而攻守之势异也"。贾谊是西汉初年人士,那时秦朝早已灭亡,根据既成事实总结亡秦之失并不稀罕,而荀子在秦统一前数十年便断言不行"仁义"是致乱之源,难能可贵,不愧为远见卓识的政治预言家。

然而,秦朝短命好像不只是"仁义不施"那么简单。如果对秦从强大到统一再到灭亡的这段历史稍加检视,很容易得出一个结论:是秦国而非其他六国完成统一大业并非偶然,而是有深刻的必然性。这个历史必然性源于哪里?源于秦国能强大到足以吞并六国。秦国为什么强大?因为商鞅变法催生了一系列秦国政策的变化。熟悉这段历史的人都知道,从某种程度上说,商鞅变法与"仁义不施"是一对双胞胎,认可商鞅主张的同时,也就背离了仁义道路。

历代贬斥秦国统治之高压、军队之残暴的大有人在。殊不知,在当时的社会背景下,如果没有如此高压政策将全国上下拧成一股一致对外,如果没有如此残暴秦国军队在外征伐廓清宇内,秦国怎么会有统一六国的实力?更何况,批评秦军残暴的都是敌对势力,如果从秦国自身视角来看,外人眼中所谓的残暴正好说明了大秦军队战无不克、攻无不胜、所向披靡。所以,这些"仁义不施"的政策和军队,是秦国统一的必要基础,没有它们,整个民族还要在混乱的战国时代摸索更长时间。古今中外向来有一个共识:统一,对一个国家、一个民族的意义十分重大。为了实现统一,秦国采取"仁义不施"的国家战略,加快了统一的进度,应该说无可厚非,甚至是推动着历史进步。然而,秦二世而亡也是历史的真实,彼时代表了历史先进力量的秦国为什么没能延续昔日辉煌,如此短命呢?

从某种程度上说,秦并非单纯亡于所谓的暴政,而是亡于国家战略不能及时随着国家主要矛盾的转移而做出调整。《矛盾论》告诉我们,凡事要分清主要矛盾和次要矛盾，优先解决主要矛盾，而且事物的主次矛盾在不断地变化。一个国家亦是如此，秦国与东方六国并存时，国家的主要矛盾在于实现统一，为解决这个主要矛盾，秦国通过商鞅变法强国，哪怕实行"仁义不施"的国家战略，只要有利于主要矛盾的解决，就是好的，是进步的。然而，统一之后，国家主要矛盾已然发生转变，从前统一天下的主要矛盾已经解决，新的主要矛盾是如何治理天下，如何理顺、平衡统治者和被统治者的关系。不幸的是，秦朝统治者没有认识到或者没有及时认识到这一点，继续延续着商鞅高压治国的思路，这意味着对百姓的残酷剥削。民不聊生，苦不堪言，百姓怎能不揭竿而起？

另一个问题是，处在同样的高压统治下，为什么百姓在秦国时没有造反，偏偏要在统一之后纷纷起义？答案还要从商鞅思想中寻找。《商君书》中有一个概念叫作"杀力"，意思是通过各种手段消耗国内力量，从而抑制或延缓矛盾的爆发，最有效的方法是"以事敌劝民"，即发动对外战争。

> 夫圣人之治国也，能抟力，能杀力。……其抟力也，以富国强兵也；其杀力也，以事敌劝民也。（见《商君书·壹言》）
>
> 力多而不用，则志穷；志穷，则有私；有私，则有弱。故能生力，不能杀力，曰自攻之国，必削。（见《商君书·说民》）

商君确实高明，他明白自己的高压政策施行久了，民怨沸腾，百姓必反。这就需要为百姓解压，而解压的方法就是不断发动对外战争。人天生是爱好和平、不喜战乱的，但诡异的是，秦国百姓一听说要打仗就欢欣雀跃，奔走相告。因为秦国集中力量实现国家富强是以牺牲社会个体利益为代价的，民众平时通过务农等生产行为产出的利益几乎全部贡献给国家，自身仅能维持从事劳动生产所必要的温饱，得不到任何额外的社会福利。这种政策也源自商鞅思想，《商君书·弱民》有言："民弱国强，国强民弱。"他将国家与民众的立场、利益对立起来，一方受益必然意味着另一方的削弱。而想一夜暴富，实现命运翻转，最佳途径就是建立军功。商鞅专门为秦国设立了二十级军功爵位制，属于一种奖励军功、鼓励杀敌求胜的军功爵禄制度，是为提高军队战斗力而采取的重要措施，同时也是调整社会关系、缓和社会矛盾的途径之一。所以，秦国正是通过"杀力"来转移国内矛盾，进而实现统一大业。当年明治维新之后的日本也效法商鞅之策，不断发动对外侵略战争，走上军国主义的邪路，对周边国家犯下累累罪行。

统一之后的秦朝本应及时调整政策，与民休息，让百姓在历经百年战乱后感受一下新朝安定敦睦、和平繁荣的气象，然而秦朝统治者却延续了统一前的高压政策，甚至变本加厉，继续积累国内矛盾。更可怕的是，此时天下一家，没有了对外征伐对象，"杀力"的招数不管用了，国内矛盾自然失去了发泄的出口，越聚越多，终于在陈胜"王侯将相宁有种乎"的呼号中，走向必然的灭亡。

汉朝统治者吸取秦朝灭亡的教训，在这方面聪明许多。西汉初年，统治者一直奉行黄老之道，"无为"而治，轻徭薄赋，与民休养生息。哪怕出了一个穷兵黩武、极能折腾的汉武帝，也不至于断送国祚，为两汉四百年基业奠定了坚实基础。

为君主专制插上翅膀

阿克顿在《自由与权力》中说："权力导致腐败，绝对的权力绝对地导致腐败。"诚如其言，君主专制最不得人心之处，就在于君主个人的绝对腐败，而且是建立在剥夺其他人合法、合理权利之上的绝对腐败。古代中国将君主专制制度发挥到极致，而早在战国末期，这个由封建社会向专制社会转型的变革岁月中，荀子正积极为君主专制造势，煞费苦心地论述专制的合法性。

关于对权力的约束，孟德斯鸠曾说："有权力的人使用权力直到遇有界限的地方才休止。"在战国末期，君主专制的实现会遇到很多界限：第一，上天在古人观念中至高，足以形成对君权的制约；第二，官僚机构的设置和普通百姓的人心向背也形成了对绝对权力的制衡；第三，孟子提倡的"性善"也能从人性本善的角度劝导君主向善，不使其堕入与天下人为敌的深渊。但是，来自上天、臣民、人性三方面的制约被荀子一一驳回，他就像君主请来的高级辩护律师，旁征博引，滔滔不绝，为君主专制的实现做足理论准备，同时迎接着第一个统一专制王朝——秦朝的到来。

天子，顾名思义，上天之子，皇帝是上天的儿子，从三纲五常的"父为子纲"角度来说，儿子要听父亲的，皇帝就要听上天的。这在董仲舒"天人感应"的思想中体现得淋漓尽致，《汉书·董仲舒传》记载董仲舒应汉武帝之对策云："国家将有失道之败，而天乃先出灾害以谴告之，不知自省，又出怪异以警惧之，尚不知变，而伤败乃至，以此见天心之仁爱人君而欲止其乱也。"简而言之，就是君主有失德之处，上天就会降下灾变予以警示。董仲舒将君主行为与天降灾变联系起来，以上天的名义制约天子的行为与权力，足见"天心之仁"。墨子也认为"欲义而恶不义"的"天志"能够约束君主权力，所谓："我有天志，譬若轮人之有规，匠人之有矩。轮匠执其规矩，以度天下之方圆。"（见《墨子·天志上》）

此外，"先王"在某种程度上也充当着上天般的监督角色。孟子一直提倡的"法先王"就是要以"先王"做道德样板，在位君主的一切行为都要符合"先王"之道，这为起诉当代暴君提供了依据，因为至少在理论上，"后王"有"先王"作为参照对象，这便构成了约束。

反观荀子，他对"天人感应"之类的说法不感兴趣，而在某种程度上主张人定胜天，反对墨子的"天志"。这固然具有朴素唯物主义的科学精神，但也消弭了上天对君主的约束。而且荀子虽然既"法先王"又"法后王"，但更重视"法后王"，自然要冷落"先王"，起码不能如孟子那样提倡对"先王"之道的仿效。于是，"先王"的模范带头作用被荀子刻意淡化，非古厚今的他将希望寄托于在位君主，准备好了集权和专制的温床。

古语有云："君者舟也，庶人者水也。水则载舟，水则覆舟。"自古以来，有德帝王非常重视民心向背，同时开言纳谏，重视臣下对自己的得失匡正，这自然形成了臣民对君主权力的制约。然而，这种制约是十分脆弱的，因为它成立的基本前提是君主自觉，即自己提倡监督自己，一旦在位君主不自觉，来自臣民的监督顷刻间便成为君主杀人的钢刀，当朝大臣因劝谏而身死的例子比比皆是，更别说普通百姓了。

首先是来自民的制约。《左传》的"民本"，《孟子》的"民贵君轻"，《战国策》的"民本君末"……都为实现民制约君呕心沥血，但荀子大笔一挥：要什么民本？我要君本！《荀子》中虽不乏对百姓重要性的论述，但对君主的推崇则无以复加，君主地位高高在上，不可撼动，国家只是君主手中的工具。何况荀子以人性为恶，百姓在他眼中便是绝对不值得依靠的，如果没有"君上"和"礼义"，只靠百姓自己，天下便要大乱，所谓："今当试去君上之势，无礼义之化。……倚而观天下民人之相与也。若是，则夫强者害弱而夺之，众者暴寡而哗之，天下悖乱而相亡，不待顷矣。"（见《荀子·性恶》）

其次是来自臣的制约。《荀子·臣道》篇集中论述了为臣之道，一言以蔽之，即对君主要无限忠诚，无限热爱。具体来说，为臣者要做到："进言于君，用则可，不用则死"，以死忠君；"从命而利君谓之顺，从命而不利君谓之谄；逆命而利君谓之忠，逆命而不利君谓之篡；不恤君之荣辱，不恤国之臧否，偷合苟容以持禄养交而已耳，谓之国贼"，以是否利君为标准来评价臣子；"事人而不顺者，不疾者也；疾而不顺者，不敬者也；敬而不顺者，不忠者也；忠而不顺者，无功者也；有功而不顺者，无德者也"，以忠以顺事君。而在《荀子·仲尼》篇中，荀子竟然还兜售"持宠处位终身不厌之术"。

君主地位至高无上，臣民则只需忠君、利君、顺君。君主端坐圆心，臣民四方来朝。处在如此格局中，臣民明哲保身尚且自顾不暇，何谈制约君主。专制独裁在四面八方"万岁万岁万万岁"的浪潮中呼之欲出。

荀子主张"性恶"，而同样是人性本恶的因，却能结出不同的果：或引出分权学说，如亚里士多德；抑或引出专制理论，如荀子。"性善"与专制结合还有劝人向善的意愿，"性恶"与专制理论结合，结果只能是血淋淋的暴政。荀子从"性恶"中引出专制理论，并由自己的学生韩非和李斯使之变成血淋淋的政治事实。而"性恶"之所以会被引向专制，一是因为荀子的"性恶"是否定人类天性的，二是因为荀子对付的"性恶"方式是借助绝对权力。

首先，荀子主张的"性恶"否定人类本性。荀子将人类诸多本性定性为道德上的恶，主张用"礼"消除这些恶。《荀子·性恶》中列出诸多恶的人性，如"今人之性，生而有好利焉""生而有疾恶焉""生而有耳目之欲，有好声色焉""今人之性，饥而欲饱，寒而欲暖，劳而欲休""若夫目好色，耳好听，口好味，心好利，骨体肤理好愉佚"……上述都是人生而为人的正常欲求，却都被荀子看成是万恶之源。对于善和恶，荀子作如下定义："凡古今天下之所谓善者，正理平治也；所谓恶者，偏险悖乱也：是善恶之分也矣。……故古者圣人以人之性恶，以为偏险而不正，悖乱而不治。"（见《荀子·性恶》）他认为"性恶"即意味着偏狭、危险、背离、混乱。恩格斯曾说："正是人类的恶劣和情欲，贪欲和权势成了历史发展的杠杆"，而且"恶是历史发展的动力借以表现出来的形式。"霍尔巴赫也认为："利益或对于幸福的欲求，就是人的一切行为的唯一动力。"可见，人本性中的恶，从某种程度上说，推动历史向前，是人类发展的原动力。荀子这样否定人的本性，颇有一些反人类进步的意味。这种学说直到宋明理学那里达到巅峰，南宋陆象山曾说："学者所以学，学为人而已，非有为也。"（见《陆九渊集·年谱》）而理学的核心便在于"存天理，灭人欲"，同荀子的"性恶"论一脉相承。

其次，荀子意欲以绝对权力解决"性恶"。既然人本性为恶，便需要纠正。用什么纠正？《荀子·性恶》提出"化性起伪"，即以人为努力改变恶的本性。谁来"化性起伪"？当然是英明神武、无所不能的当代君主。树立一个绝对权力的君主，由他来昭明"礼义"，从而解决"性恶"的问题，所谓："立君上，明礼义，为性恶也。"而且君主是圣人，天生就具备"化性起伪"的能力，所谓："凡所贵尧、舜、君子者，能化性，能起伪，伪起而生礼义。"回到阿克顿那句名言："权力导致腐败，绝对的权力绝对地导致腐败。"恶往往是借助权力实现的，绝对权力使恶得以绝对实现。可笑的是，荀子为了防止人性中的恶，竟然想出了用绝对权力防止人性之恶的办法，着实荒唐。

但逻辑再荒唐也是逻辑。想向善吗？跪下祈求吧，只有君主才能改变人性之恶，只有君主才能拯救你们！荀子用"性恶"否定人的本性，进而妄图依靠君主改变恶，结果只能变本加厉地导致君主绝对专制。

陈炎在《积淀与突破》中指出，欧洲历史上，没有谁像秦始皇以后的历代中国皇帝那样，公然宣布法律的源泉来自于世俗的君主或国家元首，而是将其归结为超验的宇宙主宰，或将其看成是经验的社会契约。那么，是谁使得秦朝及以后的君主如此胆大妄为？是荀子。他为君主解除了上天、臣民、人性的束缚，为君权全面松绑，也为君主插上了绝对权力的翅膀，心中念念有词：飞吧！天地广阔，大有作为！

但凭感情用事，失去历史唯物主义的立场，是读史的大忌。荀子为君主专制做足了理论准备，但我们并不能因此戴上有色眼镜，认为荀子是落后的，其思想是该被送进坟墓的。恰恰相反，荀子的主张在先秦时代是无比先进的，是时代前浪中的前浪。自古以来，我国的社会形态一直是农业社会，以小农经济为主，而农业社会具有两大特点：一是个体力量分散；二是积累慢而消耗快。农业社会力量分散至每家每户，分散的小农经济呼唤一个强有力的政权给予自己保护，包括防御外敌和兴修水利等工程。在当时的社会背景下，只有中央集权的专制政权，才能组织军队保护小农经济，也才能集中人力、物力、财力兴建工程提高亩产，进而推动农业社会的进步。此外，以先秦的社会生产力条件，只有专制政权才能最大限度优化资源配置，促进资源积累，维护政权稳定。汉初四代积累，却不够汉武帝一朝的消耗；唐初百年的积累，也经不起一个安史之乱的折腾。试想如果没有一个强大的专制政权，小农经济在兵灾战乱中如何生存，战乱之后又如何恢复。所以，唯有专制政权能较优化地配置资源，实现农业社会的资源积累以抵御战乱，同时实现战乱之后的生产力恢复，不使脆弱的小农经济在经历战争后倒退得过多、过快。

人类社会始终面临两种威胁：专制、动乱。生活在专制气氛里的人，痛苦于求自由而不可得，而动乱中人，首先渴望的是平稳安定的生活。为追求自由而放弃面包，对个人而言也许是高贵的选择，但如果以此裹挟民众，则是草菅人命。不得不承认，要解决春秋战国时的统治危机，还百姓以稳定的生活秩序，最有效的手段是集权，而最易行的集权是独裁，最稳定的独裁则是世袭。战国末年，百年离乱之后，统一已是大势所趋，荀子不过是顺应了历史大势，而比前人更强调独裁的集权。如果因此论断先秦诸子不如同处轴心时代的西方思想家，构想不出公民大会这样民主的制度，未免过于轻佻。古希腊城邦固然灿若星斗，但单个城邦内公民人数超过两万的却只有三个，而且已经被认为是突破了人口承载能力的上限。柏拉图认为，单个城邦内理想的公民数量应在一千至五千人之间，而亚里士多德则提出，一个城邦的公民最好能认识他的全部同胞。直接民主制度的承载能力，大致只有这么大。这种制度真的适合黄河流域的华夏民族吗？就算先秦诸子中有人构想到了古希腊式的公民大会与一系列民主制度，大概会被时人当作是比杨朱还异端的思想，大加挞伐。

其实，荀子并没有错，老人家只是以一己之睿智洞见，预言着中国两千年专制社会的到来。

入秦联姻

春秋战国时，儒家有一个不成文的规定，即"儒者不入秦"，事实上以孔孟为代表，儒家的脚步从未踏上过秦国地界。战国末期的秦国，被时人譬喻为"虎狼"（见《战国策·西周策》），秦乃虎狼之国，秦军为虎狼之师，在儒家看来自戎地崛起的西秦绝非正统政权，只会凭武逞强罢了。当时，秦国上下奉法家为圭臬，而儒法两家在学术界分属完全对立的两个阵营，互相争辩不休。因此，"儒者不入秦"成为儒门弟子约定俗成的准则。但荀子，被后学称为先秦儒家的最后一位大师，偏偏在五十多岁（一说八十多岁）时去了秦国。其实，荀子入秦的意义远不止求官或推广个人学说这么简单，而是儒家开始与专制统治者合作的标志性事件，此过程自荀子起，至董仲舒基本完成。自此，儒家由独立的文化批判学派悄然转变成专制统治的思想工具。

荀子入秦，先见了宰相范雎。《荀子·强国》记载，范雎问荀子："入秦何见？"荀子顺坡下驴，盛赞秦国的方方面面：地形险要，山川秀美；百姓淳朴恭顺为"古之民"；官吏严肃敦敬为"古之吏"；士大夫公而无私为

"古之士大夫";朝廷运转效率极高,君主垂拱而治,为"古之朝"。最后,荀子说秦国强盛四代,不是运气好,而是理所当然的,所谓:"故四世有胜,非幸也,数也。"

而在《荀子·儒效》的记载中,荀子还见了秦昭襄王。昭襄王先是表达了对儒家的不屑,认为:"儒无益于人之国。"荀子抓住机会,类似产品推销员一般与昭襄王讨价还价,兜售儒家学说。首先声明儒士是最敬重君主的,所谓"儒者法先王,隆礼义,谨乎臣子而致贵其上者也";其次表示儒士如果被任用则会努力工作,即使不被任用也会恭恭顺顺,所谓"人主用之,则势在本朝而宜;不用,则退编百姓而悫;必为顺下矣";之后荀子表示愿意做君主统治的干才和"瑞宝",不但可"美政",还可"美俗",所谓"势在人上,则王公之材也;在人下,则社稷之臣,国君之宝也。……儒者在本朝则美政,在下位则美俗"。然而,昭襄王听后只有淡淡的一个字:"善。"再无下文。

荀子为何对自家的儒学如此自信?因为经他改造完善的儒家学说,集先秦诸子之精华,已经形成了一整套适合专制君主的外儒内法的政治理论。老人家自信昭襄王能慧眼识金,采纳自己的学说。对于汉武帝的独尊儒术,早至两百多年前,荀子已经眼巴巴地盼望着了。但是,书中记载的荀子形象很不光彩,在昭襄王和范雎面前完全没有了人们印象中孔孟的正气与骨气,啰啰唆唆,自卖自夸,局局于阐释儒者之用,屑屑于表明投怀送抱之心,投秦王所好,以博赏馈。荀子谋求与统治者合作,或者干脆说是祈求统治者接受自己的迫切心情,跃然纸上。荀子这种迫切渴求统治者垂青的心态,与孔孟对待当权者的态度形成鲜明对比。

先看孔子。鲁定公时,孔子第二次得到任用,但由于不满执政季桓子所为,愤然去鲁,周游列国十四年。学生子贡曾向老师建议不要把标准定得那么高,适当放宽也不是不可以:"夫子之道至大也,故天下莫容夫子。夫子盖少贬焉?"(见《史记·孔子世家》)虽四处碰壁,但孔子仍然拒绝了子贡的提议,不愿对当权者有丝毫迁就。而当卫灵公问"战阵之事"时,孔子也因其无道而拒绝回答。

再看孟子。孟子见梁惠王，梁惠王猝然发问：你孟老头儿不远千里而来，会有利于我国吗？孟子当即顶了回去："王何必曰利？亦有仁义而已矣。"（见《孟子·梁惠王上》）我这里没有利益，只有仁义！我是来教导你行正道的，不是搞推销的！学生公孙丑也对孟子提出过类似子贡的问题，劝老师降低标准："道则高矣，美矣，宜若登天然，似不可及也。何不使彼为可几及而日孳孳也？"（见《孟子·尽心上》）孟子当然也不肯为统治者屈膝，也不愿意为现实政治就俗。

孔孟对统治者的态度直来直去：我确实希望得到任用以展平生抱负，但前提是君主要全盘接受"仁政"学说，如果不接受，那恕我绝不奉陪！孔子抱定只问耕耘不问收获的坚定，孟子坚守为"王者师"的倔强信念，热衷于完善自己的理论学说，追寻圣王留下的点滴印记，并不在意理论与现实的差距，更不会为屈从现实而使自己的理论变味或贬值。孔孟倡导的是对时代现实的批判，合作与否，他们并不十分关心。

看过前人的这些事迹，荀子也只淡淡一句：我做不到。

荀子看似因为对统治者卑躬屈膝而失节，但他不以为然，因为心中有自己的诗和远方——促成儒家与专制统治者的深度合作，使儒学扬名立万。

要使一种理论趋于完善，有两种渠道：一是使理论本身更具包容性，更具逻辑性；另一种是使理论更具实用性。前者往往使理论趋近于理想境界，甚至成为一种空想式的乌托邦；后者往往使理论变成实用工具。荀子的理论显然更具有实用性，尤其对于专制集权来说，更是如虎添翼。荀子小心翼翼地寻找着理论与现实的结合点，寻找学说与政治合作的途径。为此，他一反孔孟不合作的强硬态度，不再自命为"王者师"，不再高高在上，而是心甘情愿做一个为君主献计献策的忠臣，做一个尽职尽责、呕心沥血的幕僚。至于方向性的问题，荀子把它交给君主决定，自己只负责忠诚地服从，无条件地执行。

荀子暗送秋波，君主更是乐见其成，欣欣然接过荀子改造后的儒家学说，并将其携带上集权的战车，呼啸而去。过去，儒家学说在孔孟手中是劝导君主向善的教具，是批判现实的有力武器，是不与当权者合作的耿气。现在，儒家学说被荀子打扮一番，羞羞答答，待嫁闺中，将与统治者的专制制度完成联姻。从此，批判的武器被完全工具化了：当放弃了思想，我们只能是工具性的存在。

　　而这只是一个开始，荀子身后的秦汉之际，是儒生的价值追求由理想主义向现实主义转变的时期，由"法先王"转变为"法后王"，从借昔日圣君批判现实转而承认当今就是圣王之世，积极地为巩固现实权力秩序出谋划策。关于嬴政称帝后的帝号问题，据《史记·秦始皇本纪》记载，丞相王绾、御史大夫冯劫、廷尉李斯和儒生博士们讨论形成初步意见，就是用三皇中最尊贵的"泰皇"作为帝号，但是嬴政不同意，要求"去泰，著皇，采上古帝位号，号曰皇帝"。三皇五帝是儒生心中最圣明的君主，是最高理想的代名词，而秦始皇以暴力统一天下，明显与儒家王道背道而驰，怎能与三皇五帝比肩？但史书记载，来自东方的群儒反应是"他如议"。儒生们屈服了，拜倒在君主的袍冠之下，屈从于现实权力，不再以圣人之道批判现实，而是遵循荀子教导，继续促成儒家与统治者的联姻大业。

　　这场"联姻"终于在董仲舒手中彻底完成。"天人三策"，董仲舒对答如流，不但对得好，还对得汉武帝圣心大悦。随后的罢黜百家、独尊儒术并非偶然，而是荀子之后二百余年，几代儒生辛勤耕耘的结果。至此，儒家的思想内核发生了巨大转变，而董仲舒所著《春秋繁露》本就是以儒家学说为基础，以阴阳五行为框架，兼采百家精华建立起的具有神学倾向的新儒学思想体系。这个体系以儒做表，以法充内，外儒内法，更适合专制制度运行，能更有效地维护专制统治。如今谈及中国的专制传统，还有许多人动辄批评孔子，责怪他创立的儒家思想为专制统治张目。且不说这种观点有违历史唯物主义的精神，单说其归罪对象就是错的。是荀子，而非孔子，积极为君主辩护，鼓吹专制制度。孔子好冤，背了黑锅，而且这个锅，一背就是两千多年。

　　但细细一想，如果没有荀子和后代众儒生竭力促成儒家思想与专制制度的联姻，儒家的影响力会有现在这么大吗？答案大概是否定的。如果儒家还维持孔孟时的面貌，没有荀子对其进行修正，儒家就不可能被统治者接纳而成为中国两千多年的思想霸主。从这个意义上说，孔孟地下有知，是要感谢荀子当年卑躬屈膝的。

为了顺利"嫁给"统治者，儒家也做出了牺牲。孔孟的儒家思想，在一定程度上培养的是特立独行的知识分子。魏文侯的老师田子方是儒者，他就曾说："行不合，言不用，则去之楚越，如脱履然。"多么有骨气！这样的儒家文化不以取悦君主换得恩宠为目的，履行着文化批判的职能。对于世俗政权，权力本身的制衡固然重要，而来自文化批判所产生的文化对权力的制衡也很重要。后来漫长的专制社会，之所以没能产生权力制衡，同专制政权将文化吸纳进体制之内，取消了文化的独立性有极大关系。也就是说，当文化的批判职能被别人否定或干脆自我阉割之后，权力制衡的可能性也随之消解。

回到荀子入秦，我们也应看到：毒蛇虽伤人害人，蛇皮不也是珍贵药材吗？虎虽凶残，不也有虎毒不食子的善性吗？狼虽狡猾，不也奉行优胜劣汰的规则，有着在恶劣环境和有限资源条件下求生存、求发展的坚韧精神吗？同理可知，虎狼之秦，未必没有可取之处。

李斯从荀子学习帝王之术，入秦之后，帮助始皇帝问鼎天下。还是有人扛不住独裁的召唤，现实主义终究战胜了理想主义。

何计身后评

荀子身后，首度对其评价的是荀门弟子。《荀子·尧问》记载了弟子的初评，主旨是：荀老师其实很有本事，只可惜没有遇上好的时代，否则早就让天下大治了。弟子们还表示，当今学者若得荀老师稍微点拨就能治理天下，何况他老人家亲自出马，所谓"今之学者，得孙卿之遗言余教，足以为天下法式表仪"；如今时代太混乱，没有给荀老师发挥才能的良好环境，所谓"孙卿迫于乱世，鳌于严刑，上无贤主，下遇暴秦。……当是时也，知者不得虑，能者不得治，贤者不得使"；荀老师是贯彻了孔夫子"邦有道则智，邦无道则愚"的教诲，装傻而非真傻，所以才被误认为没本事，所谓"然则孙卿怀将圣之心，蒙佯狂之色，视天下以愚。……是其所以名声不白，徒与不众，光辉不博也"；荀老师的本事大到能称帝称王，所谓"呜呼！贤哉！宜为帝王"。弟子们对老师的评价非常高，认为是时代埋没了老师，世人误会了老师，所谓"世不详察，云非圣人，奈何！"

众所周知，韩非、李斯等法家代表人物是继承了荀子衣钵，所以后世法家的兴衰一定程度上代表了荀子学说的兴衰。秦汉之际，儒家和法家作为对立的学术门派开展了激烈争夺，他们争夺的是统治者的青睐。谁得到青睐，谁就能成一时显学，可以影响当代甚至波及后世。秦朝初年，百家仍在争鸣，思想界极度混乱，而一个国家能在多大程度上统一，极重要的一点是能在多大程度上形成共同的价值观。据《史记·秦始皇本纪》记载，公元前213年，秦丞相李斯进言，说诸子百家："入则心非，出则巷议，夸主以为名，异取以为高，率群下以造谤。"李斯是荀子的学生，又是法家思想的先行者，自然代表荀子及法家一派的利益，而当时秦始皇为了统一思想，采纳李斯的建议，于当年开始销毁除法家以外的所有诸子著作，史称焚书，而这之后又发生坑儒的事件。在儒法之争的秦朝回合，法家完胜。

秦灭汉兴，西汉初年统治者奉行黄老之学，"无为"而治，与民休息。直至汉武帝与董仲舒"天人三策"，以儒家学说为基础，阴阳五行为框架，兼采百家精华的具有神学倾向的新儒学思想体系被实际确立，直至1912年清朝灭亡，儒家的正统地位从未受过动摇。在儒法之争的汉初回合，儒生们一夜翻身做主人。及至整个封建王朝历史，儒家看似取得了永久性胜利。

但其实，儒家的这场胜利是表面的而非彻底的。原因还得追溯至汉武帝时期，当今学界几乎一致认为，汉武帝表面上罢黜百家，独尊儒术，实则走了一条外儒内法的新路。通俗地说，就是挂儒家的羊头，卖法家的狗肉，表面上提倡"仁""义""礼""智"，实则以渐趋加强的君主专制统治人民。从思想学说来看，荀子以及之后的法家所提倡的思想都是好做不好说的。秦朝从口头到行动都贯彻法家思想，结果二世而亡，这个教训太过惨痛，以致后世统治者都为逐渐强化的君主专制蒙上了一层含情脉脉的儒家面纱以蒙蔽百姓。此时的儒家，早已成为专制独裁统治的思想工具，表面以师者自居，实际却忠实践行着为臣之道。外儒内法的优越性也被极大地发挥出来，从而沿用后世。

儒家虽只是表面胜利，但终究是胜利了；外儒内法虽说践行着法家学说，但终究是秘不示人的。于是乎，引出法家学说的儒家大师荀子也深受其害——千余年的扬孟抑荀思潮开始了，荀子一度被打入异端，在世人冷眼中悲惨度日。唐代韩愈曾评价孟子"醇乎醇"，但说荀子就是"大醇小疵"，开始了扬孟抑荀。后来，韩愈更是对荀子大加贬斥，视若仇雠，意图推翻荀子，自己取而代之。到了宋代，朱熹则干脆主张"不须理会荀卿，且理会孟子性善"，完全将荀子的"性恶"论诉诸异端，对孟子的"性善"论则爱不释手。苏轼在《荀卿论》中也曾说："荀卿明王道，述礼乐，而李斯以其学乱天下。"他认为荀子没有教导好李斯，秦乱天下的根源在于荀子学说。直至清代，据《四库全书总目提要》，熊赐履著《学统》一书，"以孔子颜子曾子子思孟子周子二程子朱子九人为正统，以闵子以下至明罗钦顺二十三人为翼统，以冉伯牛以下至高攀龙一百七十八人为附统，以荀卿以下至王守仁七人为杂统"。儒家大师、先秦思想集大成者荀子，竟被归为"杂统"。

今天看来，荀子理论与孟子思想难分轩轾，但在儒家那套从尧、舜、禹、汤，到文、武、周公，再到孔、孟的所谓"正统"谱系中，一直没有荀子的一席之地。千余年的扬孟抑荀，不但统治者没有接受荀子，他还被儒家踢出门外。

尽管经历了千余年的扬孟抑荀思潮，《荀子》一书仍被完整地保存下来，可见荀子思想自有存在的价值和旺盛的生命力。到清末，王先谦重新审视《荀子》并开始发掘其价值，采集各家之说，发挥己见，编成《荀子集解》一书，荀学开始抬头。谭嗣同在他的《仁学》中这样评价荀子学说："二（两）千年来之学，荀学也，皆乡愿也。"认为中国千余年的学术表面上看是孔孟之学，本质则以荀子学说为精神内核。近年来，梁涛提出"新四书"的说法。"新四书"首先包括《论语》《孟子》，之后将《大学》《中庸》回归《礼记》，把整本《礼记》作为第三本，而第四本就是《荀子》，意图将《荀子》抬至极高地位。

刘又铭则主张"重新给予荀学一个高度的正当性",并且"开始建构一个具有积极意义的新荀学"。在他看来,《大学》《中庸》非常可能属于荀学,宋明理学中潜藏着的荀学成分也比从前以为的更多,而明清的自然气本论也属于"不自觉地新荀学",构建出一幅恢宏壮丽的荀学新蓝图。

总体看来,荀子在儒学体系中的地位,可以借助以下三点加深理解:第一,荀子具有学术批判精神和兼容并包意识。荀学体现了百家争鸣走向交融的历史大趋势,《荀子·非十二子》的学术史、思想史价值发掘潜力巨大。第二,荀子对儒学经典的传授其功甚伟。不少学者认为,汉代儒学中,不仅礼学出自荀学,诗经学乃至春秋学都与荀学有关。清代汪中著《荀卿子通论》认为:"荀卿之学,出于孔氏,而尤有功于诸经。"徐复观也曾高度评价荀子在经学史上的地位。第三,荀子关注现实社会变化,充满着现实主义思想和事功精神。荀子讲学于齐,议政于燕,论风俗于秦,议兵于赵,仕宦于楚,对当时社会的影响不在孔孟之下。而其一反"儒者不入秦"的传统,向昭襄王推销儒家学说,说明荀子努力争取扩大儒家在现实政治生态与社会空间中的地位,在他身上体现出务实的事功精神,是汉代儒宗董仲舒的取法对象,同时也值得后世借鉴。

两千年风云际会,八十载玉汝于成。后世褒贬不一,然而荀子也并不在乎。一本《荀子》仍静静躺在那里,等待着,被重新发现。敢于"天论"者,自然欲与天比高。

第十三章

韩非子

孤愤的终结与新的开始

韩非子生前就是有粉丝的，而且他的第一位粉丝来头甚大，名叫嬴政。据《史记·老子韩非列传》记载，秦王嬴政偶得韩非"孤愤"与"五蠹"两篇文章，览毕拍着大腿感叹道："哎呀，寡人如果能见到韩非并有幸和他交往，死都不遗憾了！"身旁李斯赶紧说道："韩非是韩王之子，您要见他恐怕不容易吧。"嬴政不愧为秦始皇，国界并不能阻挡他对韩非的狂热，为得到韩非，嬴政急不可耐，发动对韩战争，所谓"秦因急攻韩"。为一个仅代表个体的自然人，举一国之力发动对外战争，古今少有。

如果有一个词可以概括韩非的一生，也许是恓惶。这个词广泛用于山西、陕西等地方言之中，本意指忙碌不安、悲伤的样子，引申为穷困潦倒、可怜兮兮。韩非出身韩国王室，血统高贵，但着实是恓惶命。

韩非恓惶，一在先天不足。《史记》记载，韩非"为人口吃"，说起话来总是"嗯……啊……呀……"不断。期期艾艾是专门形容人口吃的成语，所谓"周昌期期、邓艾艾艾"，周昌是西汉初年名臣，吕后都敬他三分，而邓艾则是三国曹魏时灭蜀大将。对于这些口吃者，后世多抱以同情赞许的态度，仿佛言语功能的先天不足才使他们在其他方面的能力高人一等。但将心比心，换位思考，一个生活在正常人群中的口吃者，心中多少会存有自卑情绪，何况韩非的生活环境，是论辩争鸣之风盛行的战国末年。

韩非恓惶，二在幼年丧父。韩非出生于公元前280年，在他6岁即公元前275年时，秦相国穰侯伐魏，韩釐王遣暴鸢救魏，被穰侯击败，斩首四万，据说韩非的父亲也在这场战斗中丧命。6岁丧父的韩非，独自行走于深宫之中，虽有近侍片刻不离，恐怕也常感孤独。在父系社会中，母子相依得到的往往不是怜悯和扶助，更多的是白眼和欺凌。

韩非恓惶，三在国运衰微。先看韩非出生后韩国的经历：前275年，秦相国穰侯破韩军，斩首 4 万；前 273 年，魏赵联合伐韩；前 265 年，齐赵联合伐韩；前 264 年，秦伐韩，拔九城，斩首 5 万；前 263 年，秦伐韩，取南阳；前 262 年，秦伐韩，拔野王；前 256 年，秦伐韩，取阳城、负黍，斩首 4 万；前 254 年，韩王入朝于秦……韩昭侯时期的国运昌隆早已成为遥远的过去，这一时段史书上出现的高频词是："破韩军""秦伐韩""联合伐韩"……割地赔款尚且不够，韩王竟还亲自入秦朝觐，这令韩非颇感耻辱。

韩非恓惶，四在言不得用。战国后期的韩国积贫积弱，韩王忍了，但韩非没有忍，他曾多次直言觐见，请求韩王力行法治，一改韩国"养非所用，用非所养"的恶劣情况，革故鼎新，但其主张始终得不到采纳。《史记·老子韩非列传》记载："非见韩之削弱，数以书谏韩王，韩王不能用。"韩非认为这是"廉直不容于邪枉之臣"，心灰意冷，退而著述，写出了"五蠹""内储说""外储说""说林"等著名篇目。

虽有以上种种不幸，但韩非最大的恓惶，其实在于他的人格理想受到现实伦理的严重绑缚。从《韩非子》中可以看出，韩非苦心钻研富国之道与强兵之法，一心欲将毕生所学献诸明君，可偏偏韩王昏聩，不能接纳，遑论实施。更令韩非深感命途逼仄的是，作为韩国公子，王室贵族的现实伦理身份阻挡了他身赴别国、一展抱负的可能，因为投身他处就意味着背叛国家、背弃先祖。抬起头来，一幅韩国日渐沦丧的图景映入眼帘；低下头去，自己人格理想得不到也不可能得到施展，这便是韩非的处境。

无奈之下，韩非决心云游求学。据《史记·老子韩非列传》记载，韩非"与李斯俱事荀卿"，凭借天资聪颖，连日后大秦丞相李斯都"自以为不如非"。成长于王公贵胄之家，经历着充斥血腥的不义战争，加之自己恓惶的经历，这一切强辩地说服着他：不要相信仁爱，不能轻信善良，不可寄希望于人性。他的心态，在怯懦的自卑中严重失衡，而他的理智，却在凋敝国势中日趋成熟——感情的琴弦早已停止颤动，失衡的心态渴望重新平衡。幸运也不幸的是，韩非几经周折，终于找到了精神归宿——法家。他对人性的失望与时代需求找到了最佳契合点，一步步向人性本恶的说教靠拢，眼中的世事都渐因利益而粘连。

　　嬴政为得韩非而发兵攻韩，《史记·老子韩非列传》记载韩王"及急，乃遣非使秦"，嬴政见到韩非后，反应是"悦之"。可以想见，韩非力劝秦王存韩伐赵的时候，心底难免悸动："难道我韩非施展平生所学的机会来了？这是真的吗？"离开昏庸无道的韩国，入秦名正言顺，面对野心勃勃的嬴政，二人惺惺相惜。在西方热土秦国，解除现实伦理束缚之后，韩非似乎迎来了实现平生理想的东方曙光。

　　偏偏，命运不但没有放过韩非，还和他开了一个巨大的玩笑，催促他走向终结的玩笑。俗语有云：医者不能自医。韩非对人性问题有那么深入的洞察，却不能看透势利同门李斯的心思；他对权臣阻挠法术之士觐见君主的情形那么熟知，却不能明白自己万不能得罪秦王的宠臣姚贾；他深知游说君主何等危险，自己却撞进独裁政治盛行的秦国罗网；他一再告诫他人不要逆君主行事，自己偏偏为保存韩国，以身试法，用生命与鲜血为"说难"篇做了生动注脚。

　　韩非入秦之后，事态发展出人意料。先是嬴政"未信用"，再是"李斯、姚贾害之"，诋毁韩非"终为韩不为秦"，并提出恶毒建议："今王不用，久留而归之，此自遗患也，不如以过法诛之。"秦王听后，"以为然，下吏治非"。本应游说秦王存韩的韩国公子，却成了秦国的阶下囚。有人认为，《韩非子》中的名篇"孤愤""说难"就是在监狱中完成，他想以此换来嬴政的悔恨和怜悯，所谓"韩非欲自陈，不得见"。李斯怕夜长梦多，于是"使人遗非药，使自杀"。公元前 233 年，韩非死于云阳监狱，享年 47 岁。

　　韩非还是过于天真，他并不清楚，在君主专制社会中，明哲与保身难以两全——一个人既然明了人性好利的哲理，洞察君主自私的内心，那么自身便岌岌可危。而庄子早就看透这一点，感叹道："无所逃乎天地之间。"（见《庄子·人间世》）司马迁也为此伤怀："余独悲韩非为'说难'而不能自脱耳！"韩非曾著"孤愤"篇，抒写法术之士不得见用的困境，激烈批判了权奸当道的社会现实，用词激越，饱含深情。殊不知，这篇名也是他一生的极佳诠释：一生孤独寂寥，心绪愤慨难平。

　　大凡人们需要的事物，才会在社会历史中具有强大生命力。《韩非子》

之所以经历两千年经久不衰广为流传，其原因也无非如此。韩非尸骨未寒，嬴政便"悔之，使人赦之"，虽然没能救下性命，但韩非的思想精华被注入秦朝的国家机器中，推动华夏一统，稳固专制江山，而其法治精神对今天仍有借鉴意义，法家的某些思想也牢牢印在每一位国人心中。韩非以孤愤的结局终了，与此同时，《韩非子》却因大秦一统，迎来了新的开始。

韩非主义核心价值观

人们常说诸子百家，百家争鸣。当时学派数量实际并无百家之多，班固在《汉书·艺文志》将其总结为"九流十家"。在诸子文章中，有淫辞，有诐辞，有偏辞，有遁词，无所不用其极。或独持偏见而傲慢，或一意孤行而钻牛角尖，或目空一切而狂热，或妄自尊大而荒唐；或危言耸听，或冷嘲热讽，或意味深长，或声泪俱下；或热烈，或冷漠，或急切，或优游。真可谓"人人自谓握灵蛇之珠，家家自谓抱荆山之玉"，都认为自己的学说可以包治世态百病，兼拯世道人心。但是，诸子无不因走向自家极端而疏漏多多。可贵的是，他们又在极端的片面中，显示了各自无可比拟的深刻。

韩非就是这样在极端中走向深刻的人。孟子见梁惠王时，一句"王何必曰利？亦有仁义而已矣"（见《孟子·梁惠王上》），道尽了儒家耻于谈"利"的道德立场。韩非反对甚至鄙夷儒者，闭口不谈"仁义"，只谈"利"。在他看来，人天生就是趋利避害、好逸恶劳的，所谓"夫民之性，恶劳而乐佚"（见《韩非子·心度》），百姓都是喜好追名逐利的，"利之所在民归之，名之所彰士死之"（见《韩非子·外储说左上》），而衡量一个人功绩的方法也是会计师式的量化地计算收支，"凡功者，其入多，其出少，乃可谓功"（见《韩非子·南面》）。我们姑且称"利"为韩非主义核心价值观。

说到好"利"，人们很容易将其与"性恶"联系起来，并且认为韩非思想滥觞于荀子的"性恶"论，其实不尽然。且不说《韩非子》中无一处提及"性恶"二字，只说对人性本善还是本恶的讨论，几乎就是伪命题。如果人性本善，那么如何解释我们每个人心中的自私、偏狭、阴谋？假如人性本恶，人们时常流露出的同情、悲悯、善意难道也是由恶而生？孟子言"性善"，认为每个人都有"恻隐之心"，用经验主义范畴加以证明，恐怕站不住脚。孟子认为：人性善就如水往低处流一样，水没有不往下流的，人性也没有不善的。这种论调用来打比方尚可，用来证明则完全无效。水向下流只能比喻人性有固定倾向，但向下不一定就是向善，也能被看作是向恶。世上谁又能很好地证明人本性是善还是恶呢？这方面，与孟子争论的告子仿佛更高明，他认为河道挖开西面水就向西，挖开东面水就向东，水没有固定流向，所以人性也没有善恶之分。总之，争论人性本善还是本恶的问题并无实际意义，人本是在善与恶交织中步入生命终结的高等动物。

孟子洋洋洒洒，韩非朴实无华；孟子雄辩激昂，韩非俊俏深刻；孟子对人性抱以善的期望，韩非对人性给予实际的理解；孟子讲什么是好的，属于价值期待，韩非说什么是真的，属于理性判断。既然人性是善还是恶无法证明，韩非干脆绕过这种价值命题，认为人性趋"利"。值得注意的是，趋"利"只是客观事实，并无优劣之分，趋"利"之心存在于每人每事、每时每刻，可能引发善的结果，也能结出恶的果实。很多时候，因为我们太过执着于价值判断，却渐渐被其蒙蔽双眼，不辨东西。如果我们接受韩非思想的前提——人天生好"利"，人本性趋"利"——再看韩非学说就纲举目张了。

> 舆人成舆，则欲人之富贵；匠人成棺，则欲人之夭死也。非舆人仁而匠人贼也。人不贵，则舆不售；人不死，则棺不买。情非憎人也，利在人之死也。（见《韩非子·备内》）

韩非的意思是做轿子的希望人富贵，做棺材的盼望人早死，不是因为他们性有善恶，而是因为人们富贵轿子就卖得好，人们早死棺材就卖得好，"利"在其中。这则生动的类比刻画了人人利己的社会关系图景，人际关系难免因此紧张甚至对立。见识深刻的韩非不但看到了商贾之好"利"，更把血肉亲情和家庭伦理赤裸裸看作"利"的延伸与交易。

先是父子关系——在《韩非子·八说》中，韩非认为春秋战国时父母生儿子则相贺，生女儿则杀之，就是为自己的长远利益做打算，所谓"父母之于子也，产男则相贺，产女则杀之。此俱出父母之怀衽，然男子受贺，女子杀之者，虑其后便，计之长利也"。儒家父子伦常被韩非击得粉碎，人间至亲父母子女，都存算计之心。

再是夫妻关系——在《韩非子·备内》中，韩非认为夫妻之间的亲密只因一时相爱，所谓"夫妻者，非有骨肉之恩也，爱则亲，不爱则疏"。《韩非子·内储说下六微》还有一则故事："卫人有夫妻祷者而祝曰：'使我无故，得百束布。'其夫曰：'何少也？'对曰：'益是，子将以买妾。'"这位妇人知道，夫妻相处并非凭借感情，而是一种利益的平衡，一旦失衡，夫妻关系自然随之瓦解。

出身韩国贵族的韩非，一生心血都投向君臣政治，他表面言说父子、夫妻，最终都指向君臣，指向君主与臣下的利益交换与权力平衡。他不是伦理学家，是政治理论家；他研究的不是社会道德伦理问题，而是帝王之学。父子至亲都以"利"算计，何况没有父子亲情的君臣呢？所谓"夫以妻之近与子之亲而犹不可信，则其余无可信者矣"（见《韩非子·饰邪》）。韩非冷峻尖刻的双眸炯炯有神，这是一双看透世道人心的慧眼，人性的丑恶面在他眼中无所遁逃，所以人之间根本没有互相信任的条件和资本，君臣更是如此，所谓"君臣异心，君以计畜臣，臣以计事君，君臣之交，计也"（见《韩非子·饰邪》）。

初读韩非之言，难以接受，但细细回味，又不得不佩服他见解之独到深刻，之老辣犀利。《韩非子》可贵之处即在于此，它是一面人性的镜子，每个人都能在其中照见内心深处连自己都不愿承认的自私与恶劣，照后赶紧掩住镜面左右环顾，确定无人之后长舒一口气。古今几人愿意如此露骨地揭露人性丑恶？韩非愿意，这成就了他在哲学思想方面的伟大。

人主之患在于信人。信人，则制于人。人臣之于其君，非有骨肉之亲也，缚于势而不得不事也。故为人臣者，窥觇其君心也无须臾之休，而人主

急憿处其上，此世所以有劫君弒主也。（见《韩非子·备内》）

这一段读来令人汗毛倒竖：君主最大的祸患在于信任别人，因为信任换来的是受制于人，而且臣下时时刻刻都在暗中窥伺君权，稍有不慎，灭国亡身。君臣关系是韩非关心的核心关系，而争论善恶本身并无意义。那么问题来了，君主行事应参照何种标准？判定臣下所作所为的依据又是什么？

儒家的理论体系区别善恶，善推导出君子品行，恶便是小人行径。《论语》中，孔子一口一个君子如何小人又如何，君子是值得推崇的善，小人是应当避免的恶，君子小人的评价体系几乎成为整个社会的价值标准。但问题是，正如善恶之分没有意义，君主小人的分法也毫无理论和现实依据，只是对他人报以道德批判的眼光，而非本于事实的理性评判。这样的道德二分法，会使对某人的评价趋于极端，无视人性的中间地带和复杂多变，不相信个人会在不同时间与不同条件下做出截然相反的心性选择，甚至是有害的：小人在这种理论面前被贴上标签，只好自暴自弃，不再追求道德上进；君子却凭空生出道德优越感和傲慢的偏见。而在韩非的价值体系中，没有君子小人之分，他提出了新思路：公利与私利。这种分法具有一定积极意义：祛除儒家道德审判的阴霾，理性、客观总是人类进步的努力方向。

> 明主之道，必明于公私之分，明法制，去私恩。夫令必行，禁必止，人主之公义也；必行其私，信于朋友，不可为赏劝，不可为罚沮，人臣之私义也。私义行则乱，公义行则治，故公私有分。（见《韩非子·饰邪》）

臣下总是代表祸乱赏罚的私利，导致混乱，君主总是代表令行禁止的公利，力行法治则天下太平。韩非主张君主应明确公私，使奸臣无隙可乘，所谓"故明主审公私之分，审利害之地，奸乃无所乘"（见《韩非子·八经》）。进而，韩非明确主张，"以法治国"就是讲求公利废除私利，是富国强兵的必由之路。

对于韩非子提出的公利与私利，一方面，相比儒家的君子小人体系而言，这种评价标准更具操作性和实用性，客观性强，不易以人的意志为转移，而另一方面，韩非的公私之分也极具阶级局限，其公利实则是最大的私利。细读《韩非子》，原来韩非提倡的"公"几乎等同于君主，君主的利益就是公利，只要不是君主的利益便是私利，君主"言行者，以功用为之的彀者也"（见《韩非子·问辩》）。不止于此，韩非还认为君主的公利天然代表着国家的利益，成就公利意味着国家强盛。这种想法固然美好，然而君主个人利益一定能代表国家利益吗？君主如果贤明还好，一旦昏庸无道，反国家利益而行事，韩非行公利的主张便会把国家和百姓引向深渊。

当然，我们不能用现代观念苛责韩非，生长在战国末期的他，唯一的救世主就是君主，在他眼中普通民众是如此自私、顽劣且不可救药，只有君主才能带领国家走向富强。在这个问题上，韩非子犯了和荀老师一样的错误：将国家富强的希望寄托于专制君主一人身上，无限加强专制统治。这是韩非学说的致命缺陷，也是春秋战国时期法家学说的通病。

回到"利"的主题，韩非也喜好人际和谐，提出让天下和睦的理想方案：人人利己，以利为心，人人得利，天下和睦。所谓："人行事施予，以利之为心，则越人易和；以害之为心，则父子离且怨。"（见《韩非子·外储说左上》）这也许是他没有办法的办法。

专制君主的实操手册

《韩非子》共约十三万字，分为二十卷五十五篇，主要论说君主如何管理臣民、稳坐江山，进而富国强兵，乃至称霸称王，即古人说的帝王之学。除了"法""术""势"等内容，也论及君主应该注意的道德修养与政治策略。此外，书中还记述了韩非子对世道人情的剖析和感慨，对《老子》的解说，对论说素材的辑录，以及向君主的上书等。如果做一个量化统计，韩非至少将百分之七十的笔墨都用于论说君臣关系上。更令人惊异的是，除了政治纲领与治国策略，韩非还不厌其烦地为君主出谋划策，设计了细致而微的操作方法，从君主言行举止到听取奏报的情绪反应，从防范大臣专权的注意事项到除杀臣子的多种手段，无所不用其极。从这个角度来说，《韩非子》称得上一本为专制君主量身定制的实用操作手册。

在《韩非子》中，君臣关系是"君以计畜臣，臣以计事君"（见《韩非子·饰邪》），君主像蓄养宠物般豢养臣子，而臣子对君主须"顺上之为，从主之法，虚心以待令。……毋或作威，毋或作利，从王之指；无或作恶，从王之路"（见《韩非子·有度》），君臣处于完全不平等的驾驭与被驾驭的僵化关系中。那么，臣下凭什么要对君主完全服从？君主驾驭臣下的合法性与可能性究竟在哪里？

先说合法性——君主代表着国家公利，而臣下仅代表着个人私利，君主驾驭臣下就是行公废私，自然合理合法。尽管君主利益是否能代表国家利益尚且存疑，但依照韩非理论：君主代表国家，臣下代表个人；君主指引国家前进，臣下只管老婆孩子；君主光明正大，臣下畏畏缩缩；君主是真孙大圣，臣下是六耳猕猴；君主救万民于水火，臣下只会因私废公。

再说可能性——人性好"利"，而君主拥有臣下想要的利益，通过赏罚"二柄"驾驭臣下。在《韩非子·八经》中，韩非认为民众有的爱惜实际利益，有的爱惜良好名声，君主恰恰掌握着分配、赋予利益与名声的权力，所谓"民之性，有生之实，有生之名。为君者有贤知之名，有赏罚之实"。而在《韩非子·二柄》中，韩非以为君主掌握赏与罚两种手段，以此利用臣下喜利赏而畏诛罚的本性，驾驭臣下，所谓"杀戮之谓刑，庆赏之谓德。为人臣者畏诛罚而利庆赏，故人主自用其刑德，则群臣畏其威而归其利矣"。在人性好"利"的基础上，一个赏，一个罚，构成了君主驾驭臣下的可能性。

既然君主具备了驾驭臣下的合法性与可能性，深受道家思想影响的韩非便以"道"作为这种驾驭术的总纲。关于"道"，我们最熟悉的莫过于《老子》开篇一句："道可道，非常道。"而《韩非子》中有两种"道"。一是广义的"道"，即天地万物的普遍法则，整个宇宙变化发展的客观规律。《韩非子·主道》开头一句是："道者，万物之始，是非之纪也。是以明君守始以知万物之源，治纪以知善败之端。"读来玄妙不可知其深浅，思来广博不能领其要旨，很像《老子》的语言风格。在《韩非子·大体》中则有"因道全法，君子乐而大奸止"的句子。以上两例中的"道"皆指客观规律，是君主治国治民必须顺应的最高法则。二是狭义的"道"，即君主统治术，君主控制、使用群臣的具体的策略和手段。《韩非子·主道》中有"道在不可见，用在不可知；虚静无事，以暗见疵。见而不见，闻而不闻，知而不知"和"人主之道，静退以为宝。不自操事而知拙与巧，不自计虑而知福与咎"的句子。总结起来，韩非子的君主统治术继承了老子思想，主张君主之"道"，在于虚静，处暗而察全貌，也在于"无为"，而"无不为"。《韩非子·扬权》有言："圣人之道，去智与巧。"还说："虚静无为，道之情也。"可见韩非主张老子式的守拙，提倡上善若水般的处下。

韩非将老子的道家思想迁移运用到君主统治术上，让"道"延展出新的内涵，在这个总纲的统领下，推出集法家学派大成的独门三剑："法""术""势"。准确地说，"法""术""势"这三个名词并非韩非独创，"法"是商鞅的主张，"术"是申不害的发明，"势"是慎到的创造。之所以称为韩非独门三剑，是因为韩非博采众长，汇总三人学说，取精弃糟，融会贯通，形成自己的创新融合剑法，不但前无古人，而且后无来者，成功登临法家思想的灿烂顶峰。

"法"指公开的供臣下参考的行为标准，君主据此判定臣下行为，进而给予赏罚。"法"的内涵中，最重要者无过乎赏与罚，功则赏，过则罚。所谓"法者，宪令著于官府，刑罚必于民心，赏存乎慎法，而罚加乎奸令者也。此臣之所师也"（见《韩非子·定法》）。"术"指隐藏于君主内心的考量臣下的依据，君主据此任命官吏，考察业绩，执掌生杀，驾驭群臣。"术"的内涵中，最重要者无过乎"循名而责实"，意思是根据臣下的报告督责对比其实际行为，进而做出判断。所谓"术者，因任而授官，循名而责实，操杀生之柄，课群臣之能者也。此人主之所执也"（见《韩非子·定法》）。"势"指权力地位，君主通过赋予臣下一定的权力地位来驾驭臣下，切忌臣下权势过大，所谓"桀为天子，能制天下，非贤也，势重也；尧为匹夫，不能正三家，非不肖也，位卑也"（见《韩非子·功名》）。形象地说，"法""术""势"可以滑翔伞做比："法"是滑翔伞的伞翼，露于外；"术"是滑翔伞的支架，藏于下；要驾驶滑翔伞飞翔，在平地是无法起飞的，人必须登上高地，这个高地就是"势"。

君主具备了驾驭臣下的合法性与可能性，有了"道"做总纲领，又有了"法""术""势"的韩非独门三剑，自然可以轻松施行统治了。韩非为君主提供的咨询服务实在太体贴入微，《韩非子》中又详尽阐述了君主统治的实用操作方法，此处列举五例：

第一，如何制约进而除杀大臣。《韩非子·八经》有云："其位至而任大者，以三节持之：曰质，曰镇，曰固。……名实当则径之。生害事，死伤名，则行饮食；不然，而与其仇：此谓除阴奸也。"对于职位高、权势重的大臣，有三种制约办法：一是抵押，即以其亲属做人质；二是安抚，即给予爵禄优厚而且一定兑现；三是固定，即对照检验他们的言行并且追求怒斥他们的过错。当君主想暗地里除掉某个臣子，如果罪名与罪行相当就直接杀掉；如果他活着会坏事，但杀了会损害君主名声，那就用饮食毒死他；如果不想这么做，也可以把他交给仇敌杀死。臣子如鸡犬一般无法保证自己起码的生存权利，人权尽丧。

第二，如何对待臣下提出的建议。《韩非子·八经》有云："故使之讽，讽定而怒。是以言陈之曰，必有策籍。……成败有征，赏罚随之。"事成则君收其功，事败则臣任其罪。君主什么都不要表示，让臣下先说自己的意见。待其说完后，针对不完善之处，君主再加以严厉斥责。因此，臣下发表意见时一定要做会议记录。等事情办完之后，君主按照臣子之前言论与事后处理结果进行赏罚。事情办成了，君主收取他的功劳；事情办砸了，臣下承担他的罪责，全然没有公平正义可言。

第三，如何判断臣下是否说了实话。《韩非子·内储说上七术》有云："一曰众端参观，……四曰一听责下，五曰疑诏诡使，六曰挟知而问，七曰倒言反事。"从多方面验证观察臣下的言行；一一听取臣下的言论并督责其行为；利用使臣下猜疑的命令和奇怪的差遣促使臣下谨慎尽职；用自己已经了解到的情况询问臣下来考察他是否说谎；故意说与本意相反的话，做与实情相反的事来刺探臣下的阴谋。

第四，如何识别大臣是否忠诚可用。《韩非子·说疑》有云："夫见利不喜，上虽厚赏，无以劝之；临难不恐，上虽严刑，无以威之：此之谓不令之民也。……将安用之？……皆疾争强谏以胜其君。……将安用之？……皆朋党比周以事其君，隐正道而行私曲，上逼君，下乱治，援外以挠内，亲下以谋上，不难为也。……谄谀之臣，唯圣王知之，而乱主近之，故至身死国亡。"赏罚加之而无所动摇的臣下，不能用；强谏而胜过君主的臣下，不能用；奸邪之臣，不能用；谄媚阿谀的臣下，不能用。按照这种说法，比君主强的人都不能任用，而且都该去死。

第五，如何保证君主形象的高深神秘。《韩非子·二柄》有云："故君见恶，则群臣匿端；君见好，则群臣诬能。人主欲见，则群臣之情态得其资矣。……人君以情借臣之患也。……故曰：去好去恶，群臣见素。"君主不能在臣下面前表露自己的情感好恶，如果君主没有喜爱，也没有憎恶，群臣便会以为君主高深莫测，也就不敢造次。

除了直言规谏，韩非还喜好用寓言的方式劝导君主。中国的寓言一词最早见于《庄子·寓言》中的"寓言十九，藉外论之"。谈及先秦寓言，绕不开三人：孟子、庄子、韩非子。而三人的寓言也代表了三种素材来源：一是民间流传故事，《孟子》一书中多有采用，如"齐东野人之语"，语言风格考究严谨，详尽确实；二是虚构故事，《庄子》在这方面尤其擅长，如"北冥有鱼，其名为鲲，鲲之大，不知几千里也。化而为鸟，其名为鹏。鹏之大，不知其几千里也；怒而飞，其翼若垂天之云"，语言风格浪漫洒脱，神乎天外；三是历史传说，《韩非子》中用得最多。本来，先秦诸子散文中的寓言故事仅是用以服务观点的论证手段，并非独立文体，只因具有高度文学价值，逐渐流传成为独立文体，对后世文学产生深远影响。

韩非的寓言，篇幅不是最长的，文辞也不是最优美的，但数量却是最多的，寓意指向也是最明确的。《韩非子》一书中引用了三百余个寓言，相比西方《伊索寓言》喜爱以拟人化的动物做主人公，韩非的寓言几乎全是着力刻画性格鲜明的人物。语言风格简洁凝练，冷峻犀利，朴实无华，客观理性，绝不多着一字，更不加以感情，透露出韩非强烈的现实主义精神。更重要的是，

如守株待兔、郑人买履、买椟还珠、滥竽充数、讳疾忌医等寓言，韩非都有明确的批判指向性，或批判诸子学说，或批评君主昏聩，将这些批判的武器使用得淋漓尽致。

> 宋人有耕田者，田中有株，兔走触株，折颈而死，因释其耒而守株，冀复得兔。兔不可复得，而身为宋国笑。（见《韩非子·五蠹》）

守株待兔的故事中，愚蠢的宋国人抱着树桩做着春秋大梦，韩非认为当时的儒生正如这位宋人，总将天下大治的希望寄托在贤能君主身上。问题是如尧舜般的贤能君主千年才出一个，难道没有贤君，国家就一定不能大治？所谓"然则今有美尧、舜、汤、武、禹之道于当今之世者，必为新圣笑矣"。所以，儒家主张"法先王"是无异于守株待兔的愚蠢行为，所谓"今欲以先王之政，治当世之民，皆守株之类也"。先秦诸子有个共同特征：怀揣一己之学，以救时代之弊。这在法家中表现得尤为明显，韩非在批判"法先王"的同时，表达了自己变化发展的"法后王"的唯物主义历史观，而这才是守株待兔真正要说明的道理。在他看来，君主不应尊崇尧舜等古代贤君，而应效法"后王"，尊奉当世君主及其政策，所谓"是以圣人不期修古，不法常可，论世之事，因为之备"，这种从社会客观实际出发的现实主义精神，极具借鉴意义。

> 郑人有且置履者，先自度其足而置之其坐，至之市而忘操之。已得履，乃曰："吾忘持度。"反归取之。及反，市罢，遂不得履。人曰："何不试之以足？"曰："宁信度，无自信也。"（见《韩非子·外储说左上》）

通过这则寓言，韩非继续批判儒家"法先王"的荒唐行为，但批判的着眼点放在儒者主张以"仁义"治国方面。尧舜固然曾用"仁义"之道实现天下大治，但战国与尧舜时的社会状况已完全不同，儒生不知变通，仍然期望用早已过时的办法治理当今社会，无疑是反动落后的，"夫不适国事而谋先王，皆归取度者也"。他认为，具体问题应具体分析，具体时代有具体政策。君主治国要从社会现实出发，遵循现今时代特点与政治规律，制定适宜的政策，即行法治，明赏罚，才能避免郑人买履式的错误。

> 楚人有卖其珠于郑者，为木兰之柜，薰以桂椒，缀以珠玉，饰以玫瑰，辑以翡翠。郑人买其椟而还其珠。此可谓善卖椟矣，未可谓善鬻珠也。（见《韩非子·外储说左上》）

儒墨两家都是战国时期的显学，韩非痛批儒家，当然也不能放过墨家。这次，他批墨的理由是墨家学说文辞过于华丽，以致掩盖了文章真正要表达的思想，正如买椟还珠者，惑乱视听，"以文害用"。韩非认为，当时社会有一种好恶取舍流于事物表层而忽视本质的不良风气，崇尚空谈，不重实际，所谓："明主之听言也，美其辩；其观行也，贤其远。故群臣士民之道言者迂弘，其行身也离世。"而墨子学说助长了这种不正之风，使君主一叶障目不见泰山，"人主览其文而忘有用"。君主中意墨家学说自然会冷落法术之士，这种情况韩非不愿看到，所以他认为："墨子之说，……若辩其辞，则恐人怀其文，忘其直，以文害用也。"

> 齐宣王使人吹竽，必三百人。南国处士请为王吹竽，宣王说之，廪食以数百人。宣王死，湣王立，好一一听之，处士逃。（见《韩非子·内储说上七术》）

短短四十四字，找不出一个无用之字，也没有一处直接表明情感立场，但齐宣王、齐湣王、南郭处士三人的性格特征跃然纸上，可谓惜墨如金。韩非的寓言故事绝大多数记录在"外储说"和"内储说"两篇中，又因文字体量过大，所以将"外储说"分为"上七术"和"下六微"两篇，将"内储说"分为"左上""左下""右上"和"右下"四篇，合计六篇，并以先列论点纲要再摆详细论据的形式呈现，开文体之先河。讲这则寓言之前，韩非列出

的论点纲要是："一听则愚智不纷，责下则人臣不参。"告诉君主，在听取臣下报告时要一一听取，不能笼统对待，否则就不能明察秋毫，有受臣下蒙蔽的危险。

298

> 扁鹊见蔡桓公，立有间。扁鹊曰："君有疾在腠理，不治将恐深。"桓侯曰："寡人无疾。"扁鹊出，桓侯曰："医之好治不病以为功。"居十日，扁鹊复见，曰："君之病在肌肤，不治将益深。"桓侯不应。扁鹊出，桓侯又不悦。居十日，扁鹊复见，曰："君之病在肠胃，不治将益深。"桓侯又不应。扁鹊出，桓侯又不悦。居十日，扁鹊望桓侯而还走，桓侯故使人问之。扁鹊曰："疾在腠理，汤熨之所及；在肌肤，针石之所及也；在肠胃，火齐之所及也；在骨髓，司命之所属，无奈何也。今在骨髓，臣是以无请也。"居五日，桓侯体痛，使人索扁鹊，已逃秦矣。桓侯遂死。（见《韩非子·喻老》）

这个寓言讲的是扁鹊见蔡桓公的故事，其中"君有疾在腠理，不治将恐深"，几乎家喻户晓。韩非在这之前感慨不断："千丈之堤，以蝼蚁之穴溃；百步之室，以突隙之烟焚。……此皆慎易以避难，敬细以远大者也。"于是，他为后人留下"天下之难事必作于易，天下之大事必作于细"的俗语，意在告诫君主防微杜渐的道理，而这背后，依然是韩非觉得君主时刻处于各种危险之中的先验假设。且不论这个假设正确与否，当念及君主时时以寡人自称，便知韩非谨小慎微地切切叮嘱不无道理。

韩非独门三剑

在"法""术""势"的韩非独门三剑中，"法"是韩非最中意的锋利之剑。《韩非子》全书五十五篇，对"法"有明确论述的三十三篇，占百分之六十，可见韩非对"法"的重视，这也是法家得名的缘由。韩非之"法"，其实是公开的供臣下参考的行为标准，君主依据法来判定臣下行为，进而给予赏罚。

如今，依法治国成为时髦词汇，法治精神渐入人心。各大媒体报道依法治国相关主题时，最喜爱引用的一句名言是"国无常强，无常弱。奉法者强则国强，奉法者弱则国弱"，出自《韩非子·有度》，以此说明依法对于强国的重要性。严格来说，用《韩非子》中"法"的概念说明现代依法治国的观点，是一种误用，因为此法非彼法，二者的精神内核大相径庭。韩非提倡以"法"治国，因其主语空缺而容易为人所忽视，如果补上空缺的主语应为君主以"法"治国。原来，韩非之法是君主治理国家的手段，不论法家如何提倡法治，"法"终究是君主手中统治人民的工具，甚至是专制统治者剥削人民的"帮凶"。而现代提倡依法治国，与韩非的以"法"治国仅一字之差，意义却大不相同。现代之法是国家上下行事的依据和凭借，法律作为一个现代国家的目的而存在，全民守法，上下奉法，将国家置于法律的监督与控制之下，有效防止权力的罪恶。

韩非之"法"为君主所操，现代之法为人民所掌；韩非之"法"安于君主之下，现代之法高于国家之上；韩非之"法"可因一人好恶而随意变更，现代之法对个人集权严防死守；韩非之"法"自私，一心为君主服务，现代之法普惠，惠及全民大众；韩非之"法"极有可能沦为独裁的帮凶，现代之法有效防止独裁势力的出现；韩非之"法"只是手段，现代之法才是目的；君主携韩非之"法"走向集权统治，人民与现代之法行至大道康庄。具体而言，《韩非子》提倡的"法"具有工具、标准、保障三重内涵，可见韩非设计之精心。

第一，作为工具的"法"。在《韩非子·定法》中，韩非直言"法"是君主的工具，所谓"君无术则弊于上，臣无法则乱于下，此不可一无，皆帝王之具也"，"法"的工具属性昭然，而且这个工具还有多重用途。一是止民恶行。韩非提倡以"法"治国，是具备一定的底线思维的，即保证民众不为恶，而非倡导民众行善，所谓"夫圣人之治国，不恃人之为吾善也，而用其不得为非也。为治者用众而舍寡，故不务德而务法"（见《韩非子·显学》）。

成功倡导民众行善属于或然事件，而用严刑峻法制止民众作恶属于必然事件，明智的君主"不随适然之善，而行必然之道"。二是打压权臣。君主通过"法"，对臣下施以赏罚，从而有效防止大臣专权威胁君主利益。韩非将权臣比作老虎，将依附权臣的人比作走狗，如果君主失法，虎狗成群，一旦以"法"，虎狗则又变成受君主驱使的臣下，所谓"主失其神，虎随其后。主上不知，虎将为狗。主不蚤止，狗益无已。虎成其群，以弑其母。为主而无臣，奚国之有？主施其法，大虎将怯；主施其刑，大虎自宁。法制苟信，虎化为人，复反其真"（见《韩非子·扬权》）。三是行公废私。韩非主张君主必须用"法"求君之公利而废臣之私利，进而发挥赏罚的鼓励威胁作用，使民众为君主效死，所谓"明主之道，必明于公私之分，明法制，去私恩。……至夫临难必死，尽智竭力，为法为之。故先王明赏以劝之，严刑以威之。赏刑明，则民尽死；民尽死，则兵强主尊"（见《韩非子·饰邪》）。

第二，作为标准的"法"。《韩非子·六反》中明确提出："明主之法，揆也。""法"是衡量民众行为的标准。作为标准的"法"很好理解，合"法"则赏，违"法"则罚，赏罚"二柄"正是由"法"所出。但是韩非的法治理论并未止于此，而是实现了标准之外的延伸与超越：重罚一人的目的在于制止所有类似罪恶，重赏一事最终为了激励全国民众，从而达到"以刑去刑"的目标。韩非认为惩治罪犯，并非为惩罚个案而惩罚，因为这只是在惩治死人，所谓"治贼，非治所揆也；所揆也者，是治死人也"。惩罚的真正目的是制止境内所有罪恶，所谓"重一奸之罪而止境内之邪，此所以为治也"，因为惩罚能使所有人感到恐惧，恐惧就不敢犯罪，所谓"重罚者，盗贼也；而悼惧者，良民也"。这套逻辑成为韩非主张严刑峻法的理论依据，他畅快地说："欲治者奚疑于重刑名！"这样通过重刑的威慑作用达到天下大治而不用刑法的境界，被韩非、商鞅等法家称为"以刑去刑"，《韩非子·饬令》中有言："行刑，重其轻者，轻者不至，重者不来，此谓以刑去刑。"

第三，作为保障的"法"。一方面是指，不论君主贤能与否，只要以"法"治国，就能保证国家大治；另一方面是指，制定法令时的假想对象是普通民众而非大贤或大奸。君主如尧舜般圣明，或如桀纣般残暴，两者都是极端特殊情况，绝大部分君主只是中人之才，而韩非之"法"作为制度保障，能使中人之才的君主也能很好地治理国家，所谓"且夫尧舜桀纣千世而一出，是比肩随踵而生也。世之治者不绝于中，吾所以为言势者，中也。中者，上不及尧舜，而下亦不为桀纣。抱法处势则治，背法去势则乱"（见《韩非子·难势》）。为此，韩非将法治和权势结合起来，主张法势结合、法势兼治。此外，法令的对象也不能极端化，法治是指对治理普通民众而言，方法也是治理的通常手段，天下最上等的清高之士是不能用奖赏激励的，而天下最下等的贪婪之徒也不能用刑罚禁止。"治也者，治常者也；道也者，道常者也。殆物妙言，治之害也。天下太平之士，不可以赏劝也；天下太下之士，不可以刑禁也。"（见《韩非子·忠孝》）

然而，要想发挥"法"作为工具、标准、保障的职能，君主还要有更为具体的手段，即赏罚"二柄"。《韩非子·二柄》有言："明主之所导制其臣者，二柄而已矣。二柄者，刑德也。何谓刑德？曰：杀戮之谓刑，庆赏之谓德。为人臣者畏诛罚而利庆赏，故人主自用其刑德，则群臣畏其威而归其利矣。……人主者，以刑德制臣者也。"赏罚之所以能起到劝导民众的作用，因其具备生效的前提，即人本性有所好恶，喜爱利赏，厌恶惩罚，"人情者，有好恶，故赏罚可用；赏罚可用，则禁令可立而治道具矣。"（见《韩非子·八经》）

君主如何判断该赏还是该罚？言行验证，即君主将臣下执行前的工作汇报和执行后的实际成绩做对比验证，言行一致便赏，言行不一便罚。需要说明的是，言行验证属于韩非提出"术"的领域而非"法"的范畴，所谓"术者，因任而授官，循名而责实，操杀生之柄，课群臣之能者也"（见《韩非子·定法》）。可见，在韩非的理论体系中，"法"和"术"是紧密相连不可分割的，"法"之赏罚需要用"术"验证，"术"的施行需要用"法"保障，法术结合，双管齐下。"君无术则弊于上，臣无法则乱于下，此不可一无，皆帝王之具也。"（见《韩非子·定法》）这就是韩非比商鞅单单谈"法"与申不害仅仅说"术"高明的地方。法家思想发展到韩非，实现了集大成一般的汇流，法家不同流派之间的争论停止了，逐渐走向融合，犹如五个指头攥成的拳头，发挥着更大的威力。

池田大作曾说："权力天然具有反民众的特性，人类必须永远警惕权力的罪恶。"那么，对于客观存在的权力，应该怎么办？在先秦时期，哲学家们提供了两条路径：一条是儒家的贤人政治，期待贤明君主驾驭权力，从而防止权力滥用的危害。但这个主意听来便不甚靠谱，属于听天由命的无用策略，显示出儒家在政治构想方面十足的无能与不负责任。另一条是韩非子的法势并治，用"法"来约束权力，如果拥有权力的君主能够守法，以"法"治国，不仅可以避免权力的危害，还能实现天下大治，何乐而不为？就此回顾韩非之"法"，能看到不少积极元素——公平公正的法治精神，相对稳定的赏罚标准，以刑去刑的政治图景等。而韩非思想最光彩的一面，无外乎提出了对权力的制约。但遗憾是，他只知其一不知其二，因为用"法"约束权力的构想有两个致命缺陷：一是假如君主不守法，没有丝毫权势的民众拿君主一点办法也没有，只能任由君主胡作非为；二是约束君主的"法"由谁来立的问题，在韩非的构想中，君主既立法又执法，既做裁判员又做运动员，这个比赛还能继续吗？这个"法"怎么可能约束君主？《管子·七法》一言道破此中尴尬："国皆有法，而无使法必行之法！"真是振聋发聩。要使法律执行畅通无阻，必须建立独立于权力之外的法律运行机制。韩非没有提出"使法必行之法"，其理论也困于此而止步不前。

韩非一生为专制君主奔走前后献计献策，吊诡的是，自己却死在主子的毒药与监狱之中。医者不能自医，由于韩非之"法"的致命缺陷，极大助长了专制君主的权势气焰以致无人能敌，韩非做了自己理论的殉道者。而嬴政用法家的法术权谋横扫六合、虎视何雄，也用法家的惨礉少恩执敲扑而鞭笞天下，广大黎民百姓受伤极深。接着，秦王朝也迅速崩溃，真是成也法家，败也法家。

"法"之后是"术"。《韩非子》的五十五篇中，论及"术"的有二十二篇，占比百分之四十，篇幅体量仅次于"法"的部分。在韩非的理论体系中，"法"和"术"是紧密相连不可分割的，实际上，韩非一直主张君主治国要法术兼施。《韩非子·定法》指出："术者，因任而授官，循名而责实，操杀生之柄，课群臣之能者也。此人主之所执也。"韩非之"术"具有隐秘的属性，以制臣的形式发挥功能，而功能最终落脚点在于防蔽。关于"术"的内涵，应该把握三个关键词：隐秘，制臣，防蔽。

隐秘是指隐藏于君主内心，决不示人的帝王心术。这点与"法"的内涵形成鲜明对比，所谓"凡术也者，主之所以执也；法也者，官之所以师也"（见《韩非子·说疑》），"法"公之于众，以供群臣参考，"术"藏于君心，专供统治者驾驭臣下。如果通读《韩非子》，便知"术"是何等龌龊，何等见不得人，只能永远藏于晦暗一角，经营着见光即死的利益交易。

制臣是指君主专门对付臣子这个固定群体的"术"。"因任而授官"是授予臣下一官半职，"循名而责实"是考察臣下的工作实绩，"操杀生之柄"砍杀的是臣下的头颅，"课群臣之能"消耗的是臣下的能量。而且在《韩非子·外储说右下》中，韩非提出君主只管理官员而不直接治理百姓，所谓"圣人治吏不治民"，君制臣，臣使吏，吏管民，层级分得异常清楚，不能乱来。

防蔽是指君主操"术"以防止臣下蒙蔽自己。荀子曾提出"解蔽"的概念，意为解除君主受到的蒙蔽。韩非比荀老师更进一步：何必等受蒙蔽之后才考虑解除，直接防蔽于未然多好。在韩非看来，君臣关系是极端对立的，是"以计合"的，而且臣下无时无刻不在算计君主，想推翻君主自己取而代之。

既然"术"发挥功能的落脚点在于防蔽，那么君主真有那么容易被蒙蔽？君主所处的环境果真如此险恶？韩非眉毛一挑，回答说："那是当然！"在韩非看来，朝中大臣看似忠顺，实则没一个好人，但总不能赶尽杀绝，否则就没人为君主服务了，所以君主的处境真是太危险了，君臣之间时刻处于明里暗里的较量博弈之中。首先，君主身边所有人，包括老婆孩子，都随时可能犯上作乱。《韩非子·八经》指出："乱之所生六也：主母，后姬，子姓，弟兄，大臣，显贤。"对此，需要各自防范，"任吏责臣，主母不放；礼施异等，后姬不疑；分势不贰，庶适不争；权籍不失，史弟不侵；下不一门，大臣有拥；禁赏必行，显贤不乱"。其次，君主有五种被劫持杀害的危险。同样出自《韩非子·八经》："父兄贤良播出曰游祸。……僇辱之人近习曰狎贼。……藏怒持罪而不发曰增乱。……大臣两重提衡而不踦曰卷祸。……脱易不自神曰弹威。……此五患者，人主之不知，是有劫杀之事。"有贼，有祸，还有乱，可怕得很，君主能不严防死守吗？再次，臣下有八种不同的阴谋手段对付君主。《韩非子·八奸》将其称为："一曰同床，二曰在旁，三曰父兄，四曰养殃，五曰民萌，六曰流行，七曰威强，八曰四方。"韩非总结不但全面，而且朗朗上口，可能是方便君主记忆，时时回想背诵，类似今天的座右铭。

韩非子还有句名言叫"事在四方，要在中央。圣人执要，四方来效"，但从君主所处的危险环境来说，完全可以改成"君在中央，害在四方。明君操术，四方来效"。以此番现实处境，"术"便完全具备了存在的合理性，无异于君主的救命稻草。

相比于孔子的念古追远，孟子的善言强辩，老子的缥缈莫测，庄子的浪漫飘逸，韩非子的风格截然不同，他是求真务实的，是脚踏实地的，是理性冷静的，他从来都立足于今天的现实来批判过去，一贯以眼当下的角度去放眼未来。韩非学说具有强烈的实用价值，因而被认为是诸子百家中最具社会功能与现实指导意义的学说。其"术"亦如此，学"术"关键在于用"术"：一是言行验证。这点前文已多次提及。言行验证是韩非之"术"的重要作用之一，是君主行法治明赏罚的依据所在，也是防止君主受臣下蒙蔽的主要方法，其意义在于体现了韩非子"法"与"术"并用兼施、密不可分的理论设计。二是选拔官吏。韩非十分重视君主选择提拔官吏，所谓"故人主左右不可不慎也。为人主者诚明于臣之所言，则别贤不肖如黑白矣"（见《韩非子·说疑》）。他还提出诸如基层锻炼、逐级提拔的具体措施，《韩非子·问田》中"不试于毛伯，不关乎州部，故有失政亡国之患"，说明基层锻炼对官员成长的重要性。《韩非子·八经》中"官袭节而进，以至大任，智也"说明逐级提拔官员而非越级提拔是明君所为。三是生杀大臣。韩非认为君主权势一定要足以驾驭臣下，一旦臣下脱离君主掌控，就要及早除杀，所谓"势不足以化则除之""赏之誉不劝，罚之毁之不畏，四者加焉不变，则除之""行极贤而不用于君，此非明主之所以臣也，亦骥之不可左右矣，是以诛之"，这样就能扼杀祸患于摇篮之中，"蚤绝奸之萌"（见《韩非子·外储说右上》）。四是驾驭臣下。君主驾驭臣子是韩非最关心的主题，贯穿《韩非子》全书，其纲领是虚静的"道"。此外,韩非还主张君主大权独揽,独断专行;不能表露情感好恶,保持神秘形象;亲操大权,不可旁落;暗箱操作,周密不现于臣;设立告密连坐之法,使群臣百姓互相监督,等等。五是防范权臣。这里的臣主要指权臣而非一般的臣子,握有重权的臣子是韩非之术重点防范的对象,毕竟能力越大,责任越大,危险也越大。韩非认为君主身边最好只有富贵的大臣而没有权重的大臣,所谓"明主之国,有贵臣,无重臣。贵臣者,爵尊而官大也;重臣者,言听而力多者也"(见《韩非子·八说》)。所以应尊君抑臣,君主不能使臣下过分尊荣,所谓"爱臣太亲,必危其身;人臣太贵,必易主位;主妾无等,必危嫡子;兄弟不服,必危社稷。……是故诸侯之博大,天子之害也;群臣之太富,君主之败也。……万物莫如身之至贵也,位之至尊也,主威之重,主势之隆也"(见《韩非子·爱臣》)。由此引出诸多防范权臣的操作方法。

韩非觉得"术"是个好东西,一旦操之,哪怕君主整日沉于女色,也与治国无碍,但无"术"之君,即便再劳苦也于事无补,所谓"故有术而御之,身坐于庙堂之上,有处女子之色,无害于治;无术而御之,身虽瘁臞,犹未益也"(见《外储说左上》)。君主得韩非之"术"更是如获至宝,当秦始皇发出"嗟乎,寡人得见此人与之游,死不恨矣"的感叹,大概也是察觉到"术"的无限魅力。

"术"之后是"势",即权力地位,生不带来死不带去,但几乎人人渴望拥有。韩非子可不愿看到这种情况,他板着脸说:"不行!权力只能属于君主!他人休想染指!"

> 夫有材而无势,虽贤不能制不肖。故立尺材于高山之上,则临千仞之溪,材非长也,位高也。桀为天子,能制天下,非贤也,势重也;尧为匹夫,不能正三家,非不肖也,位卑也。千钧得船则浮,锱铢失船则沉,非千钧轻、锱铢重也,有势之与无势也。故短之临高也以位,不肖之制贤也以势。(见《韩非子·功名》)

韩非认为,有才能但无权势者是不能驾驭不贤之人的,而不贤却有权势

者足以制服贤者，这都是权势在其中发挥作用。仅有尺寸之长的树木立于悬崖，竟比千丈山谷都高，这是因为树木生长的位置高；千斤重的物资因船的装载能浮于水上，几两轻的东西因没有船的装载而下沉，这也全靠"势"发挥作用；夏桀是暴君，但因拥有权势故能治理天下，尧舜虽然贤能，如果没有权势连三户人家都不能管理。借此足以体会韩非之"势"的内涵。

首先，韩非之"势"乃人为设立而非自然生成。"势"分两种，一是自然形成的，二是人为设立的。二者名同实异，自然形成的"势"应解释为时势，是一种时代发展的必然趋势，不因人类的意志而转移；人为设立的"势"应解释为权势，是一种在人际交往中约定俗成的社会等级关系，因人而生，因人而变。《韩非子·难势》有言："吾所为言势者，言人之所设也。……故曰：势治者则不可乱，而势乱者则不可治也。此自然之势也，非人之所得设也。"

其次，"势"是君主驾驭臣下、引导国家的工具。韩非认为权势是君主的水池，而臣下是水池中游动的鱼，权势能帮助君主驾驭臣下，所谓"势重者，人主之渊也；臣者，势重之鱼也"（见《韩非子·内储说下六微》），君主当做的只是不使臣下越出水池从而脱离君主的控制。权势还能帮助君主掌控国家发展，韩非认为国家是车，权势是马，所谓"国者，君之车也；势者，君之马也"（见《韩非子·外储说右上》），驾车之人自然是君主，君主策马驾车，运用权势影响国家发展方向。总之，"势"脱离不开君主工具的社会定位，这点与"法""术"完全相通。

再次，治乱在君不在"势"。既然"势"是君主的工具，那么君主就该对使用工具的结果，即国家治乱负责，君主不能把责任推卸给"势"。韩非子不愧为朴素的唯物主义者，他认为"势"不自带任何属性，作为工具的"势"是完全中性、客观的存在，明君如尧手中掌握的权势与昏君如桀掌握的并无不同，但治乱有别，根源在于操"势"之人。《韩非子·难势》说："且其人以尧之势以治天下也，其势何以异桀之势也，乱天下者也。夫势者，非能必使贤者用已，而不肖者不用已也。贤者用之则天下治，不肖者用之则天下乱。"

慎到本习道家，是从道家中分流出来的法家代表人物，以主张用"势"

治国闻名，但他的主张是一种唯势论，认为有了权势就拥有一切。韩非子既然主张"势"的中性以及法势兼用，于是大批特批慎到的唯势论。《韩非子·难势》全篇，内容顾名思义，就是非难唯势论的。韩非认为"势"固然重要，但"择贤而专任势，足以为治乎？则吾未得见也"。之后他又以治国如驾车为例论说，同样的车马，为何有人驾驶能行驶千里，有人驾驶却被人讥笑？其实，同样的权势，还要靠贤人执掌才能发挥积极的作用，所谓"车马非异也，或至乎千里，或为人笑，则巧拙相去远矣。今以国位为车，以势为马，以号令为辔，以刑罚为鞭策，使尧、舜御之则天下治，桀、纣御之则天下乱，则贤不肖相去远矣"。进而，韩非提出法势兼用的主张，即"抱法处势则治，背法去势则乱"，正如法术兼施，"势"与"术"的使用都离不开"法"的规则与界限。可见在韩非学说中，"法"的地位要高于"势"与"术"。法家因"法"得名，名所固当。韩非对慎到学说批判地继承，表现了集法家之大成的学术水平，也体现了先秦时期诸子争鸣的时代特征，更展现了当时自由宽松的政治文化氛围。

此外，韩非还总结了一些使用"势"的注意事项。一是顺势因道。韩非讲究顺势而为，不愿逆势而动，这里的"势"指的是自然形成不以人的意志为转移的时势，类似于韩非学术的总纲领——"道"，是天下万物运行的客观规律。大力士乌获能举起千钧但不能举起自身，离娄能轻易看清百步之外的毫毛却难以看到自己的眼睫毛，都是由于客观条件所限。《韩非子·观行》认为："故势有不可得，事有不可成。故乌获轻而重其身，非其重于千钧也，势不便也。离娄易百步而难眉睫，非百步近而眉睫远也，道不可也。"所以，君主使用权势时应该尊重时势，顺势则事半功倍，逆势则事倍功半，"因可势，求易道，故用力寡而功名立"。二是靠势不靠信。《韩非子·外储说左下》提出君主驾驭臣下应该依靠权势而不能依靠诚信，所谓"恃势而不恃信，……恃术而不恃信，……故有术之主，信赏以尽能，必罚以禁邪，虽有驳行，必得所利"。韩非还认为权势可以进一步分解为权力和威势，二者各有侧重，一同运用则能达到令行禁止的效果，所谓"君执柄以处势，故令行禁止。柄者，杀生之制也；势者，胜众之资也"。三是放权畜臣。在韩非眼中，臣下都是贪恋权势的好利之徒，所以他建议君主适当放权，通过赋予臣下一定的权势，使其更尽忠尽力为自己服务。《韩非子·外储说右上》举了一个驯鸟的例子：传说有一种鸟，头颅太重，所以喝水时要用下摆的羽毛支撑以保持平衡，人类要想驯服这种鸟，就要把它的羽毛折断，鸟喝水失去平衡就会落水而死，为求生存则不得不依附于人，所谓"夫驯鸟者断其下翎，则必恃人而食，焉得不驯乎？"狠毒，但却十分有效，被抓住生死把柄，还有谁不乖乖就范？君主"畜臣"也是这个道理，在韩非子眼中，臣下对君主来说不过如小鸟一般，任人摆布，任人把玩，他的原话是："夫明主畜臣亦然，令臣不得不利君之禄，不得无服上之名。夫利君之禄，服上之名，焉得不服？"

愿意被君主如宠物般蓄养的臣下：一味奉上，没了尊严；生杀由人，没了人权；完全服从君主指令，没了自由；满脑子只有忠君、爱君，没了思想。而那些不甘于被君主蓄养的臣子呢？确实，他们有尊严、有人权、有自由、有思想，他们只欠缺一条：生命。

韩非将"法""术""势"三把剑磨得光亮如新，霍霍之声不绝于耳，那些不愿依附于君主的臣下早就被赶尽杀绝了：不但杀他一人，还要杀他全家全族；不但杀人，还要诛心。杀人的活计，君主交给小吏完成，诛心的大事，韩非亲自动手，一笔笔，一字字，煌煌十三万言，不知了却多少死鬼冤魂。

泰戈尔曾说："谢谢上帝！我不是一个权力的轮子，而是被压在这轮下的活人之一。"

谢谢专制制度，起码，有人还活着！

先秦诸子最后一人

诸子百家，本意是若干被称为子的人，这是当时社会对成年男子的尊称，能被称为子的必定不是一般人，比如今的院士还要稀有。如果把诸子的生卒年代罗列对比，就会发现韩非是诸子百家的最后一人，即先秦时代最后一个被称为子的。紧接韩非的是李斯，他当官当得好，学问做得也不错，按照惯例也应被称为子，但古今所有史料典籍从未有以子称之的，毕竟李斯的主要职业是官僚，而且人品广为古今诟病。奇怪的是，秦孝公时商鞅的主要职业也是官僚，其学说也被指责为毫无人情味，自然也不该被称为商子，但其著作《商君书》也叫《商子》。所以，不以子相称李斯绝非偶然，要解决这个问题，或应追溯至韩非。百家争鸣的自由时代为什么到韩非就戛然而止了？

深入分析之前，有几个问题需要思考清楚：为什么诸子百家最后一人是韩非子？因为韩非之后的秦朝再无百家。为什么秦朝没有百家？因为秦朝缺乏百家争鸣时自由开放的学术氛围。为什么秦朝没有自由开放的学术氛围？因为秦始皇通过焚书事件禁止法家之外的百家之学。于是，我们的目光聚焦至秦始皇的焚书事件。

根据《史记·秦始皇本纪》记载，秦始皇三十四年（公元前213年），博士淳于越反对郡县制，要求效法古代实行分封，所谓"臣闻殷周之王千余岁，封子弟功臣，……事不师古而能长久者，非所闻也"。对此，丞相李斯当庭驳斥，认为当时的儒生"不师今而学古，以非当世，惑乱黔首"，大谈特谈私学之害，所谓"私学而相与非法教，人闻令下，则各以其学议之，入则心非，出则巷议"，最后建议秦始皇"禁之便"。

私学，是中国古代由私人开办的学校，由私人招生授课，讲授内容多为开办私学者的个人学说。私学产生于春秋时期，孔子被称为伟大教育家的原因之一就是他的私学在当时规模最大，影响最深。而私学的最大意义在于打破了西周"学在官府"的学校教育被官方垄断的局面，也打破了政教合一、官学一体的旧官学教育体制。可以说，春秋战国之所以出现百家争鸣这样自由开放的学术氛围，涌现出百家之多的学术流派，私学功不可没。当然，私学的兴起还有深刻的时代与阶级原因，其中之一是周天子的权威已经不足以维持全国思想一致。正如李斯所言，私学使世人可以"各以其学议之"，鼓励思想自由，提倡表达自由，不必拘泥朝廷礼法，更无须在意言论管控，想说什么就说什么，想怎么说就怎么说。

秦始皇作为极力主张集权与统一的头号专制皇帝，绝对不能接受思想界的百花齐放，更不能容忍学术圈的百家争鸣。他索求的是集权，大大的纯纯的独裁统治；他渴望的是统一，绝对的全方位无死角的统一。而早在商鞅变法时，愚民、弱民就是秦国的一贯主张，何况现在天下都尽在掌握。于是，秦始皇采纳李斯建议：焚烧秦史以外的列国史记，私藏《诗》《书》也要限期交出烧毁，超过三十天没有烧毁的就黥面，有敢谈论《诗》《书》的立刻处死，以古非今者直接灭族，而且查禁私学，学习法令者要以吏为师。这就是著名的焚书事件。一言以蔽之，焚书是秦始皇在统一天下之后，为进一步巩固专制统治，在全国学术思想界采取的统一思想的极端手段。表面焚书，其真正目的是钳制乃至禁绝不被统治者认可的诸子思想。问题是，烧几本书难道就能实现思想统一？显然不是。其实，焚书事件的关键在于"以吏为师"，即只能拜专研法术的官吏为师。崇尚法家学说的同时，将其他各家打入死牢，永世不得翻身，百家争鸣式的学术自由自然也随着始皇一炬化为乌有。甚至有学者认为，直到民国时期所谓的黄金时代，中国学术界才找回先秦风采。

韩非之后无百家，秦朝一统灭诸子，这种局面出现的直接原因是焚书事件，而焚书之所以对当时学术界祸害如此之深，关键在于查禁私学。韩非虽然未获任用就死在秦国，但秦王嬴政与丞相李斯几乎将韩非思想全盘接受，进而转化为治国实践，指导秦从耕战强国到扫灭六国，从偏据西方到一统天下。而查禁私学也不例外，因为禁私学的理论肇始于《韩非子》。

韩非对私学的批斗主要集中在《韩非子·诡使》中。开篇他罗列了一些社会反常现象，其中就包括"私学成群"，这些反常现象直接后果就是"入则乱民，出则不便"，私学被扣上了"乱"的大帽子。众所周知，韩非主张以"法"治国，行"法"废私，私作为公的对立面，被韩非视为仇雠，所谓"夫立法令者，以废私也。……私者，所以乱法也"。令韩非颇感遗憾的是，当时存在不少"士有二心私学，……大者非世，细者惑下"。更令他痛心的是，不少君主对开办私学这样的致乱行为不加禁止，竟然给予鼓励，所谓"上不禁，又从而尊之以名，化之以实"。

私学不禁止，后果很严重。韩非担心，私学中的师徒单凭三寸不烂之舌就能得到君主青睐和封赏，不少还当了大官，这是对韩非法治理论的严重践踏和破坏，更是对韩非以"法"治国政治构想从根源的摧毁，所谓"上有私惠，下有私欲，圣智成群，造言作辞，以非法措于上"。因为在韩非理论体系中，君主的奖赏只能出于一个途径，即法律规定的功劳，有功方能行赏，此外别无他途，但这些私学师徒未立尺寸之功，却得到封赏，"是无功而显，无劳而富也"。韩非岂能相容？

韩非再次挑起眉毛，咬牙切齿，对君主言道："凡乱上反世者，常士有二心私学者也。"这个罪名足以令每个君主听后不寒而栗，因为韩非直接将私学与犯上作乱套上因果关系，还说："国不事力而恃私学者其爵贱，爵贱，则上卑，上卑者必削。"（见《韩非子·心度》）国家依靠私学的后果就是君主愈加卑微，国家日益贫弱。之后，韩非又说，私学如此猖獗，都是君主不加禁止的过错，"上不禁塞，又从而尊之，是教下不听上、不从法也"。对此，他建议君主：禁其欲，灭其迹，禁其行，破其群，散其党。

学术成果是不能完全以实用主义标准衡量其价值的，更多的学术履行着储备职能，即使不能立即转化为生产力，但其仍有提供某种思路和方法的价值意义，在未来某一天，或许就会发挥作用。退一万步讲，哪怕一个学说完全不可能有现实价值，但其存在本身就是一种价值，至少为学术理论界的多元化贡献了一份力量，世界因多元而丰富多彩，这也许是古今追慕百家争鸣的原因。先秦时期，思想自由，表达自由，交流自由。更重要的是，思想无罪，表达无罪，交流无罪。嬴政和李斯用坑与火结束的争鸣时代，谁曾料想，早就被韩非用刀与笔结果了。全国学术界只发出一种声音，都秉持同样论调，万马齐喑，这样的统一，令人不敢想象。

韩非作为先秦法家之集大成者，为自家学说的独尊操碎了心，甚至不惜身家性命，但他未曾料到，风水轮流转，几十年后儒家竟咸鱼翻身，被确立为正统思想。届时，儒者会不会借用韩非的理论，以其人之道还治其人之身，来一次对法家学说和法术之士的大禁绝呢？

幸好，儒者宽和温润，绝不会以屠刀挥向百家。相形见绌，韩非显小，这个小是手段的小，也是目的的小；是不能容人的小，也是作茧自缚的小；

第十三章 韩非子

311

是格局的小，更是灵魂深处的小；是集市屠户的小，也是学术自由扼杀者的小。被他一起带入小境界的，有秦国丞相李斯，还有伟大的始皇帝。

韩非以后，再无诸子，亦再无争鸣。作为扼杀学术自由理论的提倡者，韩非上演了一出作茧自缚的戏码，这个茧缚住了韩非自己——身死狱中，也缚住了大秦王朝的蓬勃生机——二世而亡。

两千年后再看韩非的论述，颇觉不可取，但秦始皇可不这么想，再伟大的人也跳脱不开时代的枷锁。他叫李斯一起，捧着《韩非子》彻夜攻读，二人在秦王宫昏暗闪烁的烛光中，发出连连称赞，夹杂着惊叫的崇拜之声，吓得值夜宫监在宫殿门口不时向内张望。待到天亮，嬴政虽然一夜未眠，但仍精神抖擞走上朝堂，丞相李斯出班奏道："天下敢有藏诗、书、百家语者，烧之！"始皇曰："可。"

故园无此声

自古以来，批评声讨韩非的人要比理解支持他的多得多。郭沫若在《十批判书》中曾说："韩非的文章如'五蠹''显学'之类，完全是一种法西斯式的理论。"给韩非学说戴上法西斯的帽子，郭沫若是敢说敢做的。然而，如今研读《韩非子》，称道其"五蠹"篇，难道真是为法西斯主义招魂？回顾评价任何历史人物，要遵循一定的认知顺序：先看他是什么，再看他该是什么。绝对不能颠倒过来，该是什么的观点一旦先入为主，历史评价自然有失公允。

春秋战国之际，征伐不断，流血漂橹，朝不保夕。孔子连连叹息："人心不古啊！"确实，从前仁爱行于世的时代早已过去，人心说变就变，真是"等闲变却故人心，却道故人心易变"。

然而，韩非没有眼泪，并不是因为太悲伤，而是他看得穿。毋庸讳言，《韩非子》的确将人类深藏于心底的恶劣的贪欲、权力欲、占有欲做了淋漓尽致的剖析与深入骨髓的揭露，揭露之深刻甚至让一些读者难以接受，如同骨鲠在喉，导致不少人跳起来，开始了对韩非的谩骂。

对于一名医生，病人不能把医生对病情的直言相告理解为医生道德有污点，因为这是医生的职业操守。同理可知，我们也不能因为有人指出人类道德上的缺陷与不足，而指责他不安好心。韩非作为一名哲学家，他的职业操守正如医生，就是将所思所想原原本本公之于众，这不但是学术行业的操守，更是学术对人类社会的承诺。是什么，属于事实问题；该是什么，属于道德问题，科学就是关心事实而不能在意道德的。从这个角度说，韩非不愧为有良心的学者。

退一步讲，人类难道真如儒家所说的性本良善吗？难道果真没有韩非指出的恶劣品性？这种人性之恶难道真的不值得研究？黑格尔一针见血："人们以为，当他们说人本性是善的这句话时，他们就说出了一种很伟大的思想；但是他们忘记了，当人们说'人本性是恶的'这句话时，是说出了一种更伟大得多的思想。"一尘不染、纯净若处的净土十分罕见，何况是今天纷繁复杂的社会。既然韩非所说的恶劣性情是真实的存在，我们又何必讳莫如深。在铁屋中沉睡的人们，太需要断喝一声的勇气。《韩非子》中大胆犀利的人性透视，对我们了解社会、了解人性都有极大的帮助，比漫天乱飞的心灵鸡汤更有参考价值。

但我们也应看到，韩非也因犀利而走上片面的极端。以他为代表的法家占据了硬币的反面，游荡于社会的阴暗面，缺少善意的关怀，而韩非更是个极端分子。作为"矛盾"一词的发明者，他认为"冰炭不同器而久，寒暑不兼时而至"（见《韩非子·显学》）。在他眼中，理想与现实，忠厚和诡诈，仁义和功利，善良与丑恶，瑰丽与凋残，绝不能共存，利害冲突既然是客观必然的存在，那么仁爱道德就一定属于必定的虚假。这种极端观点是我们需要极力避免和批判的。

恩格斯在《路德维希·费尔巴哈和德国古典哲学的终结》中说："自从阶级对立产生以来，正是人类的恶劣和情欲，贪欲和权势成了历史发展的杠杆。"霍尔巴赫也认为："利益或对于幸福的欲求，就是人的一切行为的唯一动力。"韩非态度是犀利的，但并非喷子似的刻薄，而是深刻的洞察，他通过对人类恶劣情欲的剖析，对儒家近乎侮辱的批判，渐渐接近人性道德内核，从而在一定程度上成为历史发展的助力。在他眼中，人类社会的氛围应该是功利实用的，儒家提倡的德治根本不能解决现实问题，最多是粉饰太平的宣传口号罢了，而最有效的、成本最低的治理手段就是"法"，以"法"治国是韩非终生的呼吁。难能可贵的是，韩非能以变化发展的唯物主义角度看待历史，既然时代在不断发展，"法"为更好地适应时代也该不断更新，所以要"法后王"而非"法先王"。

除了"法"对贪欲和权势的制约，韩非还主张"术"的操纵和"势"的制衡，这其中确实不乏卑鄙龌龊、肮脏不堪，甚至下流恶劣的手段，但不至于是法西斯式的。站在时代的宏观角度审视，韩非卑鄙的手段，不过是战国时期波诡云谲的政治斗争，以及尔虞我诈的人际道德在学术领域的深刻投影。社会存在决定社会意识，我们不能无视当时的社会现实，只一味责备韩非。况且《韩非子》是明明白白的帝王之学，搞政治的人物如果不能了解这些卑鄙肮脏的手段，便立即会被卑鄙肮脏反制，甚至被侵蚀吞没。

"若似月轮终皎洁，不辞冰雪为卿热。"成也帝王，败也帝王，韩非对人性道德内核的深刻剖析，大有希望发展出如亚里士多德般的民主分权学说，但可惜的是，韩非珍贵的理论屁股坐在了君主的大腿上，娇羞百媚。他意图用"法"约束权力的构想有两个致命缺陷：一是不能确保君主一定守法；二是约束君主的法无人设立。这样的"法"怎么可能约束君主？所以，韩非注定是专制独裁的代言人，也是集权主义的倡导者。虽然在当时的社会条件下，君主专制具有无比的优越性，但在新的时代背景下，我们不得不时刻提防专制集权思想的隐秘复辟。

难致，谓之"正"。难予，谓之"廉"。难禁，谓之"齐"。有令不听从，谓之"勇"。无利于上，谓之"愿"。少欲、宽惠、行德，谓之"仁"。重厚自尊，谓之"长者"。私学成群，谓之"师徒"。……先为人而后自为，类名号，言泛爱天下，谓之"圣"。言大本，称而不

可用，行而乖于世者，谓之"大人"。（见《韩非子·诡使》）

通过韩非上面罗列的一系列社会反常现象，我们能发现，在中国传统价值中，存在极深刻的矛盾：人格审美理想与道德伦理理想的严重分离。在不少儒道之徒眼中，弃天下如敝屣，避世风流，个人逍遥乃是最崇高的也极具推崇意义，并且令人羡慕的人格审美理想，被视为高洁之士；投身社会，以天下之苦痛为己痛，忧天下之患若己患的人，却被视为充斥功利味道的俗人。显然，人格的审美理想与道德的伦理理想都发生严重偏离，审美与道德对立了起来。而韩非是最先对这种现象予以揭露批判的人，他罗列社会反常现象的剑锋直指这种腐朽的价值体系与社会规则，也是对人格审美理想与道德伦理理想分离的批判。更可怕的是，这种对立分离是屠头政治与犬儒哲学的渊薮，也是中国古代社会过分重视稳定而漠视激进变革思潮的滥觞。所谓"下渐行如此，入则乱民，出则不便也"，韩非认为唯有依靠法家手段才能制止这样的混乱。

刘邵《人物志》对英雄的定义是："聪明秀出谓之英，胆力过人谓之雄。"而在道德方面的至高至善境界，正如英雄，介入时世纷乱，为正义与公理而战，勇于担当，有大作为、大动作、大贡献，该出手时就出手，毫无一丝退避之心。在这样的英雄内涵中，道德的伦理理想与人格的审美理想是统一的。历史没有给韩非机会，让他成为实践上的英雄，但韩非无疑是理论上的英雄，他用刀笔在竹简上战斗，在思想中搏击。《韩非子》可贵之处，其一正是英雄般热忱的担当情怀。

现实社会，绝非纯粹所在：有光明亦有黑暗，有民主亦有独裁，有法治亦有专制，有真诚亦有诡诈，有热忱亦有阴险，有慈爱亦有暴虐，有正义亦有罪恶，有阳光亦有黑暗，有花朵亦有毒蛇。如果我们仅仅看到世界的光鲜，这不是善良，而是一种理性残缺的幼稚，是一种不可救药的愚蠢，是一种万劫不复的狭隘。读过《韩非子》，起码能更真实地了解社会，知晓一些害人的罪恶心灵与勾当，提高自己对社会中恶的免疫能力。

然而，韩非偏偏担当了人性的负面，导致提及诸子百家时，人们往往歌颂儒家，而对法家唯恐避之不及，绝口不谈。"谁念西风独自凉，萧萧黄叶闭疏窗，沉思往事立残阳。"这岂非法家命运的真实写照？儒家思想虽为历代统治者极力宣扬，但外儒内法，法家君主专制主义的理论才是支持独裁统治的基石，诚如毛泽东所说："其教孔孟者，其法必申韩。"孔孟之道冠冕堂皇，但于治国却力不从心，后世儒生更少不了俗儒、腐儒，毛泽东就曾说："俗儒者万千，而贤者不一，不如过去法家之犹讲一些真话。儒非徒柔也，尤为伪骗者也。"

从社会政治角度看，韩非的法家学说无疑是诸子百家中最有优势的，虽然纰漏多多，也不如儒家大同社会高尚，但毕竟是脚踏实地的经验，是社会统治力的精华所在，因为法家本身就集聚了重视社会的现实关怀与着重实践的现实属性。实用主义者，好也罢，坏也罢，当属法家头一张名片。何况法家还有不少值得借鉴的精神财富，揭示了不少具有普遍意义的社会规律与政治原理，难怪蒲阪园在《增读韩非子》中说："诸子中，唯韩非书最切世用。"

《老子·第三十六章》有言："邦之利器，不可以示人。"秉承学术良心的韩非却将"国之利器"公之于众，其间甚至还有帝王不可告人之心术。《韩非子·问田》记载了这样一段对答，与韩非同时代有个人叫堂谿公，他曾告诫韩非：你这样做是"危于身而殆于躯"的危险行为，何苦如此呢？堂谿公还列举吴起、商鞅等法家实践派的悲惨结局，警示韩非不要重蹈覆辙，所谓"吴起肢解而商君车裂"，建议他不要继续从事这方面研究，更不要继续做这种蠢事了："夫舍乎全遂之道而肆乎危殆之行，窃为先生无取焉。"对此，韩非这样回答：

> 臣明先生之言矣。夫治天下之柄，齐民萌之度，甚未易处也。然所以废先王之教而行贱臣之所取者，窃以为立法术，设度数，所以利民萌便众庶之道也。故不惮乱主暗上之患祸，而必思以齐民萌之资利者，仁智之行也；惮乱主暗上之患祸，而避乎死亡之害，知明而不见民萌之资利者，贪鄙之为也。臣不忍向贪鄙之为，不敢伤仁智之行。先生有幸臣

之意，然有大伤臣之实。（见《韩非子·问田》）

韩非何尝不知言多必失的道理，更清楚自己的学说无异于杀人钢刀，或许有一天，刀刃就会斩向自己。但韩非无畏，在他看来，法治就是"利民萌便众庶"的最好方法，为了人民和国家的福祉，一人牺牲，在所不惜。"不忍向贪鄙之为，不敢伤仁智之行"，终《韩非子》一书，韩非唯在此表明心迹，透露内心的告白。韩非抒情时都是如此的冷峻理性，但这其中包裹着一颗赤诚之心。他不怕君主不任用，不怕民众不理解，甚至不怕葬送己身，他只要法治，只要公正，只要真理。一个"不忍"，岂非孟子所说"恻隐之心"的最高尚之表达，岂非儒家修身至高境界之仁人志士的生动诠释。

试想，韩非因于咸阳大狱，目视鸩酒，眼中射出人生最后的光芒，脑海一定不断回响着自己"不忍向贪鄙之为，不敢伤仁智之行"的庄严承诺。

韩非一去，争鸣已已。"风一更，雪一更，聒碎乡心梦不成。故园无此声。"

后 篇

诸子的论题

第十四章

论题

天道

古人没有如今这么发达的科学技术，更没有现代人理性客观认识事物的思维与能力。对于神秘莫测、变幻无常的天，古人在意欲探求却不具备相应条件的情况下，自然会生出无限的遐想和崇拜敬畏之情。现代人常认为这种对天的某种崇敬是迷信，其实是有失公允的。这种朴素感情留存的意义并不在于是否接近真实，而在于追求真相的求知欲；并不在于是否符合所谓的科学，而在于对古人其他方面的哲学思想发挥过无可替代的巨大影响，因为古人很多的理论道术都源于对天的认知方式和角度。

先秦时代，天代表的意涵范畴经历了一番由具体到抽象，由盲目到理性的演变过程，具体的天主要指人格神，而抽象的天更多地指向指导实践的规律、法则，成为天道。

从远古到殷周时期，天基本等同于有意识、有思想，能直接监督一切的人格神，高高在上，俯视众生，类似于西方的上帝，完全是一种超验、超脱的独立存在。《诗经·大雅》中有"皇矣上帝，临下有赫。监观四方，求民之莫""有周不显，帝命不时。文王陟降，在帝左右"。《诗经·小雅》中有"昊天不平，我王不宁。不惩其心，覆怨其正""下民之孽，匪降自天。噂沓背憎，职竞由人"。《尚书·周书》中有"闻于上帝，帝休，天乃大命文王，殪戎殷""夫知保抱携持厥妇子，以哀吁天，徂厥亡，出执。呜呼！天亦哀于四方民，其眷命用懋"。类似的文字描述极多，此处不一一列举。

与西方宗教不同的是，中国远古的上帝崇拜与祖先崇拜是密不可分乃至可以合二为一的。郭沫若认为，"卜辞中的帝就是高祖夋"，而"至上神帝同时又是他们的宗祖。"陈梦家也说："祖先崇拜与天神崇拜逐渐接近、混合，已为殷以后的中国宗教树立了规模，即祖先崇拜压倒了天神崇拜。"祖先生时为人，死后为神，或者生时即半神半人。无论生死，祖先都在保佑本氏族、部落、国家的兴旺发达，人与神、人世与神界、人之事功与神之业绩是直接相连，浑然一体的，《礼记·祭义》中"文王之祭也，事死者如事生"即是此意。生死、人神的界限始终没有截然分开，而是互相作用的，这为日后天道观念逐渐抽象化打下基础。更重要的是，据李泽厚的观点，这种人神的相互作用在远古有非常具体的实现途径，即巫，而巫术在漫长复杂的演变过程中渐渐成为氏族部落首领的专属乃至垄断职能，首领、君、天子成为最大的巫，来沟通人世与神界，最后做出决策，指导行动。在这样的巫君合一、人神合一的过程中，君主的形象被叠加上祖先崇拜和上帝崇拜的影子，天与君、神与人的关系更加紧密。

由于对天的认识停留在人格神的具象阶段，商周之际的社会对天极尽恭顺虔诚，态度恳切挚诚，事事依从，不敢有丝毫违拗，基本属于盲目崇拜。这在《诗经》《尚书》中随处可见，如《诗经·大雅》的"帝谓文王：予怀明德，不大声以色，不长夏以革。不识不知，顺帝之则""大任有身，生此文王。维此文王，小心翼翼。昭事上帝，聿怀多福。厥德不回，以受方国"，《尚书·洛诰》的"王如弗敢及天基命定命""公不敢不敬天之休"，《尚书·周书》的"天命不易，天难谌"。这些与基督教《圣经》中"申命记"的立场、口吻相似。

西周灭亡之后，历史行至东周时期，礼坏乐崩，宗周将亡，天子地位一落千丈，往日光辉不再。当时不少人自然而然地发觉，曾经代表了神的意志来操控人世的天子、君并不像从前认为的那样全知全能，更不是绝对的正确，他们也犯同常人一样的错误，也会将国家带入万劫不复的深渊。由于君作为大巫沟通人与神的世界，天的权威很大程度上体现在天子身上，这种对天子权威的怀疑必然波及于天，生发出对天的质疑。《诗经·小雅》已经出现"昊天不佣""昊天不惠""昊天不平""天命不彻"的说法，《诗经·大雅》也有"昊天上帝，宁俾我遁""瞻印昊天，曷惠其宁""疾威上帝，其命多辟"的表达。诸如此类，社会对天的信仰已经动摇，朴素的崇拜情感已经不能使人满足，于是认识逐渐理性化、抽象化，作为人格神的天被抛诸脑后。《诗经·大雅》的"上天之载，无声无臭"，《尚书·周书》的"穆穆在上，明明在下，灼于四方"，都属于相对客观进步的认知。这时的大趋势是，天由宗教意味逐渐变为哲学意味，其中偶有反复，先秦诸子对天道的认识正处于这个渐变的阶段。

春秋时期的思想多见于《左传》，其中已经没有盲目称颂天道的语句。《左传·昭公十八年》记载，夏季五月时常刮风，时人认为是火灾的先兆，裨灶提议用鬼神之术避灾，子产斥责说："天道远，人道迩，非所及也，何以知之？灶焉知天道？是亦多言矣，岂不或信？"子产的观点可以代表当时有识分子的观点。而老子对此看得更为透彻，先将天的地位置于"道"之下，进而提出从"人"直到"自然"层层递进效法的逻辑，所谓"道大，天大，地大，王亦大。域中有四大，而王居其一焉。人法地，地法天，天法道，道法自然"（见《老子·第二十五章》）。老子往往将"天地"并提，"天地不仁，以万物为刍狗"（见《老子·第五章》），"天地相合，以降甘露"（见《老子·第三十二章》），含义往往是客观存在的自然物态，而"道""自然"则是物态运行的规律，即自然法，基本脱开了对人格神的迷信。

虽说不少有识之士已经开始理性客观看待天的力量，但这种观念毕竟尚未深入人心，加之传统的人格神观念扎根过深，社会上出现往复迟疑、左右摇摆的矛盾思潮非常正常。春秋晚期的孔子也许正因为没有琢磨明白天道、天命、鬼神等诸多概念和问题，不肯一味盲目崇拜人格神，也不愿在没有依据的情况下完全驱散神的魅影，所以才有怪力乱神，子所不语，六合之外，存而不论。"夫子之言性与天道，不可得而闻也"（见《论语·公冶长》），"子不语怪、力、乱、神"（见《论语·述而》），都表明孔子对天、神采取了适当回避的态度。孔子也留存着对天的敬畏和崇拜之情，"获罪于天，无所祷也"（见《论语·八佾》），"君子有三畏：畏天命，畏大人，畏圣人之言"（见《论语·季氏》）。而"五十而知天命"（见《论语·为政》）和"不知命，无以为君子也"（见《论语·尧曰》）展现了他对未知事物的求知心，落实在处世方面，就是尽人事之后，听随天命。此外，上述思潮也体现在战国初年墨子的学说中，毕竟墨子出身社会底层，底层民众缺乏接受最新思想的条件和能力，往往对新思潮的接受能力最差，所以受抽象化天道的影响较小。

"天志"明确主张天是具有意识和好恶的人格神，上至天子，下至黎民都应顺应天意，而"天之意，不欲大国之攻小国也，大家之乱小家也，强之暴寡，诈之谋愚，贵之傲贱，此天之所不欲也"（见《墨子·天志中》）。"明鬼"则认为鬼神真实存在，墨子借此劝说人们行"义"，多做于国于民有利的事情。墨子当属先秦诸子中唯一仍以天为人格神的思想家。虽不能完全等同于远古至殷周的上帝崇拜，但大体上是一种相对落后的倒退思想，从中可见，思潮的演进轨迹也是螺旋式地上升、进步着。

到战国中后期，抽象、理性的天道思想基本成熟，孟子、荀子都将天道主要视作规律、法则。《孟子·离娄上》有言："天下有道，小德役大德，小贤役大贤；天下无道，小役大，弱役强。斯二者天也。顺天者存，逆天者亡。"这里的天明显不是人格神，而是儒家思想中治乱兴衰的规律：行"仁政"就是"顺天"，施暴政就是"逆天"。有点类似于墨子的"天志"。同时，孟子也像孔子一样喜欢借天而抒发对命数无常的感慨，这时，天仿佛又成为冥冥中不可抗拒的一股力量，《孟子·梁惠王下》有言："行止，非人所能也。吾之不遇鲁侯，天也。臧氏之子焉能使予不遇哉？"还有《孟子·公孙丑下》的"夫天，未欲平治天下也"。荀子在对天认知的抽象化道路上起了极其重大的作用，有着朴素唯物主义的思想倾向，有些章句还透露出无神论的端倪。在《荀子·天论》中，他认为，对天的变化"怪之，可也；而畏之，非也"，已经将天视为自然现象，还呼吁"天行有常，不为尧存，不为桀亡。应之以治则吉，应之以乱则凶"，"大天而思之，孰与物畜而制之；从天而颂之，孰与制天命而用之"，不但主张客观理性看待天，还要让天反为人所用，确是大胆的开创。

与孟荀时代交错的诸位法家代表人物，著作中没有直接论及天道的章节，但可以试想，不破除对人格神的迷信，是断然不会产生以"法"治国思想的。法家之"法"作为工具、标准、保障，理性、客观本就是其中应有之意，法家想必已经将抽象化后的天道观念当作社会共识，直接拿来使用，无须多加说明。

汉武帝时期，董仲舒又拿出墨家的"天志"来阐释自己修正后的儒家思想，著《春秋繁露》专言"观天人相与之际"，并与阴阳五行学说杂糅，之后两汉儒学，大多以之为宗，这可以看作继墨子之后作为人格神的天的第二次复古运动。但这次复古并非一成不变地复制古代，董仲舒固然认为人格神式的天作用巨大，但整体学说强调天与人的互动，并非人对天的单向的崇拜。

在先秦诸子中，除墨家有向人格神靠拢，儒、道、法、阴阳等诸子都信仰被抽象化和理性化了的非唯一、至高上帝的天道，也都告诫人们要遵循天道。孙子说："兵无常势，水无常形，能因敌变化而取胜者，谓之神。"（见《孙子兵法·虚实》）庄子说："故通于天地者，德也；行于万物者，道也。""德兼于道，道兼于天。"（见《庄子·天地》）天道在中国古代哲学中的内涵基本是指导实践的规律、法则。根据李泽厚的研究，天道具有三个特征：

第一，天道虽然发端于宗教意味的天，但与人道的政治、伦理、秩序直接相关，天道即人道。由于天道脱开了人格神的意志、语言、特征，被放置在自然环境、现实规则、统治秩序之中。所以，在自然方面，天道不是超自然的主宰，而是自然中的主宰，这同道家之"道"重合点颇多。在社会方面，《礼记·中庸》有"修道之谓教。道也者，不可须臾离也；可离，非道也""君子之道，造端乎夫妇，及其至也，察乎天地"，都表明天道既是高超神意，又是切近贴身，合乎人世经验。在政治方面，"天聪明，自我民聪明；天明畏，自我民明畏"（见《尚书·虞书》），"民之所欲，天必从之"（见《尚书·周书》），"民，神之主也"（见《左传·桓公六年》），人间的利益和人群的意志成了天道的归宿和依据，人与神不是截然相异，人道与天道混同重叠，天道的神圣和人道的神圣在实质上沟通一致。所以才会有《礼记·中庸》说："唯天下至诚，为能尽其性；能尽其性，则能尽之性；能尽人之性，则能尽物之性；能尽物之性，则可以赞天地之化育；可以赞天地之化育，则可以与天地参矣。"《孟子·尽心上》也说："尽其心者，知其性也。知其性，则知天矣。存其心，养其性，所以事天也。"后世程颐说："安有知人道而不知天道者乎？道，一也。"直到今天，天仍然兼具人格神的神秘性、主宰性，和人事的物质性、过程性，保留在中国语言之中。

第二，天道具有很大的开放性、包容性、灵活性。由于天道具有人格神的无限法门而且朦胧含混，便可以做出多种可能性的解释。又由于天的主宰含义和自然含义相互渗透，其理性化的发展使得主宰性、律令性渐渐湮没在规则性之中。在荀子的朴素唯物主义观念下，天与人似乎完全分离，但到汉代，合儒、道、法、阴阳的五行反馈的天人图式，强调天人同质、相互反馈的规则，这种规则性就是主宰性，而这主宰性仍会落实在人的经验世界之中。这种开放的天道即人道的观念使中华文化不同于西方的经验主义，而是强调天人共有的客观规则性，特别注重伦理道德，因为伦理道德就是这种客观规则，就是宗教、上帝、神明，这也体现在儒家的伦常政治之中。此外，道家的"无"能够作为道体即"道"的本体，正是由于它的无限可能和开放性，才能生发出"有"，而后才能有世间万物。天道体现在皇帝正统的"奉天承运"中，体现在"万方有罪，罪在朕躬"中，体现在汉末黄巾的"苍天已死，黄天当立"中，体现在梁山好汉的"替天行道"中，正是天道脱离人格神特质之后的开放性，没有明确的人格、形象、语言、意志、教义，可以随着不同情态、环境、事件、人物而做出不同的调整甚至相反的解说，时代变异性特别突出，这也使得中国人在较少阻力的情况下接受了佛教，也使近代较少阻力地接受了达尔文主义和马克思主义。

但是天道即人道与天道的开放性也带来巨大弊端。首先，自然与人事不分极大地阻碍了独立的自然规律观念的产生，极大地阻碍了自然科学和逻辑独立思考的发展，先秦诸子善用的类比推理有助于思考，但并不是严谨的逻辑，不是演绎也不是归纳，这使得中国只有高度化的农、工、医等技艺而缺乏独立的科学发展。其次，作为个体的人只是天人系统、三纲五常中的一个环节，没有独立的地位，社会更多地强调系统整体运行的和谐，一定程度上忽视了处在系统中的个体的独立价值和生命意义，导致我们民族向来缺乏物质生活领域的个体自由和权力观念，个体自由大多只是精神层面的自我慰藉。再次，天道的开放性导致对天道的解释有太大的随意性，容易陷入实用主义，爱以一时一地的利益、得失、功过、优劣来衡量事物的价值，缺少人格神式宗教的由超验上帝规定的明确标准和尺衡。

第三，天道之下，作为整体的人，其主体性和主动性得到极大发扬。《汉书·郊祀志》有言："皇帝作宝鼎三，象天、地、人，其空曰鬲，以象三德。"

这里的"三德"便是天、地、人，似乎"道大，天大，地大，王亦大。域中有四大，而王居其一焉"（见《老子·第二十五章》）的理念早已有之。天道并非唯一、至上的人格神，使得中国古代没有出现命运的绝对主宰、人力无可奈何的希腊式悲剧，也没有产生上帝绝对主宰、人只能畏惧服从、天人绝不同质的希伯来《圣经》与基督教义。相反，天道最终体现在人道之中，中国没有绝对畏惧服从的崇拜对象，没有不可变易的命运，人可以"赞天地之化育"，可以"与天地参"，可以更加主动地选择和决定自己的现实生存和命运。《尚书·周书》的"黄天无亲，唯德是辅"，《诗经·周颂》的"维天之命，于穆不已，于乎不显，文王之德之纯"，可见天道、天命不仅与人同在，而且君主的德政还能使天道、天命归于自己。这早已不单纯是宗教内部的变化，而是以人文取代宗教的过程，表现在哲学思想方面就是更加肯定人的价值和主动性，事在人为和人定胜天成为中国传统的文化心理积淀。与此同时，人主动性的过分昂扬也容易陷入人类中心论，误以为人可以超越天地，主宰自然，甚至为所欲为，造成严重后果。如今的环境污染、资源枯竭、物种灭绝等严重问题，都提醒我们中国传统文化强调的是天、地、人鼎足而立，是天人合一式的人与自然和谐共生，绝非一端独大。

国家

在原始社会，最初的人类形单影只地生存着。但他们很快发现，人类生而具有的各种官能却不及某些动物，眼睛不如鹰隼的尖锐，四肢不如虎豹的发达，身躯不如熊罴的强健，耳朵不如狐狼的敏感，在优胜劣汰的自然法则中，人类处于绝对的劣势，经常成为凶猛肉食动物的盘中美餐。于是乎，原始人类渐渐聚拢形成群体，不论打猎、守卫、生产，都集体行动，并且在集体中形成较为专业和默契的分工，以此对抗生命危险，维持种族繁衍。从远古到殷周，由个体到集体，由集体到群体，由群体到族群，由族群到部落，由部落到部落联盟，由部落联盟到国家，夏朝是史书中记载的第一个世袭制朝代，一般被认为是由多个部落联盟或复杂酋邦组成的国家。不论是族群还是国家，共同点都是人类的组织方式，只不过组织规模有大小之分，组织程度有高低之别。而一个组织的强弱取决于在多大程度上能使组织内的个体团结一致，向着共同的目标努力。意图使分散的个体集合并形成一致力量，便是组织起源，也即国家起源。先秦诸子中，墨子和荀子对此有所论述，而且意见相似：

> 古者民始生，未有刑政之时，盖其语，人异义。是以一人则一义，二人则二义，十人则十义，其人兹众，其所谓义者亦兹众。是以人是其义，以非人之义，故交相非也。……天下之乱，若禽兽然。（见《墨子·尚同上》）
>
> 人生而有欲；欲而不得，则不能无求；求而无度量分界，则不能不争；争则乱，乱则穷。（见《荀子·礼论》）

在国家兴起之前，人们都生活在霍布斯《利维坦》描绘的自然状态中，不仅是平等的，而且是完全自由的，拥有同等的自然权利，但因为人们有着趋利避害的利己本性，这种自由而平等的状态就充满了矛盾和斗争。因此，霍布斯认为人们必须通过订立规则，走出战争状态，成立国家。同样的，不论是墨子的"一人则一义，二人则二义，十人则十义"，还是荀子的"人生而有欲，欲而不得"，都否定了个体谋求自身利益的行为，因为这会导致争斗和混乱，二人呼吁用组织的手段消弭个体的差异。《荀子·礼论》接着说："先王恶其乱也，故制礼义以分之，以养人之欲，给人之求。"其中"先王"就是国家领袖，"礼义"就是组织运行规则，有了这两个元素，再加上被统治的广大民众，国家便诞生了。

相对于荀子"先王"制定"礼义"以弭乱的国家起源理论，墨子认为国家权威有两个来源：一是民众，二是"天志"。《墨子·尚同上》接着说："夫明乎天下之所以乱者，生于无政长。是故选天下之贤可者，立以为天子。"其中"选天下之贤可者"的是民众，国君最初是顺应民众意愿产生的，以免陷入"无政长"即无政府的混乱状态。《墨子·尚同中》还说:"古者上帝鬼神之建设国都立正长也,非高其爵、厚其禄、富贵佚而错之也。将以为万民兴利除害、富贵贫寡、安危治乱也。故古者圣王之为若此。"照此说,国家和君主又是按照上天意志而设立的。

明确国家起源之后,先秦诸子将目光聚焦在国家形态和组织形式上,以墨子既主张民主又倡导专制的观点最为特别。《墨子·尚同上》认为,天子、三公、诸侯、乡长、里长都是在"尚贤"理论指导下由民众选举产生的,充分给予民众票决自由的权利,选出的长官再组建相应级别的政府,颇有民主联合政府的味道。只是一旦政府成立,长官就该向民众发号施令:"正长既已具,天子发政于天下之百姓,言曰:闻善而不善,皆以告其上。上之所是,必皆是之,所非,必皆非之。"这便是"上同而不下比"的"尚同"理论,所谓"国君唯能壹同国之义,是以国治也","天子唯能壹同天下之义,是以天下治也"。如此,国家的性质必然走向专制集权,国家内只能有一个是非标注即"义",且只能由国家制定,不能容忍多重标准,否则又会回到自然状态之中。民主的方法选举出专制的政权,墨子学说的前后矛盾不但反映了个人思想的分裂,而且还是社会转型时期,思潮风云交汇过渡的产物。

法家和荀子就不像墨子那样客气,尚能赋予民众以选举权,他们蛮横地剥夺了民众的生命、自由、发展等各项权利,鼓吹专制制度,他们设计的国家就是通过吞噬个体来获得强大的机器。《商君书》中多次提到的"民弱国强,国强民弱"理论,将国家和民众的利益对立起来:要想国家强大,就必须剥削人民。商鞅提出"壹",含义有两个方面:在国中施行统一的政策;将人民意志统一到"农战"的单一途径上。治下子民只能从事农业和战争,完全服务于国家建设,国家被商鞅理论提升至极高的地位,其后法家的制度设计以此为基本遵循。韩非子则聚焦了国家的抽象概念,并投射到君主一人身上,既然国家成为君主的私有财产,那么韩非子所有的理论热情也都随君主"亦步亦趋",奏出先秦时代君主集权最高亢嘹亮的乐章。韩非能有如此观点,都根源于荀老师的教导,荀子将君主奉为至高无上。而关于国家,《荀子·富国》认为:"足国之道:节用裕民,而善臧其余。"还主张尊崇"礼义",以此强国,所谓"彼国者亦有砥厉,礼义节奏是也。故人之命在天,国之命在礼"(见《荀子·强国》),但国家治乱很大程度取决于君主个人。而"臣所闻古之道,凡用兵攻战之本,在乎壹民"(见《荀子·议兵》)在一定程度上继承了商鞅思想。

值得注意的是,荀子与法家虽然都倡导专制与集权,但荀子还做了不少限制君权、体恤百姓的制度设计,虽然空泛,但至少表明了某种态度。而且荀子理想中的国家是教化明礼之邦,是王道乐义之土,而不像法家那样极端地强调国家与人民的对立。荀子之前的孔孟儒家,对国家的制度设计便更加温和。身处春秋末年的孔子,对西周的封建制度难以忘怀,所谓"周监于二代,郁郁乎文哉!吾从周"(见《论语·八佾》),他一直希望国家能恢复成为周初的样貌,天子分封诸侯,诸侯分封大夫,诸侯享受充分自主权的同时,保持与天子的主从关系,尧、舜、文、武是孔子心中的为君模范。无奈礼坏乐崩之后,封建制度难以为继,专制制度渐成主流,孟子虽未明确进行国家制度设计,但从他以"王者师"自居,且将推行"仁政"的希望寄托于圣明君主的各种表现来看,早已经默认集权与专制的事实。如果君主不集权,孟夫子的游说论辩就都白白浪费了。再将视野放大至先秦儒家,无论孔、孟,还是荀子,对国家形态的设想都脱不开从人到家,再到国,乃至天下的伦理政治范式,对人格的要求和社会政治要求几乎不做区分,这是由于孔儒理论本就建立在封建氏族内部关系调整的基础之上。所以,在儒家思想体系中,个人修养、家庭伦理同国家政治密切相关,融为一体。

如果不以具体设计区别,儒、墨、法都承认国家与政府存在的合理性,道家剑走偏锋,是无政府主义的主张者。即便认可国家的存在,道家理想中的国家也不是大一统的强盛王朝,而是《老子·第八十章》的所谓"小国寡民",在这样类似希腊城邦的国家中,"使有什伯之器而不用,使民重死而不远徙;虽有舟舆无所乘之,虽有甲兵无所陈之。使民复结绳而用之"。《庄子·胠箧》赞同老子的国家设计,对"邻国相望,鸡狗之音相闻,民至老死而不相往来"的国家形态,庄子评价说:"若此之时,则至治已。"老庄勉为其难地允许国家形式上的存在,至于政府,则完全没有保留的必要,国家只要有一个"无为"而治的君主就够了,其余只需顺其自然,切忌插手干涉,所谓"我无为而民自化，我好静而民自正，我无事而民自富，我无欲而民自朴"（见《老子·第五十七章》），要将纷乱之世"复归"自然，因为政府意欲治理的动机是最大的灾难：

> 治，乱之率也，北面之祸也，南面之贼也。……今子赏罚而民且不仁，德自此衰，刑自此立，后世之乱自此始矣！（见《庄子·天地》）

> 三皇五帝之治天下，名曰治之，而乱莫甚焉。三皇之知，上悖日月之明，下睽山川之精，中堕四时之施。其知憯于蛎虿之尾，鲜规之兽，莫得安其性命之情者，而犹自以为圣人，不可耻乎？其无耻也！（见《庄子·天运》）

梳理诸子关于国家形态的主张，从孔子追忆封建制到墨子出现集权倾向，再到荀子和法家明确支持专制制，可以发现当时的人们越发不认可西周的封建制，转而呼吁强有力中央的出现，以集权手段实现统一，这不但是上层知识分子的思想学说，更反映了广大民众的真心期待。其中的历史原因前文多有论述，而对于封建制度，我们应看到其对华夏民族与文化的形成曾起到巨大作用。一方面，天子将诸侯分封至全国各地，允许他们根据实际情况自由发展，基本不会干涉诸侯国的内政，这十分有助于民族文化的多向度发展，各不相同，争奇斗艳，效果要比以整齐划一的政策统治更好；另一方面，周王朝作为当时先进文化的代表，通过封建将自身的优势文化播撒至华夏大地，极大地促进了其他地区的开发与文明进步，虽然各地具体政策不同，但文化基因都源于周，这助推了大民族意识的标定和各地对华夏文化的认同。《史记·楚世家》记载周夷王（公元前894—前879年）时楚子熊通之言："我蛮夷也。"到公元前704年熊通仍说："我蛮夷也。"而公元前589年，《左传·襄公十四年》记载楚臣子囊言曰："赫赫楚国。……抚有蛮夷，以属诸夏。"其中反映出民族意识的变迁，《诗经·小雅》中"普天之下，莫非王土；率土之滨，莫非王臣"的局面逐步实现。

国家形态基本定型之后，怎样施行统治也是先秦诸子关心的问题，这里着重说说"法"。先秦诸子口中的"法"并非现代的法律规章，内涵更接近刑法，前者侧重在法治理念的概念层面约束，后者侧重以赏刑等具体手段形成威慑。商鞅、韩非子等法家主张治国应优先并主要依靠刑法，从《商君书·定分》的"法令者，民之命也，为治之本也，所以备民也"和《商君书·弱民》的"明主察法，境内之民无辟淫之心，游处之士迫于战阵，万民疾于耕战"可以看出，商鞅之"法"完全是具象的刑法，迫使民众勤于耕战，"故明主慎法制"（见《商君书·君臣》）。韩非比商鞅的进步之处在于升华了具象的"法"，使"法"具备许多类似现代法制观念的抽象意义，如"明主之法，揆也"（见《韩非子·六反》）将"法"作为客观标准，但韩非更强调"法"应作为君主统治的工具，所谓"法者，宪令著于官府，刑罚必于民心，赏存乎慎法，而罚加乎奸令者也。……皆帝王之具也"（见《韩非子·定法》），显露出法家用刑法制民的本色，但他们的最高纲领是"以刑去刑"，因为"以刑致刑，其国必削"（见《韩非子·饬令》）。儒家不主张优先使用刑法，但并不意味着完全废除刑法，《孟子·梁惠王上》说："王如施仁政于民，省刑罚，薄税敛，深耕易耨。"圣人要以"仁政"为主，应该减省但不能不立刑法。《论语·为政》的"君子怀刑，小人怀惠"说明靠刑法总比靠恩惠强。《荀子·王制》也认为，对"奸言，奸说，奸事，奸能，遁逃反侧之民"要"职而教之，须而待之，勉之以庆赏，惩之以刑罚"。墨家介于儒法之间，肯定刑法的必要性，所谓"贤者之治国也，蚤朝晏退，听狱治政，是以国家治而刑法正"（见《墨子·尚贤中》），"古之圣王，举孝子而劝之事亲，尊贤良而劝之为善，发宪布令以教诲，明赏罚以劝阻"（见《墨子·非命中》），但又不像法家那样将"法"奉为圭臬。道家既然是无政府主义者，刑法自然更不在他们的考虑范围之内。

君臣

在古代中国，国与君的关系非常微妙。"朕即国家"虽说是一种常态，但也有很多朝代，当君权没有足够强大到可以独掌国家命运时，其他各种形态的权力便会伺机而动，如权臣、后宫、外戚、宦官、地方豪强等，迅速填补君主因力所不逮而形成的真空地带，其间更少不了阴谋、事变、杀戮、战争，范围也不仅限于统治阶级内部，常常祸及百姓，造成较大范围、相当长时间的混乱。从某种程度上说，春秋战国时期的乱世便是周王权力衰弱导致的，被分封至各地的诸侯渐渐坐大，中央缺乏控制他们的实力，变得名存实亡，而诸侯又不安于享乐一境之内，当然时势也不允许他们这样，长达几个世纪的大争之世终于降临。

先秦诸子洞若观火，对君臣关系尤其对君主个人表现出极大的热忱，他们表面讨论君臣，实际是在探究君权的界限问题，因为这关系到国家稳定与民族赓续。在君臣问题上，先秦诸子的共同点是赞成君主制，都认为君主对一个国家来说是必要的，只是对君权界限的规定有宽有严，宽者如法家，严者如道家，宽严相济者如儒家、墨家，具体方法更不尽相同。此外，诸子对君臣关系的认识与他们各自的国家理论不可分割，主张国家专制的基本都认可君主集权，毕竟个人独裁是统治阶级专政发展到极端的结果。

作为先秦诸子中兴起较晚的学派，法家理论成型于战国时期。当时，各诸侯国看够了因周天子孱弱而造成的流血事变，底层百姓受够了战乱带来的颠沛流离，不约而同地抛弃旧式封建贵族统治，转而支持新兴地主阶级掀起的威权主义浪潮，以尽快结束乱世。法家一贯秉持"法后王"而不"法先王"的历史观，既然时代的车轮滚滚向前，思想家更不该追忆往昔，要向前看。《商君书·算地》认为，国家治乱的责任系于君主一身，所谓"身有尧、舜之行，而功不及汤、武之略者，此执柄之罪也"，如果没有相当大的权力，怎样都不可能担负起如此重大的责任。于是，《商君书·修权》直道法家心声："国之所以治者三：一曰法，二曰信，三曰权。法者，君臣之所共操也；信者，君臣之所共立也；权者，君之所独制也，人主失守则危。""法"是君臣需要共同遵守的准则，"信"是双方依法行事的结果，当场面看似和谐时，商鞅提出了"君之所独制"的"权"，独裁的权力破坏了君臣共治的美好愿景，为了防止"失守则危"，君主想方设法强化君权，压制臣下，这成为法家思想乃至整个专制社会的一贯逻辑，所谓"恃天下者，天下去之；自恃者，得天下"（见《商君书·画策》）。韩非子将本来就棘手的君臣关系推向对立的境地，《韩非子·备内》认为，"人主之患在于信人，信人，则制于人"，而臣下时时有悖逆之心，所谓"为人臣者，窥觇其君心也，无须臾之休，而人主怠傲处上，此世所以有劫君弑主也"，结论是："以妻之近与子之亲而犹不可信，则其余无可信者矣。"与其说"法""术""势"是韩非的独门三剑，不如说是他献给君主的钢刃，是专门用以杀人的尖刀。《韩非子》一书不厌其烦地提醒君主时刻警惕大权旁落，细致入微地教导人主如何驾驭臣子。虽也有不少内容是写给人臣者，但都是些明哲保身之学。在君主面前，臣子只能"苟全性命于阶下，不求闻达于朝野"，《韩非子·忠孝》告诉臣子："人臣毋称尧舜之贤，毋誉汤武之伐，毋言烈士之高，尽力守法，专心于事主者为忠臣。"在法家这里，君权得到极其充分的张扬，甚至有点过头，几乎没有任何制约。

《韩非子》中的君主，只需中人之才，相对于个人品行，法家更看重"法"这样的制度规范所发挥的制约作用，不论是贤是庸，是圣是昏，配套制度总能让君主的统治不出重大差错。这一点与儒墨两家分歧甚大，他们主张的是贤人政治和榜样政治，动辄圣人如何，期盼君主个人的能力、水平、德行、操守都能臻于完美，进而以上率下，所谓"君子笃于亲，则民兴于仁；故旧不遗，则民不偷"（见《论语·泰伯》），"规矩，方员之至也；圣人，人伦之至也。欲为君尽君道，欲为臣尽臣道，二者皆法尧舜而已矣"（见《孟子·离娄上》）。《墨子·尚同上》也说："是故选天下之贤可者，立以为天子"，"国君者，国之仁人也。"关于臣下，儒家相信"举直错诸枉，能使枉者直"（见《论语·颜渊》），墨家"选天下之贤可者，置立之以为三公。……选择其国之贤可者，置立之以为正长"（见《墨子·尚同上》），都要求臣子贤能。总的来说，儒墨两家对君臣关系的设计走向理想主义，君明臣贤，主慧臣忠，是他们的共同目标，但在大目标之下，也有不同程度的分歧。

善人之赏，而暴人之罚，则家必治矣。……故又使家君总其家之义，以尚同于国君。……国君得善人而赏之，得暴人而罚之。善人赏而暴人罚，则国必治矣。……故又使国君选其国之义，以尚同于天子。……天子得善人而赏之，得暴人而罚之，善人赏而暴人罚，天下必治矣。然计天下之所以治者何也？唯而以尚同一义为政故也。天下既已治，天子又总天下之义，以尚同于天。（见《墨子·尚同下》）

事圣君者，有听从无谏争；事中君者，有谏争无谄谀；事暴君者，有补削无拂拂。（见《荀子·臣道》）

天子也者，势至重，形至佚，心至愈，志无所诎，形无所劳，尊无上矣。（见《荀子·君子》）

君之视臣如手足，则臣视君如腹心；君之视臣如犬马，则臣视君如国人；君之视臣如土芥，则臣视君如寇仇。（见《孟子·离娄下》）

无罪而杀士，则大夫可以去；无罪而戮民，则士可以徙。（见《孟子·离娄下》）

墨子的"尚同"最接近法家的独裁理论，从家君到国君，从国君到天子，层层"尚同"的结果必然是君主集权。虽然墨子还抬出"天志"以制约天子权力，但这样有神论的设想终将流于空虚无力。在荀子眼中，君主是至高无上的，君权是神圣不可侵犯的，他笔下的臣子不像法家的那样地位低卑，龌龊不堪，还保留有一些气节，但必须忠君、顺君、利君。事君时也讲究方式方法，劝谏时要看君主脸色行事，所谓"因其惧也而改其过，因其忧也而辨其故，因其喜也而入其道，因其怒也而除其怨，曲得所谓焉"（见《荀子·臣道》）。《荀子·仲尼》还向臣下推销"持宠处位，终身不厌之术"，主张"时诎则诎，时伸则伸"，其权变圆滑的形象与孔孟笔下之臣相差甚远，而与韩非子遥相呼应。反观孟子，他主张的君臣关系仍然充满了"浩然之气"，是一种对等而非平等的关系，君主如果对臣下不尊重，臣也没有向君尽忠尽力的义务，臣对君的人身依附关系被孟子打破。孔子最多说过"邦有道则知，邦无道则愚"（见《论语·公冶长》），孟子则直接一走了之，弃之不顾，从某种程度上否定了君主权威，制衡了独裁者无限滋长的野心。

道家在君臣关系问题上又是特立独行的，"圣人"是他们理想中的君王化身，至于臣子，既然主张无政府主义，那么臣子大抵没有存在的必要。《列子·杨朱》有言："损一毫利天下不与也，悉天下奉一身不取也"，"不横私天下之身，不横私天下之物者，其唯圣人乎！"在这种"贵己""重生"思想的影响下，人人只要管好自己，根本用不着对别人负责，何况是对君王呢？此外，道家还主张君民皆愚，《庄子·马蹄》认为："夫至德之世，同与禽兽居，族与万物并。恶乎知君子小人哉！同乎无知，其德不离；同乎无欲，是谓素朴。素朴而民性得矣。"达到"无知"境界，就是发挥自然天性的"朴素"，也就接近于"道"。老子说得更明白："众人皆有余，而我独若遗。我愚人之心也哉！沌沌兮。俗人昭昭，我独昏昏；俗人察察，我独闷闷。"（见《老子·第二十章》）这是愚君，而"是以圣人之治，虚其心，实其腹；弱其志，强其骨。常使民无知无欲。使夫知者，不敢为也"（见《老子·第三章》）是愚民，大家都处在一种混沌而自然的特殊场域之中，没有君臣对立，没有利益争夺，没有上下相侵，没有敌我相毁，宇内清净，天下太平。

顺着道家的逻辑，作为"圣人"的君主，统治方式应是"无为"的，但《老子·第三十七章》又有"道常无为，而无不为"，老子想以"无为"的手段求得有为，甚至大有为的结果。法家的逻辑与道家正好相反，《商君书·画策》描述理想的统治是"人主处匡床之上，听丝竹之声，而无下治"，《韩非子·扬榷》也追求"物者有所宜，材者有所施，各处其宜，故上下无为"，法家的目的是"无为"，但实现目的要靠"法""术""势"等有为的手段，属于以有为求"无为"。儒墨两家则是以有为求有为，他们理想中的圣君只应为民劳碌，鞠躬尽瘁，死而后已。

民权

现代法律赋予公民以各项权利，而在古代中国断无公民之说，遑论各种权利与保障，民众只是处在社会底层的微小个体，基本只有做贡献的义务，地位相当低微，这在先秦诸子的学说中体现得尤为明显。与此同时，统治者和思想家也意识到民众聚沙成塔的巨大力量，对维护政权统治和国家稳定起着重要的作用，由此孕育出民本思想。

道墨两家对民权问题关注较少，共同点是都主张在一定前提下爱民，但爱民的前提又有所不同。老子十分推崇"婴儿"的状态：专一、至柔、充沛、朴素、赤诚。这都是近于"道"的品质，所以老子意图将百姓也培养成"婴儿"，然后"圣人无常心，以百姓心为心。……百姓皆注其耳目，圣人皆孩之"（见《老子·第四十九章》），"圣人常善救人，故无弃人"（见《老子·第二十七章》），君主对待百姓就要像照顾孩童一般，生养之，培育之，善待之，呵护之。《墨子·尚同中》则将是否得到民众拥护作为政权是否为合法性的来源之一，所谓"其为正长若此，是故上者天、鬼有厚乎其为正长也，下者万民有便利乎其为正长也"，要为民除害兴利，所谓"将以为万民兴利除害，富贵贫寡，安危治乱也"，这些说法同儒家的民本思想一脉相承。墨子还托"天志"陈述爱民之道，所谓"此我所以知天之爱天下之百姓也"（见《墨子·天志上》），《墨子·杂守》中还有"葆民"的说法。但是，老子爱民的前提是愚民，就是要"绝圣弃智"，所谓"非以明民，将以愚之"（见《老子·第六十五章》），"常使民无知无欲"（见《老子·第三章》），民众的智力水平退化到原始状态，才可能像"婴儿"一般，也才能免去"难治"的风险。庄子虽未明确提出愚民主张，但继承了老子的"绝圣弃智"，《庄子》又多出许多对底层百姓困苦命运的同情。而墨子爱民的前提是民众对墨家一整套统治秩序的认同，政治上"尚同"，与上级保持绝对一致，生活上"节用"，排除任何物质与精神享受，百姓每天只能劳动，自己动手，丰衣足食。总之，道墨两家基本上只维护民众的生命权、生存权，而无视发展权。

法家关于民权的观点一如既往地酷烈，在他们眼中，民众是没有任何权利可言的。这种观点的形成在很大程度上要归因于商鞅，他的国与民对立说基本贯穿了战国所有法家的思想，而法家又是极力追求国家强盛的，既然国与民只能择其一，民权被无视实属自然。"民不可与虑始，而可与乐成"（见

《商君书·更法》），"民智不可用，犹婴儿之心"（见《韩非子·显学》），韩非与老子一样将百姓视为"婴儿"，但两家的理论出发点殊异，老子对怀中"婴儿"给予怜悯、同情、爱护，而韩非则投以轻视、鄙夷、不屑的目光。如果不是国家强大要靠百姓劳作，如果不是政治集权要靠百姓支撑，法家恨不得直接取消民众存在的必要。轻视群众的力量，将人民打到社会最底端，自然产生"使民无得擅徙，则诛愚"（见《商君书·垦令》）的愚民政策。愚钝的百姓只能从事农业和战争两项事务，不能也不需要有任何其他生活状态。对民权的无视，对百姓的横暴，是法家思想为后世所批驳的主要原因。

相比之下，儒家的民权思想真是温情脉脉，闪烁着圣母一般的光辉，他们既要保证民众的生存权，也要维护发展权。《论语·子路》记载了孔子与冉有的对话，认为治国先要增加人口，所谓"庶矣哉"，即保证生存权，而后应该先"富之"，再"教之"，人人过上小康生活，即维护发展权。孟子的"仁政"也同样重视庶民、富民、教民，《孟子·梁惠王上》中"养生丧死无憾，王道之始也"讲的就是生存权，甚至要达到"七十者衣帛食肉，黎民不饥不寒"的富裕生活，之后再"谨庠序之教，申之以孝悌之义"。而"善人教民七年，亦可以即戎矣"（见《论语·子路》）是告诉统治者，不能把百姓当作战争的机器和炮灰。荀子虽也讲"节用裕民，而善臧其余。节用以礼，裕民以政"（见《荀子·富国》），但出发点不是维护民权，而是为了富国强兵，立场和观点介于儒法两家之间。此外，儒家将伦理道德延伸至政治领域，理想的统治者应当是"民之父母"，《礼记·大学》有云："民之所好，好之；民之所恶，恶之，此之谓民之父母。"后世所谓的父母官大概来源于此，法家口中冷酷无情、互相设防的上下级关系变成父母与子女的亲亲之爱，这对饱受统治者剥削的百姓来讲有着巨大的吸引力，儒家思想也因此生命力旺盛。《论语·颜渊》的"百姓足，君孰与不足？百姓不足，君孰与足？"《论语·季氏》的"有国有家者，不患寡而患不均，不患贫而患不安"，《孟子·离娄下》的"禹思天下有溺者，由己溺之也；稷思天下有饥者，由己饥之也"，《孟子·梁惠王下》的"今王与百姓同乐，则王矣"，都延续了这种思路。

除了爱民，给百姓以生存权和发展权，儒家也常论及参政权。《论语·泰伯》说："民可使由之，不可使知之。"这是孔子反对百姓参政的明证。或许春秋年间各国的实力竞争远未到白热化阶段，而到战国时，统治者纷纷意识到，国家政策直接影响治下百姓的存亡去留，而人口多寡则几乎是国家实力强弱的决定性因素。这种客观条件直接影响到孟子的思想，他比孔子更重视民权，尤其是赋予了民众一定程度的参政权。孟子游说国君的潜台词便是：你可以不对百姓好，但他们有迁徙到政策环境更优国家的自由，为了不让国中百姓流失，还是要施行"仁政"，对他们好一点。《孟子·尽心下》中，"诸侯之宝三：土地、人民、政事"，将百姓的地位提升至前所未有的高度，"民为贵，社稷次之，君为轻"更是传唱千古。他为统治者算了笔细账，"得乎丘民而为天子，得乎天子为诸侯，得乎诸侯为大夫"，使得想做天子的诸侯不得不重视"丘民"之力。《孟子》还多次提及"尧舜与人同耳""圣人与我同类者"这样的话，可以理解为个体人格的发扬，也能理解为从前尧、舜、禹等圣人魅影的渐渐消逝，普通人群越发受到重视。这样说来，自然不能不顾及舆论，《论语·卫灵公》的"众恶之，必察焉；众好之，必察焉"，《孟子·梁惠王下》的"左右皆曰贤，未可也；诸大夫皆曰贤，未可也；国人皆曰贤，然后察之；见贤焉，然后用之"，已经表明统治者在决策前要进行充分的民意测验，之后再理性判断，择善而从，似乎有点直接民主的意思。

　　但要指出的是，儒家讲究的是上下之间的对等关系，绝非平等关系，伦常政治从来都是讲究阶级划分、等差有序的，而且儒家还用道德标准划界，即君子与小人。君子脱离早期表示地位的含义，成为儒家理想人格完成的象征，一切政治都应由君子出，小人则断无参政之权利。儒家为使全民皆为君子，十分重视教育，天下人人为君子之日，就是儒家全民政治理想实现之时。

　　其实，儒家的政治主张可称为民本，是爱民政治的自然延伸，而非现代意义上的民主。孟子认为，民本的终极体现就是革命。《孟子·梁惠王下》说："贼仁者谓之贼，贼义者谓之残，残贼之人谓之一夫。闻诛一夫纣矣，未闻弑君也。"其中"诛一夫"的行为便是民反抗君、下推翻上的革命，这是孟子的优点，也是他政治思想的缺点——有大革命，而无小约束。君主乃至国家机器出现问题难以避免，何必要等问题恶劣到必须以流血方式解决呢？为什么不提前做一些细节的政治设计和制度约束,不使民众动辄扛起革命大旗呢?"大丈夫"孟子遇到如此小处便显捉襟见肘。后世王朝的官僚体制不断完善,逐渐形成一些可以制约君权的机制,但速度远不及专制集权和个人野心的膨胀,宰相权力从大到小直至被彻底取消便是明证。王朝定鼎之初,统治者往往能与民休息,顾及百姓诉求,但中后期执政者旋即走入骄奢淫逸、榨取民膏的境地。当此之时,除了群起而攻之的革命外,平时并无有效的制裁办法,这足可算作中国古代政治思想与实践的最大缺点。

兵事

对于兵事是否该兴,先秦诸子的观点基本统一,一边倒地主张抑制兵事,反对战争,但也有例外,比如商鞅。《商君书·农战》言:"国之所以兴者,农战也。"将农业和战争作为立国之本。《商君书·说民》则说:"国好力,曰以难攻;国好言,曰以易攻。"农业发达固然有利于百姓安居乐业,但商鞅发展农业目的不在民而在战,这就是天下的噩梦了。国家"好力"即好以力服人,当发动战争成为一个国家的爱好时,此国必为法西斯之国,商鞅也难逃军国主义者的恶名。为了取得征伐的接连胜利,只有上层号召远远不够,商鞅还极力动员基层,努力营造人人敢战、人人好战、人人乐战的良好氛围,正如《商君书·画策》言:"民之见战也,如饿狼之见肉,则民用矣。凡战者,民之所恶也。能使民乐战者王。"这与《孟子·公孙丑上》说的"行仁政而王"恰恰相反,儒家想的是怎样保全百姓性命,之后富之、教之,商鞅则迫不及待地将民众推向战场,生怕战斗不惨,死伤不多。

先秦诸子中唯有商鞅极力鼓吹战争,在这方面,连韩非都无法望其项背,但战争带给人民的苦难是无比真实的,流血的教训亦是无比惨痛的。于是,消弭战争的呼声一浪高过一浪:

天生五材，民并用之，废一不可，谁能去兵。（见《左传·襄公二十七年》）

兵者不祥之器，非君子之器，不得已而用之。恬澹为上，胜而不美。（见《老子·第三十一章》）

争地以战，杀人盈野；争城以战，杀人盈城，此所谓率土地而食人肉，罪不容于死。故善战者服上刑，连诸侯者次之，辟草莱、任土地者次之。（见《孟子·离娄上》）

夫杀人之士民，兼人之土地，以养吾私与吾神者，其战不知孰善？胜之恶乎在？（见《庄子·徐无鬼》）

各家各派对战争都抛出如此沉痛峻厉之言，战国时恐怖的战争场面，除了可以在史书中领略，还能从诸子著作中感知一二。然而，多数诸子虽然持反战态度，但程度与方式有所不同。孟子控诉战争最为激烈，但他只反对争夺地盘、杀戮百姓的不义之战，而商汤灭夏、武王伐殷之类的战争被他称作"诛一夫"，而非"弑君"。在他看来，只要是仁君发动的战争，基本可以归为正义一类，既然正义，那么战争便被赋予了合法性，甚至是对被征伐国家百姓的救赎，仁君西征，东方的百姓不高兴，仁君北伐，南面的百姓也不高兴，谁不想早一天被解救呢？所谓"国君好仁，天下无敌焉。南面而征北狄怨，东面而征西夷怨，曰：'奚为后我？'"（见《孟子·尽心下》）孟夫子的设想未免单纯，战争不论是否正义，客观上都会造成尸横遍野、死伤无数的惨剧，没有哪个地方百姓愿意承担家破人亡的风险，这本是人性使然。何况每当战争打响，交战双方都以己为正义之师，以敌为不义之众，历史向来是由胜利者书写的，义与不义在战场上只是相对概念，怎能较真？孟子自己都说过"春秋无义战"，战国难道就有所谓的"义战"吗？

也许正因如此，墨道两家反对一切战争，不论是否正义。《老子·第三十章》有言："以道佐人主者，不以兵强天下。"《老子·第六十八章》也说："善为士者不武，善战者不怒，善胜敌者不与。"都是反对战争的，但如果非得在战场上一决雌雄的话，老子主张"以奇用兵"和"慈以战则胜"，起码"奇"

和"慈"能尽量减少伤亡，将战争的损耗降到最低。墨子则明确提出"非攻"："大国之攻小国也，是交相贼也，过必反于国。"（见《墨子·鲁问》）他还为君主算计利害得失，结论是战争属于亏本买卖，为之不值。与老子一样，墨子也认为好战者不少，战争不能只靠说教消弭，得拿出实际行动。于是，以墨子为首的墨家弟子奔走各国，帮助被攻击者守城防御，止楚攻宋一事最为著名，通过这则故事，墨子深厚的同情、充沛的精力、坚强的意志、活泼的机变、丰富的技巧——跃然纸上，不得不令人油然生敬：

> 公输盘为楚造云梯之械，成，将以攻宋。子墨子闻之，起于齐，行十日十夜而至于郢，见公输盘。……曰："请说之。吾从北方闻子为梯，将以攻宋，宋何罪之有？荆国有余于地，而不足于民，杀所不足，而争所有余，不可谓智。宋无罪而攻之，不可谓仁。知而不争，不可谓忠。争而不得，不可谓强。义不杀少而杀众，不可谓知类。"公输盘服。子墨子曰："然，乎不已乎？"公输盘曰："不可，吾既已言之王矣。"子墨子曰："胡不见我于王？"公输盘曰："诺。"子墨子见王，……王曰："善哉！虽然，公输盘为我为云梯，必取宋。"于是见公输盘。子墨子解带为城，以牒为械，公输盘九设攻城之机变，子墨子九距之。公输盘之攻械尽，子墨子之守围有余，公输盘诎，而曰："吾知所以距子矣，吾不言。"子墨子亦曰："吾知子之所以距我，吾不言。"楚王问其故，子墨子曰："公输子之意，不过欲杀臣。杀臣，宋莫能守，可攻也。然臣之弟子禽滑釐等三百人，已持臣守围之器，在宋城上而待楚寇矣。虽杀臣，不能绝也。"楚王曰："善哉！吾请无攻宋矣。"（见《墨子·公输》）

但凡学说，皆起于"救时之敝"（见《淮南子·要略训》），诸子各家固然极力反战，但当时也未能力挽秦军之狂澜，秦国最终凭借战争结束了两百余年的战国时代。悲剧的是，秦朝二世而亡，汉朝反其道而行之，主张与民休息。梁启超认为，自此以后，我国民众形成爱好和平的天性，斗狠逞强、穷兵黩武之流无论在任何时代，都不为舆论所称道，所以中国人可被称为能守之民，而非能战之民，归功于墨家之教。这种观点可商榷的余地很大，但先秦诸子的反战论调或多或少都对国民文化心理有所影响，起码塑造了一种共同的价值理念。

经济

要探究春秋战国时代的经济状况，必以农业为绝对重点，而农业之中，又以土地所有制为要。在原始氏族社会，土地归部落集体所有，那时的农业技术尚未达到小农经济状态下一家一户通过精耕细作足以自给自足的程度，原始的渔猎和牧业还大量保存，这都需要整个部落全部成员的分工配合，共同谋生，个人或家庭一旦脱离集体，生命几乎难以为继，土地等生产资料自然而然归集体所有。《诗经·周颂》云："贻我来牟，帝命率育，无此疆尔界。"歌颂后稷功德，说他把天帝所赐种子普遍播撒，并无彼此疆界之分，反映出土地归于集体。到夏、商、西周时，氏族演变为国家，集体分化成阶级，但农耕技术尚未取得质的突破，仍然因袭旧制，只是土地归集体所有的观念扩大，成为土地国有，《诗经·小雅》的"普天之下，莫非王土"可为佐证。《孟子·滕文公上》说："夏后氏五十而贡，殷人七十而助，周人百亩而彻。"其中"贡"是指人民使用土地而输纳一部分产出给国家，"助"是指人民耕种私田的同时助耕公田并将公田产出缴纳给国家的井田制，"彻"是指国家将耕地产出按一定比例抽成并收归国有，三种制度下耕者只有土地使用权而无所有权，只是具体政策有所不同，到后期往往是贵族代替国家实际拥有土地，但名义上仍是土地国有。

但是久而久之，耕者的土地使用权性质渐渐向所有权靠近，加之周朝封建社会秩序的解体，国有土地制度被破坏，土地私有代之兴起。所有权与使用权合而为一，但民众依然向诸侯或卿大夫缴纳一定数量的赋税，以换得国家机器的庇护。之后，随着君主专制和中央集权体制的确立，新兴地主阶级取得绝对的优势地位，君主或皇帝成为天下最大的地主，全国的土地名义上归皇帝一人所有，他可以将土地随意赐予臣下，转让土地所有权，但也可随时收回成命，受到恩赐的臣下成为小地主。"普天之下，莫非王土"的局面仿佛再次出现，不同的是，之前的土地国有属于集体的公权，这时成为私权，土地私有制朝着新的方向发展。从前的耕者只需履行向集体或国家缴纳赋税的义务，而在地主阶级统治的专制社会，除了上缴给国家的一部分，还要拿出相当一部分供养皇帝之下的小地主，很容易受到层层剥削。于是，在整个专制社会中，农民永远挣扎在饥饿与死亡线上。

从国有到私有，土地所有制变化的关键在于土地产出利益如何分配，这甚至是专制社会千年治乱的关键。如果地主阶级能体恤民情，减轻剥削，维持一段时间之后便有盛世出现，而当地主阶级压迫日益严重，底层民众困苦不堪时，就会铤而走险，推翻现有政权，一家一姓的地主阶级统治随之崩坏。从某种程度上说，这是经济过度依赖农业的后果，当土地成为几乎唯一的生产要素时，围绕它的斗争就不会停止，它可能造成的政治风险也更大。但由于种种原因，华夏大地并未酝酿出可与农业分庭抗礼的商业，重农一直是绝对主流的经济思想，先秦的儒、墨、法等不同派别的思想家都主张重农抑商。相对来说，《管子》还表现出不少重商主义倾向，而在管仲治理下的齐国也成为诸侯中首屈一指的工商业发达国家，他认为货币有调控经济的特性，而且有着资本国有、盐铁官营等主张，着实前卫。

关于经济问题，道家再次特立独行。《老子·第十二章》明确说："五色令人目盲，五音令人耳聋，五味令人口爽，驰骋畋猎令人心发狂，难得之货令人行妨。"让人放弃物质欲望。《老子·第五十三章》还说："服文彩，带利剑，厌饮食，资货有余，是谓盗竽，非道也哉。"主张社会生产力和文明的倒退，退回上古的结绳时代。在这种观念的主宰下，道家自然不会推动经济发展和生产力水平的提升，更不会重视经济问题。回头审视儒、墨、法三家的经济主张，法家重视生产，儒家重视分配，墨家则在生产与消费两方面有所涉及。

法家之所以重视生产，是因为生产能力直接关系国家实力的强弱，为了追求国力昌盛，自然要极力提高经济生产能力。战国时期，协助魏文侯变法强国的李悝便有许多发展生产的举措，《汉书·食货志》有所记载，"尽地力之教"，重视农垦，鼓励农民生产，还提出"平籴"，用政府强制手段调控粮食价格，以稳定小农经济。而辅佐秦孝公称霸的商鞅更是重"农战"而抑工商，"重关市之赋，则农恶商，商有疑惰之心"（见《商君书·垦令》），还提出多种鼓励农民开垦荒地的政策。当时诸侯为追求强国，皆患民寡，所以商鞅也极为重视人口增长，并开出一系列优惠条件，吸引三晋之民来秦国开荒，发展农业。

孔子曾言："有国有家者，不患寡而患不均，不患贫而患不安。"（见《论语·季氏》）荀子也说："不足非天下之公患。"（见《荀子·富国》）照此说，法家正是"患寡而不患不均"的。儒家更关注民众生计，在统治阶级持有绝对优势的前提下，想尽可能多地分给民众一些利益，这便是"均"的要旨。董仲舒在《春秋繁露·调均》中如此解释"不患寡而患不均"："使富者足以示贵，而不至于骄；贫者足以养生，而不至于忧。以此为度而均调之，是以财不匮，而上下相安，故易治也。"儒家以相对公平的物质分配调节社会矛盾，虽然目的是使"上下相安"而维持统治，但对底层民众的生存发展贡献颇多，同时也并未完全忽视生产，成为其民本思想的重要组成部分：

> 生之者众，食之者寡，为之者疾，用之者舒，则财恒用足矣。（见《礼记·大学》）
>
> 比及三年，可使足民。（见《论语·先进》）
>
> 百姓足，君孰与不足？百姓不足，君孰与足？（见《论语·颜渊》）
>
> 不违农时，谷不可胜食也；数罟不入洿池，鱼鳖不可胜食也；斧斤以时入山林，材木不可胜用也。（见《孟子·梁惠王上》）
>
> 是故明君制民之产，必使仰足以事父母，俯足以畜妻子，乐岁终身饱，凶年免于死亡。（见《孟子·梁惠王上》）
>
> 若夫兼而覆之，兼而爱之，兼而制之，岁虽凶败水旱，使百姓无冻

喂之患，则是圣君贤相之事也。（见《荀子·富国》）

　　以上都表现出儒家在发展经济生产的基础上重视分配的主张，对于法家只重生产而富国的观点，儒家毫不客气地反对。《礼记·大学》说："长国家而务财用者，必自小人矣。彼为善之，小人之使为国家，菑害并至。虽有善者，亦无如之何矣！"《孟子·告子下》也说："君不乡道，不志于仁，而求富之，是富桀也。"其实，儒家并非反对国家富强，因为当时国与君不可分割，而且国家在法家理论的指导下几乎为君主所私有独占，君主往往打着富国的旗号满足私欲，中饱私囊，这才是儒家反对的重点所在。毕竟，社会财富过度集中于少数人手中，贫富差距过大，只会导致政权被推翻，于国于民于君都不是好事。

　　墨子注重生产的思想与其限制消费的观点紧密联系，他的逻辑是：抑制住了消费，就是变相地发展生产。"节用"剥夺了民众物质和精神享受的权利，无论任何人，其物质消费只能以维持生命正常运转为最高限度，超过限度便应禁止。《墨子·节用上》说："是故古者圣王制为节用之法，……诸加费不加于民利者，圣王弗为。"此外，老百姓应该不停地耕地、织布以自给自足，墨子觉得这就是"加于民利"的政策。墨子的确看到了当时物质生产条件远远不能满足人民需求的状况，试图以"节用"解决，但这种不求开源只求节流的方式，对生产发展无异于杯水车薪，是墨子的短视。

教育

　　先秦诸子谈论教育话题，并非看重教育对人类知识的启迪与学术传承的贡献，而是看重教育的社会政治功能，即统治阶层通过宣谕教化，潜移默化地影响乃至操控社会主流意识形态的走向，达到维护政权稳定的目的。不论古今，教育的社会政治功能一向保持强势地位，只不过时至近现代，教育对民智的启发作用越来越大,政治功能相对淡化。诸子各家中,儒家最重视教育,主张可称为人文教育;墨家可称为宗教教育;道家可称为弃智教育;法家可称为洗脑教育。

儒家认为,人并非独立的个人,而是处于伦理与社会关系中某个环节的相应角色,而修身是个人参与社会分工、扮演社会角色、承担社会责任的第一课,也是最基础的人生环节,只有修身到位,才能进阶入齐家环节,之后再治国、平天下。如何修身?教育。从这个角度看,修身是政治的基础,教育又是修身的必经之路。儒家的政治理想几乎完全寄托在教育上,所以孔子被后世尊为至圣先师,孟子自称"王者师",《荀子·儒效》说:"故有师法者,人之大宝也;无师法者,人之大殃也。"古今大儒也都以师者自居,门下弟子动辄数百上千,这些儒生受教育不是为了增长知识,而是要"学成文武艺,货与帝王家",投身政治才是儒者最好的归宿。儒家的政治和教育关系紧密,从《论语·子张》的名言"仕而优则学,学而优则仕"中可见一斑。之所以称儒家为人文教育,实因儒家教育通过修身着力培养人格、型塑人性,发扬"仁"爱精神——重视人,爱护人,关心人,尊重人——儒家学说的关键在"仁",根基在人,只有时刻践行"相人偶"地把人当人,儒学才有存在的合法性和合理性:

> 唯天下至诚,为能尽其性;能尽其性,则能尽人之性;能尽人之性,则能尽物之性;能尽物之性,则可以赞天地之化育;可以赞天地之化育,则可以与天地参矣。(见《礼记·中庸》)
>
> 是故诚者,天之道也;思诚者,人之道也。至诚而不动者,未之有也;不诚,未有能动者也。(见《孟子·离娄上》)

以上的"诚"和"尽其性"都指向充分发挥人格张力、极力张扬人文情怀,果真如此,人人充满"浩然之气",个个自强不息,政治自然清明,社会自然稳定,国家和民族也自然强盛团结,真是"沛然谁能御之"。而要施行人文教育,必须以施教者拥有伟大崇高人格为前提,孔子力倡私学,以求人文教育的时代延续，打破了"学在官府"的教育垄断局面，本着"有教无类"等先进教育理念，教授仁、义、礼、智、信，"大小精粗，其运无乎不在"（见《庄子·天下》）。对人文教育的效果，儒家也有所预期：

> 一日克己复礼，天下归仁焉。（见《论语·颜渊》）
>
> 君子居其室，出其善言，则千里之外应之。（见《易传·系辞》）
>
> 君子之道，本诸身，征诸庶民。……故君子动而世为天下道，行而世为天下法，言而世为天下则。（见《礼记·中庸》）

以一人之力带动天下之人追求人格至善，"自生民以来，未有盛于孔子也"（见《孟子·公孙丑上》）。儒家将教育与政治合一作为职责使命，孔夫子终身从事教育，也相当于终身从事政治，所以《论语·为政》说："是亦为政，奚其为为政。"

墨子思想本宗于儒家，只不过将墨家之"义"定为标准。《墨子·公孟》有言："今子为义，我亦为义，岂独我义也哉？子不学，则人将笑子，故劝子于学。"其中"学"的含义与儒家基本相同，赞同教育是为修身，是为人格之养成，但其教育手段并非教化熏陶，而是依靠类似宗教的组织和教义推行。"天志""明鬼"都在现世之外树立至高至上的人格神，为墨家思想盖上一层浓厚的宗教色彩，信奉教义者甚至不惜己命，所谓"墨子服役者百八十人，皆可使赴火蹈刃，死不旋踵"（见《淮南子·泰族训》）。"尚同"思想中也含有一定的教育理念，即用强制手段"壹同天下之义"，统一人民思想，使"天子之所是，皆是之；天子之所非，皆非之。去若不善言，学天子之善言；去若不善行，学天子之善行"（见《墨子·尚同上》），险些成为法家的洗脑式教育。

道家的教育不同于一般意义上的教育，通常认为教育使人进步，但《老子·第四十八章》却说："为学日益，为道日损。"道家的教育从不使人懂得越来越多，相反，要让人懂得越来越少，老子认为这样才能在纷乱多元的理念、价值、标准、原则中找到真谛，做到返璞归真，毕竟"少则得，多则惑"（见《老子·第二十二章》），这种所知越来越少的过程便是"绝圣弃智"式的愚钝化。一方面，《老子·第二十七章》告诉君主"虽智大迷，是谓要妙"；另一方面，《老子·第六十五章》主张对百姓要"非以明民，将以愚之"。道家将自然作为一切事物的最高标准，圣君应该带领百姓返回自然状态，而增长智识的教育无疑是反自然的，懵懂无知才是人类的自然样貌，所以称之为弃智教育。

法家施行教育的目的非常明确：在社会中形成崇尚"法"治的氛围，而这又是为统治阶级更顺利地实施统治。法家教育的手段类似于墨家，具有一定的强制性，所谓"与书简之文，以法为教，无先王之语，以吏为师"（见《韩非子·五蠹》），将一切教育纳入国家暴力机器的范围中，如警署、军队、监狱等，老师不传授学说道理，只要解释普及法律条文，全国各地学生只能修习法律专业。这种教育理念的形成，缘于法家对人性的失望和强制手段的信奉：

> 今有不才之子，父母怒之弗为改，乡人谯之弗为动，师长教之弗为变。夫以父母之爱、乡人之行、师长之智三美加焉，而终不动，其胫毛不改。州部之吏操官兵、推公法而求索奸人，然后恐惧，变其节，易其行矣。故父母之爱不足以教子，必待州部之严刑者，民固骄于爱、听于威矣。（见《韩非子·五蠹》）

韩非子在此把"仁"爱教育当成靶子，父母、邻里都相当于儒家教育体系中的师长，在生活中的每时每刻施以熏陶教导，但法家秉持绝对的效果导向，认为春风化雨的教育缺少立竿见影的成效，不如强制手段好使，让民众乖乖"听于威"。可以说，法家的教育是封闭性、灌输式的，只能教授统治者想让民众了解的内容，同时剥夺了民众接受其他领域知识与理念的自由。相比之下，儒家的教育是教人做人，法家的教育却是教人做君主的顺民，力图使人抛弃个性，整齐划一，这同法家哲学一脉相承。

历史

先秦诸子对待历史的态度基本可分为两派：崇古派和尚今派。儒家的孔子和孟子、墨家、道家属于崇古派，崇古的同时不免薄今；儒家的荀子、法家属于尚今派，尚今的同时也会非古。而这两种态度集中体现在诸子对古今人物的评价之中。需要说明的是，这里的古和今是相对概念，不能以朝代简单划分，如周公虽然与孔子同处周朝，但在孔子时，周初建立起的一系列社会政治制度正在或已经瓦解，白云苍狗，世殊事异，所以孔子仰慕周公也属于崇古。然而，不论崇古还是尚今，诸子并非单纯评说历史，针砭人物，而是要让历史和古人为自己的观点学说服务，提供来自时空深处的论证。

儒家的孔孟十分推崇尧、舜、禹、汤，和周初的周文王姬昌、周武王姬发、周公姬旦，对后三者情有独钟。孔子曾感慨："文王既没，文不在兹乎？"（见《论语·子罕》）还在晚年极其痛切地说："甚矣吾衰也！久矣吾不复梦见周公。"（见《论语·述而》）在《论语·泰伯》中，孔子有过诸如"巍巍乎！舜、禹之有天下也而不与焉""大哉尧之为君也""禹，吾无间然矣"的称赞。《孟子·尽心上》赞誉舜说："及其闻一善言，见一善行，若决江河，沛然莫之能御也。"《孟子·离娄上》说："诸侯有行文王之政者，七年之内，必为政于天下矣。"孔子、孟子是明确的"法先王"者，一向以周朝的礼乐制度为尽善尽美，并想重建礼乐制度来停止春秋末年和战国时期的纷乱争斗，还天下以太平，虽然孟子思想中已有认同君主专制制度的倾向，但仍以周初为模范。在这种历史观的指引下，孔孟学说便表现出极强的倒退性，而且毫无实践的可能，为当时各国君主所不容，导致二人游说诸侯时屡屡碰壁。

墨子基本承袭了孔子的观点，推崇尧、舜、禹、汤、文、武。不同的是，出身社会底层的墨家十分反感因礼乐制度形成的等级差异，所以并不赞许周公。秉承实利主义观点的墨子之所以将他们称作"三代圣王"，目的性十分明显，请"圣王"出山只为标榜墨家学说。关于"尚贤"，墨子最后说："故唯昔三代圣王尧、舜、禹、汤、文、武之所以王天下，正诸侯者，此亦其法已。"（见《墨子·尚贤中》）关于"兼爱"，"尧、舜、禹、汤、文、武焉所从事？曰：从事兼，不从事别。"（见《墨子·天志中》）《墨子·节葬下》说："今逮至昔者，三代圣王既没，天下失义。"这里的"失义"指的就是时人不行"节葬"反而厚葬。在诸位"圣王"中，墨子尤其钟情于禹，也许是因为大禹治水时表现出来的舍己为人、克己奉公、不辞辛劳、公而忘私等品质太对墨子口味了，这位"巨子"不正是以大禹精神要求门徒的吗？没有这点精神，墨家弟子怎会"腓无胈，胫无毛"？又何来"赴火蹈刃，死不旋踵"的视死如归？

道家虽然也称道"圣人"，但他们的"圣人"并不像儒墨两家那样是具有明确指代的历史人物，而是在道家学说体系中成功践行"道"的理想人格和效法典范，在现实中或许根本未曾存在过，属于想象的产物。在《老子》中，这位"圣人"虚静谦退、恬淡无为、抱朴见素、少私寡欲、顺其自然，在他治下，百姓过着类似原始社会的简单生活，没有争夺，没有杀戮，没有机巧，俨然一派祥和之景。被儒墨两家尊奉的尧、舜、禹、汤、文、武，《老子》中一字未提，也许老子正是以这种无视表达自己对文明进步的不屑一顾，他的历史观也倒退得更为明显。而在庄子那里，所谓的"三代圣王"成为嘲讽的对象，最著名的是尧欲以天下让许由的故事，作为高洁隐士的代表，许由自然不能接受禅让，《庄子·外物》中说"许由逃之"，《庄子·逍遥游》中的许由还发表一番演说，所谓"庖人虽不治庖，尸祝不越樽俎而代之矣"，表示坚决推辞。许由的观点和做法正代表了庄周，政治如此黑暗肮脏，儒家的"圣人"只是同流合污罢了。

作为先秦儒家最后一位大师，荀子对待历史的态度可视作崇古派和尚今派的过渡，既"法先王"又"法后王"，《荀子·王制》的"王者之制，道不过三代，法不贰后王"是典型的二者并重。但我们仍将荀子分入尚今派一类，是因为他提倡集权专制的学术立场，既然主张专制制度，那么历史观的天平自然要向指代现世君主的"后王"倾斜。《荀子·儒效》认为，"雅儒"应该做到"法先王，统礼义，一制度；以浅持博，以古持今，以一持万"，还说"百家之说，不及后王，则不听也"，都是以"后王"重于"先王"的证据。

至于法家的历史观，不但是尚今的，甚至是面向未来的，胡适称之为"历史进化论"。《商君书·更法》有言："礼、法以时而定；制、令各顺其宜。"《商君书·壹言》还说："故圣人之为国也，不法古，不修今，因世而为之治，度俗而为之法。"都表现了商鞅"因世""度俗"的注重当下的历史观。韩非子批判地继承了商鞅的历史观，继承在于：韩非注重当下，主张"世异则事异，事异则备变"（见《韩非子·五蠹》）；批判在于：韩非将不同阶段的历史看作互相观照的有机整体，用变化发展的眼光对比古今。春秋战国正是新兴地主阶级取代封建贵族阶级的大变革时期，新兴地主阶级通过一系列手段掌握旧贵族政权、军权之后，缺乏统治合法性的论证，而法家这种历史进化论正合他们的统治需求，处处证明着新兴地主阶级较封建贵族阶级更为进步。

后 记

谈及这本书的创作缘起，得追溯到 2016 年。那年我硕士毕业，3 月初确定去报社工作，距离正式离校还有三个多月的时间，总想着应该做些有意义的事情，毕竟这是自己学生生涯的最后三个月了。

有一天中午，独自走进北区食堂吃饭，看到门口的一张海报预告，校内有一场对学生开放的荀子思想座谈会。我清楚地记得，海报大部分面积被荀子画像的那颗硕大头颅占据。当时我想的是：闲着也是闲着，不如去听听。

3 月 21 日 14：00，连笔记本都忘记带的我，走进国学馆一间会议室。就在此，不经意间，我的人生与荀子发生了奇妙的时空交汇。

座谈会上有两位主讲嘉宾，一位是来自台湾政治大学中文系的刘又铭教授，另一位来自日本，名字已经记不清了，都致力于荀学研究。我只依稀记得，台上的刘又铭眉飞色舞，滔滔不绝，他呼吁应该重新审视荀子的学术地位，建构具有积极意义的新荀学。整场讲座持续了一个多小时，令我受益匪浅。

荀子真像刘又铭说的那样厉害吗？游走在校园中，我脑海里不断泛起这样的疑问。为解疑释惑，回到宿舍，我网购了《荀子译注》和《韩非子译注》。收货之后，随便翻看了前几章，觉得荀子确实不简单，而荀学也拥有一些独特的魅力。

一个多月后，又读到一本畅销书，名为《暗时间》，其中有一篇《为什么你从现在开始就应该写博客》的文章。作者认为，书写是为了更好地思考，检验输入的最好方式就是输出，要想写出真正思考和总结之后的产物，绝不能只是碎碎念地发牢骚，必须得进行大量的写作训练。而博客最大的作用便是激励你持之以恒地写作，因此，要想切实提高思考能力，最好的办法就是写博客。看过这篇文章，我深受启发，提笔在书上写了这么一行字：是该琢磨建立一个微信公众账号了!

我把申请的个人公众号命名为"好大一盘棋"。为保证文章持续更新,不得不一直写作,而要想有东西可写,就得不停地用阅读充实自己。我想借助"好大一盘棋"构建一个倒逼机制,激励自己不断摄取新鲜知识,不要偷懒懈怠。当时,《荀子译注》即将读完,我萌生了写一写荀子的想法。

6月2日,北京天气已燥热难耐,毕业离别的歌声响彻校园的每一个角落,我原创的第一篇短文诞生,当时的题目是《荀子其人:高寿+经历丰富+不得志》,26日在"好大一盘棋"上正式推送。虽然公众号只有一百多的关注量,但也迈出了这本书写作的第一步。

从此一发不可收拾。作为荀子的得意弟子,韩非子何以被归入法家?继荀子之后,韩非子在未来一段时间内与我形影不离。商鞅、慎子、申子同为法家,学说思想与韩非子有何不同?继韩非子之后,我又投入其他法家人物的怀抱。此后一年多时间,老子、杨子、孔子、孟子、墨子、庄子,众位先贤被我逐一问候个遍,"好大一盘棋"的内容也渐渐充实。

暮秋时节,我入职已经数月,报社一位主编翻了翻"好大一盘棋"的历史消息,出于鼓励年轻人的目的,对我说道:你这个写得不错,可以考虑出本书。这话点醒了我:是啊,为什么不能出本书呢?从那时起,我开始朝着图书出版的方向努力。

寒来暑往,冬去春来,转眼已是2017年6月27日。经过一年零三个月的阅读和写作,一部二十五万余字的初稿,在电脑桌面上,安静地躺着。然而,每当目光扫过,我分明能听到其中哲人的激烈争鸣,以及那贯穿史册的雄辩回响。

最近重新翻看"好大一盘棋"推送的荀子系列,不禁痴笑,那时的文笔竟然这样幼稚,还有不少语病。如今,"好大一盘棋"的关注量仍不过千,但直到今天,从未断更。我一直记得:坚持写作,不是为了给别人看,而是为了让自己更好地思考。

从第一篇荀子主题短文诞生,到今天这本书正式出版,两年以来,很多师长朋友给予我莫大的支持。从咿呀学语,到长大成人,二十六年以来,家人们更给予了我最无私、最深沉的爱。

缅怀我的父亲史跃生。记忆中，您是自行车前座上宽厚而踏实的脊背。我儿时的欢乐，都承载在那辆暗红色小轮自行车的后座上。车轮吱吱呀呀，将这欢乐带向无限悠长的远方。永远记得那一声：儿子！

感恩我的母亲庞晨。从小教我文化知识，帮我养成了爱好阅读的良好习惯。从小教我为人处世，为我营造了既严厉又温馨的家庭氛围。您不但是伟大的母亲，也是伟大的教师。忙碌半生，可得多享清福。

感激我的奶奶张爱香。爷爷史承伟与奶奶养育史经生、史俊生、史跃生、史润生、史经美子女五人，含辛茹苦。不知几岁起，回奶奶家吃饭，就与我心中的温暖紧紧勾连在一起，如今竟成为孙儿的一缕乡愁。一碗黄澄澄、热腾腾的小米稀饭，是那么值得依恋。

感激我的姥姥周玉田。姥爷庞有忠与姥姥养育庞周、庞晨、庞宏子女三人，含辛茹苦。不知何时起，手边您一笔一画写成的小纸条多了起来。提醒备忘、养生常识、减肥妙法、天气预报……这些纸条和您的唠叨，早已融进了家的味道。

感念黄桥茜。你见证了这些文字诞生的全过程，一直支持着我。时常相互探讨，对我的创作颇有启发。桂香满城，春风十里，至今犹记。赌书消得泼茶香，当时只道是寻常。

感谢张炜煜、张贺、赵婀娜、李仕权、刘阳、周亚军，你们不仅是我的同事，也是益友，更是良师。这本书出版过程中的种种扶助，我铭记于心。

感谢李银凤、田珅、郭宝胜、刘凤至，多亏你们一路细致入微的帮助，让这本书得以问世。博采雅集是最棒的出版公司。

受资质、学识、阅历等诸多因素限制，本人水平实在有限，导致这本书既非尽善尽美，也非无可挑剔，只能勉强算是尽力，诸位尽管批评指正。若能对广大读者有些许启发，便是我莫大的幸运。

史一棋

2018 年 9 月 10 日

于北京金台园